昨日的世界
一个欧洲人的回忆

〔奥〕斯蒂芬·茨威格 ◎ 著

李妍 ◎ 译

中国华侨出版社
·北京·

图书在版编目（CIP）数据

昨日的世界：一个欧洲人的回忆 /（奥）斯蒂芬·茨威格著；李妍译 . — 北京：中国华侨出版社，2023.8

ISBN 978-7-5113-8813-1

Ⅰ.①昨… Ⅱ.①斯…②李… Ⅲ.①茨威格 (Zweig, Stefan 1881—1942）－自传 Ⅳ.① K835.215.6

中国版本图书馆 CIP 数据核字（2022）第 103656 号

昨日的世界：一个欧洲人的回忆

著　　者：〔奥〕斯蒂芬·茨威格
译　　者：李　妍
责任编辑：姜薇薇
封面设计：胡椒设计
经　　销：新华书店
开　　本：880 毫米 ×1230 毫米　1/32 开　印张：16　字数：341 千字
印　　刷：三河市华润印刷有限公司
版　　次：2023 年 8 月第 1 版
印　　次：2023 年 8 月第 1 次印刷
书　　号：ISBN 978-7-5113-8813-1
定　　价：65.00 元

中国华侨出版社　北京市朝阳区西坝河东里 77 号楼底商 5 号　邮编：100028
发行部：(010) 64443051　　　传　真：(010) 64439708
网　址：www.oveaschin.com　　E-mail：oveaschin@sina.com

如果发现印装质量问题，影响阅读，请与印刷厂联系调换。

译者序

《昨日的世界：一个欧洲人的回忆》是奥地利作家斯蒂芬·茨威格生前最后一部散文作品，也是一部自传体文学作品。该书创作于1939年至1942年间，直到茨威格去世以后，才问世于斯德哥尔摩，并成为其代表作之一。这部作品因为思想深刻、文笔优美，被人誉为"思想式回忆录"和"抒情式自传"。

斯蒂芬·茨威格（1881—1942），奥地利著名小说家、诗人、剧作家和传记作家。代表作有中篇小说《象棋的故事》《一个陌生女人的来信》，长篇小说《心灵的焦灼》，回忆录《昨日的世界》，传记《三大师》和《一个政治性人物的肖像》。茨威格出身富裕犹太家庭，青年时代在维也纳和柏林攻读哲学和文学，之后到世界各地游历，结识罗曼·罗兰和弗洛伊德等人，并受他们影响颇深。创作了诗歌、小说、戏剧、文论、传记，最知名的成就要数传记和小说。第一次世界大战爆发时，他从事反战工作，成为远近闻名的和平主义者，大力倡导统一欧洲。1934年遭纳粹驱逐，流亡到英国和巴西。1942年，因为理想破灭，和妻子双双自杀。

《昨日的世界》的副标题是"一个欧洲人的回忆"。所以，茨威格不再只是代表个人，而成为那个时代欧洲的见证者，见证了理性遭遇最恐怖的滑铁卢和野蛮在时代的编年史上获得最大胜利。作品先对19世纪末生于维也纳的年轻犹太艺术家进行描述，穿过世纪的大门，延续到第二次世界大战。在描述故事的同时，还运用第一人称将很多名人逸事穿插进去，让读者对当年欧洲的文化艺术有一个全面的了解。因此，《昨日的世界》不是自传，胜似自传，不是回忆录，胜似回忆录，在广大读者心目中永远具有魅力。

序 言

我从来不觉得我个人的经历重要到必须得出版一本专门的书，以便向旁人分享自己的生平故事，只不过，每当我想到自己可以作为书中的主角去回顾过去的事情，就觉得很激动。换句话说，我想要通过讲述我个人的命运，来展现我所处的那个时代曾发生过的很多事情——这些故事要比从前任何一代人所经历过的事情都更丰富，包含了数不清的灾难、挫折和痛苦。我写这本书，是因为我自己愿意站到台前，我想站在时代的巨幕前，为它所展示出来的一幕幕过去的画面提供解说，我不过是一个说明者，对已经过去的那个时代所呈现出来的种种场景加以注脚或解释。因此，我在这本书里所要讲述的，绝不仅仅是我个人的生平际遇，而是我想要描述的当时那个时代的境况，以及和我处在同一个历史时期的那一整代人所亲身经历的事情。回溯历史，可以说，几乎没有任何时代会像我们所处的时代一样，让生活在其中的人们遭逢如此多的磨难。我们那个时代中的每一个人，不管是极其年幼的人，还是最微不足道的人，都曾被爆发在欧洲大地上仿佛火山喷发般的动荡撼动过，我们每个人都曾为之战栗不已。

并且我非常清楚,和我同时代的这千万人当中,无论哪一个人都不会像我一样拥有这样特殊的基础优势:我是一个奥地利籍犹太人,我既是一个作家,又是一个人文主义者与和平主义者,而且放眼整个世界,我所处的地方正是动荡发生得最为凶猛的地方——这个地方前后经历了三次剧烈的动乱①,这完全改变了我的家乡和我个人命运的轨迹,让我不得不与过去一切熟悉的事物告别。这实在太富有戏剧性了,这种激烈的动荡一下子将我丢入空虚之中,让我陷入一种不知前路如何的迷茫境地,而如今我久处此种境地,已经对这样的生活相当熟悉,甚至习以为常。但我在此并不是想要出言抱怨曾遭遇的苦难,毕竟有句话说得好,只有失去过自己家园的人才能获得另一种意义上的自由,而且当他不需要跟过往的任何人保持联系的时候,才能肆无忌惮地去写作、去言说。因此我觉得,任何一部能够完全真实地映射出整个时代的作品,必须坚守的基本原则是:正直,不带丝毫个人的偏见。

我希望自己在这本书里表达出来的观点能够符合这两个原则。毕竟,如今我已远离故乡热土,关于家乡的一切根底也都已离我远去,不管在任何流离失所的时代,像我这样具备特殊背景

---

① 第一次动乱是1916年,茨威格为躲避"一战"中奥地利人狂热的战争思潮,离开维也纳迁居到洛道恩小镇附近的萨尔茨堡;第二次动乱是1934年,奥地利的纳粹分子突然搜查茨威格在萨尔茨堡的家,他因此旅居伦敦;第三次动乱是1938年,希特勒领导下的德国吞并了奥地利,茨威格决定流亡国外,就申请了英国国籍,从此以后再也没有返回奥地利。

的人都太少了。1881年,我出生在哈布斯堡王朝①,那是一个非常强大的帝国,只是现如今它在世界地图上已经销声匿迹,人们再也无法寻觅它的踪影。后来维也纳哺育了我,在这座有着2000年历史的国际都会中,我茁壮成长。可是等到整座城市即将被德国侵占的时候,我只能又一次从这里逃离。曾经,我在那里用自己的母语创作了许多文学作品,可最后它们都化为灰烬了。原本,那个地方有我的无数个忠实读者,他们通过书籍与我成为朋友,可后来我只能被迫从那里逃走,从此之后我彻底失去了命运的归属。在那之后,我经过的任何地方于我而言都只是一个陌生的异乡,我不过是一个外人、一个颠沛流离的游人而已。即便我内心深处希望把欧洲当作自己真正的故乡,可是随着第二次世界大战的爆发,各个国家分崩离析、刀枪相向,整个欧洲也变得四分五裂。从那时起,我觉得这一故乡也已经消失了。虽然我并不愿意,可我还是成了一个见证者,见证了理性在现实中遭遇的极其恐怖的失败,更见证了蛮荒被记录在编年史上的那个前所未有的时代。从来没有人会像我们这个时代的人一样,同时经历过最精彩的时代和最糟糕的时代。最初,整个社会有着极高的道德和文明水准,突然之间,社会道德就沦落到极为低下的状况。我之所以这样说,并不是由于我对此骄傲,相反,我感到非常的耻辱。短短半个世纪左右的时间,我从刚长出胡须到两鬓斑白这样极短的时间跨度中遇到的剧烈变迁,要比其他人在十个世纪内经历的事情都要多,简直可以称作翻天覆地!任何一个生活在我这

---

① 哈布斯堡王朝曾统治神圣罗马帝国、西班牙王国、奥地利帝国、奥匈帝国及一些小国。"一战"中奥匈帝国崩溃,哈布斯堡王朝结束。

个时代的人,都会认为这些变迁未免也太多了点吧!我昨天经历过的事情和今天经历过的事情竟然这样截然不同,这个时代的兴盛和衰败之间差别竟这样大!这样的感觉有时候甚至会让我误以为,似乎我这一辈子经历过的生活太过丰富了,可能并不是过了一辈子,而是过了好几辈子吧。我竟然会陷入这样的境地:当有些时候偶然提及"我这辈子"这个词时,我就会不由自主地扪心自问,我指的到底是哪一辈子呢?到底是第一次世界大战爆发之前的那段时间,还是第二次世界大战爆发之前的日子,抑或是我现在正经历的命运?所以毫无疑问,当我在谈及"我家"的时候,我也经常会意识到我需要一段时间去思考和判断,以便想明白我到底是在说我的哪一个家,是巴斯①的那个家,是萨尔茨堡②的那个家,还是我父母在维也纳的小家?有的时候,当我说起"我们那儿"这个词的时候,心里就会觉得惶恐不安,对于我家乡的人们来说,我已经不再是他们中间的一员,正如我不是英国人或者美国人一样,我和我家乡的人们也已经没有丝毫关联了。但我移居到这里以后,我发现自己也并不能完全融入这里,成为这异乡中的一员。过去我曾经茁壮成长的那个世界,以及如今我面对的世界,还有昨天和今天这两个世界之间的那个小世界,在我的心中显露出越来越不一样的形象,它们似乎变成了完全割裂的三个部分。当我跟年轻的朋友们说起"一战"以前的某些事时,我会发现他们常常会提出一些突兀的问题,我猛然发

---

① 疗养胜地,位于英格兰埃文郡。茨威格1939年迁居到巴斯。
② 奥地利著名城市,这一城市与德国的巴伐利亚隔山相望。1917年茨威格买下附近的一栋别墅,后迁居于此。

现,其中很多事情在我看来依然是理所当然的现实,可他们却认为那已经是陈旧的历史了,这简直让我不能接受。不过,我内心有一种隐隐的本能,使我觉得他们这些问题是有价值的,因为我们当下所经历的和我们昨天所经历的,还有更早之前所经历的一切,都是割裂的,彼此之间已经失去了相互连接的桥梁。就连我自己,如今也由衷地感觉惊讶,我们这一代人的生命虽然如此短暂,却塞满了如此复杂、丰富又惊险的变故。确实,相对于我的先祖们来说,这当然是一种非常艰难的生活。那么我的父亲、我的祖父,他们经历的生活又是怎样的呢?他们每个人的一生都是非常单调的,过的是一种安稳的生活,没有突然平步青云的可能,也不会面对突然间的衰败灭亡。他们没有经历过动荡,也没有经历过危险,而是过着一种只是偶然需要面对焦虑的细水长流的平淡生活。他们的生活节奏非常缓慢且平静,每天都是那样的安宁平和,在时间安稳的波涛中,他们出生又死去,度过这毫无波澜的一辈子。他们始终在同一座城市、同一片土地上生活着,甚至从来都没有离开过他们的住宅,而外面的世界发生的一切事情,他们也只是从报纸上了解到罢了。在他们所活过的一生当中,或许也有什么地方打过仗吧,不过相比于今天这样的规模来说,那只是小打小闹而已,并且只出现在非常偏远的边境线上,人们不会亲耳听见那轰隆的大炮声,并且差不多半年之后那些战争就已经停息了,人们逐渐遗忘,并把它作为一页已经泛黄的旧日历史翻过去,新的生活依旧像以前一样平静而安稳地延续下去。但是我们这一代人所经历过的生活,却超出了过去的范畴,已经不再是重走以前的老路了,过去的日子似乎完全没有给我们留下什么记忆,并且永不再来。过去的历史非常节制地分给不同的国家或者分布在一个世纪间的人们逐步去经历的苦难,我们这一代人在短时间内几乎尝遍了。曾经,那些痛苦是分发给好几代人的,比如第一代人要经历革命,而下一代人要经过暴乱,第三代人在战争中遭受折磨,第四代人则忍耐饥荒,第五代人碰到了国家经济的崩盘……并且在这样的时代和事件当中,也会有一些国家非常幸运,那几代人根本什么意外都没有遇到过。如今和我一样60多岁的人们,和我一起经历过这一时代的人,我们这些还必须继续苟延残喘一段时间的人,几乎把一切都见识过了,也遭受过了一切的痛苦,人们能想象出的一切困苦、挫折,我们全部都经历过,从最初到结尾,我们一一承受,并且还要继续承受下去。就比如我自己曾经经历过人类世界中两次最大的战争,并且每次支持的阵营都不同。在"一战"当中,我认为德国人是正确的,可在"二战"之中我的态度则是旗帜鲜明地抗议德国的做法;在"一战"之前,我曾经享受过极为奢华的自由,而在战争之后,百年间的禁锢也发生在我身上;人们曾经用尽所有美丽的词汇赞美我,也曾经用不断的恶言攻击过我,在我的身上,自由来临过,不自由也来临过,我曾经度过富裕的生活,也经历过贫困的日子。《启示录》里所提到的那几匹苍白之马[①]——革命、饥饿、货币贬值、恐怖的政权、疾病以及政治逃亡,我在我的生活中全都见过。我曾目睹过各种各样的民间思潮兴起:意大利的法

[①] 《圣经·新约》的末卷,用所见异象预示世界末日的恐怖景象,其中几匹马分别象征瘟疫、战争、饥馑、死亡。

西斯主义、德国的国家社会主义①、俄国的布尔什维主义等每一种意识的产生和蔓延。特别是国家社会主义，仿佛无药可医的瘟疫一样，将欧洲的文化之花毒杀殆尽。因此，我不得不成为一个毫无还手之力的目击者，我看到了人类重返野蛮——这几乎是不可想象的倒退，因为这种野蛮带着刻意违背人性的纲领信条，这样的野蛮让我们在百年之后重新又见到了毫无征兆就爆发的战争，见到了集中营、严刑拷打，以及对那些毫无防备的城市搞突袭轰炸的种种劣行。所有这些，我们已经500年没有经历过了，也希望我们的后代绝不容忍这样的状况发生。但是与此矛盾的一个点在于，我既看到我们当下这个时代的道德重返一千年前的蛮荒时代，也看到因为同样的一批人在技术和智力上面取得的前所未有的进步，从而使得人类获得的成就在瞬息之间比前几百万年所取得的成就都要大！仔细看一看吧，人们用飞机去征服太空，而在地面上所说的任何一句话都能在一秒钟之内被全球的人听到，人们完全战胜了世界，包括曾经无法跨越的空间距离；通过原子的裂变，我们也能治愈最邪恶的疾病，结果每一天，都有一些过去不可能实现的事情被实现。总而言之，在这个时代之前，人类从来没有遇到过这样的情况，从未像我们一样直面过这样狰狞如恶魔般的面孔，也未曾像我们这个时代一样创造出种种好似神迹般的业绩。

我的潜意识里认为，见证我们曾经经历过的那种极度令人惊讶且跌宕起伏的生命历程并把它写出来，是我个人的一种责任。在此我还得再强调一下，这是由于我们每个人都见证了那场巨大

---

① 德国国家社会主义是希特勒提倡的政治思想，又称为纳粹主义。

的转变,我们是不由自主地被命运裹挟着见证这一切的人。在我们那一代人看来,我们没有任何逃避的方法,也不可能如同我们的先祖们一样独善其身,时间始终是一往无前的,有着同步性,这是我们发现的新特点,所以我们选择的一切都与这个时代密切相关。举个例子来讲,上海的一座屋顶上落下一片炸弹,在被炸伤的人还没有被抬上担架送出房间的时候,我们站在欧洲的房间里就已经得知了这一切。几千海里之外,远隔重洋的那些事情,马上就会被制作成照片呈现在我们眼前,给我们带来真实的体验,就好像我们亲眼看到过一样。这种持续性的沟通和入侵可以说是无孔不入的,所以绝没有什么安全的地方可以隐藏。不管哪一片土地,都安放不了渴望逃避这一切的肉体。命运会随时找到我们,用它那无可抗拒的大手将我们抓回去,几次三番地戏弄我们,永远不会有结束的时候。

这是我们共同的命运,是不容抗拒的,我们必须听从整个国家的要求,把自己当作政治牺牲品,尽管我们知道那是非常愚蠢的。我们还要始终跟共同的命运联系在一起,接受种种前所未有的奇怪的变故,不管我们如何抵挡,始终都会被锁住咽喉,无从逃脱。我们这些经历了这个时代从开始到结束的人,或者准确来说,一直被时代所追逐、驱赶着向前奔跑的人,几乎没有喘息之机。但同样地,相比所有祖先来讲,我们的经历也会变得更加精彩,拥有更多值得述说的故事。并且,即便是到了如今这个地步,我们仍然是处在一个新旧交接的转折点之上。因此,我在一个特定的日期结束对自己生平经历的回顾,也是出于自己故意的安排吧。这是由于,1939年9月的那一天①,代表着属于我们这些60来岁的人的历史时代彻底终结。那个曾经让我们接受教育、造就过我们的时代已经彻底灭亡了。但是,如果能够将我们那个时代四分五裂的真实过程记录下来,通过我们这一代人的见证,为后代留下一点真实的史料记载,即便只是一点点,也算是我们这一生过得有价值、有意义了。

我知道,我写这本书,正好是在战争爆发期间。我没有办法回到故乡,只能在异乡旅居,不能跟以往的朋友联系,所以手边没有任何能够触发我记忆的材料,也不能依靠其他参考资料来进行创作。虽然这种环境对本书的记录非常不利,却代表了我们那个时代的典型特征。我住在旅馆里面,房间里未曾摆放我过往的任何一本书,没有任何记载,也没有从朋友那里得来的书信,我也没有办法去询问别人——因为在战争爆发期间,国家之间的信件通信已经中断了,全世界都音信不通,或者可以说,是因为各国之间的检查制度阻挡了我的通信吧。我们每个人重新又过上了隔绝于时代的生活,就仿若好几百年前我们尚未发明轮船、火车、飞机和通信邮件的时候一样,我们返璞归真,似乎重回了那个时代。因此,有关我自己所记录的关于过去的事情,全部是根据我个人的记忆来写的,除了这些记忆,我目前找不到其他任何可借鉴的东西或材料,甚至说,可能一切都已经彻底消失了吧。不过,我们这一代人从过往的经历中获得了一条奇妙的经验,那就是:永远不要眷恋已经失去的一切。或许我这本书的创作正是因为缺乏文献和很多细节才更有利于后人吧。这是一种特

---

① 那一天具体是指1939年9月1日,德国进攻波兰,"二战"爆发。

点,毕竟我自己认为,我们的记忆并不是纯粹偶然地记住或者忘掉一件事情,反而我认为记忆是主观的,它知道怎样去选择合适的回忆并将其整理和保存下来,它会筛选哪些是值得保存的,哪些又是可以舍弃的。生命当中那些已经被忘掉的事情本来就是被自己的记忆机制主动选择过的,那是内在的心灵认为应该被忘记的事情。但是那些偶有留存的记忆,也正是因为自己判断其需要保存才能牢记不忘。因此不如这样说吧,我在这本书中所回忆和描述的内容是他人的选择,而并不属于我自己的主观,只是,起码这些片段的记忆也映射出了我在死亡之前所度过的不同寻常的人生!

——斯蒂芬·茨威格

目录 CONTENTS

太平盛世	001
19世纪的学校	038
情窦渐开	081
大学的日子	106
巴黎这座城市，永远青春	144
道路曲折	182
走出欧洲	204
欧洲的光辉和阴霾	221
1914年战争爆发之初	247
为团结思想而奋斗	273
在欧洲之心	291
回到祖国	320
重游世界	346
夕阳西下	371
希特勒的崛起	408
和平气息奄奄	442

太平盛世

> 我们在宁静祥和中慢慢长大,
> 忽然被丢进了茫然无措的世界。
> 无数变故从四面八方蜂拥而来,
> 我们对周遭的一切都非常感兴趣,
> 有些是我们中意的,而有些又惹我们讨厌,
> 并且时时刻刻都有些微小的焦虑,
> 我们感觉着,这可是我们所感知到的一切,
> 又被尘世间种种的烦恼一点点冲散,消逝无踪。
>
> ——歌德

如果说今天我必须为第一次世界大战之前,也就是我童年时期的那个时代进行一个简单扼要的总结,那么我或许会这样说:那是一个太平世界,是一个辉煌的时代。我觉得这样说足够妥帖了。在那个时代,我们曾经生活过的奥地利王朝,已经有一千多年的历史,一切都好像天长地久,会世世代代地传承下去一样,而这种历史悠久的国家本来就有一种不言而喻的保证,似乎永

远不必怀疑这个国家将会永远存续下去。国家会赋予公民相应的权利，人们通过自由选举制定代表机构，也就是国会，国会又用书面文件保障了人民的权利，同时它对国人所需要奉献的各种义务也都有详细的规定。我们使用奥地利克朗作为通用货币，那是一种闪闪发亮的金币，这种货币是非常坚硬的，从而也保证了它在流通当中的稳定性。所有人都知道自己的经济收入是多少，依据这样的经济条件能够做些什么事，所有一切都是符合规范且拥有合理衡量尺度的。那些拥有资产的人可以清楚地计算出每年会获得多少盈利，公职人员和军官也能够从日历中稳定地预见到自己升职和退休的年限。家家户户都有稳定的开支，知道一家人日常吃用要花费多少，夏季出门旅行和人际交往应酬又要花费多少，并且有稳定的储蓄以备疾病、灾祸等不时之需。那些拥有住房的人，都会将自己的庄园看作遗留给子孙的财富，并把它们视作万无一失的保障；所有的农家院落和商号都这样一代一代传下来；一个小小的孩子即便还在摇篮里，他的家人就已经开始为他存下第一笔钱，当作这个孩子成长所需要的储备金。那时，在我们幅员辽阔的奥地利帝国中，一切都需要依靠国家来保障，还有我们那位老迈而权威的君主弗兰茨·约瑟夫一世。所有人都非常清楚，或者我们都这样觉得，老皇帝一旦去世，马上就会有新的皇帝来接任，此前的一切都会稳定无比地继续下去，没有任何波澜和改变，所有人都不会相信将来会有战争、革命和种种的变化出现。平静的日子已经使人们习惯于安逸，在那个理性的时代几乎不会出现任何过激的行为，所有的暴力行为看上去都是匪夷所思的。

这种太平盛世是千百万人都渴望的巨大的财富，是许多人渴求的理想生活。只有在这样的太平盛世里，生活才真正回归其本质，变得相当有价值。而且在整个社会中，越来越广泛的社会阶层都希望能够在这样稳定的太平盛世中获得专属于自己的那部分财富。最开始只是那些有钱人觉得生活在这样的太平盛世里很保险，后来普罗大众也都觉得幸福感增强。因此在这个太平盛世中，保险业赢得了它的黄金时代。人们会为自己的房子买下防止火灾和被盗窃的保险，为自己的田产买下防止自然灾害和冰雹的保险，还会买下人身保险以避免意外事故和疾病，甚至为晚年生活打算，买好终身养老的储备金；同时为刚刚出生的女孩子准备保险单，以作为她出嫁的嫁妆。最后连工人们也都形成了一个组织，力图为自己争得合理的报酬和稳妥的社会保险。人们会为自己的老年生活提前储蓄保险金，还会为自己预留好丧葬费用。当时人们的想法是：提前为未来打算，才能更好地享受当下的生活。

当时人们的生活态度是勤勉节俭，但是，这种自认为能够避免人生中一切灾祸的坚定信念之中，却包含着一种非常危险的气息，这是一种自负和傲慢。19世纪，人们坚信自由派的理想主义观点，全心全意地相信自己所处的这个时代正走上一条光明坦荡的康庄大道，必将迎来最美好的未来。人们蔑视曾经充满战争、饥饿和动乱的过去，认为那是一个没有文明的蛮荒时代。在当前这种世情下，只需要再等上几十年，所有邪恶的、暴虐的事情都会销声匿迹。这种进步是不可阻挡的，是持续性的——在那个时代中的人们抱持着这样的信念，这种信仰是他们真正的力量之源，人们对这种进步的笃定和信任甚至已经超越了《圣经》和宗教，并且，每天日新月异的科学技术也正好印证了这种神圣信念的可靠性。实际上，在19世纪那个和平的百年即将进入尾声的时候，整个世界变得越来越繁荣，发展的速度也越来越快，一切都变得更加丰富多彩。夜晚街道上昏暗的灯光已经被耀眼的电灯所取代，不管是主要街道还是市郊，包括各种沿街店铺，都被这种崭新而迷人的光辉所照亮。人们可以通过电话进行远距离的聊天；人们也不再乘坐马车，而是换了速度更快的新交通工具。希腊神话中伊卡洛斯①的故事已经实现，会飞不再只是全人类的幻想，人们甚至能够在太空之际翱翔。各种各样舒适方便的设备从高堂大户落入寻常百姓家中，人们也不需要再到水井或水渠里去取水，水会自动流到家里；在炉灶里生火也变得简单多了。各处的环境也变得十分干净漂亮，不再肮脏不堪。人们开始提倡与利用运动进行锻炼，所有的人都变得越来越漂亮、强壮、健康，街上也很少见到或畸形或残废或患有甲状腺肿大或断腿之类的疾病的人了，所有这些奇迹都要依托于科学的进步——它就仿佛是现代社会的天使一样，拯救了这一切。社会福利也有了重大变化，所以每一年，个体都能获得新的权利，司法也变得更加温柔人道。即便是社会当中的沉疴痼疾，也就是广大群众的贫困问题，好像也变得不那么难以克服了。更多更广泛的社会阶层都能够通过选举和各种合法手段来为自己争取权益，很多社会学家和教授为了帮助无产者争取更加健康幸福的生活出谋划策。所以在

---

① 希腊神话中的人物。他和父亲代达罗斯一起被关在克里特的迷宫里。父子用羽毛制成双翼，用蜡粘在身上飞上天空，逃出克里特。伊卡洛斯因为兴奋而忘记父亲的嘱咐，飞得离太阳太近，最终因羽翼上的蜡熔化坠海而亡。

这个19世纪，人们都为自己取得的成就而感到骄傲，并且人们毫不怀疑，10年之后整个社会又是另一番崭新的景象。这种想法其实很正常，有什么可奇怪的呢？在那个时代，人们绝不相信接下来会发生很多纷乱复杂的战争，尤其是在欧洲各族人民之间会发生这样残酷的战争，甚至会导致全人类文明整体向荒蛮时代倒退。在他们看来，那就像强迫他们相信科技时代存在女巫和幽灵一样，是不可能出现的。我们的父辈始终坚持，宽厚和睦是不可或缺的品质，这种节制是必要的，他们全心全意地相信，全世界各种教派之间的界限和分歧会通过友善和共同的使命而被消灭或融合，整个人类社会也会因此迎来最宝贵的财富——安宁稳定的太平世界。

他们那一代人太过理想主义，甚至受到了理想主义的欺骗。他们非常乐观地幻想着，人类技术的进步一定会同样快速地提升人类的道德水平。可如今在我们这些人看来，所谓的太平盛世才应该是一种幻想，应该从自己的人生词典当中抹掉，我们觉得那时候人们的认知是极为滑稽可笑的。这是因为我们这一代人在接下来崭新的20世纪里已经学到了新的东西，比如坦然接受猛然出现的集体暴行而不对此表示惊讶；因为面对未来我们是悲观的，我们在等待着将来更加惨烈的事情出现，将来的某一天一定会比现在更加丑恶，因此我们根本不相信这些人的道德是可以被教化或提升的。我们这一代人无可奈何，必须承认弗洛伊德[①]是正确的，他一针见血地指出，我们接触的文化、我们的精神文明

[①] 全名西格蒙德·弗洛伊德，是一位著名的奥地利医生，精神分析学派的创始人。

只是非常浅薄的一层表象，在短时间内很有可能被潜意识带来的破坏性力量击溃。想来和我同时代的这些人已经逐渐习惯这样的生活，在一个毫无依靠、没有自由也不能获得权利、到处都动乱不堪的世界上苟且偷生。很早之前，我们就为了保证自己的生存而放弃了父辈们坚守的信仰——那时候他们还相信人性会随着科技的发展进步而不断提高。我们这些人从异常残酷的灾难之中得到了严重的教训，上千年的努力都被毁坏了，在我们看来，这场灾难显得我们的父辈所抱有的那种轻薄的乐观主义实在太不值得相信了。可是即便父辈们所怀抱的只是一种幻觉，那也是值得他们为之献身或者愿意相信的高尚美好的幻觉，相比于今天我们所听到的那些迷惑民众的口号，也显得更富有人性的光辉，对我们也更有帮助。因此，即便是在如今这样的惨淡结果中，即便我所经历的一切都告诉我，我应该对那样的世界彻底绝望，我内心深处似乎也依旧相信那种幻觉。一个人在童年时期所接受的教育，以及从身处的时代中感受到的一切，已经融入血液，不可更改。因此不论如今多少人在我耳边大谈什么特立独行的观点，或者无论我和身边的人们遭受过多少磨难和痛苦，我依然不能完全抛弃自己在青年时代所抱持的信仰：即便我们如今遇到种种挫折、种种磨难，总有一天，一切都会好起来的；即便我们如今对面对的现状十分怅惘、无能为力，仿佛半盲人一样，只能如履薄冰、战战兢兢地摸索前路，可我身处深渊，依旧愿意抬起头去仰望曾给我带来光明的童年时的日月星辰，依旧愿意用从父辈那里习得的信念感来不停慰藉自己，让自己相信，虽然我们现如今遇到这样的倒退，但将来有一天，一切都会拨乱反正，这些挫折只会成为不停向前的节奏中的一种短暂的停顿。

现如今那太平盛世已经被世界的巨大风暴击溃,碎成齑粉,而今我们终于也想明白,过去那个太平盛世只是镜花水月罢了。可是我的父母却真实地生活在那样虚幻的世界里,就好像住在石头房子里一样,他们的房子是那样的坚实,不管怎样的风暴,甚至稍微猛烈些的穿堂风都不曾闯入他们温暖舒适的生活。不过那个时候,他们确实拥有一种防控风险的办法,就是变成有钱人,他们本来就有钱,而且始终在累积财富,将来也会变得更加富有。也说不定在那个时代,钱就是阻挡意外和风险的必要手段。我觉得他们当时那种生活方式正代表着典型的家境优越的犹太中产阶级人群。在维也纳文化的发展和传承中,这个阶级曾经付出过许多,也做出了很重要的贡献,但最终收获的却是这个阶级的彻底灭亡。因此,在这个部分我所讲述的有关我父母所度过的那种安稳又闲适的平静生活,实际上并非我一家的私事,在那个所有一切都能得到合理保障的太平盛世里,在那个世纪里,整个维也纳或许有一两万个家庭就像我的父母辈那样生活着。

我父亲是摩拉维亚①人。他的老家是一个不大的乡村地区,犹太人世代居住在这里。当时他们跟当地的农民和市民保持着良好的关系,因此生活一直很舒心,并不压抑。另外,他们身上并没有东欧犹太人,也就是加利西亚②犹太人特有的急躁心情。他

---

① 历史地名,今捷克东部地区摩拉瓦河流域(因河得名),历史上曾经是波希米亚的一部分,斯蒂芬·茨威格的父亲莫里茨·茨威格的祖籍在这里。

② 历史地区名,在今波兰东南部和乌克兰西部。

们生活在农村，有着非常强壮的身体，走路的时候步伐稳健，就好像农民从田野里穿过一样从容。实际上他们并不是传统的宗教信徒，而是狂热地追随着"进步"这一时代宗教。在当时的政坛，自由主义大行其道，他们通过选举推选出国会里自己最敬佩的一员；他们从故乡搬去维也纳生活以后，又非常迅速地融入了高阶的文化生活。可以说，他们个人获得发展和财富积累的过程都与那个时代的繁荣大有关联。通过我们家族的例子可以看出，这种转变具备一种典型性。我祖父曾经是做手工纺织品买卖的，在19世纪下半叶，奥地利的工业开始发达起来。我们从英国进口织布机器和纺纱机器，由于生产效率极高，所以出产的纺织品远比使用老式手工织布机生产出来的产品价格便宜。犹太商人天生就具备这样的商业观察力和全球性的战略目光，他们首先认识到，在奥地利进行工业化是必要的，只有推行工业化进程才能得到极大的利润，于是他们花费了极少的资本建立起了一些简陋的工厂。最开始这些工厂只靠水力驱动，后来它们慢慢发展成为掌控了整个奥地利和巴尔干半岛的实力雄厚的波希米亚[①]纺织工业中心。倘若说我祖父只是一个借助成品买卖获利的中间商的早期代表，那么我父亲就已经下定决心走向一个崭新时代了：他30岁左右，就在波希米亚北部创办了一家织布的小工厂，通过多年的小心经营，慢慢把它做成了一家颇具规模的企业。

尽管当时整个经济的发展极为迅速，红利也相当大，十分具有诱惑力，可当时我父亲在经营工厂方面所采取的扩张方式是非常小心谨慎的，这完全是一种特殊的时代表现，是那个时代的

---

① 历史地名，是神圣罗马帝国的一个王国，后成为捷克共和国的领土。

人特有的意识。并且,步步为营的扩张也是我父亲那种自律而自谦的本性决定的,他很克制,绝对不会太过贪心。他坚信自己所处的那个时代所有人都相信的第一原则——"稳扎稳打"地获利才是最要紧的。正如那个时代所有人都喜欢说的一句话一样,他认为自己苦心经营出一家具有相当实力和资本的"扎实"的企业,要比通过借助银行贷款或抵押而建成更大规模的企业更为重要。他这一生中最自豪的一点在于,他这一辈子从没有欠过别人的钱,也没有签过什么字据或期票,他自己的银行——罗斯柴尔德银行[①](不用质疑,这一定是最值得信赖的信贷公司),始终是放贷方而非借贷方。他不喜欢任何投机取巧性的盈利,也讨厌冒险,不管是什么事情,只要有一点风险他都不肯去做。他对所有的交易都要了解透彻,从未做过不知底细的事情。因此当他慢慢有了越来越多的钱以后,也从不认为自己得到这些财富是因为有魄力的投机或者具有远见卓识的个性,而是认为这只是因为他采用了那个时代人们累积财富最为稳妥、普遍的方法,也就是——从始至终都只使用极小一部分来支出,而把每年获得的盈利再次投入,不断扩大自己的资本。我父亲跟与他年纪相当的大部分人一样,倘若发现有什么人竟敢将自己收入的一半挥霍殆尽,而不去想以后怎么办,就会认为那个人是个不值得依赖的败家子(在那个太平盛世,人们经常会说这句话)。实际上,在一个有钱的人看来,这种把利润不断转化为资本的原始积累过程,也就是让自己富裕起来的过程,在那个经济不断发展的时代,只是一种非常保守的获取财富的方式罢了。在那个时候,国家并没有提高税

---

① 19世纪欧洲著名银行世家罗斯柴尔德家族兴办,创始人是德籍犹太人。

收,虽然有着巨额的收入,可征收的税点只是几个百分点,而国家的有价证券、工业股票,在那个时候得到的利息要多得多。不过确实,这种非常小心谨慎的原始积累很有价值,因为那个时候可不像如今这样通货膨胀的年代:勤勉的人会遇到投机商人,规矩的人则会被诈骗。在那个时代,只有最有耐心、不去投机倒把的人才能获得最大的利益。正是由于我父亲采用了他那个时代最普遍的收益方式来进行投资,所以到他年过半百的时候,即便拿国际标准来衡量,他也能算得上一位国际知名的富人。只是相对于到手的巨额财富来说,我们家里面的生活开销还是相当节俭的,我们只是会添加一些能够方便日常生活的小东西,比如,从一座小房子搬到大房子里面去住,只有在春天时下午出门才会租马车,我们一起外出旅行的时候永远只坐二等车厢。直到我父亲50岁的时候才史无前例地大手笔享受了一回:带着我的母亲一起乘车到法国东南部海港城市尼斯①去享受了一个月的冬季疗养。总体来说,在那个时代,人们累积财富的基本原则就是尽量减少支出,加强资本积累,而不是炫耀自己拥有多少财富。即便我父亲成功跻身百万富翁的行列,他也从来没有品尝过一口进口的雪茄,平时都只吸国产的特拉布柯牌雪茄。这一点跟弗兰茨·约瑟夫皇帝一样,他也只吸廉价的弗吉尼亚雪茄。并且我父亲每次玩牌时愿意下的赌注总是特别小,他非常克制,坚持这样节俭的生活,坚持要过一种舒服又低调的日子。尽管相对于他的大多数同行来讲,他更体面更有教养,他是一位优秀的钢琴弹奏家,书法写得很漂亮,也会说法语和英语,可是他不愿意接受任何荣誉头

---

① 位于法国东南部,是著名的疗养胜地和旅游胜地。

衔或者荣誉职位，他这一辈子从来没有沽名钓誉地为自己安上过任何头衔，可实际上，他这样的大工业家确实担得上那样的身份地位。他从来不向别人要什么东西，不求人，也不会对别人说"请你帮我"或者"非常感谢"这样的话。他的心中有一种隐隐的自豪感和骄傲感，在他看来，这是比任何外在的风光都更重要的一部分。

或许所有人这辈子都经历过那样的时期，和自己的父亲有着同样品格的时期，我父亲不愿意出现在公众面前、希望低调生活的那种个性，现在在我身上也慢慢地显露出来了，而且越来越明显，尽管这种个性特色不符合我的职业定位，因为在某些方面来说，作家必须去宣扬自己的名字，让自己出现在公众视野中才行。但是我和我父亲一样，饱含着内在的骄傲，我也不喜欢接受所有表面荣誉。我不愿意接受任何勋章、头衔，或者学会会长的职位什么的，甚至也不愿意担任研究院院士、理事或者什么评奖单位的评委，等等。即便去参加一场豪华的晚宴，坐在桌边都会让我觉得备受煎熬。有时候因为别人的事儿，我需要去开口求人，可以想见我需要去跟对方攀谈，每逢这种情况，我在张嘴之前就结巴得说不出来话了。我确实知道，在当下这个世界，唯有通过一定的手腕和逃避才能活得自由自在，就像那位如歌德老人一样睿智的人所说的话一样："在这个时代，接受勋章和头衔可以避免遭受倾轧和毒打。"我知道在这样的世界中，我和我父亲这种拘谨低调的性格会显得多么格格不入，可是我始终挂念着我的父亲，他的性格融入了我的血液里，我没有办法去违背那种骄傲感。我们都因为低调而自豪，也就是基于这种自豪感，我一直不愿意主动去显露锋芒。如今我想在此写下对父亲的感谢，正是由于他给我留下了一笔珍贵的财富，可能也是唯一值得依赖的财富，那就是：觉察到自己的内心是自由的。

我的母亲出生于另一种家庭，她来自一个国际性的大家族。我母亲在娘家姓布雷特豪尔，她出生在意大利南部的安科纳，因此她很小就会说意大利语，那几乎是她除了德语之外的另一门母语了，每次当她跟我的外祖母或者姨妈们聊天的时候，比如要说一些不愿意让用人听到的话时，就会使用意大利语进行交谈。我幼年时候就已经对意大利烩饭、其他南欧风味的菜，以及当时很罕见的洋葱非常熟悉了。以至后来每次我去意大利，只要一下车就有一种回到家乡的感觉。只是我母亲所在的那个家族并非血统纯正的意大利人，因为我外祖父家族更希望朝着一个国际性大家族的方向发展。最开始，布雷特豪尔家族是开设银行的，他们将犹太大银行世家①作为自己的榜样，不过相对来说他们的规模要小一些。他们很早就从瑞士边境的一个小地方霍海内姆斯出发，迁居到全世界各地，有一部分迁移到了圣加仑②，还有一部分迁移到维也纳和巴黎，我的外祖父来到了意大利，还有一位舅舅去了纽约。正是由于这种国际化的观念，他们变得更体面，也拥有更广阔的国际视野，同时他们这个家族的自豪感也很强。在这样一个国际化的家族里，原来的小商人和掮客不复存在，只有银行家、经理人、教授、律师、医生等各种职业。所有的人都能同时说好几种语言。今天我还记得非常清楚，我们去巴黎的时候，在

---

① 指罗斯柴尔德家族。
② 瑞士东北部一城市。

姨妈家的餐桌上，所有人能够毫无压力地从一种语言转换到另一种语言进行交谈。这个家族非常注重自重、自爱以及互相帮助，当家族中比较穷的亲戚中有年轻姑娘到了适婚年龄时，整个家族就会提前为她筹措一大笔丰厚的嫁妆，以防这个女孩低嫁。虽然我父亲是一个大工业家，受很多人的尊敬，可我母亲也根本接受不了把我父亲家族的那些亲戚朋友和她自己的亲戚朋友们相提并论，不过好在她和我父亲的婚姻还算美满。我母亲家族那些姓布雷特豪尔的人身上，都有着一种自诩上流家族的自豪，这一点在他们所有人身上都根深蒂固。很多年以后，家族中的一个人为了表达他对我的赞同和好感，曾经非常傲气地告诉我："你确实是真正的布雷特豪尔家族的后代！"我觉得他当时说那句话的意思好像是在说："你这个胎投得倒好。"

实际上这也算是贵族的一种，犹太家族依靠自己的力量成功发迹就属于此列。我和哥哥从童年时代开始就一直对他们抱有很复杂的感情，有时觉得他们很有意思，有时候又很讨厌他们。我和哥哥总能听见他们说有些人是"高雅"的，另一些则是"不高雅"的，他们对任何人都要拼命地探究一番，追根究底去问问这个人是否出身于上流家庭，甚至要将这人的朋友、家庭成员和亲戚的出身、财产状况都事无巨细地弄个清楚。一直以来，他们通过这种议论把人分成三六九等，这几乎是这个家庭内及外部社交活动中所要谈论的全部主题。当时我和哥哥觉得这是极其滑稽的，是一种故作高雅的行为，因为归根结底，所有犹太家族之间出现阶级差别也只不过是近百年来的事情而已。所有的犹太家族都是在百年间前前后后从同一个犹太社区迁徙而来。只不过一直到很久以后我才意识到,那种自诩为上流家族的想法,在我们男孩看来的那种假贵族装模作样的表现,实际上表现出了犹太人本身性格中最本质,也最令人困惑的特点之一。所有人都会想当然地以为,一个犹太人最典型的生活目标就是发财致富,可毫无疑问,这种看法是错误的,且错得离谱。在一个犹太人看来,发财致富只是一个过渡性的阶段,是为了达成目标的方法而已,根本不是他真正的目标。一个犹太人真正所要实现的愿望,他潜意识里想要达成的理想,就是不断提高自己的才能和智力,让自己能够融入更高的文化层次之中。这种特质在很久之前就已经表现在生活在欧洲东部的正统犹太人身上了,他们认为,精神文明要比纯粹的物质利益更为高级,他们身上也比较明显地表现出犹太人的民族特点,包括各种优缺点,这种表现主要体现在:比如,在所有的犹太居民看来,一个潜心研究圣经的认真的学者,要比一个普通的有钱人更加高贵、更值得尊敬。在犹太人中间,即便是最有钱的富豪,也宁可将女儿许配给一个家境贫寒的知识分子,而不愿意将她嫁给商人为妻。在犹太的各个阶层当中,尊敬知识精英的态度都是相同的,即便是那些扛着大包小包、风雨里早出晚归沿街做小生意的贫穷小摊贩,也愿意为了自己的孩子付出,想尽一切办法也得供自己家的某个孩子去上学。如果在犹太人的家族中有一位成员取得了显著的成就,配得上知识精英这样的头衔,比如他成了教授、学者或音乐家,那么他所在的犹太家族就会以他为荣,把这种荣誉看作家族荣誉,有一种"一人得道,鸡犬升天"的意思,个人的成就就拔高了整个家族的地位。所有的犹太人内心深处都不自觉地想要成为更加纯洁的、视金钱如粪土的知识分子阶层,反而要避免有着道德瑕疵、不讨人喜欢、斤斤计较、用交易来对待世间一切、只会做买卖经商的市侩。直白一点来说,犹太人潜意识里好像要通过知识阶层的跨越来挽救整个民族在金钱中遭遇的不幸似的。所以在这种情况下,犹太家族对于财富的追逐往往在经历过两到三代人的拼搏之后就慢慢衰竭了,在整个家族发展到极为鼎盛的时期,会出现一些拒绝接管父辈产业的子孙,他们拒绝成为银行、工厂、规模巨大的或者是生意红火的商号的主人,不愿意接受父辈的积累。举个例子,之前就有一个罗斯柴尔德家族的后裔[①]成了知名的鸟类学专家,一位在金融街很有名的瓦尔堡家族的后裔[②]成了艺术史家,一位本来是德国犹太富豪家族的子孙的卡西尔,后来却变成了一个哲学家,西班牙犹太裔塞松家族[③]出了一个诗人。所有这些都并非偶然,他们都出于集体无意识,却被相同的梦想所驱赶着,一心想要脱离只顾赚钱的犹太人的小世界,去往更广阔的天地。或许这也代表了他们自己内心深处的深层追求,借助于从富人阶级到知识阶层的跨越,从而摆脱自己身上关于犹太人的小市民气质,赢得更为普遍广泛的人性。换句话来说,他们追求的"名门世家",真正的含义只是这一名词背后所指代的社会地位。严格地讲,这种名门世家是一个犹太家族通过自己的努力适应另一种文化的过程。这个家族包容、兼收并蓄,通过对世界上其他文化的适应、吸

---

① 指罗斯柴尔德家族的莱昂内尔·沃尔特·罗斯柴尔德男爵,曾是英国下议院议员,著有动物学相关论文。

② 指阿比·莫里茨·瓦尔堡,德国研究文艺复兴时期艺术的艺术史家、文化理论家。

③ 指西格弗里德·塞松,英国诗人。

收，摆脱了从犹太社区习得的犹太人的小格调、缺陷，以及狭隘思维。但是，随后因为有很多的犹太人都变成了知识分子，甚至犹太人之中大部分人都步入了知识分子的行列，而这种努力跻身于知识阶层的选择也给犹太民族带来了极为严重的灾难，就和此前犹太人拼命要逃离物质时代利益是一样的，可能犹太人的性格当中天生就是自相矛盾的吧，有一种无所适从的冲突感。

在欧洲所有的城市之中，维也纳算是最热衷于文化生活的一个。也正是由于哈布斯堡王朝统治的奥地利在长达好几个世纪的时间里都没有表露出政治方面的野心，或者采取什么军事行动，奥地利这片土地才会如此的繁荣昌盛。而对于国家和民族的骄傲和自豪，自然而然就通过追求艺术造诣表达出来。哈布斯堡帝国曾经一度统治过古老的欧洲，在这片土地上，战略位置最为重要的几个地方，比如意大利、德意志、佛兰德斯、瓦龙等，都已经慢慢衰败，可维也纳这座首都却一直是整个世界的宝地，守护着上千年的传统，在古老的历史文化中闪耀着迷人的光辉。过去罗马人为这座城市建造了城墙，将维也纳当作抵御外族入侵和捍卫拉丁文明的先锋要塞。一千多年以后，奥斯曼的军队冲向了西方，把这座城墙毁坏殆尽，尼伯龙根人[1]也曾经来到过这里；有七位伟大的音乐巨星都曾来到过这里——格鲁克[2]、海顿[3]、莫扎特、贝多芬、舒伯特、勃拉姆斯[4]、约翰·施特劳斯[5]，他们都在这

---

[1] 出自民间传说，这里指德国南部的人。
[2] 德国人，创作歌剧百余部，对西方歌剧影响颇深。
[3] 奥地利作曲家，是一位维也纳古典乐派的代表人物。
[4] 德国人，曾创作《第一交响曲》，被誉为"贝多芬第十交响曲"。
[5] 奥地利作曲家，被誉为"圆舞曲之王"，其代表作是《蓝色多瑙河》。

里展露出才华并逐渐声名鹊起；这里是欧洲各种文化潮流的聚集之地；不管在宫廷贵族之中还是在民间，德意志的文化传统都与其他地方，比如斯拉夫、匈牙利、西班牙、意大利、法兰西、佛兰德斯等各个国度的文化血脉相连。而这座被称为音乐之都的城市——维也纳，将所有差异极大的文化融合在一起，使之汇聚并诞生了极其特殊且吸引人的奥地利文化及维也纳文化。维也纳天生就是兼容并包的，它可以敏感地觉察到一切外来文化的进入，并吸纳其他文化的优势，坦然地接受外来事物的影响。正是由于它的吸引，那些个性完全不同的人才能来到这里，在这里，他们放松了身心，融洽交流，并碰撞出思维的火花。这是一个百花齐放、兼容并包的社会环境，在这种融洽的思想氛围中，每个人都觉得相当舒适。而生活在这个城市中的居民，都在文化的熏陶中慢慢变成了超越民族主义意识的人，每个人的视角都是国际化的，是世界主义者，是视野开放的世界公民。

我们只从维也纳这个城市的外观中就已经可以感觉到这一点——城市之中兼容并包的氛围——就仿佛交响乐中柔和的过渡音一般，维也纳城市拥有200多万居民，在上百年缓慢的发展之中，它从内城循序渐进地向四周扩张了不少。整个城市中的人口也达到了一定的量级，完全是一座大城市了，所有的豪华消费和人民的日常所需都能得到满足，可是它还保留着原始的自然景色，并没有像伦敦、纽约一样完全变成钢铁之城。维也纳城市最边缘还保留着一些乡村的房屋，倒映在多瑙河清澈的流水之中，十分美丽。那些园舍有的建在广阔的平原上，有的在园林和田野之上，甚至在草木葱茏的阿尔卑斯山脉的平缓斜坡上都可以看到这种建筑。在这座城市中，人们完全忽略了自然景色和城市的分界线，不需要分清哪里是城市的起源，自然和城市交融在一起，十分和谐。可是来到内城的时候，人们又会觉得这座城市的平面发展就好像一圈圈成长着的树的年轮似的，一切都是层次分明的。先是最外的古老要塞上有一条环绕了整个城市的大路，大路边有无数华丽的建筑，而被环绕在最中间的那一片就是城市的中心，也就是高贵的朝廷要员及贵族们居住的古老宫殿。这些历史遗迹记录着维也纳已经逝去的历史，在利希诺夫斯基侯爵[①]府上，贝多芬曾纵情演奏；在埃斯泰尔哈吉家族[②]的府邸，海顿曾是这里的座上宾；在那所古老的维也纳大学，海顿所作的《创世纪》进行了第一场演出；耸立着的朝廷城堡[③]见识过历代皇帝的更迭；拿破仑曾经来到过维也纳的美泉宫[④]；基督世界的诸侯们也曾在圣斯凡特大教堂里下跪，为欧洲人拯救土耳其人的战争而祷告。这座维也纳大学的城墙之外，在种种古老的宫殿之间，有许多雄奇辉煌的新建筑，有彻夜亮着灯的商店，还有流光溢彩的热闹的街道。但是在这个城市里，旧的建筑和新的建筑并不冲突，旧有的建筑已经融入自然，就好像一切都是理所当然的，石块掉下来也不会埋怨是大自然对它的残忍抛弃，一切都是顺理成章的。环境好，所以住在这座城里的每个人都心情愉快。维也纳

---

① 神圣罗马帝国贵族世家成员，居住在维也纳。其家族成员爱德华·玛利亚·利希诺夫斯基撰写过一部八卷本的《哈布斯堡家族历史》。
② 马扎尔贵族世家，18世纪匈牙利最大的领主，家族成员在政府、外交、军界等担任要职，家族中的显贵曾居住在维也纳。
③ 哈布斯堡王朝的皇宫建筑群。
④ 哈布斯堡王朝的夏宫。

也是非常好客的，对于所有外来的人都欣然接受并送上自己的一切。这里到处都充满快乐，就好像到了巴黎一样，只不过维也纳的自然景观要比巴黎更好一些，生活也更自然。众所周知，维也纳是为享乐者所修建的城市，而我们所说的文化，就是用美好、温柔又奇妙的艺术和爱情去给赤裸裸的物质生活增添上浪漫美妙的神采。在这里可以吃到美味的食物，打开一瓶极好的葡萄酒，再尝一尝微苦的鲜啤酒，还有各种各样精美的甜品和蛋糕，一切享受都那么惬意。不过在维也纳盛行一种非常特别的艺术，就是关于音乐演奏、舞蹈、戏剧、社交、谈吐修养、仪表风度的艺术。在这座城市，不管在个人生活还是在社会生活当中，最重要的事情永远不是军事、政治或者商业什么的，任何一个普通的维也纳市民，每天早上打开报纸，第一眼要看的并不是国会上演了怎样的辩论戏码，或世界上又发生了什么大事，反而是要细细研读皇家剧院准备上演的曲目。其他城市的人甚至可能无法理解这座皇家剧院在维也纳人的生活中占据着多么重要的地位——这家名为城堡剧院[①]的皇家剧院，在奥地利人和维也纳人看来，不只是一座供演员出演各种戏剧的戏台，而且是一个融汇了大千世界的小天地，是整个世界五彩光芒的反射，人们可以从中看到社会和自身。人们把这座剧院当作唯一一个具备高雅修养和艺术底蕴的教导者，一个真正从宫廷里出来的近臣，普通群众通过将皇家演员的表演作为榜样来树立自己的学习目标：一个人如何穿着打扮才是得体的，如何优雅地走进房间，说什么样的话更妥帖，一个品格高尚且十分有趣的男人应该使用何种言辞而避免说出哪些

---

① 维也纳城堡剧院又名皇家剧院，建于19世纪，是维也纳国家剧院。

不恰当的话。在这里,这个舞台不只是一个给人们带来娱乐的地方,而且是一本活色生香的教科书,教每个人去仿照、去学习合适的发音以表现出优雅坦然的模样。在普通人看来,所有那些只要跟皇家剧院有点关系的人就好像头顶着圣光似的,总是令人敬畏,散发出耀眼的光辉。我们常常可以在维也纳的大街上看到这样的情形:特别有钱的富豪随意地走在街上,没有任何人会回头望他们一眼,可倘若是皇家演员,无论是男是女,也无论是唱歌剧的还是怎么样,只要他们从街上走过,街边任何一个卖货的服务员或是马车夫都能准确地认出他们。如果男孩子们亲眼见到某个知名演员(那时候大家都会搜集名人的签名和照片),就会非常高兴,得意扬扬地炫耀很长时间。这种崇拜有点类似于宗教性质的崇拜了,甚至会爱屋及乌到这些演员身边的人。奥地利著名男演员索嫩塔尔的理发师、著名男演员约瑟夫·凯恩茨的马车夫都是当时众人艳羡的人物,大家都觉得他们很体面。年轻的男孩子们则拼命模仿演员们的衣着,并以和他们穿上同款为荣。某位著名演员的生日或者去世的日子比其他一切政治大事件都要吸引眼球。在维也纳创作的每一位作家心怀的最大梦想,就是将自己的作品搬上城堡剧院的舞台,这就意味着他变成了一个高贵的人,从此之后他能够享受到一些特殊的荣誉,比如,他可以获得这个剧院的终身入场券,他会收到在这个剧院上演的所有公演剧目的请柬,或许还会成为皇族宴会上的座上宾。直到今天,我还记得自己亲身经历过这样的事情,那是极为隆重的待遇。在某一天的上午,城堡剧院的经理叫我去他的办公室,首先对我表示了祝贺,然后对我说,我的剧本已经被城堡剧院接受了,可以在他们剧院上演。晚上我回到家之后,我发现他还专程到我的住所留下了名片:那时我才26岁,他居然对我这个年轻人进行了正式的回访。当我正式成为皇家剧院的一名作者,一下子就变成了炙手可热的上流人物,甚至他需要以对待皇家学院院长一样的高规格来对待我。除此之外,在剧院发生的任何一件事情都与生活在城中的人直接或间接有关,有的时候甚至毫不相关的人也会受到影响。举个例子来说吧,我现在还能想起这样一件事,那是在我少年时代,有一次我们家的厨娘眼含热泪、脚步踉跄地走进房间,对我们说,她刚才和人聊天,听见别人说当时城堡剧院的著名女演员夏洛特·沃尔特去世了。她为这件事如此悲伤,简直令人有些摸不着头脑,毕竟这位老厨娘几乎不认识字,也从来没有去过高尚典雅的城堡剧院,甚至不管在任何舞台或日常生活中,她都没有见过夏洛特·沃尔特本人。换句话说,在维也纳,人们会认为全国知名的女演员是整个城市的文化财富,她是属于集体的,因此,这个女演员之死也会让一个与此无关的人觉得无比悲伤。那时候只要有受人敬重的音乐家或者艺术家离世,就会让全国人民为之悲痛欲绝。我还想起这样一件事,之前老城堡剧院上演过莫扎特的一出戏《费加罗的婚礼》,后来当这座老剧院即将拆毁的时候,整个维也纳的社交圈里都静默得不像话,每个人都死气沉沉、神情肃穆,却又激动不已地聚集在城堡剧院的大厅里。剧目刚演出完毕的时候,所有人就都冲上舞台去,只为捡一片舞台地板上的碎片,他们非常喜欢的艺术家曾经就在这块地板上演出过,这是他们用来纪念的珍贵宝物,并且在几十年以后,人们还会发现,这种地板碎片还出现在好几十位市民的家中,用精致的小盒装着，就仿佛神圣的十字架碎片一样被人们当作自己的信仰。后来，当伯森多费尔音乐厅①被拆掉的时候，我们每个人也都像这次一样丧失了理智。

记得那一座音乐厅是专供演奏室内乐的，本来是一个很小的地方，看上去不怎么起眼，也并非什么艺术性建筑。早年间，它是列支敦士登侯爵②的骑术学校，后来进行了改建，只是在墙壁上镶了一些木板以满足音乐室回声的需要，看上去也比较简陋，一点都不华丽，可是它的存在就好像一把古老的小提琴一样，始终牵动着维也纳城中所有音乐爱好者的心。对于爱好音乐的人来说，它简直是圣地，毕竟此前肖邦③、勃拉姆斯、李斯特④、鲁宾斯坦⑤等人都在那里举行过音乐会，还有很多四重奏的首演都是在那个小音乐厅举办的。如今，由于要新建一座实用性的建筑，必须把它拆除，这对于我们这些曾在音乐厅里度过很长时间且保有珍贵回忆的人来说，太难接受了。因此在最后一场演奏中，当贝多芬的乐曲渐渐消失的时候（当时是由红玫瑰四重奏组进行演奏的，他们的演奏相当出色，远超任何一次表演），所有维也纳人都不愿从自己的位置上离开，我们为精彩的演出大声喝彩、鼓掌，有一些女人因为情绪太过激动还哭了起来。谁都不能接受，

---

① 伯森多费尔，奥地利著名钢琴制造家，古典乐派代表人物之一，其子在维也纳建造伯森多费尔音乐厅，成为室内演奏和钢琴演奏的中心。

② 列支敦士登侯国的君主，其领地位于瑞士和奥地利之间。

③ 波兰人，世界著名钢琴家、作曲家，著名曲作《告别圆舞曲》《葬礼进行曲》等广为流传。

④ 匈牙利人，有着高超的钢琴技艺，首创"交响诗"体裁。作品有《浮士德交响曲》《但丁交响曲》《匈牙利狂想曲》等。

⑤ 俄罗斯钢琴家，后创办圣彼得堡音乐学院，任职院长。

也不愿相信我们即将与这个音乐厅告别，最后直到大厅里的灯光暗下来，我们知道这是为了驱赶我们离开，可是在那里等待的四五百名音乐爱好者都不肯从位子上起身，我们坐在那里一动不动地待了半小时、一小时，仿佛这种静坐能够保留住这座古老神圣的大厅，拯救它不被毁灭。我们青年时代还在读大学的时候，还因为反对拆毁贝多芬临终时住过的房子而进行了请愿游行，通过各种文章进行批斗反抗，那时候我们做过很多类似的事情以进行斗争。要从维也纳古老的建筑中拆毁任何一片，都仿佛使我们的灵魂遭受了暴击，剥夺了我们一部分珍贵的回忆。

　　在维也纳，不管是社会的哪一个阶层，几乎都可以看到这种对艺术（特别是戏剧艺术）的热情。就像我前面所讲的那样，因为有着上百年的传统，维也纳本身就是一座有着清晰的阶级分层但其内在融合又相当好的城市。皇家宫廷控制着整个社会的舆论，因此那时候的宫廷城堡不仅在空间上占据了整个城市的中心，同时也是哈布斯堡帝国民族文化的中心。在那座宫廷城堡四周，围绕着来自奥地利、波兰、捷克、匈牙利的大贵族的府邸，在某种意义上，我们可以认为这是维也纳的第二道围墙。在围墙之外，有着许多地位稍低一些的贵族、高级官吏、工业家和由名门望族所组成的上流社会的房子，再往外就是聚集的小市民阶层和无产阶级所居住的地方。所有不同社会阶层的人都分别生活在专属于自己的社会圈层里，每个人都生活在特定的区域之中。在城市的最核心区，大贵族们住在自己的府邸；而第三区则居住着外交使团，环城大道附近是工商业人士。从第二区到第九区的内城区则分散着小市民阶层，无产者住在整个城市的最外围。可是，这座城市的所有人都会在城堡剧院或者盛大节日的街头相互遇见，彼此交流。举个例子来讲，维也纳第二区普拉特绿化区[①]在举办鲜花彩车游行的时候，有数十万人围在外面，热情地为坐在富丽堂皇的马车里的上万名上流社会的人再三喝彩。在维也纳，庆祝的理由无穷无尽，一切都被色彩和音乐所占领，宗教游行、基督圣体节、军事检阅、皇家音乐等都是如此，即便是举行葬礼，场面也是热闹宏大的。那时候的维也纳人都非常尊重礼节和习俗，举办葬礼的排场非常大，送葬人也很多。或者我们说得直白一点，一个真正的维也纳人的葬礼，在其他人看来则是一场可以长见识的盛会。这所有一切声色和节日的氛围打造了维也纳全城的人相同的气质，无论是在舞台上的生活还是在现实生活中，人们对于节日的爱好和对戏剧般生活的兴趣都是一样的。

维也纳人特别喜欢讲他们喜欢的演员在生活中的鸡毛蒜皮的琐事，有的时候简直有些离谱——他们特有的戏剧癖有的时候甚至会遭人耻笑；相对于邻近国家德意志帝国的坚毅刚强，我们奥地利对政治不感兴趣，也不在乎经济的落后，实际上造成这一局面的原因之一，可能就是国家城堡里的人太讲究享受了。只是，维也纳居民对艺术的特殊重视，也让我们在文化上取得了大放异彩的成就：首先，我们尊重任何一种艺术成就；其次，在长达好几个世纪的艺术熏陶之下，我们的鉴赏能力几乎无人能比，而这样的鉴赏能力，反过来又促使我们在所有与文化相关的领域都达到了相当高的造诣。艺术家们总喜欢待在让自己感受到尊重和敬意的地方，一个城市的人们越是崇拜他，他就越愿意来

[①] 位于多瑙河畔，今已成为著名的公园。

这里。而艺术总在参与到全民的生活之中的时候才能到达其顶峰。就好像文艺复兴时期的佛罗伦萨和罗马一样，吸引了一大批画家并将其造就为时代的巨擘——每个画家都觉得自己需要在艺术中大肆竞争，和别的画家一争高低，进而不断提高自己的艺术水准，所有维也纳的音乐家和演员也都明白自己在这个城市中的价值所在。他们对待维也纳歌剧院和城堡剧院的演出都是认认真真绝不疏忽的，只要演奏错一个音符，观众都能立即听得出来。而且只要出现了不恰当的节拍，大家就会对艺术家们大加指责。在这里，不仅仅是首演的时候得接受评论家们专业严苛的监督，日常也得接受因为耳濡目染而变得极富鉴赏力的维也纳观众的评说。由于每天都在接受艺术的熏陶，人们的耳朵变得非常敏锐，并且在不间断的对比当中变得越来越挑剔。相对来说，维也纳的政治、行政管理和社会风气都还是稳定安宁的，所以即便生活中有什么不合时宜的地方，维也纳人也都不会太过追究，遇到不合常理的事情也都能坦然接受；可在艺术方面，他们从不肯容忍半点差错，在他们看来，这是关乎整个城市荣誉的事情，任何一个歌唱家、演员或者音乐家在这座城市中都要使出浑身解数去竞争，否则就如逆水行舟不进则退，被淘汰出这座城市。所以在维也纳，能变成明星已经是相当厉害的事情了，始终保持自己靠前的地位更是相当不易，不能有一丝一毫的放松。任何一位待在维也纳的艺术家都理解这种监督的作用，明白群众时刻都在关注着自己，所以他们只能不断鞭策自己去取得更好的成绩，这也进一步推动维也纳的艺术水平几乎发展到了无人能敌的高超地步。我们城中的任何一个人，从年轻的时候就已经习惯了这一切，一生中常常用最严苛的标准去衡量其他艺术家的演出。记得在过去那些年，古斯塔夫·马勒①管理之下的歌剧院纪律严苛，交响乐团的音乐演奏家们会非常自然地认为，激情和认真是密切相关的。对于已经了解到这种情况的人来说，估计会很难满意任何一次戏剧或者音乐演出。只是，我们正是从这样严苛的态度中学会了更加严格地对待自己的每一件艺术品。当时的艺术家们是我们效仿的榜样，在想要成为艺术家的人看来，世界上只有极少数的城市才具备那样严苛的要求和不凡的成就。在维也纳民间，正确的音乐节奏感和悠扬起伏的乐理知识都已经普及了，所以即便是一个只在小酒馆里闲坐的市民，也希望乐队能够提供更高水准的音乐，就如喝酒的时候一定要让掌柜的给他送上美味葡萄酒一样。甚至普拉特公园里的普通人只要听到军乐的声音就能快速分清这是哪支乐队的表演，是德意志大师还是匈牙利人出演的。最有意思的是，在维也纳生活的人仿佛都是从空气中得到了熏陶并获得了音乐的节奏感。举个例子来说，我们这些致力于文学创作的人在散文写作中也注意表达出优美的音乐节奏感，有些人则是在他的社交礼仪和日常生活中把这种音乐节奏感表达出来。

如果一个维也纳人不具备艺术感，也没有丝毫的礼仪规矩，让他出现在上流社会无疑是匪夷所思的。即便是生活在社会最底层的、最贫穷的维也纳人也会本能地渴求美的品质，这种人生意趣来源于维也纳自然环境和城市人文特色的双重熏陶。倘若一个居住在维也纳的人并不热爱文化，或者失去了安逸享受低调生活

---

① 奥地利晚期浪漫派作曲家和杰出指挥家。

的态度或审美，那么就不能说这样的人是一个真正的维也纳人。

因此，学会适应这样的民族环境，或者说和自己所居住的这片土地融为一体，是整个犹太人奋斗的目标，这不仅仅是对自我的保护，同时也是基于内心深处的渴求。他们希望建造属于自己的家园，希望获得安宁、休养生息与和平，希望能够将陌生的地方变成熟悉的家乡。于是他们就非常热情地从身边的文化中吸收一切，并把这些与他们自己联系起来。在这方面，似乎只有15世纪的西班牙能够与奥地利相提并论，任何一个国家都没有这种兼容并包的特点，且能做得如此出色、富有成效。犹太人来到帝都维也纳定居已有两百多年了，在这里，与他们相遇的是一群喜欢自由、渴望和睦相处的维也纳人，虽然表面看上去不太在乎特殊的礼节，可是他们内心深处所蕴藏着的是对精神和审美价值的深刻本能。犹太人觉得这些对自己也相当重要，或者说，来到维也纳的犹太人获得了更多的机会，他们重新发掘了自己的另外一项使命。在19世纪的奥地利，由于某些缘故，皇室和贵族不再充当传统和艺术的保护者与赞助者。18世纪的时候，玛利亚·特蕾西亚女皇[1]曾请来格鲁克教导她的女儿们学习音乐；约瑟夫二世[2]则是一个精通作曲的人，他曾经和莫扎特认真讨论过其创作的歌剧；利奥波德二世[3]曾经自己写过曲子；可是后来接任皇位的弗兰茨二世和斐迪南一世对艺术没什么兴趣，现在统治着这个国度的皇帝弗兰茨·约瑟夫一世在位的80余年里，根本不喜欢

---

[1] 奥地利女皇，在位期间（1745—1765年）使古老的哈布斯堡王朝重现并焕发了活力。

[2] 奥地利皇帝，在位时间是1765—1790年。

[3] 奥地利皇帝，在位时间是1790—1792年。

读书，除了在手里拿过阅兵队的花名册以外，从来没有人见到过他拿着书出现，甚至他还非常讨厌音乐。与这种态度相一致，许多大贵族也都不愿意为艺术和文化提供赞助了。在过去都出现过大贵族将文学、音乐和知识精英奉为座上宾的时代，比如埃斯泰尔哈吉家族曾在家里宴请海顿；洛布科维茨侯爵[①]、金斯基家族[②]、瓦尔德施泰因家族都曾想尽办法争取贝多芬作品的首演机会；伯爵夫人图恩还曾经出言恳求过贝多芬，希望这位音乐精灵不要将歌剧《菲岱里奥》[③]从歌剧院的演出节目单里删除……可是如今已经不再是那样的黄金时代了，一切也不会再来。即便是优秀如同瓦格纳[④]、勃拉姆斯、约翰·施特劳斯或者胡戈·沃尔夫[⑤]这样优秀的知识精英，也都已经很难从大贵族那里获得丁点儿资助了。市民阶层为了维护交响乐原有的艺术水平，为了让画家和雕塑家继续生存下去，就想尽办法来帮助他们，给予他们支持。而正是由于犹太民族在市民阶级中低调的自豪感和不同寻常的抱负，让他们始终奔走在维护维也纳灿烂文化的最前沿。他们一直很喜欢这座城市，下定决心要在这座城市里定居下来，所以他们觉得，唯有表达出自己对维也纳艺术的热爱才能真正成为维也纳人，才能对得起养育他们的一片故土。还有一个原因就是，犹太市民阶层

---

① 波希米亚贵族世家。此处是指奥尔格·克里斯蒂安·洛布科维茨侯爵，波希米亚大领主，奥地利政治家。
② 波希米亚贵族世家，家族成员多活跃在奥地利外交界。
③ 贝多芬所作歌剧，在维也纳首演。剧情取材于《莱奥诺拉》。
④ 德国作曲家，代表作有《罗恩格林》《尼伯龙根的指环》《众神的黄昏》等。
⑤ 奥地利人，著名作曲家。

也只有在艺术方面能有所建树，毕竟在其他公共生活中，他们能发挥的余热也少得可怜。皇室的权威和光耀遮蔽了所有私人财富的光辉，任何人都无法与之相提并论。国家高位领导都是世袭罔替，贵族把持着外交界的首把交椅，名门望族则占据着军队和各种高级官员的职务。不过话又说回来，这虽然是一个很难实现的奢望，但实际上犹太人本身也不希望进入这种钻营的特权阶层。他们非常讲风度地尊重这种特权的存在，认为这是合理的。举个过去的例子来说吧，现在我还记得一件事，我父亲这一辈子都不愿意到扎赫大饭店吃饭，这并不是因为他节约的生活习性——相比其他几家大饭店，扎赫大饭店价格只是稍贵一些，我们能够承受。他不愿意去，是因为他天然就对那里抱有敬畏的心情，他认为在那样的饭馆中，邻桌随时可能坐着一位施瓦岑贝格亲王或洛布科维茨侯爵，和他们共同进餐十分尴尬，不符合礼仪。在维也纳，大家只有在艺术方面才会觉得平等，拥有同样的权利，可以说，爱护艺术是维也纳人共同的义务。在这方面，犹太资产阶级竭尽全力，他们通过自己的努力和资助为维也纳文化做出了巨大的贡献。他们是艺术文化最忠实的观众、听众和读者，他们喜欢到剧院、去音乐厅、去买各种各样的书和绘画、去参观各种各样的展览，他们没有受到太多的传统束缚，想法也更多，所以在很多场合中都变成了创新者和革故鼎新的先锋。19世纪前后，维也纳大部分艺术珍品的搜集工作是由犹太民族来完成的，而在艺术方面所进行的任何尝试也似乎只有通过犹太资产阶级才能完成。倘若没有他们在艺术和文化领域的浓厚兴趣和不懈追求，只是依靠贵族朝廷以及醉心于赛马打猎而对艺术非常藐视的沉迷于宗教的百万富翁们,那么维也纳在艺术方面的发展必然落后于柏林,正如在政治方面奥地利远远比不上德国是一样的。如果有什么人想要在维也纳进行艺术创新,或从外地来到维也纳找到自己的至交好友,那么就只能依靠犹太资产阶级的帮助。我还记得在反犹太主义思潮横行的时期,曾有人进行过一次尝试,可能也是唯一一次吧——有人想要创立一家以德意志为首的民族剧院,但是根本没有人愿意为这家剧院做编剧,也没有演员和观众,没到几个月,这家民族剧院就开不下去了。而人们可以通过这一具体的事情看到这样的情况:现在所称颂的19世纪的维也纳文化,有90%是由生活在维也纳的犹太人培养起来的,甚至可以说是犹太人创造出了维也纳文化。

我们不难看出,在维也纳生活的这些犹太人也正是在19世纪的末尾几年才热烈地活跃在艺术领域,当时生活在西班牙的犹太人则不得已接受了艺术可悲的消失。诚实地说,这种艺术的出现不可能只来源于犹太人的特殊性,而是博采众长产生的一种特殊的风格表现;而在这些特点当中,奥地利风格和维也纳风格是最清晰可见的。从音乐创作来讲,戈德马克[1]、古斯塔夫·马勒和勋伯格[2]成为国际闻名的大人物;在圆舞曲和轻歌剧方面,奥斯卡·施特劳斯[3]、莱奥·法尔[4]、卡尔曼[5]使得这些传统重新繁荣

---

[1] 奥地利人,作曲家,作品有《示巴女王》《乡村婚礼交响曲》等。
[2] 奥地利人,作曲家、音乐理论家,奠定了十二音体系写作法的基础。
[3] 奥地利人,作曲家,以轻歌剧和喜歌剧的乐曲创作闻名于世。
[4] 奥地利人,作曲家,是新轻歌剧作曲家代表人物。
[5] 匈牙利轻歌剧作曲家。

起来；维也纳文学方面，霍夫曼斯塔尔①、阿图尔·施尼茨勒②、贝尔·霍夫曼③、彼得·阿尔滕贝格④等人使其能与欧洲文学水平相比肩，而此前以格里尔帕策⑤和施蒂弗特⑥为代表的维也纳文学从未达到如此高度。因为索嫩塔尔、马克斯·赖因哈特⑦，维也纳的城市戏剧再一次被全世界所熟知。虽然维也纳大学已经世界闻名，可弗洛伊德以及科学界的权威人士也极大地扩大了其声名。那些犹太人成为维也纳的学者、艺术家、画家、导演、建筑师、新闻工作者以及其他各个专业领域的人士，在整个社会的文化生活中拥有至高无上的权利和地位，正是由于他们十分热爱这座城市，迫切渴望融入这座城市，他们努力让自己进入社会运转中去，以能为奥地利的发展付出为荣，他们认为自己的使命就是为奥地利的发展做出一定的奉献。确实，我们在此还要实事求是地强调一下，当今在欧美世界风行的音乐、文学、戏剧以及工艺美术等，人们都说这是让奥地利文化重获生命的新内容——我要说，有很多维也纳犹太人对此做出了不可忽视的贡献。而也就是在这种把此类内容传播进奥地利的过程中，犹太人通过自己的努力实现了至高的精神文化追求。长达几百年以来，犹太人的智慧在维也纳都无从发展，他们的传统也变得越来越衰落了，直到此时才又一

---

① 奥地利诗人、剧作家，代表作有《生命之歌》《花花公子》。
② 奥地利剧作家、小说家，代表作有《阿纳托尔》《轮舞》《古斯特少尉》等。
③ 奥地利作家，20世纪初维也纳后期印象派及新浪漫派文学的代表，代表作有《格奥尔格之死》。
④ 奥地利散文家，"一战"前在维也纳很出名。
⑤ 奥地利著名剧作家，代表作有《太祖母》《萨福》等。
⑥ 奥地利小说家，中短篇小说颇受赞誉。
⑦ 奥地利著名话剧演员、导演，后流亡美国。

次焕发出生机。但是进入20世纪，出现在这几十年里的、想要强行将一个国家民族化的恶意才是对维也纳最大的亵渎和侮辱，因为这座城市之所以伟大，正是由于它的文化是五彩斑斓的，是多种文化在这里融合后的一个结果。可以说，这是因为这座城市已经形成了超越民族性的文化，也就是普适性的人性文化。维也纳这座城市所具备的天赋，完全是一种类似于音乐才能的天赋，一直以来，它把民族和语言相对的一切矛盾内容都和谐地融合在一起，它兼收并蓄，接纳了所有的矛盾，甚至在维也纳可以看到西方一切文化的特点，维也纳文化就是所有西方文化的融合。生活在维也纳或在这里任职的人，都觉得自己已经不带有任何狭隘的偏见。甚至在整个欧洲，维也纳人无疑也是最包容的。据我自己的认识，我之所以能够把欧洲共同联合这个目标当作自己心中至高无上的梦想，还对此怀有极大的热忱，或许在很大程度上都是因为维也纳这座城市给予我的影响——早在马可·奥勒留①时代，它就保留了罗马大开放的精神，包罗万象，兼容并包。

在维也纳这座古老的城市，人们幸福地生活着，过着无忧无虑的日子，可是北边的德国人却对他们虎视眈眈，虽然他们是多瑙河边多年的邻居，可是德国人始终对这座城市十分恼怒和藐视。在他们看来，邻居维也纳没什么才能，也没有雷厉风行的干劲，只愿意吃吃喝喝享受生活，或者把时间花费在节日和剧院

---

① 161—180年的罗马皇帝，势力延伸到多瑙河畔，据说因瘟疫死于今维也纳附近。

里，还醉心于超凡的音乐。而维也纳人也不喜欢德国人，因为在他们看来，德国人太过能干了，他们超强的奋斗欲会让其他民族的生活都变得特别痛苦，每天都陷在焦虑中不可自拔，而且德国人试图凌驾于所有人之上的疯狂野心和奋起追赶的心态，也很难让维也纳人产生共鸣，维也纳人最喜欢的是悠闲地去了解琐碎的事情，他们习惯于平安宁静地过日子，让每一个友善的人都能在人与人之间友好或是漫不经心的氛围中得到自己想要的平静。在维也纳流传过这样一句著名的原则——"好好过自己的日子，也要让别人过他们的日子。"在我看来，直到今天，它依然是一个比所有命令都更富有人性光辉的原则，过去，这个原则在维也纳所有的社会阶层中都被遵循着，不管是富人还是穷人，捷克人还是德国人，犹太人还是基督教人，都可以平安共处，虽然他们偶尔也会彼此嘲讽，可大部分时候都相安无事。即便是在某些政治和社会运动当中，彼此之间也并非残酷的仇敌，这种仇恨的意识是在第一次世界大战之后才逐渐进入这个时代的血液中来的。过去在奥地利，人们即便在互相批评的时候也会非常得体，国会议员们会在报纸上吵架、互相攻讦，像西塞罗[①]一样发表长篇大论的演讲，可那样的场面结束之后，大家依然会在同一个桌前喝酒、品咖啡，还会以平和的口吻称呼彼此为"你"。即便是最不喜欢犹太主义政党的党魁卢埃格尔被推选为维也纳的市长，他在跟许多犹太人的私交方面也跟以前没什么不一样。我自己也必须承认这一点，我虽然是个犹太人，可是在整个社会中，无论是在学校还是文学世界里，都没有遇到任何的歧视，一切都是平安无

---

① 古罗马政治家，擅长演说。

事的。那些年我们看到的报纸上可没有每天都充满了国家民族派别之间互相仇恨的怨气，那时候人和人、国家和国家之间并没有被仇恨完全隔离，老百姓在社会生活中表达出来的想法和愿望也并不像今天这样强烈到令人厌烦。那个时候，所有人都觉得个人自由是理所当然的，可现在如果还这样想就太讽刺了。那时候的人并不像今天的人一样，把宽容当成软弱，他们认为宽容是一种道德上的勇气。主要是因为我出生的那个时代是一个平和的世纪，并非燃烧着种种激情的世界。在那个世界里，一切都是层次分明的，阶级明确，秩序井然，一切都是从容安稳的。那时候机器、汽车、电话、无线电、飞机等新的科技力量的发展还没有打乱人们的日常节奏，岁月和年龄依然充当着一定的社会尺度，人们的生活也非常平静祥和。今天，我坐在这里努力去回想过去我童年时代见到的那些成年人，发现我对他们的印象最清晰的是他们中有很多人很早就发福了，包括我的父亲、我的叔伯、老师、商店里的售货员、弹奏乐器的教堂交响乐团演奏员。当他们40岁的时候，每个人都是气度不凡、大腹便便的。他们迈着缓慢的步子，优雅得体地说着话，还一边抚摸花白的胡子。只是，胡须发白有的时候代表着一种尊严，一个社会中非常稳重的男性需要主动去避免一些不太得体的青年人的习气，要避免显得自负。我认真回想过很多遍，但无论如何都想不起在我童年时代见过我父亲匆忙上下楼梯或表现出任何惶恐不安的举止，那时候他甚至还没到40岁。我父亲他们的那个时代，匆忙和慌张是一种不优雅的象征，并且实际上也没什么必要。在当时的社会，所有人都有自己的小保险，每个人都有所依靠，市民阶级认为那是一个相当稳定的世界，从来不会有什么突然的事情发生，即便外部世界有什么灾难爆发，也不会打破人们已经建造起的保险围墙，影响日常生活。那时候发生过的英布战争①、日俄战争②，甚至巴尔干战争③，都没有对我父母的生活造成一丝一毫的影响。当时报纸上所有的战情报道对他们来说就是娱乐信息，他们就像阅读体育专栏一样随便翻一翻就过去了。而且说真的，奥地利这个国家之外即便发生了什么事情又跟他们有多大关联呢？会影响到他们的日常生活吗？他们生活在那时的奥地利，那个时代实在太平静了，国家没有被推翻的威胁，货币也不会突然就贬值。在那个时候只要证券交易市场放出股票下跌4%~5%的消息就算大新闻了，人们就会认为存在破产危机了，面对这种情况，人们会皱着眉头忧愁地谈论起这场事故。而且那个时候也会有人发牢骚说税收太高了，可实际上那种牢骚是一种习惯，而非真的觉得税收太高。实际上，相比于第一次世界大战之后的税收，当时的国家税收太低了，简直就像只给国家点小费而已。在当时那个时代，人们习惯性地把自己的遗嘱写得清清楚楚，教会自己的子孙如何保留家产，不让财产有所损失，仿佛在写下一张能够永远保证子孙后代优越生活的债券一样。于是他们每个人都怡然自得地生活着，即便出现些什么波澜让他们小小地吃惊一番，那也不过是抚摸小动物一样略微意外的心情而并非惊吓。因此当我现在偶然找到一张旧报纸，回想起过去曾经读过一次关于区议会选举的振奋人心的

---

① 又称"布尔战争"，是英国对南非布尔人的战争，目的是争夺南非领土和资源。
② 1904年爆发，是日本和沙俄为争夺中国东北和朝鲜半岛而进行的战争。
③ 巴尔干同盟反对土耳其的战争，"一战"爆发的前奏。

文章，或回想起在城堡剧院演出时出现的一些无足轻重的小细节引发我们讨论的事情，抑或回想起我们青年时代总针对一些毫无价值的事情进行热烈争吵的时候，我就忍不住会笑，是啊，当时的人们是没有忧虑的，那是一个什么都不必担心的时代，当时人们关注的就是这些鸡毛蒜皮的事情，那个世界实在是太平静了呀！我的父母和祖父母那辈人非常幸福地生活在那个时代，他们这一辈子都无比平静、祥和、顺利且清清白白。但是从另一个角度来讲，我也说不清楚自己是否羡慕他们那种生活，因为他们的生活仿佛是天堂一样，对人世间所遭遇的种种痛苦、命运的险恶和不可抗拒的神秘力量一无所知，他们根本看不见引发一切焦虑和危机的本源，甚至那些危机变得越来越严重时，他们也还是毫无觉察。正是由于他们过着富足平静又舒适的生活，而且安于那样的生活，于是从没有居安思危，意识不到生活可能会突然换一种模样，变成一种沉重的负担，甚至会成为一种让人们非常紧张的压力，要不断面临许多意外之事，不停地面对天翻地覆的变化。正是由于自由主义和乐观主义对他们的影响，他们绝不会想到在接下来的任意一个将来，某一天晨光刚刚照亮大地的时候，我们的生活就与现在完全不同了，一切都发生了翻天覆地的变化，即便他们经历过最黑暗的夜晚，也绝不会相信人类能够变得如此险恶；同样，他们也不知道人在磨难和痛苦里面会生出多么大的力量。如今，生活在这个时代的我们已经被驱赶着从生活湍急的潮流中走了一场，我们这些被迫与过往自己熟悉的一切割断了联系失去了根的人，被赶进穷途末路还要努力生存重新开始的人，并没有成为那种不可知的神秘力量的牺牲品，也没有成为心甘情愿被其奴役的人，我们这些人都知道，所有的安逸和平静已经变成无尽的传说，那个平静安稳的时代也只在儿时的梦中才会出现。我们都意识到，极端对立的紧张关系有可能会引发新的冲突和制造新的恐惧，现在我们活着的每一分钟都与整个世界紧密相连。从前，我们的祖先只生活在自己的安全圈里，现在我们已经不再活在自己的小圈子里了，我们的命运与整个时代、整个历史共悲欢。所以在我们这个时代存活着的每一个人，即便是和我一样的无足轻重的人，他对整个现实的了解也要比我们先祖中最聪明的圣贤多得多。不过，这种对现实的了解并没有给我们带来什么好处，反而让我们为此付出了惨痛沉重的代价。

19 世纪的学校

我从国民小学毕业之后就进入了高级文理中学,这件事没有任何波澜,顺理成章。因为所有有钱人为了保持自己家族的社会地位,都会对自家的儿子精心培养,好让他们变得有教养,先教他们学习法语和英语,教他们学习音乐,随后请来家庭教师教他们优雅的行为举止。可是在那个非常开明的自由主义的时代,人们只有到高等大学去接受过教育以后才能实现真正的价值。所以上流家庭都在追求这种教育的成果,希望自己的儿子们中至少有一个能拿到博士的头衔。可是走向大学的道路并非一条坦途,首先这条路十分漫长,也并不振奋人心。因为在通往大学之前必须先苦坐寒窗连续上完五年的国民小学和八年的高级文理中学,每天要坐在凳子上 5~6 小时,课余时间还要写无数的作业。并且,除了学校要教的课程之外,还要接受一些常规教育。也就是说,除了学习学校教的古典希腊语和拉丁语以外,我们还要学习"活"语言——学会运用法语、英语和意大利语。这样下来,我们除了学习几何、物理和学校规定的一些课程以外,还需要对另外五种语言苦下功夫。由于学业负担实在太重,我们没有时间去进行体育运动或散步，更不要说有什么玩乐的法子。今天我还能隐隐地回想起，在我们7岁的时候必须学会一首合唱的歌，名字叫《幸福快乐的童年》，那首歌曲的调子非常简单质朴，我依然能想起它的音调，可是那个时候我就唱不清楚也记不得歌词，实际上我也不相信那歌词里描述的生活就是我们的童年生活。说真的，从小学到中学，我一直都对自己的学习生涯感到非常厌倦和无聊，每一年那种厌烦情绪都要更重一些，我无比渴望从枯燥乏味的生活中解脱出来，我也想不起在那单调、枯燥、冷冰冰的没有任何生机的学校里，我们到底感受过怎样"幸福和愉快"的生活。我们一辈子最美好最自由的时光被那时的学校生活彻底破坏了。我可以坦言，现在我看见20世纪的小孩子过着比我们那时幸福得多、自由得多的生活，甚至会有些妒忌。直到今天，当我看到孩子们自由平等地与教师交谈，看到他们毫无恐惧地奔赴学校，而不是像我们一样对学校感到厌烦隔阂，看到他们年轻、好奇的灵魂可以在学校和家里自由地表达自己的想法，我仍然有点难以置信。在我们走进那座令人讨厌的建筑之前，必须将内心自由、独立、自然的天性隐藏起来，以免额头撞到那看不见的枷锁。对我们来说，学校意味着强迫、冷漠和无聊，在这里，你必须死记硬背那些分类明确的"不值得学习的知识"。我们找不到那些经院式或者填鸭式的内容与现实或个人利益之间的任何关联。这是一种枯燥而无聊的学习，不是为了生活的需要，而是为了学习本身，这是旧教育强加给我们的。学校中唯一令我振奋的快乐时刻，也就是我要为此感谢学校的那一刻就是——毕业的那一天，学校的大门在我身后永远关上。

这并不是说我们在奥地利的学校有多糟糕。相反，所谓的"教学计划"是在一百多年的经验基础上精心制定的。如果能够将这些内容以鼓舞人心的方式传授给学生，它们将成为极为全面、广博的良好教育基础。但是，刻板的计划和无聊的规则把我们的课程变成了残酷无聊、从未根据个人需要调整的冷冰冰的学习工具。上课就像自动机器一样，它只显示"好、通过和失败"的等级以显示我们满足教学计划"要求"的程度。然而，正是这种无聊、缺乏个性、对人漠不关心、军营般的生活造就了我们的痛苦。我们有固定的内容要学习，而且学到的一切都要通过考试来验证。虽然每个年轻人都暗中渴望获得一种辅助力量来帮助和指导他们对知识的追求，但是八年来，没有任何教师问过我们愿意学习什么，也从没有人鼓励过我们，一次都没有。

从学校建筑的外观上就能看出这种沉闷的状态。这是一栋很特殊的实用建筑，是50年前建造的，看得出来没经过什么深思熟虑就以快速、廉价的方式建造出来。劣质的石灰墙看上去非常阴冷，低矮的教室没有刷上油漆或挂画，也没有摆放任何使眼睛感觉舒适的装饰。整个房子闻起来像厕所一样。这个像兵营一样的学校里，用的是旧旅馆里无数人使用过的二手家具，之前已经有无数学子使用过了，而从今往后说不定还有无数人或冷漠或凑合地继续使用它们。直到今天，我都不会忘记这所房子里令人不愉快的霉味，这与奥地利行政办公室一样，当时，我们将这种气味称为"国库味"，这是在暖气太热，又有许多人聚集而从未真正通风的房间中的那种气味。这种气味先附着在衣服上，然后附着在灵魂上。我们像小船上的囚犯一样成对坐在低矮的木凳上，这种座椅会迫使人们弯着腰佝偻着后背，就那样坐着，一直到骨头缝儿里都泛出酸痛。冬天，煤气灯的明火发出的蓝光照在我们的书本上；夏季，窗户上会仔细地蒙上一层窗帘，好让我们的眼睛不能瞥见外头那一小片方形的蓝天而走神儿，对此我们自然不会感到高兴。在那个世纪，人们还没有发现孩子们发育中的身体需要空气和运动。所以，大家都会觉得即便在长凳上一动不动地坐了四五个小时，也只要在寒冷狭窄的走廊上休息10分钟就足够了。我们每周有两次机会被带到体操馆，那里的窗户紧紧关闭着，我们毫无意义地在地板上跳来跳去，每跳一步都会扬起一米高的灰尘。这样，健康运动和卫生保健的措施就完成了，国家履行了"立足于健康的身体培养出色的精神"所要尽的"责任"。许多年后，每当经过这间凄凉而悲惨的房子时，我仍然有一种救赎的感觉——谢天谢地，我不必再走进这个关了我整个青年时代的监狱了。当这所著名的学校举办成立50周年的校庆时，邀请我作为杰出校友在部长和市长面前演讲，我婉拒了。我没有什么要感谢这所学校的，因此，被迫去说出感谢的话，只能说出言不由衷的谎言罢了。

学校生活使人感到沮丧，但是教师们不必为此负责，毕竟这也不是他们的错。在他们看来，学校这样的氛围既不是好事也不是坏事。学校的教师们既不是暴君，也不是乐于助人的同志，他们也挺可怜的，被各种规则束缚着，像奴隶一样被绑缚在一个程式里面，被绑缚在具有威慑性的既定教学计划上，正如我们得完成工作量一样，他们也要完成他们的"工作任务"。我们可以明显感觉到，每当中午学校那让我们获得自由的钟声响起来时，教师们也和我们一样高兴。他们对我们既没有爱也没有恨,而是毫无感觉,为什么呢?当然是因为他们对我们一无所知。几年过去了,他们都不知道我们之中很多人的名字。在那时的教学方法中,他们的脑子里只认真琢磨一件事,那就是弄清楚"学生"在上一次作业中犯了多少个错。他们在讲台上坐着,我们在下面坐着;他们提问,我们就必须回答。除了这些,我们之间没有任何联系。在教师和学生之间,在讲台和长凳之间,以及在可见的"上层"和"下层"之间,有一个看不见的"权威",它阻止了我们之间的任何接触和相互理解。实际上,一位教师应该将学生视为独立的个人,以便根据各自的天赋能力来教育和引导学生,或者根据他们的观察结果写"报告"——这种做法在今天已经很普遍了——可是在当时,这既不是教师的责任,也超出了他们的能力范围。另一个原因在于,个人对话会降低教师的权威性,因为这样,教师就是在允许我们"学生"与他们平等对话,这不符合实际,他们也觉得自己应该是"学生上面的前辈"。我已经完全忘记了那些教师的名字和外貌,可能没有什么比这更好的解释了:我们与我们的教师在思想或灵魂上没有任何共同的联系。在我的记忆中,关于讲台和课堂笔记本的印象像照片一样清晰——那时候我们总是想偷偷去浏览一下课堂笔记本,因为上面记着我们的成绩。直到现在,带有分类标记的红色小记事本仍然浮现在我的眼前,还有一支用来记分数的黑色短铅笔,甚至我还记得自己的练习本,里面满是教师用红色墨水笔修改过的痕迹,可我却记不起任何一位教师的面容,也许是因为当我们面对教师的时候,总是低着头,从来没有认真打量过他们。

并非只有我一个人对学校生活兴趣全无。在我的印象里，同学当中没有任何一个对学校生活不反感的，我们最佳的学习兴趣和学习愿望都在这个磨盘里被阻滞和压抑了，一切都变得寡淡无趣。很长一段时间后，我意识到这种对我们的青少年缺乏关爱、没有灵魂的教育方法并不是国家当局的无所作为：这里面包含着一个特有的秘密意图，只不过这意图还是一个应该小心保守的秘密。我们面对的世界，或者说，高居我们头上的世界，一切的深思熟虑都集中于追求"太平盛世的安稳"这一目标上，他们排斥年轻人，甚至可以说，他们一直对年轻人抱着怀疑的态度。他们热衷于系统的"进步"及其秩序；他们认为公民社会中各种形式的有条不紊和不慌不忙是人类唯一有效的美德，所以应该避免任何能引导我们匆忙前进的举措。奥地利是一个古老的国家，由一位老皇帝统治着，一些年迈的老首相帮助管理着，这个国家没有其他的野心，只是想通过抵制任何极端的变化来让自己在欧洲的地位毫发无损。年轻人总是希望社会中发生迅速而极端的变化，进行革新，这是一个令人担忧的因素，应该进行长时间的打压和排斥。因此从国家层面来讲，没有任何人有任何理由让我们在学校的生活过得幸福；任何晋升都要先耐心等待，蛰伏之后才有机会来临。正是因为一切都在向后看，在那个时代，年龄的意义和今天完全不一样。人们对待一个18岁的中学毕业生就像对待一个孩子一样：如果被抓到抽烟，他会受到惩罚；如果他需要离开教室去厕所，也必须提前举手申请批准。30岁的男人还是会被认为初出茅庐,甚至40岁的男人也不会被认为是已经成熟到可以担当一个负实际责任的职位。当令人惊讶的例外——38岁的古斯塔夫·马勒被任命为皇宫歌剧院的院长时,整个维也纳都震惊了,人们议论不休,因为当局把这个重要的艺术机构交给了一个"那么年轻的人"(人们怕是已经完全忘记了,莫扎特在36岁时就完成了他里程碑式的作品,舒伯特在31岁时也达成了同样的成就)。这种"不是每个年轻人都那么可靠"的不信任感,贯穿于维也纳社会的各个圈子。我父亲在他的生意中从来没有接待过年轻人。一个人如果不幸地长得很年轻,就要处处克服人们对他的不信任感。年轻成为职业发展的障碍,而年纪大的人则会得到优待,这在今天几乎是不可想象的。今天,40岁的人会尽一切努力让自己看起来像30岁,60岁的人努力把自己打扮得看起来像40岁,年轻、有活力、有行动力、自信才是获得人们青睐的法宝。在那个和平年代,每个想要进取的人都要尝试所有能想到的装扮,好让自己看起来成熟一点。报纸推荐的是一些让胡子快速生长的方法;一些刚完成学业的年轻医生留着大胡子,即便眼睛没有问题,也要戴上一副稳重的金丝边眼镜,只是为了给他的第一个病人一个他已经"很老成很有经验"的印象。人们穿上长长的黑大衣,步伐稳健,从容不迫地走在路上,站立的时候尽量向前挺起微圆的小腹,这样才能体现出刻意的严肃和稳重自持。有上进心的人至少会试图从外面掩盖"不靠谱"的青春风貌。到了六七年级的时候,我们同学都不愿意背双肩书包,而是改用单肩公文包,这样人们就不会一眼就能认出我们是高中生了。我们今天这个时代看到的那些令人羡慕的品质——年轻人精力充沛、自信、大胆、好奇、快乐——在那个只注重"持重"的时代，只会让人们觉得靠不住。

理解这些特殊观点的唯一好处是，我们可以了解到，国家主要是想利用学校作为维护其权威的工具。学校首先要给我们灌输一种观念，即一切现存的事物都是完美的，都应该受到尊重；教师的意见永远不会错；父亲的话无法反驳；国家机构本质上是绝对的，具有永恒的效力。那种教育的第二个基本原则（也在家庭中实施）是不要让年轻人过得太安逸，在他们能够获得一定的权利之前，必须让他们熟悉自己的责任，尤其是必须尽到完全服从的义务。我们必须从一开始就牢记：我们在生活中没有做出任何贡献，也没有什么实际经验或了不起的经历；我们不应该认为我们可以提出问题或要求获得任何东西，我们只能感激别人给我们的一切。在我成长的过程中，大概在孩子的童年早期，这种愚蠢的威胁方法就用在了他们身上。仆人和愚蠢的母亲会威胁三四岁的孩子，说如果他们不马上停止做坏事，警察就会来找他们。到了中学，如果在一个不重要的科目上成绩不好，就会被威胁退学去学一门手艺。这是对市民阶级最大的威胁：剥夺权利，陷入无产者的生活状态。然而，当一个对教育有着最真诚渴望的年轻人想要从成年人那里得到一个实际问题的现实解释时，一句高傲的"你不懂这个"就能把他们挡回去。无论年轻人去哪里，人们都以同样的方式对待他们：不管是在家里，在学校，或在国家机关中，人们不知疲倦地教年轻人明白，他并不"成熟"，什么都不懂。他唯一能做的就是认真听别人说话，永远不要打断和反驳别人。正是因为这个原因，可怜的魔鬼教师们在学校高高的讲台上坐着，变成了一个难以接近的偶像。就这样，他们也把我们所有的感情和思想都限制在"教案"上。没有人关心我们在学校是否快乐。当时教师的使命不是帮助我们进步，而是教会我们谦逊；不是培养我们丰富多彩的内心世界，而是要求我们尽可能地融入一个有序的世界，不要抗拒社会的结构；不是为了增强我们的个人能力，而是为了约束和收敛我们的能力，让它们趋向一致。

这种对年轻人施加的心理压力（或者说，完全违背年轻人心理的社会性压力），只会带来两个效果：要么让他们变得麻木不仁，要么刺激和启发他们。从精神分析的文献资料中可以看出，这种荒谬的教育方式导致许多人产生了"自卑情结"。巧合的是，正是那些从奥地利老式学校出来的人们发现了"自卑情结"的存在。也许这并不纯粹是巧合，就我自己而言，正是因为这种压力，我很早就强烈地向往和倡导自由，其力度对于今天的年轻人来说是不可想象的。另外，对一切权威的仇恨，对一切"高高在上"的话语权的反对，伴随了我一生，多年来，拒绝一切预言和教条的内容就像一种本能。我甚至已经忘了它从何而来，可它还是烙印在我的血液里。有一次，我在大学的一个演讲厅里进行演讲，当时我发现自己站在讲台上，是居高临下地对着台下的人讲话，坐在板凳上的观众就跟我们中学生一样乖乖地听着，不说话，也不提问，我马上觉得非常不舒服。当时我立刻想到在我整个学校生涯中，我遭受过这种专制教条的、自上而下的说教是怎样的痛苦，于是一种恐惧突然涌上心头：我在这个高高的讲台上给下面的人做的演讲，可能和当年我们教师给我们做的演讲一样毫无人情味可言，自然也不会打动台下观众。当时我因为这件事忧心忡忡，那次演讲自然发挥失常，成了我这辈子最烂的一次演讲。

直到十四五岁，我们都还能在学校生活中挺过来，日子过得还可以。我们打趣教师，带着冷漠又新鲜的好奇心学习每节课的内容。但是随后，我们越来越觉得学校枯燥和累赘了，并为此烦闷不已。当时悄无声息地出现了一个引人注目的现象：我们这些10岁进入中学的男生，只用了四年就超过了学校在整个八年学制中教学的知识水平。直觉上，我们觉得这个中学里已经没什么好学的了，在我们自己感兴趣的一些领域，我们已经比那些大学毕业后从来没有再兴致勃勃地翻开过一本书的浅薄的教师懂得多了。另一种反差可以让人日复一日地感觉：我们现在这样坐在凳子上心不在焉，听不到任何新鲜的东西，听不到任何值得在这里了解的知识，而学校外面是一个充满无数灵感的城市，一个有剧院、博物馆、书店、大学、音乐的城市，一个每天都能给人带来惊喜的城市。所以，既然在学校找不到任何营养来满足我们被压抑的求知欲，那我们就充满激情地去追求学校之外发生的一切。一开始只有我们两三个人发现了我们对艺术、文学、音乐的兴趣，后来十几个人，最后几乎所有的学生都有了同样的兴趣。

年轻人的兴奋是一种传染性现象。在一个班级里，它像麻疹和猩红热一样从一个人传播到另一个人。那些新参加进来的人还带着几分幼稚和虚荣，想尽快在知识上超越别人，所以大家在不知不觉中互相促进着。而这种激情会往哪个方向走，或多或少都是偶然的。如果一个班里有一个集邮爱好者，他很快就会让十几个人和他一样对集邮着迷；如果有三个人对女舞者的表演叽叽喳喳，剩下的人每天都会站在歌剧院的舞台入口前守着等舞蹈表演；

比我们低三年级的一个班，全班都为足球疯狂；比我们高一年级的某个班对社会主义和托尔斯泰感兴趣。我所在的班级恰好有一群痴迷于艺术的学生，这对我的整个人生道路的影响也许是决定性的。

其实在维也纳，这种对戏剧、文学和艺术的痴迷是极其自然的，维也纳报纸上为所有的文化活动留出了专门的版面。无论走到哪里，都能听到周围的大人在谈论歌剧院或城堡剧院的表演，所有的证券交易所都挂着著名演员的肖像画。在那个时候，体育还被视为一项庸俗野蛮的运动，如果一个文理高中生热衷于体育，他无疑为之感到羞耻，而符合群众理想的电影还没有被发明出来，所以我们喜欢戏剧和文学，也不用担心在家里被人抵制，因为这是一种毫无罪恶感的爱好，相对于打牌、和女生交往来说，这点嗜好太正常了。毕竟，我父亲和其他生活在维也纳的父辈们一样，年轻时也对戏剧非常着迷，当他们看理查德·瓦格纳表演的《罗恩格林》歌剧时，就像我们看理夏德·施特劳斯①和盖尔哈特·霍普特曼②的戏剧首映时一样兴奋。不言而喻，我们每个中学生都争先恐后地去看每一场首映：如果一个人第二天早上不能在学校里复述出戏剧里的每一个细节，那他一定在那些有幸看到首映的同学面前尴尬到想钻入地缝里！如果我们的教师当时稍微关注一下我们，就会发现，每次有大型首映式举办的

---

① 德国著名作曲家、指挥家，他的交响诗和歌剧对现代音乐产生了深刻影响。
② 德国自然主义戏剧的代表人物之一，著作有《日出之前》《织工》《沉钟》等。1912年获得诺贝尔文学奖。

当天下午,都有至少三分之二的学生神秘生病——我们要赶在下午3点钟以前去排队买票,即便只能买到站票。如果他们更加严格地查探一下,肯定会发现在我们那用拉丁语语法书皮包裹的书本里头,隐藏着关于里尔克①的诗;我们还用数学本抄下了借来的书里的优美诗词。每天我们都会发明一些新技术,用无聊的上课时间来阅读我们感兴趣的内容。教师在讲台上面讲述关于席勒《论质朴的诗和感伤的诗》的评论报告时,我们就偷偷地在桌子底下阅读这些学究以前从未听过的尼采和斯特林堡②的著作。我们就像发烧了一样,无比渴望了解艺术和科学领域发生的一些事情;下午我们挤在大学生中间去大学蹭课。我们去看艺术展,我们去解剖教室看尸检。我们用好奇的鼻子四处嗅。我们偷偷溜进管弦乐团的排练室去围观,穿梭于二手书店和淘书摊之间阅读古书。我们每天都查看商店里陈列的书籍,以便立即知道昨天又出版了什么新书。最重要的是,我们看书,读一切到手的书,把接触到的所有的书都看完。我们去每个公共图书馆找新书,然后互相借阅传诵。然而,获得所有新知识的最佳教育场所是咖啡馆。

要理解这一点,人们需要知道,维也纳的咖啡店是一个非常特殊的地方,世界上没有任何东西可以与之媲美。其实它是一种民主会所,买一杯便宜的咖啡就可以加入进去。这笔小小的入场

---

① 奥地利诗人,作品有《祈祷书》《杜伊诺哀歌》等,他的诗作在艺术方面有不少创新之处,影响了西方文艺界。

② 瑞典小说家、戏剧家,是表现主义戏剧的代表人物。他的作品有很强的自然主义色彩,代表作有《红房间》《朱丽小姐》《债主》等。

费可以让每位客人在里面坐上几个小时,讨论、写作、打牌、处理邮件,尤其是可以免费阅读许多报纸和杂志。维也纳的一家不错的咖啡馆里,汇聚有这座城市的所有报纸,不仅有维也纳当地的报纸,还有整个德意志帝国、法国、英国、意大利和美国的报纸,以及世界上最重要的文学和艺术评论刊物,例如《法国信使报》《新观察》《创作室》《伯灵顿杂志》[1]等。在这里,我们可以立即知道世界上发生了什么,知道每一本新出版的书,知道任何地方的每一场演出,还可以比较不同报纸上的评论。奥地利人可以在维也纳的咖啡馆里了解世界上所有正在发生的事情,并跟自己的朋友们讨论这些事情。也许没有什么能比咖啡馆对奥地利的思想解放和国际视野的形成做出更大的贡献了。我们每天坐在那里好几个小时,什么都逃不过我们的注意,因为我们的兴趣不是个人的,而是集体的,我们用二十四只眼睛而不是两只眼睛去追求艺术活动的动态。就算一个人错过了什么,另一个人也会帮他注意到。况且,因为我们这些孩子特别幼稚地想要通过表达自己的博学来炫耀自己,简直就像运动场上争夺荣誉一般,只是我们是想在新的知识和对最新情况的理解上超越别人。事实上,我们一直在竞争,互相攀比着爆出猛料,好让对方惊讶不已,从而显示自己的优越感。例如,在讨论当时被人贬低的尼采时,我们中的一个人突然以一种做作而优越的态度说道:"然而,在利己主义的概念上,齐克加德[2]仍然在他之上。"这句话一出来,我们所

---

[1] "伯灵顿"一般指代英国的学术界和艺术界,因英国皇家学会所在地伯灵顿大楼而得名。

[2] 丹麦人,著名的神学家、哲学家,是存在主义哲学主张的先驱人物。

有人都感到不安起来。这个齐克加德是谁呢？一个某某人知道，而我们对之一无所知的人？第二天，我们就会迫不及待地冲到图书馆，翻看关于这位不知名的丹麦学者的各种书籍。我们当时的想法是，如果一个陌生的名字别人已经知道了，而我们还没有知道，我们就会感到羞耻，这是我们的自尊心不能容忍的。在别人注意到他们之前就提前发现那些还没有被提及的最新、出现得最晚、最具开拓性、最特别的名字，尤其是那些还没有出现在我们尊敬的官方报纸上的正统文学批评中的名字，是我们不知疲倦的热情所在（我个人在这方面的热情持续了很多年）。我们只是想知道那些没有得到普遍认可的东西，那些难以理解的、异想天开的、新奇的、极端的东西，因为这些会引发我们特别的激情。所以，对于我们这个如饥似渴、根本不挑剔食物的集体好奇心来说，没有什么是边缘化的、能逃脱我们法眼的事情。举个例子，斯蒂芬·格奥尔格[①]和里尔克在我们上文理中学的时候出版的书只印了两三百本，最多只有三四本到了维也纳，且没有任何一个书店老板的仓库里保留有这本书，也没有任何一个正式的文学评论家提到过里尔克的名字。然而，出于意志的奇迹，我们之中的鲁德尔可以背诵他的每一节和每一行诗。事实上，我们这些还没长胡子的、个子矮小且白天还要老老实实坐在中学板凳上的年轻人，确实是一个年轻诗人梦寐以求的理想读者：有好奇心，有欣赏理解能力，有狂热的喜爱，因为我们那时的狂热真是无穷无尽的。中间有好几年，我们这些小孩子在课堂上，在往返学校的路

---

① 德国著名诗人，19世纪末20世纪初曾引领德国"为艺术而艺术"的文学潮流，是当时的代表人物之一。

上,在咖啡馆里,在剧院里,在散步时都会热烈地讨论书籍、绘画、音乐和哲学,除此之外几乎什么都没干。哪个演员或导演的公众影响力越来越大,谁出版了一本什么书或在报纸上发表了一篇怎样的文章,就是我们天空中的一颗闪耀的星。很多年后,我在读到巴尔扎克写的关于他年轻时的一句话时,感到十分震惊:"我一直认为名人就像上帝一样,他们不像普通人一样说话、走路和饮食。"因为当时我们也有同样的感觉:如果在街上看到古斯塔夫·马勒,那这无疑是一件大事,简直是个伟大的胜利!应该在第二天一早就骄傲地告诉同学们。当我还是个小男孩的时候,曾有人介绍我认识约翰内斯·勃拉姆斯①,当时他友善地在我的肩膀上拍了两下,这种受宠若惊的体验让我着迷了好几天,有种飘忽的幸福感。当时我才12岁,并不知道勃拉姆斯到底做出了什么贡献,但他的名声、他的创造者的名誉和影响有一种令人震惊的力量,只是这些就值得人们为之倾倒了。当盖尔哈特·霍普特曼的戏剧即将在城堡剧院首映时,我们全班在彩排前几周就开始兴奋了。我们悄悄接近演员和跑龙套的角色,为的是抢在别人前面知道剧情和剧组人员的阵容;我们请城堡剧院的理发师给我们剪头发(我不怕写当年的荒唐事),只是为了得到一些关于沃尔特或者索嫩塔尔的秘密信息。倘若在比我们低一年级的学生中有一个跟戏剧后台有牵扯的男孩(因为他是歌剧院灯光师的外甥),那么我们这些高年级学生就会想尽办法笼络他,向他示好,以期通过他的关系偶尔能在排练时将我们悄悄带上舞台观剧。当我们登上戏剧舞台时,那感觉简直比维吉尔进入天堂时还要激动、诚惶诚恐。在我

---

① 德国浪漫主义作曲家。

们眼里,演员艺术家们威望的散射力实在太强了,即使经过七八层折射,也足以让我们心生敬畏。一个可怜的老太太,仅仅因为她是弗朗茨·舒伯特的外孙女,在我们眼里就像一个神圣般的存在;甚至我们会在街上盯着约瑟夫·凯恩茨的仆人看很长一段时间,只是因为他如此有幸,可以接近那位最受爱戴、最有才华的演员。

今天,我当然很清楚这种盲目的狂热中存在着多少荒唐的举动,有多少只是耍猴儿一般的互相模仿,又有多少只是出于想战胜别人的快感,是出于天真的虚荣心。对艺术感兴趣,无非就是沉醉于那种在不懂艺术的亲戚教师面前感觉自己凌驾于他人之上的傲慢,然而,直到今天,让我惊讶的是,我们那个时候从对文学的热爱中学到了多少啊!通过不断地讨论和分析,我们具备了初步的批判和评论能力。我 17 岁的时候,不仅已经读过波德莱尔[①]和沃尔特·惠特曼[②]所有的诗,还背诵了其中许多重要的篇章。我觉得在之后的生命中,自己再也没有像中学和大学时代一样那么勤奋阅读过了。有些名字,十年后才被世人熟知并尊敬,可在那个时候自然就从我们身边经过,我们的热情将那些作品记在脑海里,甚至对待那些昙花一现的作品也是如此。有一次,我跟一位尊敬的朋友保尔·瓦莱里[③]聊天,笑称自己很早就熟读他的文学作品了,我说,三十年前我就读过他的诗歌,还非常喜欢呢。瓦莱里友善地笑说:"别撒谎啦,老

[①] 法国现代派诗人,象征派诗歌先驱,作品有《恶之花》《巴黎的忧郁》等。
[②] 美国诗人,人文主义者,代表作品有诗集《草叶集》。
[③] 法国诗人,曾当选法国院士,作品有《旧诗稿》《幻美集》等。

朋友！我的诗歌集是1916年才出版的。"然而，当我准确地描述了1898年我们在维也纳第一次见到刊发有他的诗歌的这本文学杂志的颜色和封面时，他非常惊讶地说："即便在巴黎，也几乎没有人知道这件事呀，你在维也纳是怎么弄到那本刊物的呢？"我只能回答他说："就像你一样，你在上中学的时候也能在自己的镇上读到马拉梅①的那些诗歌，当时那些作品在文学界也还没有出名呢。"他赞同我的说法，说："年轻人寻找自己的诗人，是因为他们想找到能启发自己的诗人。"事实上，在这些新的风到来之前，我们已经可以闻到气味了，因为我们总是保持着敏感的嗅觉。我们之所以能发现新事物，是因为我们渴望新事物，渴望一些属于我们的新事物——不是我们父母的世界，而是我们自己的世界。年轻人和一些动物一样，对环境和气候的变化有极好的直觉。因此，我们这一代人比我们学校中的教师和同学们更早知道，旧的世纪很快就要结束，与之匹配的艺术观也会随之结束，一场革命或至少一场价值观的变革正在开始，而其他人却对此一无所知。在我们看来，父辈层出不穷的优秀卓越的大师们，例如文坛的戈特弗里德·凯勒②、戏剧界的易卜生③、音乐界的约翰内斯·勃拉姆斯、画坛的莱勃尔④、

---

① 法国著名诗人，出生于巴黎，主要作品有诗集《徜徉集》《牧神的午后》等。

② 瑞士德语作家，创作风格偏向现实主义，代表作《绿衣亨利》是一部长篇自传小说。

③ 挪威戏剧家、诗人，欧洲近代现实主义戏剧的代表，他的作品有《玩偶之家》《人民公敌》《群鬼》等。

④ 德国著名画家，以写实的画风、质朴的形象著称，他的作品有《读报》等。

哲学界的爱德华·冯·哈特曼[1]，都在我们的感情中折射出平和世界中的温柔沉思。虽然他们在技术和思想上还是非常优越的，但他们的作品并没有引起我们的兴趣。直觉上，我们觉得他们平静而温和的节奏与我们不安的血液里流淌的活力是疏离的，与这个时代日益加快的速度格格不入。现在，年轻一代最机敏的头脑天才是赫尔曼·巴尔[2]，他作为一名意识形态领域的战士正在激情战斗，为即将形成的思潮清除路障。在他的帮助下，艺术家学派出现了分裂，"直线派"[3]出现了。令老派们震惊的是，来自巴黎的印象派画家，来自点描学派[4]的画家，来自挪威的蒙克[5]，来自比利时的罗普斯[6]以及所有能想象得到的激进艺术家都在这里展出了作品；与此同时，通向现代艺术的前辈们的道路也被打开了，比如格吕内瓦尔德[7]、格列柯[8]和戈雅[9]，本来他们的作品很少受到

---

[1] 德国著名哲学家，他的著作《无意识的哲学》引起了哲学界的轰动，自此闻名于世。

[2] 奥地利著名诗人、剧作家、导演，更是一位文学批评家，应变能力极强，文学作品受到自然主义、新浪漫派、印象主义、表现主义等多种风格影响，不断发展变化。

[3] 19世纪末出现在德国的一个新的艺术流派，又被称作分离派。

[4] 也被称作点画派，在印象派之后逐渐兴起，因此又被后世称为新印象派、分色主义。

[5] 挪威著名画家，作品受到后期印象派的影响，他的代表作品《呐喊》成为经典之作。

[6] 比利时画家，擅长版画创作。

[7] 德国画家，代表作主要是宗教画，有作品《依萨汉姆祭坛画》等。

[8] 西班牙画家，大多以宗教题材进行创作，且作品旨在反对宗教改革，代表作有《奥尔加斯伯爵的葬礼》《尼诺·德·盖瓦拉肖像》《托莱多风景》等。

[9] 西班牙优秀画家，以豪放的笔触和大胆构图闻名，作品有《战争的灾难》铜版画等。

19世纪的学校

关注，此后也逐渐声名鹊起。人们突然学会了一种新的看世界的角度，与此同时，穆索尔斯基①、德彪西②、施特劳斯和勋伯格在音乐行业引入了新的旋律和音色；在文坛上，左拉③、斯特林堡、霍普特曼为现实主义破冰，陀思妥耶夫斯基④带来了斯拉夫陀的旋风，魏尔伦⑤、兰波⑥和马拉梅展现了诗歌艺术尚且无人知晓的质朴与精致；尼采彻底改变了哲学；在建筑领域，大胆而自由的建筑艺术公开宣称不应使用古典的繁文缛节的装饰，而应建造没有装饰的实用建筑。突然之间，古老而舒适的旧秩序被破坏了，人们对迄今为止被认为是无可辩驳、颠扑不破的"审美之美"（来自汉斯立克⑦）的标准提出了质疑。这些"过分稳定"的正统市民阶级报纸上的官方评论家表达了对这些过于大胆的实验的震惊，使用诸如"堕落"和"违法行为"之类的罪名来遏制这种不可抗拒的趋势时，我们这些年轻人会更加热情地投身于这种最凶猛的洪流之中。我们有一种感觉，这是我们开创的时代，我们的时代已经开始，年轻人终于开始获得自己的权利。突然之间，我们躁动不安搜寻激情的行动变得有意义了：我们尚未离开学校的年轻

---

① 俄罗斯作曲家，作品中往往呈现出丰富的民族特色。
② 法国作曲家，受象征派诗人影响，他后来在音乐领域开创了印象派音乐。
③ 法国自然主义小说家，批判现实主义作家，代表作有《小酒店》《萌芽》《鲁贡玛卡一家人的自然史和社会史》等。
④ 俄罗斯杰出作家，代表作品有《罪与罚》《卡拉马佐夫兄弟》等。
⑤ 法国象征派诗人，在法国诗歌史上留有浓墨重彩的一笔，他的作品主要有诗集《感伤集》《戏装游乐图》《无题浪漫曲》《智慧集》等。
⑥ 19世纪法国著名诗人，他的诗歌形式上符合古典传统韵律，又独具个人创作风格，主要作品有《巴黎战歌》《醉舟》《灵光集》等。
⑦ 维也纳著名音乐评论家，作品有《论音乐之美》。

人可以参加新艺术的斗争，而这些斗争往往是狂野和鲁莽的。无论我们在哪里进行艺术实验，无论是魏德金德①的戏剧表演还是新诗朗诵，我们都将竭尽全力来到现场，这不仅来自灵魂，还来自拳头。我亲眼所见的一件事是，在勋伯格早期无调性②音乐作品的首演音乐会上，一位教师大声起哄并吹口哨，而我的一位朋友布希贝克无情地给了他一记大耳光；不管我们在哪里，我们都是所有新艺术类型的先锋和先遣队，只是因为它们是崭新的，且它们试图在改变凌驾于我们之上的高处的世界——我们终于有机会过自己想要的生活。我们觉得这与我们每一个人"有关"。

另外，我们对这些新艺术的兴趣如此彻底、如此疯狂，还有一个原因：它们可以说完全是年轻人的艺术，是年轻人的创造。在我们父亲那一代，诗人和音乐家首先要接受"考验"，只有迎合了市民阶层社会那种平和稳重的审美品位才能得到尊重。人们告诉我们要尊重的所有男人，他们都表现出会让人尊重的举止和姿态，始终得体有风度，且很威严。他们留着漂亮的、略带灰色的胡子，身上披着富有诗意的天鹅绒外套。举个例子，就像维尔布兰特③、埃贝斯④、达恩⑤、保尔·海泽⑥和伦巴赫⑦等人一

---

① 德国剧作家，他反对自然主义，作品有《青春觉醒》等。
② 十二音体系，又被称为无调性音乐。
③ 德国作家，曾经担任维也纳城堡剧院院长。他的作品形式多样，主要以写影射慕尼黑艺术家的小说而闻名。
④ 德国人，研究埃及学的著名学者、作家。
⑤ 德国作家、历史学家、法学家，从事小说创作时，多从大迁徙时代的民歌和神话中提取素材。
⑥ 德国著名作家，曾获得诺贝尔文学奖，主要作品有《特雷庇姑娘》等。
⑦ 德国著名画家，擅长写实主义肖像画，现实主义画派代表人物。

样，他们是那个时代最受欢迎的人物，尽管现在他们早已被淹没在时间的洪流中。他们在照片上的样子总是带着沉思的神情，总是摆出"高贵的""诗人般"的姿势。他们的行为举止得像宫廷顾问和达官显贵一样，像这些人一样佩戴着勋章装饰自己。而年轻的诗人、画家、音乐家最多会被贴上"有前途的天才"的标签，还要被冷落一段时间才能得到正面的认可。那个时代的谨慎让人们不愿意过早地付出善意，一个人要在多年的"稳健"成就后证明自己。但是新出现的诗人、音乐家和画家都很年轻。盖尔哈特·霍普特曼突然从一个寂寂无闻的人变成了戏剧大师，30岁时就占据了德国的舞台；斯蒂芬·格奥尔格和勒内·玛利亚·里尔克都是23岁左右——根据奥地利的法律，他们尚且没有达到法定的成人年龄——已经在文学上赢得了良好的声誉，并拥有了一大批狂热的追随者。在我们自己的城市，一夜之间，由阿图尔·施尼茨勒、赫尔曼·巴尔、里查德·贝尔·霍夫曼、彼得·阿尔滕贝格和其他人组成的"青年维也纳派"团体出现了。他们通过完善所有艺术技巧，使特殊的奥地利文化首次找到了能影响欧洲的表达方式。在所有人当中，有一个角色让我们感到痴迷和陶醉，让我们感到疯狂和兴奋。这就是伟大、非凡、独特的天才胡戈·冯·霍夫曼斯塔尔。在他的形象中，我们年轻人不仅看到了自己的最高抱负，也在一个近乎同龄人的身上看见了完美的诗歌成就。

无论现在还是将来，年轻的霍夫曼斯塔尔的出现，都是天才早熟的伟大奇迹之一，被人们津津乐道。在世界文学史上，除了济慈①和兰波以外，我还找不到有谁在驾驭语言方面能做到像他一样，年纪轻轻就能写出如此完美无瑕的文字；没有谁能让诗性因素如此这般贯穿全部作品中，哪怕是最不经意的诗行；没有人是如此伟大的天才。十六七岁的他，以其不可磨灭的诗歌和至今尚未有人企及的散文诗被永远地载入德语文学的史册当中。他的作品突然出现，并且在最开始就显露出无比成熟的语言运用能力，这简直是一桩超凡脱俗的奇闻，在一代人当中几乎不可能再有第二例出现了。第一次认识他的人会对他不可思议的外表感到惊讶，并认为这是一个超自然的奇迹。赫尔曼·巴尔多次告诉我，有一次他收到杂志投稿时，他有多惊讶。文章出自维也纳一位他不认识的"洛里斯"之手——当时中学生不可以用自己的名字公开发表作品，在来自世界各地的稿件当中，他还从未看到过有人能以如此轻松飘逸的手法、如此灵动而典雅的语言将丰富的思想行云流水地表达出来。谁是"洛里斯"？他不认识的这个神秘人物到底是什么身份呢？他这样问自己。肯定是一位避世而居的智慧长者，年复一年地细心雕琢自己的思想，并将这些认知注入最为浓缩的语言精华当中，将其培育成充满情趣的文学魔法。这样一位智者、这样一位受上天眷顾的诗人，和他住在同一座城市里，而自己却从来没有听说过他的名字！巴尔迫不及待地给这位素不相识的作者回信，约定在一个咖啡馆里面谈——当时约在著名的格林斯坦特尔咖啡馆②，那里是青年文学的大本营。突然，

---

① 英国浪漫主义诗人，代表作有《夜莺颂》《希腊古瓮颂》《哀感》《心灵》《无情的美人》等，对后世影响很大。
② 当年维也纳的学者、作家纷纷在此集会，是文人墨客常去的地方。

一个瘦高个子、尚未长出胡须、身着青年装短裤的中学生迈着轻快的步子来到他的桌子旁边，微微鞠了一躬，用沙哑的、还处于变声期的嗓音简短有力地说道："我叫霍夫曼斯塔尔，你好，我就是洛里斯！"多年以后，当巴尔再讲到他当时的经历时仍然激动不已。他一开始并不愿意相信一个中学生的艺术和文学修养有这样的广度和深度，竟然能在经历真实的生活之前就已经对人生有了这么令人难以置信的认识！阿图尔·施尼茨勒也曾经给我讲过类似的情形。当时他本人还在医院就职，是个医生，看起来他早期的文学成就根本无法给他提供稳定的生计支持。不过，他当时已经是"青年维也纳派"群体中的主要人物，会有一些年纪更轻的人来找他寻求指导和建议。经过偶然相识的熟人介绍，他还认识了一位个子高高的中学生，这个中学生以其非凡的智力给他留下了深刻印象。后来，当这位中学生请求他允许自己朗诵一个小型诗剧时，施尼茨勒欣然答应，邀请青年们共聚在自己独居的住处，当然他也没有抱太大的期望——不过是一个高中生的作品而已，他以为会是伤感的或者假古典主义的风格，所以只请来了很少的几个朋友。于是，霍夫曼斯塔尔穿着他那青年装的短裤来了，带着点紧张和拘束，然后他开始朗诵。施尼茨勒告诉我说："几分钟以后，我们突然竖起了耳朵仔细聆听，交换着欣赏和近乎惊愕的目光。这么完美的诗句，这么无懈可击的形式，这种音乐上的节奏感，自从歌德以后，我们还从来没有在当时的文坛上听到过这样完美的作品，还以为再也不会出现这样的神作了呢。但是，比这种诗歌形式上的无可匹敌（自他以后，德语文学当中没有人能再度达到这样高的成就了）更令人赞叹的是他对世界的认知。对于一个整天必须苦坐在中学板凳上的男孩子来说，这样的认知只能来自一种神奇的直觉。"等到霍夫曼斯塔尔朗读结束时，所有的人都默不作声。施尼茨勒对我说："我有这样的一种感觉，我生平第一次遇到了一个天才，后来在我的一生中再也没有过这种完全被征服的感觉！"有谁在16岁开始——也许不应该说是"开始"，而是从一开始就已经非常成熟了——就能写出这样完美的作品，他一定能成为与歌德和莎士比亚比肩的巨人。的确，他的作品也越来越趋于完善：在这第一个诗剧《昨天》之后，他完成了《提香之死》的华美片段，气势恢宏，接着他又进行了诗歌创作，将德语变成了意大利语。他的诗歌作品，每一首诗对我们来说都是重大事件，意义非凡，甚至在几十年后的今天，我还能一行一行地背诵出来；然后还有小型的戏剧和文章，其中那丰富的知识、对艺术理解的精准、宽广的视野，如同被施了魔法一样神奇地浓缩在短短几十页的稿纸里。总之，这位天才在中学时代、大学时代所写的东西就如同水晶一样，从内里发出光芒，同时也蕴藏着极其深沉和炽热的思想。韵文和散文诗在他的手中犹如散发着芬芳的伊米托斯山的蜂蜡一样令人满意，总是通过一个个不可复制的奇迹让每一首诗的每一句都恰到好处地糅合在一起，一点不多，也一点不少，更是丝毫不落俗套。人们总有这样的感觉，肯定有一个人类未知的秘密力量在隐隐地引领他走上一条少有人走的道路，去往目前还没有人能够涉足的地方。

那时候我们在他的影响下已经学会了追求真正的价值，这样一个不平凡的人让我们非常着迷，今天我几乎无法重现当时的情形。知道一个才华横溢、温文尔雅、纯洁无瑕的诗人生活在离自己不远的地方，那是一个像荷尔德林①、济慈和莱奥帕尔迪②那样的传奇人物，一个高不可攀、近乎梦幻的人物——还有什么能比这更让一代年轻人迷恋呢？时至今日，我仍能清晰地回忆起我亲眼见到霍夫曼斯塔尔的那一天。那时候我16岁。当时，我们如饥似渴地追踪着这位理想导师的所有行踪，于是报纸上的一则不起眼的新闻让我无比激动：这条新闻通知他将在"学术俱乐部"发表关于歌德的演讲（这样一个天才竟然在如此小的范围内发表演讲，这对于我们来说简直是不可想象的。以我们高中学生对他的钦佩，如果霍夫曼斯塔尔出现在公共场合，就算最大的报告厅也将会座无虚席）。这份报告再次证明，我们这些无足轻重的中学生，在重视具有持久生命力的艺术并对这些艺术表现出正确的直觉判断方面，走在了公众和官方评论家的前面。在这个小礼堂里，差不多只有一百三四十名听众。我十分焦急，所以提前半个小时去到现场，以为这样我就可以抢到座位了，实际上完全没有这个必要。我们在那儿等了一会儿，突然，一个又高又瘦的年轻人从我们身边走过，走到讲台上开始演讲。他开始得如此直接，我几乎没有时间细细观察他。霍夫曼斯塔尔的胡子仍然很软，并没有完全长成。他灵活的身体让他看起来比我想象的还要年轻。他的脸轮廓分明，有一点意大利式的黑肤色，因为轻微的

---

① 德国著名诗人、小说家，古典浪漫派诗歌的先驱，他的作品有《自由颂歌》《人类颂歌》等。

② 意大利著名浪漫主义诗人，作品有很强的悲观主义色彩，代表作有《致席尔维娅》《一个亚洲牧人的夜歌》等。

紧张而绷着脸。他那双温柔漆黑又高度近视的眼睛透露出的不安也加深了人们的这种印象。他开门见山,进入了演讲正题,就像一个游泳者投入熟悉的水中;他越说下去,手势就越放得开,举止也就越从容平静。他的思路一展开,一开始的克制、紧张就变成了极大的轻松和敏捷,就像在进行私人谈话一般放松,富有灵感(我后来在他的私人谈话中也经常注意到这一点)。只是从他讲出第一句话时,我就注意到他的声音很不好听,有时候几乎像嘶哑的,很容易变得有些刺耳。然而,他的演讲让我们如此激动振奋,以至我们几乎不再注意他的声音和他的容颜。他没有演讲提纲,甚至可能没有提前做好准备。然而,由于他天生地注重形式感的奇妙直觉,他的每一句话都完美无瑕,产生了绝佳的效果。他提出了大胆的反命题,令人眼花缭乱,试图用之后清晰而意外的回答来激发观众们的情绪。观众不禁会觉得,他用的材料只是他渊博的知识体系之下信手拈来的东西,对他来说简直太简单了。像他这样聪明清高的人物,即便深入下去继续讲几个小时,内容也不会变差,水准也不会降低。我也在私下交谈中体验过他多年的神奇魅力。斯蒂芬·格奥尔格曾称赞他为"华丽的歌唱和机智的对话的发明者"。他的性格容易焦躁不安,容易失控,过度敏感,无法承受压力,在人际交往中经常感到不愉快、紧张或情绪激动,他也不是一个容易接近的人。然而,一旦他对任何问题产生兴趣,他就变成了一个燃烧的火球,能让谈话氛围像火箭一样迅速而灼热地上升,突然到达他想要的也只有他能达到的极高领域。

除了思维敏锐、头脑清晰的瓦莱里或者偶尔有过如此高深对话的言辞激烈的凯泽林①之外，我和其他人并不具备和他对话的思想水平。实际上在他真正灵感迸发的时刻，一切东西——他读的每一本书，看到的每一幅画、每一处风景——都会在他神奇的清醒记忆中被鲜活地重现出来。他的比喻太贴切了，就像用左手比右手；他展现出来的景象，就像消失了的地平线上突然出现的一个舞台布景一样，纹丝不动，让人印象深刻。在我第一次见到他的演讲中，以及在后来的私人会面中，我都真切地感受到了他身上的"气息"——一个不可捉摸的人身上所具有的那种能让人感到充满生机和欣喜的气息，以及他那无法用理智完全把握的气质。从某种意义上说，后来的霍夫曼斯塔尔一直从未超越他在16岁到24岁之间创造的无与伦比的奇迹。当然，我也非常欣赏他后期的一些作品。那些华丽的文章，《安德烈亚斯》②中未完成的片段（也许是德语作品中最美的长篇小说）以及他其他戏剧中的一些片段。但随着他的剧作受控于种种束缚，对现实生活中的剧场和那个时代的兴趣越来越近，由于他在各种计划中明显的意图和野心，后来他那只存在于稚气未脱的诗中的纯粹的灵感消失了，像对梦想的描摹也消失了。我们最初为之陶醉，痴迷于他所描绘的青春梦想，可是后来他的作品丧失了那些，我们这些挑剔的观众，也就失去了再从他的作品中得到勉励的机会。通过未成年时对他作品的了解，我们早早地知道，这个出现在我们青春里的天才奇迹是一次性的，这辈子都不会出现第二次。

---

① 德国人，著名学者、哲学家。
② 长篇小说，作者是霍夫曼斯塔尔，1932年出版。

巴尔扎克曾经以无与伦比的方式描述了一个年轻的拿破仑·波拿巴是如何使整个法国人民充满热情的。在巴尔扎克看来，波拿巴从一个小小的少尉变成了世界的皇帝，这耀眼成就和飞黄腾达的经历，不仅意味着某个人的胜利，更意味着一个与青年人相关的理念的胜利——不一定要出生在王室中才可以尽快获得权力。即使他出生在任何一个小家庭甚至一个贫穷的家庭中，他也可以在 24 岁时成为大将，30 岁的时候成为法国统治者，并在不久的将来统治整个世界。这种不可复制的成功让数百人放弃了卑微的职业，离开了偏远的省城。上尉波拿巴让所有的年轻人头脑发热，他驱使他们有更高的抱负。他在军中培养了一支庞大的军队，也培养了许多英雄和后起之秀。一个独一无二的年轻人，无论在哪个领域，只要达到了前所未有的高度，光是他的成就就足以让所有的年轻人跟在他身后了。从这个意义上说，霍夫曼斯塔尔和里尔克对我们这些年轻人和我们尚待开发的潜力有很大的推动作用。我们不指望霍夫曼斯塔尔的奇迹会在自己身上重现，可光是他的存在就给我们增加了力量。他直观地证明，即使身处我们的时代、我们的城市、我们的社会阶层，也有可能成为诗人。他的父亲是银行行长，毕竟他也和我们一样来自同一个犹太市民阶层；这个天才住在和我们类似的房子里，用同样的家具和陈设，他在同样的社会阶级和道德中长大，并在同样严格而无聊的文理中学上学，也学过同样的课本，在同样的木凳上坐了八年。他和我们一样没有耐心，和我们一样对一切精神层面的价值充满激情。但是，看啊！就在他不得不在学校的长椅上磨裤子、在体操馆里来回跳跃的时候，他成功地飞越了周围的环境和这个狭隘的地方，一步登天，超越了他的城市和家庭，从而进入了一种无限的精神世界。在一定程度上，霍夫曼斯塔尔用活生生的例子向我们表明，在我们这个时代，原则上，即使在奥地利文理中学的气氛笼罩中，一个人也可以完成诗歌创作，甚至可以将其印刷成册，受人赞美并成为名人！这对年轻男孩的心来说是多么诱人！

里尔克则意味着另一种鼓励，他以一种令人宽慰的方式补充了霍夫曼斯塔尔带来的那种激励。当时，甚至我们当中最自大的人都不敢与霍夫曼斯塔尔竞争。我们知道，他是早熟天才中无可比拟的奇迹。如果我们将自己16岁时的诗歌与这个著名人物在同一年龄的作品进行比较，我们会感到惭愧。同样，他念中学的时候就已经很博学了，如果我们将自己与他念中学时在人类思想领域中的深度进行比较，我们将为自己感到羞耻。但是，里尔克是与他不一样的，他也是很早就开始写诗和出版诗歌，大概在17岁或18岁吧，如果把里尔克的早期作品与霍夫曼斯塔尔的作品进行比较，会发现里尔克的作品无论如何都是一些非常不成熟的、简单的、幼稚到极点的诗。只有用不那么挑剔的眼光，人们才能看出他在作品中表现出来的一些天才的痕迹。直到后来，我们如此热爱的这位诗人在22岁或23岁时开始在作品上取得长足进步：这对我们来说是一个极大的安慰，一个人不一定要像霍夫曼斯塔尔那样成为中学时代的早慧的完美诗人，但他可以像里尔克那样通过练习稳扎稳打地探索、尝试、塑造和提升自己。一个人不需要因为自己写的东西不像样或不够完美或没有思想可言，就认定自己未来没有成功的可能了。或许他可能无法像霍夫曼斯塔尔那样成为奇迹,但他可能会像里尔克一样,踏出一条平凡的通往成功的康庄大道。

那时候我们所有人都有自己的爱好,已经开始写作、写诗、演奏乐器或朗诵。那种被动和热情的态度对于一个年轻人来说是不自然的,因为年轻人的本质不仅仅是获得一个印象,更是用自己的创作来回应。对年轻人来说,热爱戏剧至少意味着他们有登上舞台或参加戏剧表演的愿望和梦想。他们对各种形式的天才的极端崇拜,必然使他们注意到自己身上的一些迹象,以及是否能在自己的身体或者半懵懂的灵魂里看到这种不完全了解的优秀特质的痕迹。这既符合当时维也纳的氛围,也符合那个时代特殊的限制条件。我们班的学生普遍热衷于艺术创作。每个人都在寻找自己的天赋,并努力让它发扬光大。我们中有四五个希望成为演员,他们模仿城堡剧场里演员的风格,孜孜不倦地练习台词背诵,已经开始偷偷参加戏剧表演班,在课堂上临时指派不同的角色,并在古典戏剧中临时表演场景,而我们其余的人则构成了好奇而又要求苛刻的观众。我们中有两三个人是训练有素的音乐家,但他们还没有决定是做作曲家、演员还是指挥家。正是由于这些原因,我才对新音乐有了最早的了解,而在爱乐乐团的正式音乐会中,他们对新音乐仍然不屑一顾,不过他们也试图从我们这里获得歌曲或合唱的歌词。还有我们一个同学(他的父亲是著名的沙龙画家)在上课的时候在我们所有人的作业本上都留下了画作,还给我们班上所有未来的天才画了肖像画。但是,我们在文学方面的努力远远超过了其他方面。因为我们互相督促尽快完成作品并评论彼此的诗歌，所以我们在 17 岁时达到的水平远远超出了文学爱好者的水平，而且一些个人作品的水平确实是合理的，很多文学期刊都证明了这一点：我们的作品不仅被当地庸俗的报纸采用，而且被新一代主流文学期刊接受并出版，甚至收到稿费——这是最有说服力的证据。Ph.A.，我们班的一个同学，我曾经把他尊为天才，他的名字突然出现在最伟大的奢侈品杂志《潘神》[①]的首位，与理查德·德默尔[②]和里尔克并列。还有另一位同学 A.M.，他使用笔名"奥古斯特·厄勒"[③]闯入了当时所有德国期刊中要求最严格、最奇怪的出版物《艺术之页》，在其中占有一席之地——这本刊物是斯蒂芬·格奥尔格为他的文学团体中的杰出成员（这些成员都是经过严格筛选的出色者）保留的一个秘密花园。在霍夫曼斯塔尔的鼓励下，我的第三位同学写了一部有关拿破仑的戏剧。第四位同学提出了新的美学理论，完成了极富韵味的十四行风格诗歌。我本人的作品发表在现代派主流文学杂志《社会》和由马克西米利安·哈尔登[④]编辑的在新德国的政治和文化历史中起着重要作用的周刊《未来》中。今天回过头来看，我不得不客观地承认，就那些作品中广博的知识、精湛的文学技巧和艺术水准而言，它们来自年仅 17 岁的人，这实在令人惊

---

① 柏林文艺刊物，1895—1900 年出版，据说"潘神"是宙斯之子，传说中的牧神。

② 德国自然主义和印象派诗人，作品有《拯救》《维纳斯的转变》《美妙的野蛮世界》等。

③ 该刊物上没有用"奥古斯特·厄勒"笔名发表的作品，恐作者此处记忆有偏差。

④ 德国政治评论家、作家，曾创办过政治周刊《未来》。

叹。这种情况只能解释为：这是霍夫曼斯塔尔神奇的早熟榜样激起了我们的胜负心，或多或少地将我们带到了前面。我们精通各种艺术手法，熟悉夸张奔放的语言；我们知道每一种诗风的写作手法，从品达①式的悲情诗到民谣里简单的口头表达，我们都尝试过，也仔细推敲过很多次。在日常的作品交流中，我们会指出粗心的缺点，并讨论押韵的细节。当我们尽职尽责的教师用红笔画出我们作文中缺少的逗号时，我们就一直在文学上互相切磋评论，交流进步，而我们所进行的文学批评相对于文学批评领袖在各大报纸上对古典大师名著的批评来说，涉及的严谨性、艺术知识和考据的精妙是前所未有的。中学最后几年，因为一味热衷于文学批评，我们在专业判断和表达能力上已经领先于那些知名的专业评论家了。

  在此我提到我们那时候在文学方面的早慧，可能会让人产生误解，就是误以为我们是一个特殊的阶层，是一帮天赋智力都超群的天才，其实完全不是这样。当时在很多学校都能观察到同样的现象、同样的狂热、同样的早熟天才，这不可能是偶然的。只是非常幸运，我们那时候社会上的氛围特别好——这个城市特殊的艺术沃土，非政治化的时代，以及世纪之交新的思想和文学方向即将到来，所有这些因素与我们在人生的这个阶段注定要有的创作冲动有关。每个青少年都有诗意或诗意的冲动。当然，在大多数人身上，诗歌的流动就像短暂的浪潮一样，这种热情很少超越青春期，因为它本身就是青春的复兴。我们班的五个校园演员没有一个成为舞台上真正的演员。登上《潘神》和《艺

---

① 古希腊抒情诗人，他的合唱歌对后世影响很大。

术之页》的诗人，在取得惊世骇俗的成就之后变成了普通的律师或官员，也许他们今天回想起过去，还会嘲弄他们当时幼稚的野心。我是这些人中唯一一直保持着创作激情，并把它作为整个人生的意义和核心的人。然而，想到这些同学，我是多么感激啊！他们给了我多少帮助！从这种热烈而尖锐的讨论，从这种互不相让你追我赶的竞争，从互相欣赏和互相批评中我早早开始练手，磨砺神经，体验到了精神世界和思想领域的浩瀚和宽广。这些过去强烈地催促着我们超越学校单调和无聊生活的事情多么令人快乐呀！"迷人的艺术，多少阴郁的时刻……都为了你我创造出美好的新世界。"每当这首舒伯特的不朽之歌响起，我的眼前就生动地显示出我们坐在学校的长椅上垂着肩膀的样子，然后在放学路上，我们是如何热情地分析和背诵诗歌，忘记时空的束缚，得到了真正地"进入一个更美好的世界"的方法。

毫无疑问，这种对艺术狂热的投入和对审美因素的过分强调，几乎是荒谬的，只能以牺牲我们那个时代的日常利益为代价来实现。今天我转过头问自己，我们每天的作息时间除了学校就是家里，要么上学要么日常起居饮食，排得满满的，那我们是怎么抽出时间来读这些书的？这时，我意识到这很大程度上是以我们的睡眠和体力活动为代价的。虽然我每天早上应该7点起床，但晚上一到两点前我几乎从不放下书。从那以后，我有了一个坏习惯，即使是深夜，我也要再看一两个小时的书才能睡觉。在我的记忆里，我总是每天睡不醒就起床，在就要迟到的最后一分钟匆匆洗漱，然后被赶去学校，路上随便咬两口黄油面包。所以理所当然的，我们这些沉迷于书中的小书呆子，个个都骨瘦如柴，满脸菜色，就像青涩瘦弱的水果一样，穿衣服也不是很讲究。我们把零花钱的每一赫勒①都花在看戏、听音乐会或买书上；另一方面，我们不太注意讨好年轻女孩，我们只是想让高层人物关注我们。在我们看来，和年轻女孩一起散步是浪费时间，思想上的傲慢让我们从一开始就觉得由于对方的性别，她们都会很狭隘，没有什么思想，我们不能在表面的闲聊中浪费宝贵的时间。今天的年轻人很难知道我们在多大程度上忽视甚至鄙视所有的运动。然而，应该提到的是，在19世纪，体育的浪潮并没有从英国蔓延到欧洲大陆。当时还不会出现这样的场景：在一个体育场，当一个拳手用拳头打碎另一个拳手的下巴时，成千上万的人兴奋地大喊大叫；报纸也不会像现在这样，花一整个专栏去生动地描述和报道一场冗长得像荷马史诗一样的曲棍球比赛。在我们这个时代，摔跤比赛、体操协会、举重纪录都是些边缘化的活动，只会发生在郊区，屠夫、搬运工人才是这些活动的主要受众。最高级别的贵族赛马（每年仅几次）最多可以吸引一些所谓的"上流社会"到赛马场，但是我们对此无动于衷，因为在我们看来，每一项体育活动都是浪费时间。13岁那年，我开始感染文学和艺术的传染病，于是我停止滑冰，并用父母给我学跳舞的钱来买书。18岁的时候，我不会游泳，也不会跳舞或打网球。到目前为止，我什么工具都不会驾驶，既不能骑自行车，也不能开车。即便是个10岁的孩子都可以在体育运动中击败我。即使在1941年的今天，

---

① 奥地利货币的名称，一百赫勒等于一克朗。

我也无法分辨棒球与美式足球、曲棍球与马球之间的区别。对我来说，每份报纸上的体育专栏都像用不合理的符号写出的仿佛中文一样令人费解的东西。我对体育运动中的成绩——关于速度和评分的理解还停留在一无所知的地步，就好像那个波斯沙阿[①]一样。有一次，有人想动员他参加赛马，他便以东方的智慧说："为什么？我已经知道肯定有一匹马跑得比另一匹快，对我来说，到底哪一匹更快，根本是无关紧要的呀。"我们也不愿意抽时间去锻炼身体，甚至认为那样太浪费时间了。在我们眼中，只有国际象棋才能带来某些帮助，因为它需要使用一些脑力。而且，更荒谬的是，尽管我们都觉得自己将成为诗人或潜在的诗人，却很少关注自然和身边的环境。在我生命的头二十年中，我几乎看不到维也纳周围的美丽风景。在最美丽、最炎热的夏天，人们相继离开这座城市去避暑，城里没有什么人，可我们甚至发现这座城市更具魅力，因为我们可以更方便地在咖啡馆里获得各种期刊和报纸。后来，我花了数十年的时间才能达到平衡，避免了这种幼稚的贪婪阅读所造成的过度紧张，并在某种程度上消除了不可避免的身体上的笨拙。但是，总的来说，我从来没有后悔过这种极端的做法，用眼睛和大脑度过我的中学时光，它为我注入了追求精神世界的血液，而我永远都不想失去它。之后，我阅读和学习的所有书籍都是基于当年奠定的坚实基础。一个人在肌肉训练中错过的机会可以在以后的几年中弥补，而精神的改善和内在的灵魂理解能力只有在那些决定性的年代才能形成。一个学会尽早地扩展自己的灵魂的人，可以在以后将整个世界都包容到自己的灵

[①] 古时候对波斯国王的称呼。

魂中。

我们青年时代的真实经验是，艺术领域正在酝酿着新事物，比父母和周围的人们所满足的生活更热情、更不讲规矩和更具尝试性的事物。由于生活中的这一段内容，我们陷入了兴奋的狂潮，我们从未注意到美学领域的这些变化仅仅是许多深远变化的后果和先兆，会动摇我们父母的世界，也会动摇这个和平的世界，最终毁灭它。在我们古老而沉默的奥地利，一个显著的变化悄然出现。那些人民，那些在统治下数十年来一直保持沉默和服从的自由公民，突然开始变得越来越自律，他们开始组织起来要求自己的权利。在19世纪的最后十年，政治以强烈而猛烈的狂风骤雨打破了人们安逸的生活。20世纪是一个崭新的世纪，原来它想要的是新的秩序和新的时代。

在奥地利，社会主义运动在这些大规模的群众运动中率先兴起。在此之前，我们误称的"全民"选举权，只有那些有钱人和能够证明自己已经缴纳了一定税款的人才能享有。由这些财产所有人选出的律师和土地所有者真诚地认为，他们是议会"人民"的代言人和代表。他们为自己是受过教育甚至受过高等教育的人而感到自豪。他们讲究尊严、得体，谈吐优雅，所以议会讨论往往就像高层俱乐部的晚间讨论一样。这些资产阶级的民主人士抱着自由主义的信念，真诚地相信宽容和理性一定会带来一个进步的世界。他们认为，轻微的变化和逐渐的改善是提高所有城市居民幸福感的最佳途径。但是他们完全忘记了他们只代表着生活在大城市中的5万或10万人，而不是代表整个国家的50万或100万人。此时，机器已被广泛使用，以前分散的劳动力都集中在工业领域。在一个著名人物维科托·阿德勒[①]博士的领导下，一个社会主义的政党在奥地利成立，旨在实现无产者的要求：真正的、普遍的和平等的所有人的投票权。这些要求一经实施或被迫实施，人们立即意识到，尽管自由主义阶级很宝贵，但它却是那么的薄弱。和平共处与自由主义从公共政治生活中消失了。现在，不同的利益群体之间已经开始相互对抗，战斗已经开始。

我仍然可以回想起我记忆中的一天，这是奥地利社会党崛起的决定性转折点。工人们第一次希望人们看到他们的力量和庞大的数量。他们提出了这个口号：将5月1日定为劳动人民的节日；他们决定在这一天游行穿过普拉特的绿地公园，游行队伍的路线应该穿过主干道。在以往的大型集会活动中，主街这条美丽宽阔的"栗树大道"上全是专门为高贵而富有的资产阶级准备的华丽马车。声明一出来，那些上流社会的自由主义公民都惊呆了。在当时的德国和奥地利，"社会主义"一词也隐含着一种血腥和恐怖的味道，就像人们在谈论以前的"雅各宾"[②]或未来的"布尔什维克"时所感受到的一样。一开始，人们根本不相信这些来自郊区的红色分子怎么能在他们的游行中烧毁房屋、抢劫商店和犯下所有不可想象的暴行！到处都陷入恐慌，整个城市和周围地区的警察被转移到普拉特公园的街道上，军队也处于战备

---

① 奥地利社会民主党领导人之一。
② 雅各宾派，1789年法国大革命时期最激进的政治团体，代表人物有罗伯斯庇尔、丹东、马拉等，该派主要因其成员经常聚集在巴黎的雅各宾修道院开会而得名。

状态,随时准备射击。当时,没有任何豪华的私人马车或出租车敢去普拉特的绿地公园附近,商人们放下了铁窗上的栅栏。我仍然记得那天我的父母严格禁止孩子们上街,就在维也纳可能发生动乱的那天。然而,什么都没发生,工人们连同他们的妻子和孩子排成四人一排,连续地向前行进,他们穿过普拉特的绿地公园,队伍整齐划一,每个人的外套扣眼里都插着一朵红色丁香花,这是他们党徽的象征。他们一边行进一边唱《国际歌》,但是参与游行的孩子们第一次走上那条美丽高贵的林荫大道时,就开始唱起了曲调轻快的校园歌曲。没有人挨骂,没有人挨打,没有人握紧拳头怒气冲冲地表达不满。警察和士兵们都在向游行的人们报以微笑,就像对方也向他们微笑一样。正是因为这种无可挑剔的态度,中产阶级才不再把工人打上"革命打手"的烙印了。然后,双方都有做出让步。当时,今天这样的镇压和灭绝制度还没有发明出来,人道主义的思想(尽管它已经变得苍白淡薄)还没有消亡,即使在党的领导人中也是如此,党魁们都保留着人性。

就在刚才,一朵红色丁香花作为一个政党的象征出现了,没过多久,另一朵花插在了一件夹克的纽扣上。这是一朵白色丁香花,是基督教社会党的象征。当时人们选择鲜花而不是靴子、匕首和骷髅作为政党的象征,这不是也很感人吗?基督教社会党一直是一个小资产阶级的政党,最初是无产阶级运动的一个有组织的对抗运动,本质上和无产阶级运动一样,是机器战胜人工的结果。当机器导致大量工人聚集在工厂,从而提高工人的权利和社会地位时,它们也威胁到小手工业者。大商店和大规模生产意味着对中产阶级和小手工艺技术人员的破坏。这种不满和焦虑使一位聪明而受欢迎的领导人卡尔·卢埃格尔博士在不同领袖中脱颖而出，他用一句关键的话抓住了小市民阶级和被激怒的中产阶级："小人物必须得到帮助。"因为在这些人身上，对富人的羡慕远不如从市民阶层落入无产者的恐惧。这个可怕的充满忧虑的社会阶层也是第一批聚集在阿道夫·希特勒周围的群众阶层。从另一个意义上说，卡尔·卢埃格尔也为希特勒树立了榜样，那就是他教希特勒打出了反犹太人的旗号，为那些不满的市民阶层树立了一个看得见的对手，同时，他悄无声息地将人们的仇恨转移到大地主和封建贵族们身上。通过比较这两个人的形象，我们可以看到当今政治生活的庸俗和残酷，以及我们这个世纪的可怕堕落。卡尔·卢埃格尔有着柔软的金色胡须，长相英俊，被维也纳人称为"美丽的卡尔"。他接受过高等教育，在一个精神文化高于一切的时代，接受教育不是徒劳的。他善于在公众场合演讲，言辞犀利又风趣幽默，即使在最激烈的一次演讲或那些当时人们觉得激烈的演讲中，他也从未失去自己得体的风度。他设定的基调（指反犹态度）也可以转换成某种杀人工具来上演杀人仪式和各种低俗之事，但他总是小心翼翼地保持着平衡，以防真的陷入剑拔弩张的地步。他的个人生活简单而无可指责，他对对手也总是保持着某种绅士风度，他的反犹政治立场从未阻止他善待和关心他早期的犹太朋友。最后，他领导的政党赢得了维也纳市议会选举，他本人被任命为维也纳市长（弗兰茨·约瑟夫皇帝两次拒绝签署他的任命，因为皇帝讨厌他的反犹太主义倾向），而他在城市管理方面是公平和无可挑剔的，甚至是民主政治的典范。在这个反犹党胜利之前，犹太人是惊恐的，后来他们仍然获得了平等的社会地位，继续受到像以前一样的尊重。那时，仇恨的毒素和彻底摧毁对方的意志还没有进入时代的血液。

然而，就在这个时候，第三朵花，俾斯麦①最喜欢的花——蓝色矢车菊出现了，它是"德意志民族主义政党"的象征，当时的人们并不知道这是一个觉悟明确的革命党——它想用暴力冲击摧毁奥地利的皇权，在希特勒之前就有了——在普鲁士和基督教新教领导下的大德意志帝国的梦想。基督教社会党起源于维也纳和农村地区，社会民主党起源于工业中心，德意志国家党的追随者则几乎只出现在波希米亚和阿尔卑斯山的边缘地区，就人数而言，他们处于弱势地位，但他们用野蛮的侵略弥补了自己分量的不足。该党的几名成员在奥地利议会中是暴政和耻辱（从传统意义来讲）的代名词。就思想和技巧而言，他们构成了希特勒政治思想和战略布局的起源，希特勒接过了他们的衣钵。希特勒接替了格奥尔格·舍纳雷尔②的"离开罗马"的思想，当时有成千上万的德意志国家党成员忠实地遵循这一口号，从天主教皈依新教只是为了激怒皇帝和天主教神职人员。希特勒的种族主义视舍纳雷尔为伟大的始祖，并接受了他反犹太主义的种族理论，舍纳雷尔提出的"一位非常有声望的智者曾说过，犹太种

---

① 德国杰出的政治家、外交家，人称"铁血宰相"，通过王朝战争击败法、奥，随后统一了德意志。

② 奥地利大庄园主、政治家，他非常崇拜俾斯麦，是德意志民族党的激进领袖，他的思想对希特勒有所影响。

族是污秽的"的主张也被他延续下来。特别是,希特勒从他那里学到了利用一群完全没有顾忌的冲锋队来维护自己主张的手段,这个原则是:以小小的暴行震撼在人数上获胜但对人类宽容的大部分人。国家社会党(纳粹党)的冲锋队所做的,就是拿着一根橡皮棍冲进一群人的集会,趁着晚上袭击对手,把对手撞倒在地,这是德意志国家党大学生联合会的成员干的。在知识分子享有的豁免权的背景下,那帮所谓的大学生创造了一种独特的恐怖手段,也就是暴力殴打,这在以前是绝无仅有的。只要有政治行动,他们就会像军人一样组织起来,高声喊着口号或吹个口哨就出发了,排成一队队在街上招摇而过。那帮大学生按照所谓的"青年会"组织起来,脸上弄出代表荣誉的刀伤,酗酒,凶残,到处挑事。他们控制着大学会场,因为他们不仅像其他人一样戴着臂章和帽子,还带着又硬又重的棍子。他们不断挑衅,针对斯拉夫人、犹太人、天主教人和意大利人,把这些没有防卫的人赶出大学校园。每次"游荡"(他们称每个星期六的恃强凌弱都是在"游荡"),不可避免地会发生流血事件。由于大学仍然享有古老的特权,警察无法进入大学教室,只好在外面看着这些流氓的大学生四处闹腾犯罪,对此他们无计可施,唯一能做的,也就是把那些被这帮民族主义的坏人从台阶上扔到路边,浑身是血的伤者运送到医院去。每当规模小而虚张声势的奥地利德意志民族党试图通过武力实现某个目标时,它总是首先派出大学生突击队。当总理巴德尼[①]在皇帝和帝国议会的批准下决定实

[①] 奥地利政治家,1897年他向帝国议会提出语言法令遭到强烈反对,还引起街头抗议示威,后被免职。

施一项使用官方语言的法律时——这则法律最初的目的是缔结奥地利各民族之间的和平,并让帝国统治持续数十年的稳定。被挑衅的年轻大学生们占领了环城大道,政府必须派遣骑兵,并在镇压中使用军刀和射击。但是,那个可悲的、自由的人道主义时代是脆弱的,容易动摇。人们恐惧任何形式的暴力、骚乱和流血事件,这种趋势是如此强烈,以致政府不得不在德意志民族党放下武器之前撤退,结果是:总理被免职,废除了完全忠于帝国权力的那条语言法律。残酷的暴力手段进入了政治领域,并第一次显示出它的结果。在相互让步彼此宽容的时代,隐藏在不同种族和阶级之间的那些裂痕和差距已经在巨大的努力下得以弥合,但是现在它们都破裂了,重新显露出来,变成了一条深深的山谷沟壑,这条鸿沟看上去几乎无法逾越。实际上,在20世纪初的前十年中,奥地利发生了一场针对所有人的内部战争。

但是,我们这些年轻人仍然完全沉浸在我们的文学野心中,很少意识到家乡发生的危险变化;我们只愿意埋首苦读或欣赏画作。我们对政治和社会问题根本不感兴趣,也不会去想,这场残酷的争端在我们生活中意味着什么。当整个城市由于选举而感到不安时,我们走进了图书馆;当人们进行暴动游行时,我们正在写作和讨论诗歌。就像古代巴比伦的伯沙撒①国王一样,我们享受各种珍贵的艺术盛宴,毫无后顾之忧。我们没有看到墙上火红的字符,也没有看到恐怖的未来。直到十多年后,我们才意识到当建筑物倒塌,破碎的墙壁和瓷砖砸到我们的头时,这

---

① 新巴比伦王国的最后一位统治者。

里的地基早就已经被清空了。到这个时候,我们才反应过来,从进入新世纪开始,欧洲个人自由主义的时代就已经逐渐走向衰落。

情窦渐开

我们每个人在中学八年发生的最个人化的事情，就是我们从10岁的孩子慢慢变成了16岁、17岁、18岁的青春期男生，开始具有男性的性特征，自然本能开始萌芽。青春期的觉醒似乎完全是个人的事。每个处在成长过程中的人，都会以自己的方式与成长的烦恼做斗争。起初，人们认为这个话题不适合公开讨论。然而，对我们这一代人来说，每一场危机的影响都超出了它自己的范围。青春期也显示了另一种意识的觉醒，因为它第一次教会我们用批判的意识去审视自己生长的社会，观察它的规范。一般来说，孩子甚至年轻人都倾向于先适应周围社会环境中的规则，他们也尊重这些规则。然而，只有当他们被要求遵守的这些规则被所有其他人诚实地遵守时，他们才会屈服。所以，如果教师和家长有虚伪的行为，年轻人会用怀疑的眼光去看整个世界也是必然的。不过实际来说，没过多久我们就发现，我们曾经信任的各种权威——学校、家庭、公德——在"性"的问题上都是不诚实的，更有甚者，他们还要求我们在这件事上像他们一样遮遮掩掩，保守秘密。

三四十年前，人们的思维方式和今天完全不同。也许没有哪个领域会在短短一代人的时间里发生如此彻底的变化，这是因为一系列因素——如妇女解放运动、弗洛伊德心理分析、竞技体育中对身体的崇拜，以及青少年的独立性等所产生的影响。19世纪市民阶级所崇尚的道德，实质上是来源于维多利亚时代①的一种道德。如果和今天逍遥、自由的世界观相比，也许这个表达最接近事实：当时的人因为内心的不确定性，回避一切与"性"有关的问题。在早期人们诚实地信仰宗教的时代，尤其是在严格的清教徒信仰环境中，这很简单。那时，人们坚信，肉欲是恶魔的毒刺，肉体上的欲望是不道德和罪恶的，在处理与"性"有关的问题时，中世纪的权威人士采取了严厉的禁令和残酷刑罚，以执行他们所倡导的道德信条，尤其是在日内瓦，这深受加尔文教义的影响，此风尤炽。我们生活的时代是完全不同的，这是一个包容的时代，人们不再相信恶魔或神灵，而且人们没有办法实施这些极端的禁令。但是，"性"仍然被认为是不受控制的因素，它将带来干扰，影响社会风气和社会的道德伦理。人们不能把它纳入这个时代的伦理范畴，也不允许它见天日，因为任何婚外的自由恋爱都是违背市民阶级的"正经作风"的。那个时代，人们在这种纠结中找到了一种妥协：虽然那时的道德并没有禁止年轻人满足自己的情欲，却要求他们采取一种含蓄的方式去实现。既然"性"在这个世界上无法根除，那么至少不要让它公开，免得不道德，起码要将其排除在社会风尚之外。所以有一个不需要明确

---

① 指维多利亚女王在位期间（1837—1901年）。当时英国国力强盛，是大英帝国的"黄金时代"。

表述的默契理解：无论在学校，在家里，还是在公共场合，都不允许人们谈论这个令人头疼的复杂问题，所有与性欲有关的思想都要被压制下去，以免让人想到"性"的存在。

自从弗洛伊德理论诞生以来，我们清楚地知道，试图抑制来自意识的本能驱动的人不能消除它，而是把它危险地推入潜意识之中。今天回想起来，人们很容易嘲笑那时候人们采取的天真而愚蠢的方法中隐藏的无知和虚伪。然而，整个19世纪，人们都固执地局限在可以用理性来解决所有冲突的错觉中，认为越是隐藏本性的人，越能软化自己焦躁的冲动。他们认为，如果人们根本不对年轻人提起"性"的存在，他们就会忘记它存在于身体之中。在这种年轻人可以通过忽视激情来驯服欲望的错觉中，各方都守口如瓶，通力形成了封锁。学校和教堂，沙龙和法院，报纸和书籍，时尚和习俗等各种传播途径中都力图避免提及这一问题，甚至科学界也毫不留情地加入了这一行列，尽管其最初的任务是不带偏见地面对"自然不是丑闻"这个问题。连科学界都投降了，他们为此找的借口是，处理这种龌龊的话题有失科学的尊严。如果我们阅读那个时代的哲学、法律甚至医学书籍，就会立刻发现，人们处处都在小心翼翼地回避"性"这个话题。当刑法专家在学术会议上讨论监狱中需要人性化的管理以及监狱生活很不人道的时候，他们会羞涩而迅速地省略这个原本是核心节点的问题；虽然那些神经科医生在很多情况下完全了解某些歇斯底里病的病因，但他们也不敢公开指出这些事实。我们可以从弗洛伊德的书中读到，即使是他受人尊敬的教师夏尔科[①]也私下告诉

[①] 法国医生，著名神经病症研究者。

他,尽管他知道某些患者的真正病因,但他从未公开地说过。当时,所谓的"美"文学最不敢提供真实的描述,因为这类文学致力于从美学意义上描述"美"。在过去的几个世纪中,作家们不惧怕提供真实而宏伟的生活文化图景。在笛福①、阿贝·普雷沃斯特②、菲尔丁③和雷蒂夫④的作品中,我们可以看到对情爱欲望真实状态的描述。但是,在我们这个时代,文学只允许人们看到那些"充满情感"和"崇高"的内容,而不是令人尴尬的内容。所以,在19世纪的文学中,几乎没有任何痕迹可追溯到大城市的青少年危险、忧郁和混乱的个人经历。一个作家⑤即使敢提妓女,他还是觉得她一定是贵族,要进行多番的美化,女主角一定是美丽优雅的"茶花女"。因此,我们也面临着这样一个特殊的事实,如果今天的青少年想要了解上一代或者上上一代的青少年是如何在生活中奋斗的,那么打开那个时代的大师狄更斯、萨克雷⑥、戈特弗里德·凯勒、比昂松⑦等人的小说来阅读,他们会发现这里只描述了那些精致而温和的情况。由于时代的压力,这整个一代人无法自由地表达自己——托尔斯泰和陀思妥耶夫斯基除外,他们是俄国人,站在欧洲虚假理想主义的反面——那个时代歇斯底里地维护着其前辈们遗留下来的道德,这也最能解释那个时代本

① 英国著名小说家,代表作品是《鲁滨孙漂流记》。
② 法国著名作家,被后人称作"普雷沃神父",其代表作是长篇小说《曼侬·莱斯戈》。
③ 英国著名的小说家、剧作家,作品主要有《弃儿汤姆·琼斯的历史》等。
④ 法国作家,主要贴近表现下层人的生活,作品有《农夫堕落记》等。
⑤ 法国著名小说家、戏剧家,他的作品《茶花女》闻名世界。
⑥ 英国小说家,作品有长篇小说《名利场》等。
⑦ 挪威剧作家、小说家、诗人,1903年曾获得诺贝尔文学奖。

身的特点。当时的社会风气在今天是不可想象的,甚至文学中对"性"描述的限制仍然不足以使道德主义者满意。否则,我们如何理解这些情况:为什么一部完全客观地去描写的小说《包法利夫人》会被法国的一家法院认定为不道德的作品而被禁呢?为什么我年轻的时候,左拉的小说被认为是淫秽的色情文学?而托马斯·哈代①,这位更为平和经典的文学叙事大师,为何竟然在英国和法国掀起了一股愤怒的浪潮?——因为虽然这些作家一直如此克制,但他们的书仍然揭示了太多关于生活的真相。

但是,在这种令人窒息的、不健康的、充满美化气息的沉闷空气中,我们每天都在成长。这种不诚实、沉默寡言的道德观念不符合青少年的心理,这种不考虑"性"问题的要求,像阿尔卑斯山一样压在我们年轻人的身上。这些无法言说的沉默的"技巧"以相同的速度发展,因此我们找不到与文学和文化历史事实相一致的任何数据。重构那些不可思议的东西并不容易,但我们还是可以找到一个切入点,那就是流行的社会风尚——人们能看得到的兴趣爱好——因为每个世纪的社会风尚都在视觉品味上展现当时的道德观念。1940年的今天,当看到1900年的男女身着当时的服装出现在电影院的屏幕上时,无论是在欧洲还是美国,在城市还是乡村,观众都将放声大笑,这可是非常普遍的现象。即使是今天最天真、最诚实的人,也会嘲笑过去那些人的装束,认为他们的穿着打扮太奇怪可笑了:他们是一群傻瓜,穿着如此不自然、不舒服、不卫生、不切实际的衣服,简直像戏剧中的小丑。就连我们这个年纪的人都无法想象,为什么整整一代人

---

① 英国著名诗人、小说家,代表作有《远离尘嚣》《德伯家的苔丝》等。

都要毫无抵抗地屈服于这种愚蠢的服饰?虽然我们都见过我们母亲那一代人穿这些奇怪的晚礼服,而且我们童年时也都穿得很奇怪。当时流行的男装形象是这样的:硬挺的高领几乎要使人喘不过气来,这套服装使人做任何动作都无法放松,黑色燕尾服的长后摆和让人想到烤箱筒管的大礼帽特别好笑。但是,更搞笑的是,那些"淑女"历尽千辛万苦粗暴地改造自己身体的细节,真的不像话!她们用鲸骨做的束腹收紧身体中部像马蜂一样的细腰,屁股鼓起来像个巨大的铃铛,领口直到下颌系得很紧,脚完全被盖住,大脚趾和脚背都不会露出来,头上有无数的卷发高高地立着,梳成各式各样的发型,头发的顶端是一顶珠光宝气的颤抖的大帽子,看上去非常奢华,上头还要罩着一块头巾。即使在最热的夏天,女人们手上也应该戴手套。这些在历史上早已消失的"淑女",虽然浑身散发着香水味,尽管衣服上有各种精致的花边、褶裥、流苏,戴着各种首饰,却可怜地陷入无助。人们一眼就能看出,这种全副武装的女人就像全副武装的骑士一样,再也不能自由、有力、轻盈地行动了。将一个人打扮成"淑女",穿上脱下这些衣服是一个非常烦琐的过程,没有外人的帮助是无法完成的,更不用说还有社交礼仪的培养了。首先,要把从腰到脖子的无数扣子全部扣好;女仆要全力帮助淑女们扣好束胸,让每天被叫去帮忙打理长发的理发师用大量的发夹、烫发钳、卷发棒、卷梳等来梳头发。我想提醒这里的年轻人,三十年前,除了俄国的一些女大学生,几乎所有欧洲女性都有长及腰部的头发,在打理好头发后,还要给"淑女"穿上层层的衬裙、紧身内衣、夹克和洋葱一样的外套,不断地改造她,直到任何一个人都不能从这个女人身上看出原本她那自然的身材曲线。事实上，这种无意义的行为有其隐藏的价值：通过这种处理，女人的身体线条将被完全掩盖，甚至婚礼上的新郎也无法知道他未来的生活伴侣是身材笔直还是佝偻的，是丰满还是瘦骨嶙峋，是腿短还是腿长。在这个"讲究道德"的时代，人们根本不会觉得为了适应普遍的审美理想而人为地强化头发、乳房或其他身体部位是错误的。女人越想看起来像"淑女"，人们就越不应该看到她的自然身材。从根本上说，这种时尚只服从这个时代的道德大趋势，这个时代最大的烦恼就是：对性爱和欲望遮遮掩掩。

但这种自以为是的道德完全忽略了一种情况：如果魔鬼被锁在门外，大部分情况下，它会从烟囱或后门强行进入。从今天我们开放的视角来看，这些服饰最引人注目的是，它们尽最大努力隐藏任何裸露的皮肤和真正隆起的曲线痕迹，但达到的根本不是它想要达到的道德效果，而是恰恰相反。在我们的眼中，那些时尚都以挑衅的方式极端凸显性的欲望，让人感到尴尬。在我们如今这个时代的青年男女，如果一男一女站在一起，两人都身材高挑修长，短发，同样年轻，那么他们的出现就已经让人觉得二人可以成为关系很好的朋友了，即使相爱也会很般配。可是在过去的那个时代，男人和女人之间必须竭力保持距离。男人们为了表现自己的男性特征，选择蓄留长长的胡子，至少能随时捏一捏自己浓密的胡子才能表现出男人风度，而女人穿的是明显突出女性性特征的紧身束胸——将胸脯炫耀似的隆起来让别人看个清楚。另外，在行为方面，强势的男性性别和弱势的女性性别的差异也被最大化了：男人要大胆、侠义、敢作敢为、有绅士风度，女人要害羞、腼腆、柔和、细心谨慎；男人应该是猎人，女人则是猎物，两者不能是相同的一类。由于外部距离不自然，两极之间的内部吸引力（即色情）只会加剧。当时社会对这种性欲的心理采取了沉默和掩盖的手段，导致了与初衷正好相反的结果。当时的人们在任何生活形式、文学、艺术、服饰上都感到强烈的恐惧和羞涩，试图掩盖任何可能的刺激。其实，这确实迫使他们不可避免地产生那些不雅的想法。实际上，因为人们总是必须考虑自己的行为有什么不合适，所以他们始终处于警惕状态。在每一个场景中，每一句话里，以前人们维护的"体面"世界似乎总是岌岌可危。也许今天的人们也可以理解，那个时代的女性如果只是在运动或比赛中穿一条裤子，简直就是有罪；然而，你怎么能想象她们当时连"裤子"这个词都难以说出口呢，这就是歇斯底里的羞涩！如果她不得不提及一些可能引起情欲的东西，比如男裤，那么她必须另找一个无辜的词来代替，比如"纯白的下装"，或者选择使用一个特定的杜撰词来避免这个"不可言说"的名字。几个来自同一个社会阶层不同性别的年轻人在没有监督的情况下出去郊游，这是完全不可思议的。或者说，人们对此的第一个想法是，这可能导致"那种事情发生"。这样的聚会只有在女孩子们的监护人——她的母亲或家庭教师——从不离开的情况下才能被允许。即使在最热的夏天，如果年轻女孩想光着脚丫打网球，甚至在打球的时候露出胳膊，都会被认为是不光彩的。如果一个受过教育的女性在社交场合跷二郎腿，人们会认为这严重有害"风化"，因为这样一来，长裙底边下的脚踝可能会暴露出来。即使是大自然中的那些元素，即使是阳光、水、空气，也一定不能接触到女人的皮肤。在大海上航行的时候，女人也要穿戴着沉重的服饰，即便走起路来总是步履蹒跚。寄宿学校和修道院的年轻女孩即使在室内洗澡也必须穿着白衬衫，以使她们忘记自己还有身体。当一个女人老死的时候，除了分娩时帮忙接生的助产师、她的丈夫和为死人入殓的洗身师，没有任何其他人见过她的身体，甚至她的肩膀和膝盖都没有露出来过。这既不是传说，也不是夸张。40年后的今天，这一切看似童话，又或者幽默夸张，但在当时，这种对身体和自然因素的恐惧以一种真正的强迫力量渗透了整个社会，从社会的最高阶层到普通人都是这样的，所以有很多人都得了神经症。否则，人们怎么能想象会有这样的事件：世纪之交，第一批大胆的女性敢于骑自行车或以与男性相同的姿势骑车时，农民会向她们扔石头；当我还在上中学的时候，维也纳的报纸用了整整一页版面强烈地批判了一个可怕的、不道德的创新——皇家歌剧院的芭蕾舞演员跳舞时没有穿针织长筒袜。当伊莎多拉·邓肯①头一次穿着古希腊风格的短袖齐膝白色裙子跳经典舞的时候，她没有像往常一样穿着绸缎舞鞋，而是赤着脚，这件事在当时可是个大新闻，简直引起了无可估量的轰动。现在，我们不妨想象一下：如果在警惕监视的目光下长大的年轻人，发现了被人们神秘地用"社会风化"的外衣包裹起来的性欲，且那件风化的外衣实际上已经破旧不堪，布满了裂缝和破洞，那种对违背风化而可能受到的伤害和威胁的恐惧在他们眼里就会显得非常可笑。毕竟，在50名中学生中，难免会有一

---

① 美国著名女舞蹈家，后来致力于芭蕾舞改革，主张芭蕾舞表演要摆脱学院式束缚，倡导自然和谐的形体美感。

部分人在黑暗的小巷里遇到自己的教师正在做些不可公开的私密事，或者在自己的家庭圈子里无意中听到那些在我们面前举止庄重的人做了这样那样见不得人的事情。事实上，没有什么比那些笨拙的掩饰手法更能引起我们的好奇心了。由于人的本能欲望不能被自由地公开展示，这些好奇心就会流向在大城市地下蜗居的一些肮脏的发泄渠道中去。在每一个社会阶层里，人们都能感受到一种隐藏着的过度兴奋的性欲，那些情欲被压抑住了，于是通过一种非常幼稚、无助的方式发泄出来。人们身边的任何一座围栏或厕所里，都被乱七八糟地涂画了许多不雅的文字和图片；任何一座游泳池里用来隔开女性游泳区的木栅栏都被钻过偷窥的"瞭望孔"。如今那些因顺其自然的道德风气而逐渐没落的行业，在那个时候却是悄然兴盛，尤其是裸体摄影。在每个酒吧里，都有小贩会把这些照片从桌子底下递给成长中的青少年们。还有所谓"隐藏"的色情文学，这是所有书籍中品质最糟糕的一种，印刷质量差，书中的语言也狗屁不通，但这种书的市场却很好，包括"色情艺术"类杂志也是如此。今天这种恶心的淫秽作品已经找不到了——因为严肃文学注定要小心谨慎，不得不采取理想主义的教育去引导社会风气，或采用回避的态度不谈欲望。除此之外，还有宫廷的剧院仍在追求时代的崇高理想，描绘洁白如雪的世界。不过与此同时，一些剧院和舞厅则专门表演最粗鄙、最俗气的滑稽戏和歌舞内容，被阻挡的一切都在寻找自己曲折的出路。这一代人被禁止接受性启蒙，禁止与异性自由相处，所以远比现在享受更高程度恋爱自由的青少年好色得多。毕竟，只有得不到的东西才会让人产生更强烈的欲望，只有被禁止的东西才会激发人更强烈的渴求；眼睛看到的越少，耳朵听到的越少，脑子里梦到的就会越多。人们让身体获得的空气、光线和阳光越少，他们的感官就越集中，性欲就压抑得更厉害。综合起来看，这些社会压力并没有提高我们的道德修养，反而引起了对一切说教的不信任和蔑视。从性欲觉醒的第一天起，我们就本能地感到，这个社会试图通过保持沉默、掩盖"性"这种不诚实的道德来剥夺我们作为人应该享受的权利，牺牲我们诚实生活的意愿，以维持一种早已与现实脱钩的社会原则。

这种所谓的"社会道德"，一方面私下承认"性"的存在及其自然过程，另一方面又必须公开保守秘密，这甚至可以说是双重谎言。人们对年轻男人们的欲望不大管束，甚至故意鼓励他们"出人头地，增加阅历"——这是那个时代人们在家里善意使用的调侃语言；但是对于女人来说，他们的态度则是彻底视而不见。古老的规则也默默地意识到男人可以感觉到性欲的驱使。但是，如果我们坦率地承认女性也屈服于这种天性，那么造物主就需要为其永恒的目标创造一个女性反对者的风格，这将冒犯"女性圣洁"的概念。在弗洛伊德以前的时代，人们普遍认为，女人在被男人唤醒之前就没有生理上的欲望，而男人只被允许在婚后唤醒自己生理上的欲望。但是，即使在那个道德时代，尤其是在维也纳，空气中仍然充满了危险的色情气氛，因此，一个上流社会家庭的女孩从出生开始，就将生活在完全无菌的环境中，直到和丈夫结婚、一起离开婚礼坛的那一天。为了得到保护，她们一刻也不能落单。她们都被专属的家庭女教师看管着，这位家庭女教师的职责是绝不让她们在没有保护的情况下离开家。她们会被送到学校去上舞蹈课和音乐课,但是必须有专人接送。她们读的每一本书都要经过严格的检查。尤其是,年轻的女孩子一定要有事情做,这样才能尽量远离危险的想法。她们要学习钢琴、唱歌、绘画、外语、文化史、文学史,家族给她们提供良好的教育,甚至这些教育有些太多了。一方面,人们尽最大努力把女孩们培养成受过教育的、体面的人;另一方面,又要保证她们对本能的欲望保持无知而不恐惧。这些淑女对男女之间的那些事的了解简直是一片空白,这是我们今天无法想象的。一个来自上流家庭的女孩家教甚严,必须保证她对一个男人的身体构成毫无概念,也不知道孩子是怎么来到这个世界上的,这位纯洁的天使在进入婚姻殿堂的时候,还被要求不仅她的身体没有被触碰过,灵魂也要完全"纯洁"。"良好教养"这个词,对于那时候的一个年轻女孩来说,完全等同于对生活的无知。有时候,这种对生活的无知甚至会贯穿一些女人的一生。我的一个姨妈曾经就经历过一件有意思的事,至今还让我发笑。她在新婚之夜的半夜一点钟突然出现在父母家门口,大喊着再也不要见到那个她嫁的像流氓一样的男人了,说什么他是个疯子,是个坏人,因为他居然真的想把她的衣服脱掉,她费了好大劲才拒绝了他明显变态的要求。

不用说,这种无知也让当时的少女们感到一种神秘的刺激。这些初出茅庐的少女隐约觉得除了自己的世界之外还有另一个世界,一个她们一无所知、人们也不允许她们了解的世界,这让她们对另一个世界充满了好奇和渴望,她们无法停止谈论这个世界。如果有人在街上和她们打招呼,她们会脸红。今天会有女孩脸红吗？当女孩们单独聚集在一起的时候，会小声嘀咕，一边笑啊笑啊，就像喝醉了一样。对于那个将她们排斥在外的世界，她们充满了对未知的各种期待。她们梦想着浪漫的生活，与此同时又羞于让人发现她们的身体多么渴望温柔。至于什么是温柔，她们不知道。一种安静的困惑不可避免地困扰着她们的整个行为。她们走路的方式和现在的女孩不一样：现在的女孩因为运动而变得强壮，动作轻盈自如。在年轻人中，她们在体育方面和男人们没有什么不同。而过去那时候，女孩子只要走个几百步，人们就能从脚步和动作上区分未婚女孩和已婚女人。今天的她们更像女孩，而不是女人。本质上，她们身上有着类似于温室植物的脆弱，被保护在人为的、过于温暖的环境中，在无风无霜的环境中生长，她们是特定教育和文化中人工培育出来的产物。

　　但是，当时的社会是要训练女孩接受这种与现实生活脱节的教育：简单而知识薄弱，受过良好教育但对性方面的事物一无所知，好奇而害羞，对男女之事懵懵懂懂，犹豫而又不切实际。从一开始，她们注定会受到丈夫的塑造和操纵，没有自己的意愿。社会风尚似乎把她们作为其最隐秘的理想和女性美德、贞洁和脱俗的象征来保护。但是，如果一个年轻女孩错过了自己最美好的时光，如果她25岁、30岁还没结婚，那将是多么的悲哀！因为社会规范出于对"家庭"和"风化"的考虑，会无情地要求30岁的女孩也要保持无经验、无欲望的幼稚状态。然而，这种精致的形象大多会变成一部苦涩而残酷的讽刺漫画，未婚女性会变成"嫁不出去的剩女"，"剩女"会变成"老处女"。人们会用没完没了的笑话来讽刺和挖苦她们。如果打开早期的《街头快报》[①]或那个时代的其他讽刺刊物，你会发现每一期都有这种愚蠢的笑话，残酷地嘲讽老处女——说她们的神经有问题，说她们不会掩盖自己天生的爱欲。此前，为了家庭，为了自己的好名声，她们不得不压抑自己天生的要求，压抑自己对爱情和母性的渴望，可是人们不能从这些受害者身上看到生活的巨大悲剧，反而在没有任何同理心的状态下嘲笑她们，这是我们今天最感到恶心的地方。一个以虚伪破坏本性的社会，总是对揭露和宣传秘密的人进行最无情的攻击，绝不会手软。

当时市民阶级的风尚极力维护这样一个虚假的人设：一个"体面出身"的女人，只要还没有结婚，就不会有任何性欲，否则她会成为一个"不道德的人"和"肮脏的狗"，甚至有可能被赶出家门。然而，人们觉得有必要承认年轻男性也有性冲动。人们从经验中知道，他们无法阻止一个已经长大的年轻人产生性冲动，社会对这些年轻人不抱太大期望，只希望他们能在神圣风化之外的世界里满足自己不体面的快乐。这就像一座城市，地上有干净的街道、华丽的店铺、优雅的林荫大道，地下却是肮脏的下水道。所有年轻人的性生活也要在"社会"的道德表层之下进行。至于年轻人会面临什么样的危险，会陷入什么样的境地，社会是漠不关心的。学校和家庭都怕这个，尽量避免在这方面给年轻人"性"启蒙。不过，在19世纪的最后几年，有时一些有远见的或"思想开放"的父亲，试图帮助他们的儿子走上正确的道

① 1844—1944年在慕尼黑出版的一本幽默杂志，带有插图。

路，当他们的儿子初次长出胡茬的时候，这些父亲会邀请家庭医生来家里，年轻人会被叫到一个房间，由医生为他们解释性传播疾病的危险。医生们会装模作样地擦眼镜，再尴尬地讲述需要注意的要点，提醒年轻人要注意性生活的节制，并建议他们不要忽视某些预防措施。通常这些东西年轻人早就已经摸索清楚了，完全是无师自通。还有些父亲用一种更独特的方式来给孩子进行性启蒙。他们会在家里雇一个漂亮的女仆，她的任务是教年轻男人学会男女之间的实用知识。在他们看来，年轻人在自己家里做这些麻烦的事情，在泄欲的时候也可以保持应有的尊严，避免落入一些"骗子"的手中，这样的方式有什么不好呢？但是，社会大众鄙视这样直白且公开的性启蒙的方式。

那么，中产阶级的年轻人有哪些可以用来泄欲的方法呢？在其他阶层，也就是所谓"底层"，这根本不是问题。在乡下，一个17岁的男仆就会和女佣睡觉，如果这段感情产生了什么后果，人家也不会太在意。在我们阿尔卑斯山的村庄里，非婚生子女比婚生子女多得多，在城市无产者中，男性工人在婚前以"同居"的形式与女性工人同住。在生活在加利西亚的正统犹太人中，一个17岁的男孩几乎可以算作成年人了，可以结婚，甚至在40岁时就成为祖父。只有我们的市民阶级鄙视早婚这种只为了泄欲的方式，因为没有任何一个父亲愿意把女儿托付给一个二十来岁的年轻人，因为他们觉得这样的年轻人还不够成熟。这就暴露出一种固有的不诚实，因为市民阶层的社会时间表与自然时间表完全不一致。就自然本性而言，16岁、17岁都已经是发育完毕的男人了，可在社会上，一个年轻人在二十五六岁之前获得一个合适

"社会地位",这几乎是不可能的。因此,在自然的男性成年人和社会公认的男性成年人之间存在着一种人为的差距,这种差距长达六年、八年甚至十年。与此同时,年轻男性必须找到自己的方式来寻求"机会"或"风险",以解决他们的性欲。

但是,以前的时代并没有给他们提供很多可能性。只有极少数非常有钱的年轻人才能享受到"养"一个情人的奢侈,就是给她提供一套住房和生活费。同样,只有少数幸运的人才能实现当时文学中爱情的理想,即与已婚女性保持关系,这是文学中唯一可以出现的浪漫。剩下的大部分都是和售货小姐或者吧台小姐混在一起,但是这并没有带来多少内心的满足。在妇女解放运动兴起之前,妇女不能独立参与公共生活,所以只有那些最贫穷的无产阶级的女孩一方面可以毫无顾忌,另一方面可以保持暂时的性关系而不用担心严肃的婚姻意图。这些女孩每天要进行12小时的低工资辛苦劳作,衣着寒酸,疲惫不堪,且十分邋遢(一个卫生间在当时还是富裕家庭才有的特权),从小生活圈子狭窄。这些可怜的贫苦女孩和她们的爱人在各方面都有着巨大的差距,很多女孩都以自己为耻,根本不敢和爱人一起出现在公众视野里。那些深谙社会习俗的人们则采取了一些特殊的手段来应对这种尴尬的局面:这就是所谓的"包间餐厅",年轻男性可以在不被人看见的情况下与一个女孩共进晚餐,剩下的就在偏僻街道里专门为此而设立的小旅馆里解决。但是,这些过程都是很快的,没有原始的"美"感,更多的是性而不是爱,因为在做这些事情的时候总是匆匆忙忙、偷偷摸摸,一切都仿佛是被禁止的。还有一种可能是和一个"两栖人物"建立关系,这些人一半属于世俗社会，另一半则属于世俗之外，她们已经跨过市民阶级的门槛，有的是女演员、舞蹈演员、艺术工作者等，是那个时代唯一的"解放"女性。然而总的来说，妓女仍然占据了婚外基本性生活的大多数。从某种意义上来说，她们是黑暗地下室的穹顶，在其上耸立着具有耀眼而完美无瑕的外观的市民阶级的豪华建筑。

今天的一代人很难想象在第一次世界大战之前，卖淫是如何在欧洲蔓延开来的。如今大城市的街道上妓女很少，就像马拉的轨道车一样少见。可从前那个时代，街上到处都是妓女，避开她们比找到她们更难。此外，还有数不清的"封闭场所"，如夜总会、歌舞厅、有性感应召女郎的酒吧。那时候女人就像货物一样被售卖，一天到晚都有，按小时收费，价格不一；一个男人花不了多少时间和精力就能买到一个女人的一刻钟、一小时或者一个晚上，就像买一包烟或者一份报纸一样。在我看来，当代人的生活方式和恋爱方式更加真诚自然，没有什么比这更能说明为什么今天的青少年很可能几乎是自然地远离了那些当时似乎不可或缺的地方：不是警察和国家法律根除了我们这个世界上的卖淫现象，而是这种由虚假道德造成的悲剧性产物由于需求的减少而自行消亡，只留下了极少的一部分。面对这种不光彩的局面，国家及代表着道德的官方态度一直很尴尬。从社会道德的角度来看，没有人敢公开承认女性有出卖自己的权利；从人的生理需求来看，人无法摆脱这种可以排解性欲的婚外性生活的方式。因此，当局采取双重手段处理卖淫问题，把当地的妓女分为两类，一类是暗娼，国家权力认为她们不道德、危险，应予以根除；另一类是经当局许可的妓女,国家授予她们营业执照并对她们征税。如果一个女孩决定成为一名妓女,她可以从警察那里获得特别许可和营业证书。只要她愿意接受警方的监督,并且每周到医生那里进行两次身体检查,就可以合法营业,出卖自己的肉体了:她可以以自己认可的价格出租她的身体。这样的妓女看似被承认为许多职业中的一种,但并没有得到充分的认可——这里也可以看到社会道德的虚伪之处。举个例子,一个妓女把自己当成商品,也就是把自己的身体卖给一个男人,然后这个男人在寻欢之后又不愿意按照约定的价格付钱,妓女也不能对这男人提起诉讼。在法律纠纷中,她的要求因为"伤风败俗"而突然变成了不道德的行为,得不到权威的保护。

这样的细节让人觉得国家在妓女问题上有两面性:一方面,这些女性被纳入国家允许的经营范围;另一方面,作为个人,她们被排除在普通法的保护之外。这种虚伪体现在法律的执行上,而这些限制都局限于穷人阶层。在维也纳,一个芭蕾舞女演员可以在任何时候以200克朗的价格把自己卖给任何男人,这和一个街头妓女以2克朗的价格出卖自己的身体没有什么不同,但前者当然不需要任何营业执照。那些交际花们,她们的名字甚至和赛马报道里著名社会名流的名字并列出现在报纸上,因为她们已经在"社交界"非常有名了。同样,法律规定,皮条客需要受到严厉的处罚,可是也有一些值得尊敬的皮条客不受法律约束,就是那些为宫廷、贵族和富裕市民提供奢侈消费品的交际花们的女老板。注定要被监禁、严格的规定、没有任何同情的监督、社会的鄙视,都只表现在对待千千万万妓女的时候,她们用自己的身体和被侮辱的灵魂来捍卫着、守护着所谓的社会道德信条，虽然面对自由和自然形式的情爱，这些道德信条已经腐烂了。

就像正规军会被分成骑兵、炮兵、步兵等不同的单位来保卫要塞一样，这支浩浩荡荡的妓女大军也是如此。相当于炮兵防守要塞的，是那些占据城市中某个特定街区为据点的妓女。这些地方大多是中世纪设立绞刑架、麻风病医院和墓地的地方，是失业者、刽子手和其他社会底层被鄙视的人们居住的地方。几个世纪以来，市民们尽最大努力避免住在那附近。政府当局允许那里的几条小巷变成色情场所：就像日本吉原街①，或开罗的鲜鱼市场一样。女人们分别坐在自己的小房间里一起往外看，这些廉价的商品分两班营业。到20世纪，仍有200~500名妇女在那里工作。

在妓女中，相当于骑兵或步兵的是"流浪妓女"，她们人数众多，女孩们在街上招徕顾客。在维也纳，她们通常被称为"站街女郎"，因为警察为她们画了一条看不见的线，指示她们可以在那里做生意。在白天黑夜或是直到凌晨，她们疲倦地在结霜、多雨和下雪的街道上晃来晃去，穿着廉价的假货，每当有人经过时，她们疲倦的、粉满脸庞的面孔就会挤出妖艳的笑容。这些女人没有情欲，却要给人提供情欲。她们从一个角落转到另一个角落，不停地走，最终不可避免地会走上同一条路：去医院的路。自从这群饥肠辘辘、毫无快乐的女人不再出现在城市的街道上以来，在我的感觉中，每个城市都变得更加美丽和人性化了。

不过，当时的时代，即使有这么多供应，也还是跟不上消费

---

① 是日本东京的一条街道，据说是妓院集中的地方，可视作风月场所。

的需求。有些人不想在街上追逐这些飘忽不定的蝙蝠或悲伤的天堂鸟。他们希望有一个更舒适、更隐蔽的环境,有光和温暖,有音乐和舞蹈,有豪华的派头。所以随之出现的,是向这些顾客提供性服务的"秘密的地方",即妓院,在那里,有女孩聚集在塞满了虚假奢侈品或假冒的贵族陈设的"沙龙"里,其中一些人穿着女士晚礼服,一些人穿着宽松的清晨睡衣。钢琴家演奏音乐,人们喝酒、跳舞、聊天,然后他们成双成对地进入卧室。在一些高端场所,尤其是在巴黎和米兰的国际知名妓院,这甚至可能给那些没有深入接触世界的年轻人一种错觉,以为他们被一个有点放纵的社交名流邀请去私人住宅做客。此外,这里的女孩比外面的站街女孩处境更好:她们不必在风雨中徘徊在肮脏的小巷里。她们坐在温暖的地方,穿着漂亮,有足够的食物,尤其是有足够的酒喝。然而,她们是真正意义上的老鸨们关押的囚犯。她们穿的衣服极其昂贵,计算它们的租金成了一种算术,代价如此之高,以致其中最勤奋、最不知疲倦的女孩依然欠着这样那样的债,永远无法还清,也无法带着自己的心愿离开这里。

　　写下一些类似于妓院的秘密历史一定很有趣,它对那个时代的文化也有着重要的文献价值,因为其中隐藏着最特殊的秘密,在其他地方严格遵守道德的官方管理机构当然深谙此中之道,但不能用语言讲述。在这样的妓院里,有暗门和专门的楼梯,供社会最高层的人——大家私下传言过,甚至可能有来自宫廷的贵族们——使用,这样就不会被普通人或不该看到的人知道秘密。这里还有四面都是镜子的房间,有的房间里还可以透过小孔往隔壁房间看——在那样的房间里,总有一对毫无戒心的男女在寻欢作乐。还有最特殊的服装，从修女的长袍到芭蕾舞女演员的裙子，都装在盒子和橱柜中，以迎合有特殊喜好的客人。在同一个城市和社会中，出于同样的道德价值观，如果人们看到骑自行车的女孩，他们会感到生气。当弗洛伊德说出真相时，他们不想以一种平静、清晰和彻底的方式知道这一点，他们声称这是丑闻，羞辱了科学的尊严。一个竭尽全力捍卫女性贞操的世界竟然可以容忍这种残酷的自我背叛，参与组织此类活动并从中获利。

  人们不应该被那个时代的感伤小说或中篇小说中的描写引入歧途。对年轻人来说，这是一个糟糕的时期。少女完全受家庭控制，与现实生活严格分离，身心自由发展受阻；年轻人被一种完全没有人相信，也没有人遵守的道德所迫，只好遮遮掩掩地行骗。虽然不受限制和真诚的关系，天生就能给年轻人带来快乐和幸福，但这是他们所不能拥有的。如果那一代人真的想回忆他们和女人的第一次相遇，很少有真正快乐而没有任何阴影的时候。除了社会压力迫使他们一直小心翼翼地保密之外，当时还有一个因素，甚至在最温柔的时刻，阴影都会飘过人们的灵魂——对染上性病的恐惧。在这方面，当时年轻人的情况远不如今天的年轻人这样安全。人们不应该忘记的是，40年前，性病的感染范围是今天的100倍，尤其是结果比今天还危险和可怕了100倍，因为当时的医院在临床上对性病的治疗没什么好办法，当时不可能像今天这样快速彻底地进行治疗，甚至医生们都无法阻止病毒发展到下一个阶段。对比现在，由于保尔·埃里希[①]的治疗，性传

  [①] 德国著名医生，在化学方面也有所建树，后因发明了治疗梅毒的药品而载入医学史册。

染病在短短几周内就能彻底痊愈，甚至于如今中小型大学医院的教授们很难找到能够向学生们展示早期梅毒感染症状的病例。当时关于部队和大城市的统计显示，十个年轻人中至少有一两个成为梅毒感染的受害者。年轻人不断被提醒着这种危险。走在维也纳的街道上，每隔六七个门口就会看到一个牌子，上面写着"皮肤病和性病专家"。而且，除了对梅毒感染的恐惧之外，更令人毛骨悚然的是当时那种恶心的、剥夺尊严的待遇。今天，已经没有人知道那些治疗方法了：几个星期以来，梅毒感染者的全身都要被水银覆盖，这将导致病人牙齿脱落，并造成其他危害健康的后果。因为一个偶然的机会不小心染上这种疾病的人，会觉得自己的灵魂和身体都被玷污了。即使经过如此可怕的治疗，感染者一辈子也不确定这该死的病毒什么时候会再次醒来，不知道它们什么时候会麻痹脊髓，让人的四肢瘫痪或软化额骨下的大脑。因此可以想见，当时很多年轻人一旦确诊患上了梅毒就会拿着手枪自杀，因为受不了自己或者自己的近亲属被怀疑患有不治之症的感觉。除此之外，那些总是偷偷摸摸做爱的人也带来了其他的烦恼。今天仔细回想往事，几乎想不起来哪个年轻的同伴不曾有过那一瞬间——带着苍白的脸和呆滞的眼神突然回来，原因不外乎这几个可能：一是因为他得了性病，或者非常担心自己得了性病；二是因为他让某个女人怀孕了而又必须流产，对方因此敲诈他；三是碍于面子，他不想让家里知道他在外面的事情，却又筹不到钱治疗；四是因为他与服务女有了孩子，可他不知道怎么给赡养费；五是逛妓院的时候发现自己钱包被偷了，却只能忍气吞声不敢报警。那个虚伪道德时代的年轻人的生活比宫廷诗人写的小说和戏剧更戏剧化,更肮脏、惊险和压抑。就像在学校和家里,年轻人在恋爱中几乎从来没有过那个年龄应该有的自由和快乐。

  在一张关于那个时代的实景图中,这些都需要突出强调一下。很多时候,我和战后("一战")一代的年轻人说话,都要花大力气去说服他们,和他们比起来,我们年轻的时候并不是命运的宠儿。事实上,从国家公民的意义上来说,我们比今天这一代人享有更多的自由。今天的一代人不得不服兵役和苦役,因为在许多国家,他们不得不通过这种方式去接受一种流行的意识形态,这种意识形态实际上完全是由愚蠢的政治态度所决定的。那时,我们能够投身于我们热爱的艺术和我们热爱的精神世界,使我们的私生活更加个性化。我们更喜欢过国际化的生活,整个世界都向我们敞开,我们可以不用护照和许可证旅行,想做什么就做什么,没有人来检查我们的思想、起源、种族和宗教。我们确实有很多不可估量的个人自由。我完全不否认。我们不仅热爱自由,也使用自由。然而,正如弗里德里希·黑贝尔[①]所说:"我们左支右绌,时而缺少葡萄酒,时而缺少酒杯。"同代人,难得两全其美。如果社会习惯给人自由,国家就会对人施加强制;如果国家给了人们自由,社会习惯就会试图把人们变成它们的奴隶。我们确实经历了一个更美好的世界,也看到了更广阔的外界图景;如今的年轻人生活得更丰富,也更有意识地去体验自己的青春。每当我看到今天的年轻人昂首挺胸、容光焕发地从中学和大学里走出来,看到他们聚在一起,男孩和女孩们在一起组成一个自由的无忧无虑的伙伴团队,没有丝毫虚伪和害羞,看到他们在

---

  ① 著名作家,以德语进行创作。

学习、进行体育运动和游戏，在滑雪场和游泳池中努力竞争，看到他们在成双成对地乘车旅行，过着健康、无忧无虑的生活，没有任何外部和内部压力，像兄弟姐妹一样相处，我会觉得他们和我之间不是隔着四十年，而是一千年。在我们那个时代，当我们想表达心中的爱并感受它时，我们必须找到一个隐秘的角落。我多么真诚地高兴地看到，社会习惯发生了有利于年轻人的伟大革命，他们在爱情和生活中赢得了多少自由，他们在新的自由中身心健康！女性既然被允许展示身材，就变得更漂亮，步态更直立，眼睛更明亮，谈吐也不那么做作。这一代年轻人获得了怎样的自信！除了自己，他们不需要向任何人解释自己的行为。他们已经摆脱了父母、长辈和教师的控制。他们无从知晓使我们自身发展如此沉重的各种障碍、恐吓和紧张，他们不知道我们要做违法的事情时要采用拐弯抹角、偷偷摸摸的伎俩。他们把这些都视为自己应有的权利。他们快乐地享受着青春，充满雄心、活力，轻松而无忧无虑，就像他们在这个年龄应该做的那样。在我看来，他们得到的最好的幸福，就是不用在别人面前撒谎，可以对自己诚实，可以将自己自然的感受和欲望真诚地表达出来。也许，因为生活中没有烦恼，现在的年轻人缺少了当年我们对精神世界和在情爱方面的敬畏。也许，是因为爱的付出和接受已经成为理所当然的事情，我们曾经拥有的一些对我们来说特别珍贵和刺激的感情消失了——有些是害羞带来的神秘抗拒，有些是风情中的腼腆温柔。如今的年轻人，他们也无法想象，也许正是那种不可言说的秘密感觉才使得享乐这件事变得值得追寻，压抑增强了欲望，神秘提高了享受感。但是，我认为，与类似解放的转变相比,所有这些都是微不足道的。这种变化是当今的年轻人可以享受没有恐惧和压迫的东西,这是我们那个时代所没有的:自由的情感和自信的感觉。

大学的日子

这个期待已久的时刻终于到来了：在19世纪的最后一年，我们终于可以关上讨厌的文理中学的大门了。现在我们终于使尽浑身解数通过了毕业考试——因为我们对数学、物理和经院哲学的了解并没有多少。后来，我们校长慷慨激昂地表扬了我们。在这个特殊的庆祝场合，我们都穿着庄重的黑色礼服。校长说，现在我们长大了，要用自己的努力和才华为祖国争光。同窗八年的伙伴关系也随着毕业而分崩离析，后来我只跟几个曾同舟共济过的伙伴见过面。我们大多数人考上了大学[①]，而那些落榜的不得不从事其他职业和活动的人却只能羡慕地望着我们。

在那个早已不复存在的时代，上大学依然是奥地利人一种带有浪漫色彩的特殊荣耀。作为大学生，他们获得了一些特权，这些年轻的学生比所有同龄人都有更多的特权。除了德国之外，其他国家都没有保留这种特殊的古风，所以有必要对这些荒谬和不合时宜的事情做出解释。我们的大学大多建于中世纪，在那个

---

① 1899年，茨威格从高级文理中学毕业，随后到维也纳大学进修日耳曼语言文学和法语语言文学。

时候，处理高深的知识是很不寻常的。为了吸引年轻人到大学学习，大学生被授予一定级别的特权。中世纪学者不受普通法院管辖，校园内的警察也不会对其进行搜查或骚扰。大学生穿着特殊的制服，并享有不受惩罚的绝对特权。他们被公认是一个封闭的小社会、一个小团体，有着自己的或好或坏的习俗。随着时间的推移，公共生活中的民主化趋势日益加强。当其他中世纪风行的团体解散时，欧洲学者的特权地位也丧失了。只有在阶级意识强于民主意识的德国，在讲德语的奥地利，大学生顽固地抓住了这些毫无意义的特权，甚至为大学生建立了自己的行为准则。讲德语的大学生除了享有普遍的公民声誉外，还拥有特殊的大学生"声誉"。如果有人侮辱他，他必须给该人"一点颜色看"。也就是说，他要拿起武器和这个人战斗，证明自己有能力"挽回名声"。按照这种沾沾自喜的判断，有资格"挽回名声"的不是商人或银行家，而只是一些受过大学教育的学者、大学生或军官有这样的特权。另外，没有人能享受到这种特殊的"荣誉"——为跟一个嘴上没毛的傻乎乎的年轻人进行正面对决的荣誉。从另一个角度来说，一个人要想让人觉得他是一个"真正的"大学生，就要证明自己的阳刚之气，也就是尽可能多地参加决斗，甚至在脸上留下英雄行为造成的打斗痕迹才行。一个真正的日耳曼学生，如果脸上没有带点伤疤或鼻子没有受过伤，那么这是极不光彩的。那些属于不同社团的大学生——那些属于一个自我标榜的会在身上带着某种颜色标记的社团——总是在寻找"打架"的机会，他们要么互相打架，要么不断地挑衅那些大学生，或者不愿打架的军官。在联赛的剑术室里，每一个新来的大学生都要在这一维护自己名誉的主要行为中展示自己的技术，还要在这些群体中学习其他的团体习惯。每一个"新来的小子"，也就是新人，都会被分配给一个社团中的老大哥带领，新人要像奴隶一样听从这个大哥的命令，社团里的兄弟要教会新人学会入乡随俗的先进艺术：一口气喝完一整罐啤酒，喝到吐为止！并以此为荣耀锤炼自己，证明自己不是"懦夫"；或者聚在一起鬼哭狼嚎地合唱着大学生社团的歌，半夜在街上寻衅滋事，找警察们的麻烦。所有这些行为都被认为是男人的、大学生的和德意志的行为。这些年轻人周六出去"闲逛"的时候，手里挥舞着小旗，戴着不同颜色的帽子和五颜六色的袖章。这些对自己的行为极度自以为是的头脑简单的年轻人，觉得自己就是青年一代的精神代表。他们居高临下地鄙视那些"粗野的人"，因为这些人不懂得尊重知识文化和日耳曼的阳刚之气。

对于一个从省高中毕业来到维也纳的愣头青来说，这个活跃而"快乐的大学时代"被认为是非常有吸引力的，充满了丰富而浪漫的经历。在接下来的几十年里，我们也可以看到，与村里的人交谈时，年长的公证人或医生被挂在房间墙上的剑或各种模仿物所深深打动，他们自豪地将脸上的疤痕视为知识阶级的标志。对我们来说，这种简单粗鲁的举动只会令人反感。如果我们看到有这样一群人戴着五颜六色的袖章，我们将躲在角落里等待他们过去。对于我们这些赋予个人自由最高意义的人来说，这些人愿意表现出侵略性，并热衷于服从群体，这恰恰表现了德意志精神中最恶劣、最危险的部分。更何况我们也知道，这些花里胡哨的浪漫活动后面都是精心算计，隐藏着各种各样的目的：属于某个

"有进取心"的年轻人群体,会让每一个成员都得到这个群体中身居高位的"长辈"的保护,让他们未来的职业前景更加轻松。参加以波恩①为基地的"普鲁士社团"是野心勃勃者通往德意志外交界的必经之路,而奥地利大学生热衷参与的"天主教派"联谊活动,则是一种便于在当时执政的基督教社会党内寻求发达机会的好办法。这些"英雄"大多非常清楚,自己戴的袖章可以在未来取代失去的学业,额头上的伤疤会比求职时额头后大脑里的内容更有用。光是看到这些粗鲁的、军国主义的乌合之众,以及他们伤痕累累、挑衅的面孔,我就觉得在大学里的学习之路会变得极其辛苦。那些真正带着强烈求知欲来到大学的人,宁愿走后门去图书馆和演讲厅,也要避免和这些无聊的家伙有任何意外的相遇。

我应该去上大学,这已经在家庭会议上决定了。但是读哪个专业呢?在这一点上,父母给了我完全的自主权。我的兄长已经接管了父亲的工厂和企业,二儿子的未来设计不用怎么担心。我上大学的意义就是保证我会给家里带来荣誉,增加一个不管是什么专业的博士头衔。那时候,我的灵魂已经属于文学,对任何有专业规范的学科都不感兴趣,甚至对整个学术活动都有一种说不出的不信任感,直到今天也没有消失。对我来说,爱默生②关于"书籍可以取代最好的大学"的论断一直是正确的。直到今天我仍然相信,一个人不需要上中学或大学,就可以成为杰出的哲学家、历史学家、语言学家、法学家或其他学者。这在我的现实

---

① 莱茵河畔的一座城市,距科隆约24公里,曾是德意志联邦共和国的临时首都,后属于普鲁士。

② 美国著名思想家、文学家、哲学家、诗人,被称为"美国文明之父"。

生活中已经被证明了无数次。书店老板比专业的教授们更懂书，艺术经销商比艺术研究者更懂艺术。在所有学科中，很大一部分关键的灵感和发现都是来自学科之外的。也许对于智力一般的人来说，学术机构是实用的、可行的、有效的，但在我看来，对于需要发挥个人天赋的创造性人才来说，学术机构的存在纯粹是多余的，甚至有阻碍作用。这种情况在维也纳尤为严重，这所大学有六七千名学生，到处人满为患，师生接触的途径从一开始就受阻了，并且这里因为太忠于传统而完全落后于时代。我在这里看不到能引起我科研兴趣的人。所以我选专业时用的标准不是挑心里最愿意去了解的专业；相反，我想选择对我来说难度最小的专业，以便腾出最多的时间，自由地投身于自己愿意做的事情。最后我选择了哲学专业，或者按照当时的老学科来讲，就是我们所说的"狭义"哲学。其实这不是我内心的真正渴望，因为我纯粹的抽象思维能力非常有限。在我这种情况下，无一例外，有些观念的出现是和具体的事物、事件或者人物在一起的。我根本学不会什么纯理论或者形而上学的东西。不过，该专业的纯阅读材料领域是最清晰的，而"狭义"的哲学专业的课程是最好混的。整个学习最大的麻烦就是毕业的时候需要交一篇毕业论文，八个学期结束后还要参加几次考试。就这样，我从一开始就制定了一个很好的时间表：在前三年的大学时光里完全不关注学习方面的事情！然后，在最后一年里，尽自己最大的努力掌握学院阅读材料，快速完成一篇论文！这样，大学就能给我唯一想要的东西：让我的人生有那么多年的完全自由，可以投身艺术，这就是大学带给我的人生！

纵观我的一生，其实我很少回想起大学最初几年的快乐生活，也就是没有学习大学课程的生活。那时候我还小，没有完成任何事情的责任感。我很自由，每天24小时都属于自己。我可以学习和工作，做我想做的事情。我不必觉得亏欠任何人。考试的乌云离光明的地平线还很远：如果以人生的前19年为参照物，三年有多长，我们可以安排得多丰富多感性，会带来多少惊喜和礼物！

我做的第一件事就是以我当时的文学水平筛选我的诗——计划编一本诗集。今天，我会毫无羞耻地承认，对于当时高中毕业刚刚19岁的我来说，墨水的香味比地球上最甜的味道还要好，比设拉子①的玫瑰油还要甜！任何出版我的诗的报纸都会给我尚未稳定下来的自信带来新的力量。我现在是不是应该果断地一跃，尝试出版整个诗集？朋友的建议让我做出了这个决定。他们对我的诗比我对自己更有信心。我冒昧地把手稿送给了当时一家具有代表性的诗歌出版机构：舒斯特和洛夫勒出版社②。这是出版过李利恩克龙③、德默尔、比尔鲍姆④和蒙贝尔特⑤等整整一代诗人作品的出版商。与此同时，他们还出版了里尔克和霍夫曼斯塔尔的新德语抒情诗。然后，这是一个奇迹，一个好兆头！难忘的

---

① 地名，伊朗西南部城市，以盛产葡萄和玫瑰花闻名世界。

② 舒斯特和洛夫勒出版社于1901年在柏林出版《银弦集》，这是茨威格的第一部诗集，辑录了50首新抒情诗。

③ 德国诗人，印象派代表，主要作品有《副官驰马行及其他》《丰富多彩的猎物》《晚安》等。

④ 德国诗人、小说家，主要作品有《爱情的迷宫》《大学生的忏悔》等。

⑤ 德国诗人、剧作家，主要作品有《天上的酒徒》《埃翁》等。

幸运时刻接踵而至,即使在我取得最辉煌的成就之后,这在我的作家生涯中也从未发生过:我收到了一封印有出版社印章的信。我不安地把信拿在手里,没有勇气打开。后来我终于屏住呼吸看完了这封信:出版社决定收稿,甚至要求优先出版我的所有后续作品!一个校样包裹到了,我激动万分地打开,仔细去看书中的字体、版式、书的原始风格。几周后,第一批样书到了。我孜孜不倦地看着、摸着、对比着,一遍又一遍!然后我幼稚地去逛书店,看看他们是否把样书放了出来,是放在商店的中心还是堆在角落里。随后,我期待着收到来信,期待着最初的评论,期待着陌生人和意想不到的人的最初反应。第一次出书的人所经历的紧张、兴奋和激动,曾经让我感到嫉妒的情绪一瞬间都出现在我身上。但是,这种陶醉只是出现在像一见钟情一样的初恋中,绝不是那种浅薄的自以为是。至于我后来怎么看待这些早期的诗,一个简单的事实最能说明问题:我从来没有重新翻印过这本《银弦集》——这是我毁了的处女作的书名——我的《诗歌全集》里也没有收录其中的任何一篇诗歌。那些诗句是一些不确定的预感,或者无意识的感受。它们不是从一个人自己的经历中迸发出来的,而是从一个人对语言的热情中迸发出来的。无论如何,它们表现出了一定程度的音乐性,也有足够的诗性和形式感,可以吸引对诗歌感兴趣的特定圈子的注意力,我没有理由抱怨自己的这本诗歌不被看好。李利恩克龙和德默尔,两位属于当时抒情诗领军人物的伟大诗人,给了我这个才19岁的小同行很多诚挚的发自内心的认可;我崇拜如神的里尔克送给我一本他最新诗集的特别印刷本,上面写着"怀着感激之情",作为我出版了"如此美妙的一本书"的礼物。我把里尔克的礼物书作为我青春最珍贵的回忆之一——从奥地利的废墟中抢救出来带到伦敦（现在那本书又流落到哪里去了呢）。我甚至这么认为——自从里尔克送给我第一份友谊礼物以来，这本书已经有40年的历史了，这是许多礼物中的第一份。现在回望这些熟悉的作品，想到它们的作者正在死亡的国度向我致意，当然这有点毛骨悚然。然而，最令我意想不到的是，当时还健在的伟大作曲家马克斯·雷格尔[①]（他是除了理夏德·施特劳斯之外的当时最有名的一位作曲家），希望能为我那本书中的六首诗歌谱曲。从那以后我听过多少次这样形式的诗歌——是我自己写的，却是我已经遗忘或者抛弃的诗，通过一个大师的创作在另一门艺术中流传下来。

  这些意想不到的认可伴随着一些友好而坦率的批评，但它们仍然在适当的时候给了我足够的鼓励，使我有勇气迈出一步：因为我无可救药地缺乏自信，所以我从来没有迈出过这一步，或者没有尽早迈出这一步。我高中的时候在文学杂志《现代》上发表过短篇小说和随笔，但是从来没有想过在一家影响力更大、发行面更广的报纸上这样做。事实上，维也纳只有一家高级报纸，即《新自由报》。该报以其高雅的风格、文化知名度和政治威望在整个奥匈帝国都受到高度重视，其地位就像英语世界的《泰晤士报》或法语世界的《时代报》。即使在德意志帝国，也没有任何一份德语报纸试图达到这样一种代表性的文化水平。这份报纸的总编辑莫里茨·贝内狄克特[②]具有非凡的组织能力。他孜孜不

---

① 德国作曲家，主要作品有《巴赫幻想曲与赋格》，是管风琴作品。
② 维也纳《新自由报》的总编辑。

倦地工作，使他经营的报纸在文学和文化方面超越了所有的德语报纸。如果他想从一个著名作家那里赢得一份手稿，他会不惜一切代价，甚至连续发十几份电报去邀约，还愿意提前支付一笔稿酬。每年圣诞节的新年特刊发行，人们就会发现那个时代最伟大的名字都会出现在文学副刊上：阿纳托尔·法朗士[1]、盖尔哈特·霍普特曼、易卜生、左拉、斯特林堡和萧伯纳[2]的名字会一起出现在这份报纸上。这份报纸对全市乃至全国文学品位形成的贡献是不可估量的。这份报纸有一个"进步"的和自由的世界观，一个稳定和谨慎的态度，并示范性地代表了传统奥地利的高文化水平。

这个"进步"神庙里还有一个专门的祭坛，就是叫"文艺副刊"的那部分。正如巴黎各大报纸《时代报》和《论坛报》所做的那样，他们在与政治和日常时效性信息明显分离的栏目中发表了对诗歌、戏剧、音乐和艺术最有分量和精辟的评论。在这里，只有那些早就被认可的权威才能说话。只有凭借敏锐的洞察力、多年的比较经验和对艺术形式的完美掌握，作者才能在多年的考验后被召唤到这个神圣的地方。"小艺术"大师路德维希·斯派达尔[3]和爱德华·汉斯利克在此评论戏剧和音乐。他们的评论就像

---

[1] 法国人，著名作家、文艺评论家，1921年曾获得诺贝尔文学奖。主要作品有《希尔维斯特·波纳尔的罪行》《现代史话》等。

[2] 爱尔兰人，英国著名戏剧家。主要作品有《鳏夫的房产》《巴巴拉少校》《圣女贞德》《苹果车》等。

[3] 艺术大师，当时在维也纳小品界颇负盛名。

圣伯夫①在巴黎主持的"每月评论"一样权威。在维也纳,他们给出的"是"或"否"可以决定一部作品、一部戏剧或一本书的命运,而这往往与一个人的命运有关。这里发表的每一部作品都是当时知识界的日常话题,这些作品会被讨论,会被批评,会被赞扬,会被厌恶。每一次"副刊作者"名单上出现一个新名字,都是一件轰动事件,这个名字早就得到尊重和认可。在年轻一代中,只有霍夫曼斯塔尔有机会在那里发表过几篇精彩的文章。其余的年轻作者,只要他们的名字出现在文学报纸的封底就很满足了。其余的年轻作者必须满足于他们的名字出现在文学报纸的背面。谁可以为《新自由报》文学副刊撰写首页,对于维也纳来说,他的名字就镌刻在了维也纳的大理石纪念碑上。

我怎么会有这样的勇气把自己的一小部分作品提交给《新自由报》——对我的父母和家乡来说,这份报纸几乎像最高的神谕。然而,最坏的结果无非是拒绝。不过我最后收到的结果,并不是简单的不准入刊。副刊主编接待访客的机会每周只有一天,在下午2点到3点的时候。由于经常接待著名的定期投稿者,主编几乎没有时间处理新人投稿者的稿件。我的心怦怦直跳,爬上狭窄的螺旋楼梯,来到办公室,等着有人去通报我的名字。几分钟后,前去传话的仆人回来说:"副刊编辑老师欢迎你前去。"于是我走进了那个非常狭小的房间。

《新自由报》文学副刊的主编名叫特奥多尔·赫尔茨尔②。这

---

① 法国人,著名文学评论家,主要作品有文学评论集《月曜日漫谈》《新月曜日》等。

② 奥地利著名作家,曾担任维也纳《新自由报》副刊主编,他受到犹太复国主义思想的深刻影响。

是我人生中第一次和一个可以载入世界历史的重量级人物面对面站在一起。当然，他自己也不知道他注定会给犹太民族的命运和我们这个时代的历史带来怎样一个伟大的转折点。当时他的态度往往是矛盾的，不那么一目了然。从他写诗开始，他很早就显示了他作为记者的才华。他先是在巴黎担任记者，后来成为维也纳读者青睐的《新自由报》副刊的专栏作家，他的文章往往充满敏锐、睿智的观察和典雅的风格，具有优雅高尚的魅力，即使涉及批评等尖锐的内容，也不会失去其与生俱来的高贵气质。这是人们在报纸杂志上能读到的最有修养的文章，能让一个习惯于欣赏美好情感的城市为之倾倒。这些文章至今仍散发着魔力。他的一部戏剧也在城堡剧院上演，并获得了巨大的成功，因此，他成了一位被年轻人视为上帝一样的偶像，是一个非常著名的人，我父母提起他的时候满怀敬畏——直到那一天，意想不到的事情发生后，他的人生才彻底改变。命运总是能找到为实现它的秘密目标所需要的人，即使这个人想方设法地隐藏自己。

特奥多尔·赫尔茨尔在巴黎的经历震撼了他的灵魂，这一刻改变了他的一生：作为一名记者，他参加了阿尔弗雷德·德雷福斯①的公开罢免和处分。他看到人们撕掉他的肩章，虽然这个面色苍白的人喊道："我没有罪！"此时此刻，特奥多尔·赫尔茨尔内心深处知道德雷福斯是无辜的：那些可怕的背叛嫌疑是因为他来自犹太民族而强加给他的。在大学里，特奥多尔·赫尔茨尔以

---

① 出身于法国犹太中产阶级，后担任军官，被指控把军事秘密出卖给德国，史称"德雷福斯事件"。此事件是法兰西第三共和国政府为摆脱内乱危机而蓄意制造的阴谋，意在激发反犹思潮。

他的正直和男子气概，一度为犹太人民的命运感到痛苦担忧。更何况，因为他的预言直觉，他已经提前感受到了整个悲剧，因为当时几乎没有什么真正的厄运。他天生就有当领导的感觉，长得也非常好看体面。他博大精深的思想和渊博的知识使他无愧于一个领导者。当时，他提出了结束犹太人民痛苦命运的伟大计划，即通过自愿洗礼统一犹太教和基督教。他曾经想象过这样一个戏剧性的场景：他把奥地利成千上万的犹太人带进圣斯特凡大教堂，并以一个模型和象征性的场景，把这个没有家乡的、被驱逐的民族从歧视和仇恨的诅咒中解放出来。他很快意识到这个计划不可行。几年来，他的工作转移了他一生中注定要解决的"原始问题"的大部分精力。现在，在德雷福斯被降职的那一刻，他的国家将永远被世界鄙视的想法出现在他的脑海里，并像匕首一样刺进他的胸膛。如果隔离不可避免，那么完全隔离就是一条正确的道路！如果命运注定让我们一次次受尽屈辱，那么我们也会骄傲地面对；如果我们因为没有家乡而痛苦，那么我们就要建设自己的家乡！于是他出版了一本小册子《犹太国》。他在这本书里宣布：对犹太民族的所有人来说，所有推进融合的努力和对被接纳的希望都是徒劳的，不会发生在犹太民族身上。我们必须在我们以前的家乡巴勒斯坦建立一个新家，一个崭新的国度。

这本简短但引发紧张氛围的小册子出版时，我还在上中学。我清楚地记得当时的维也纳的犹太人对此感到多么惊讶和愤怒。他们不高兴地说，这个通常如此聪明、有趣和有教养的作家怎么了？他在干什么，写什么傻事？我们为什么要去巴勒斯坦？我们的语言是德语，而不是希伯来语，我们的家是美丽的奥地利！我们不是在仁慈的弗兰茨·约瑟夫皇帝的统治下过着美好的生活吗？我们不是得到了体面的晋升和可靠的职位吗？难道我们不是在我们热爱的维也纳出生和成长的吗？不是拥有平等权利和忠诚于国家与社会的良好市民吗？我们不是生活在一个进步的时代，所有的宗教偏见都会在几十年内消失吗？为什么这个同样是犹太人并想帮助犹太人民的人，要为我们最恶毒的敌人提供口实并分裂我们呢，我们与德意志世界联系得越来越密切，这难道不是有利于我们的吗？接下来，犹太教的传教士们愤怒地离开了讲坛，《新自由报》的主编也禁止在他的"激进"报纸上提及"锡安"（"犹太复国主义"）一词。维也纳文学界的忒耳西忒斯①和擅长尖刻讽刺的卡尔·克劳斯②还写了一本小册子《锡安山上的国王》。当特奥多尔·赫尔茨尔走进剧院时，整个剧院都会低声地嘲弄说："看啊，那个锡安山③的陛下在这里呢！"

  起初，赫尔茨尔可能认为这是对他的误解。在维也纳，他多年来一直受到人们的喜爱，他认为那里是最安全的地方，这些热情的读者怎么可能背弃他呢？但这里的人们却对他视而不见，甚至嘲笑他。这篇文章收到的回复居然是如此愤怒而激烈的声音，这些骤然之间的翻转甚至吓到了他：薄薄几页纸，就让他在世界上掀起了这么大的一场运动，远远超出了他自己的期待。当然，这场运动并不是西方生活安逸、社会地位良好的犹太市民发起

---

① 荷马史诗中的人物，后被阿喀琉斯所杀，常用来形容尖酸刻薄的人。
② 奥地利作家、社会批评家，以尖锐的社会评论和讽刺而著名。
③ 位于耶路撒冷，在此指代耶路撒冷城。

的，而是来自东方的广大群体，那些生活在加利西亚、波兰和俄国的定居点的犹太民族的无产者。赫尔茨尔没有想到他的小册子会在陌生人中间重新点燃犹太文化在灰烬中燃烧的炭火：《旧约》中已经被谈论千年的弥赛亚①复国的梦想，强调的回归上帝所赞美的土地。这种希望也是一种宗教信仰，让千百万被虐待被奴役的人觉得这是人生唯一的意义。在散落在世界各地两千年的过程中，每当有人——可能是先知也可能是骗子——拨动琴弦，这个民族的灵魂便汹涌澎湃起来，但从来没有像此时这样强大，也从来没有像此时这样发出咆哮的回声。一个人用几十页字的文章，把那些零散不相关的人团结起来变成一个整体。

最初的时刻，当这个想法还像梦一样遥不可及的时候，绝对是赫尔茨尔短暂一生中最幸福的时刻。一旦他开始试图在实际的现实社会空间中确定这一目标，并将各种力量联系在一起的时候，他就不得不承认，他的犹太民族是多么的分裂：他们生活在不同的民族中，有着不同的命运；这里的犹太人有严格的宗教，那里的犹太人有崇尚自由的思想；这里有社会主义的犹太人，那里则是相信资本主义的犹太人。他们用各种语言互相竞争，互相争吵，每个人都不愿意服从一个统一的权威。我第一次见到他的那年是 1901 年，他正处于挣扎之中，也许他也是在和自己做斗争吧。他不能放弃养家糊口的工作，尽管他自己的事业也在发展当中，可为了维持生计也必须这样做下去。于是他必须把自己放在小报纸的编辑工作和现实生活中的使命之间，在夹缝中生活着。这就是当时接待我的人，《新自由报》文学副刊的主编特奥

---

① 犹太人期盼中的救世主，可以帮他们复国。

多尔·赫尔茨尔。

特奥多尔·赫尔茨尔站起来迎接我。我不禁觉得那个含沙射影的绰号"锡安山国王"真的很适合他。他长得真像一个国王,额头又高又宽,面部轮廓清晰,长长的几乎是蓝色的牧师一样的胡子和深蓝色忧郁的眼睛。他的大而戏剧性的手势在这里一点也不显得做作,因为这些动作来自一种天生的威严,他不需要在我面前显示出他是多么重要的人。即使在这个只有一扇窗户的极其狭窄的编辑室里,坐在一张堆满纸张的旧桌子前,他也像一个贝都因部落①的领导人。因为当时他穿着一件下垂的白色贝都因长袍,那件衣服让他显得更加自然得体,就像流行在巴黎的精心裁剪后的燕尾服一样,漂亮自然。随后,在他有意保留的短暂停顿中——正如我后来经常观察到的那样,他喜欢这种不显眼的效果,这可能是他在城堡剧院学会的一种方式——他屈尊俯就,善意地向我伸出了手。他指着自己旁边的沙发示意我坐下,接着细细地问我:"我想我在什么地方听过或者读过你的名字,是诗歌吧?你会写诗?"我不得不点头承认。"现在,"他向后靠在椅背上说,"这次,你给我带来了什么作品呢?"

我回答说,我真的很想投一篇自己写的小短文。接着我把稿子递给他。他看了看第一页,又一页一页把稿子翻到了最后以便估算文章的长度,然后他靠在软绵绵的后座上,身子又陷进去了。令我惊讶的是(我根本不敢期待会发生这样的事情),我注

---

① 游牧民族,活跃在阿拉伯半岛和北非沙漠地区。

意到他开始看我的稿子。他读得很慢，又非常认真，一页一页地细细看下去，翻过一页又一页，始终没有抬起头。直到他看完最后一页，慢慢把稿子卷起来，将它仔细地收进一个文件袋里，还用蓝色铅笔在上面标记了一下，他做这些的时候还是不看我。在用这种神秘的做法让我紧张了足够长的时间后，他把深邃的目光转向我，有意缓慢并一本正经地对我说："我很高兴地告诉你，你的优美散文被《新自由报》接受了，会正式发表。"当时的氛围，这一幕情景，仿佛拿破仑在战场上把荣誉军团的十字勋章别在了一名年轻中士的胸口上。

看上去这是一件非常细微的小事，不过，只有维也纳人，也只有维也纳的那一代人，才能理解这种支持能帮助人们迈出多大的一步。就这样，我一夜之间从一个19岁的普通年轻人成了维也纳的名人之一。特奥多尔·赫尔茨尔从一开始就称赞我，故意提拔我，他立即利用一个看似偶然的机会在他的一篇文章中写道，人们不应该为维也纳的艺术界会衰落而忧心忡忡，相反，在霍夫曼斯塔尔之外，维也纳还有一群年轻的人才，他们之中有很多出类拔萃的优秀者，他首先提到了我的名字。特奥多尔·赫尔茨尔是第一个站出来为我说话的人，制造了非常大的舆论来为我背书，相信我会获得令人瞩目的成就，帮我赢得社会地位（也是一个必须承担重大责任的地位），我一直觉得这是个无与伦比的特别奖，自己太幸运了。这也让我后来的决定变得非常困难，我知道"得到一滴水就应该回报一个春天"的道理，可是我并没有做到：我没有像他期望的那样加入甚至共同领导犹太人的复国主义运动。

但是，我不想让自己真的和他混在一起。让我担心的是他身边的人都对他缺乏尊重。今天，我们很难想象这种不尊重他人的方式，碰巧赫尔茨尔的同伴对他就持有这种态度：犹太东部的人指责他根本不了解犹太文化，甚至不了解犹太习俗；国家经济学家将他视为一个微不足道的副刊编辑。每个人都怪他并表达了不满，但他本人其实并不是这样不值得尊重的。我知道赫尔茨尔曾经鼓励和帮助过许多沮丧的人，尤其是年轻人。这个圈子里一直存在着咄咄逼人、自以为是的反对态度，缺乏真正真诚的信仰精神，使我感到自己与这场运动格格不入，尽管我曾经因为赫尔茨尔而好奇地接近它。我曾经与赫尔茨尔谈论过这个话题，我公开承认我对他的团队缺乏管制和规矩混乱非常不满。他苦笑了一下，说："别忘了，这是我们几千年来一直面临的问题，习惯于用观念来争论。我们犹太人已经两千年没有真正实践过了，也没有给世界带来任何'真实'的东西。无条件的奉献也是需要学习的，而我之前也没有学过这样的事情，只能摸索着来，并且我也不是真正的奉献，毕竟现在我还要时不时地写专栏，也要负责《新自由报》副刊的日常编辑。其实，我的职责就是除了在报纸上用笔杆子来写下一些有关思想的论述之外，不要鼓吹任何其他的想法。但是，我已经在提升自己了，改变总是慢慢发生的。或许，我必须先学会奉献自己，这样的话也许别人就会效仿我，跟我一起做同样的事情了。"我仍然清楚地记得他的话给我留下了深刻的印象。当时我们不明白他为什么过了这么久还不决定放弃《新自由报》文学副刊主编的这个职位。我们以为他在考虑养家糊口的生计问题，时间长了，世人才知道不是这样的，他甚至把自己的私有财产都献给了他的事业。在这个矛盾的过程中,他经历了怎样的痛苦!不仅仅在这次谈话中,后来他日记中的很多内容都是展示其内心备受折磨的证据。

以后我见过他很多次,但只有一次对我至关重要。它留在我的记忆中,让我久久难以忘怀,也许是因为这是我们最后一次见面吧。我曾经出国过一段时间,在此期间我只和维也纳的朋友们保持通信联系。后来有一天,我在城市公园遇见了他。他似乎是从编辑部里走出来的,慢吞吞地走着,微微向前倾着身子,不再像以前那样步伐轻快了。我礼貌地跟他打招呼,想从他身边经过,但他很快走到我面前,向我伸出手说:"你为什么躲起来?你根本不用这么做。"他同意我经常出国的做法。"这是我们唯一的办法。"他说,"我所知道的一切都是在国外学到的,只有国外才能学会远距离思考。我敢肯定,如果我们没有出国的话,将没有勇气写出最初的想法。人们会在那种想法还在褪褓和成长的时候就毁了它。谢天谢地,现在将这种犹太国的构想拿出来的时候,它们已经成形了,人们对此也是无可奈何的。"然后他非常遗憾地谈到了维也纳变革最大的阻力来自本地,而不是外界。甚至于新的动力和支持者们尤其来自东方,现在有一些来自美国,但他已经太累了。"从根本上说,"他说,"我的错误是行动得太晚了。三十岁的时候,维克多·阿德勒已经是社会民主党的领袖了,那时候他最强壮、最有战斗力,更不用说历史上的其他伟人了。如你所知,我为那些逝去的岁月感到难过,那些我没有更早投身于这项工作的岁月。如果我的身体像我的意志一样健康,一切都会很容易。可惜人无法挽回逝去的岁月。"

我也陪他走了很长一段路，一直走到他家门口，他停下来向我伸出手："你为什么从来不来看我？你从来没去过我家。你提前打电话给我，我会腾出时间的。"我答应了他，但决定不遵守这个承诺：因为我觉得，越爱一个人，越要尊重他的时间。

但我还是去了他家，就在几个月后。他的病——曾经折磨他很久的疾病突然暴发了，夺去了他的生命。因此我当时去他那里，也只是为了送他最后一程，陪他去墓地。那是一个特别的日子，7月的一天，让每一个经历过这一幕的人都难以忘怀。因为突然之间，城市里的每一站、每一列火车，在每一个或白天或黑夜的时刻，都有无数的陌生人从世界各地赶来。他们是来自东方、西方、俄国和土耳其的犹太人，他们突然从不同的省份和小城市蜂拥而来，脸上带着坏消息带来的震惊。人们从来没有比现在更清楚地感受到：一场伟大运动的领袖被抬到了这里的坟墓；以前，争吵和辩论让人遮住了双眼。现在，送葬队伍浩浩荡荡，看不到尽头。维也纳的人们突然意识到，死者不仅仅是一个作家或普通诗人，还是一个思想的塑造者：无论哪个国家或民族，这样的人要想成功站起来，都需要耗费很长的时间。墓地里一阵骚动：太多的人突然涌向他的灵柩，哭喊着，号叫着，悲伤痛哭着，人群陷入一种无法控制的爆发式的绝望，几乎是一种暴怒的情绪。所有的秩序都被一种根本的极度悲伤打破了，这种悲伤我以前没有见过，以后也没有过。数百万人心中产生的巨大而深刻的痛苦使我第一次意识到，这个孤独的人用他的思想力量向世界释放了多少激情和希望。

我幸运地进入《新自由报》，成为副刊的一名作者，对我个人来说也意义重大。个人方面，在家人面前我获得了意想不到的说服力。我父母很少和文学打交道，也不做任何评价。对于我的父母和整个维也纳的市民社会来说，《新自由报》所赞扬的都是重要的，而它所忽略或批评的却没有什么值得一提的。副刊上发表的文章，在他们看来都是已经得到最高权威认可的东西；那些能在那里表达自己的观点或做出判断的人，仅仅因为他们在那里得到了一席之地，就足以赢得人们的尊重。你可以想象这样一个家庭，他们每天都怀着敬畏和期待的心情看着这份报纸的首版。一天早上，他们非常意外地发现，这个不那么安安分分地与他们坐在餐桌旁的孩子，这个在学校一点也不出色的19岁年轻人，居然可以在这份报纸上留名，能在挤满了著名作家和前辈们名字的版面中找到一个能表达自己观点的小角落。在此之前，他们善意地接受了我写的"没有危险"的游戏（反正比打牌或者和轻佻的女生调情要好），在家里也从来不关注我的创作。如果我写了像济慈、荷尔德林和雪莱那样最美的诗，我周围的人可能完全不会被我的文笔所打动。过去，每当我走进剧场，总会有人对一个名叫本雅明①的人指指点点——他是一个神秘进入长辈和德高望重的人的行列的年轻人。而我因为经常甚至定期在《新自由报》副刊上发表自己的作品，很快就面临成为当地受尊敬的人的危险。我很幸运地及时摆脱了这种危险：一天早上我告诉父母，我下学期想去柏林学习，研修大学课程。这让他们很惊讶。我的家人非常尊重我，或者《新自由报》给我投下了金色的光环，让他

---

① 德国著名文学理论家，主要作品有《德国悲剧的起源》《单行道》等。

们不禁满足了我的愿望。

我当然不想去柏林"上大学"。因为在维也纳，我一个学期只上两次大学，第一次是去注册上课，第二次是为了去弄到所谓的听课证书签章。我想在柏林找到的不是同学或者好教授，而是更高更完美的自由。在维也纳，我仍然觉得自己被困在这个圈子里。我几乎所有的文学同事都和我一样——来自犹太的市民社会。在这个小城市，每个人都知道对方是谁。我不可避免地是那个"家境优越的"富人家的儿子，我厌倦了那个"有钱人家"所在的社会；我甚至想进入一个特殊的"坏"的劣等社会，一个没有强制和限制的存在领域。至于在柏林的大学教书的都有哪些教师，我从来没有在课程目录里找过这些信息。对我来说，知道那里的"新"文学比这里的更活跃、更激动人心就足够了。在那里你可以见到德默尔和其他年轻一代的诗人，新的杂志、曲艺场所和剧院不断涌现。总之，用维也纳的说法，这是一个总会发生新鲜事的地方。

事实上，我是在一个非常有趣的历史时刻来到柏林的。自1870年以来，柏林从一个非常理性、小而不富裕的普鲁士王国首都跃升为德意志皇帝官邸的首都，这给施普雷河边这个不起眼的小地方带来了巨大的推动力。然而，艺术和文化活动中的主导地位尚未落到柏林的画家和诗人身上，这使得慕尼黑成为一个真正的艺术中心，德累斯顿歌剧院主导着音乐领域，而那些小的皇家首都正在为自己的城市吸引宝贵和潜在的因素。尤其是维也纳，在许多方面，百年传统的文化底蕴聚集在一起的力量，以及在人才方面的力量都远胜于柏林。然而，近年来，德国经济的迅速崛起开始给柏林带来一个新的转折点。大公司和富裕家庭搬到了柏林,新的财富给这里的建筑设计和剧院带来了比其他德国城市更多的机会。在威廉皇帝①的保护下,博物馆的规模不断扩大;这里的戏剧剧院也有着像奥托·布拉姆②这样的模范领袖。正是因为这里没有真正的传统,也没有数百年的古老文化,所以年轻人被吸引到这里进行各种崭新的尝试。毕竟,传统总是意味着阻力重重的障碍。面对年轻人和他们大胆的尝试,维也纳这个受传统束缚、崇拜过去的城市表现出谨慎的观望态度,而柏林则试图迅速以个性化的方式打扮自己,寻找新的东西和新的发展。毫不奇怪,来自整个帝国甚至奥地利的年轻人都涌向柏林,其中的很多天才真的成功了。土生土长的维也纳人马克斯·赖因哈特③在柏林待了两年就得到了一份非常好的工作。如果他在维也纳,需要耐心等待20年才能获得如此成就。我来到柏林时,柏林正处于从王国首都向世界城市过渡的阶段。我在维也纳看到了太多从我伟大的祖先那里继承来的美丽的装饰,到达柏林后,我的第一印象是非常失望。向西方学习的关键是开发新建筑,而不是故意摆弄脏乱不堪的动物园。但是,新建筑在柏林才刚刚开始。市中心由单调而豪华的弗里德里希街和莱比锡街组成。在某些郊区,例如维尔默村、尼古拉湖以及施特格利茨④这样的村子,只有有轨

---

① 指威廉二世,1888—1918年统治着德意志帝国和普鲁士。

② 柏林著名戏剧评论家,曾任柏林德意志剧院院长、莱辛剧院院长,创办过刊物《自由舞台》。

③ 奥地利著名话剧演员,1900年任柏林德意志剧院院长,1924年在维也纳任导演。

④ 维尔默村、尼古拉湖、施特格利茨,都是柏林郊区小镇的地名。

电车才能到达，要耗费很长时间。任何人想要享受郊区的美丽风光，都像在进行一场冒险之旅。除了古老的"菩提树大街"①，真正的市中心尚未完全形成。没有像我们在维也纳的格拉本大街②上那样的"环游城市的大道"。因为普鲁士的节俭，这里根本没有值得称道的优雅和奢华。妇女们穿着量身定做、没有吸引力的衣服去剧院。与维也纳和巴黎不同，人们即使没有钱也要铺张浪费，仍然假装很富有。在柏林的每个地方，人们都觉得普鲁士国王弗里德里希二世时期几乎是小气又节俭的。咖啡是寡淡无味的，因为有必要尽可能多地节省咖啡豆，食物也不美味且不能引起食欲。在维也纳，我们的生活中充满了音乐和歌曲，但是在柏林，我们只有整洁有序的环境和生活。例如，我在维也纳上大学时租的房间，当时遇到的房东与柏林的房东大不相同。我认为这是最典型的例子了：维也纳的女房东是个活泼健谈的女人，她打扫卫生和整理房间或许不干净，但是她热情而乐于助人。柏林的女房东则是冷冰冰的难以接近的样子，可她打理过的一切都井井有条。但是，到了月末结账的时候，我发现她用清晰的斜体字迹清清楚楚地记下了每一条账目，她所做的每件事都必须算作金钱。例如，她为我的一条裤子缝了个纽扣，就为此索要了3个芬尼；擦除台式机上的墨水，需要20个芬尼。算到最后我需要支付给她67个芬尼。起初，我认为这很荒谬，但是几天后，我自己不得不折服于这种令人印象深刻的、不愉快的普鲁士一丝不苟的精神，让我一生中第一次也是最后一次详细地记录了自己的现

---

① 柏林的一条主要大街，从勃兰登堡门穿过。
② 维也纳市中心一条非常繁华的街道。

金支出账目。

来到柏林时，我带来了许多来自维也纳朋友的介绍信，但我从未使用过。因为我之所以来到异地柏林，就是为了逃离市民社会的舒适氛围，独立生活，而不与这个阶级的人打交道。我只想靠自己的努力找到在文学上气味相投的人，最好是有意思的人。毕竟我没有白看"浪漫作家"笔下的优秀作品，作为一个20岁的年轻人，也希望自己能经历一场这样的浪漫。没多久我就找到了这样一个放荡不羁又包容的圈子。早在我在维也纳的时候，我就已经为柏林一家很有影响力的杂志《现代人》撰稿，几乎具有讽刺意味的是，该杂志以自嘲的口吻形容自己是"共同的圈子"，主编是路德维希·雅各博夫斯基。这位年轻的诗人在英年早逝之前成立了一个协会，起名为"后起之秀"，对年轻人非常有吸引力。该协会的成员每周在诺伦多夫广场的一家咖啡馆的二楼聚会一次。在这个模仿巴黎"丁香园"的地方，各种各样的人聚集在一起。他们中有诗人、建筑师、自命不凡的吹牛大王、记者、打扮成艺术家或雕塑家的年轻女孩、想要提升自己德语水平的俄国大学生和满头淡金色头发的斯堪的纳维亚女孩。还有很多来自德国各地的代表，骨骼强健的威斯特法伦人、矫情的巴伐利亚人、西里西亚的犹太人，这些群体的人毫无节制地聚在一起热烈讨论。人们不时大声朗读诗歌和戏剧。对每个人来说，最重要的是在这里我们彼此互相了解。在这些有兴趣冒充"浪漫文人"的年轻人中，有一个和圣诞老人一样留着灰色胡须的有意思的老人。每个人都尊重他、热爱他，因为他是一个真正的诗人和真正的

"艺术家",他就是彼得·希勒①。这位70岁的老人用他蓝色的眼睛愉快地、没有任何恶意地看着我们这些与众不同的孩子。他总是穿着灰色的风衣,盖住破旧的西装和脏衬衫。每次在我们的要求下,他都非常高兴地从夹克口袋里拿出皱巴巴的手稿,给大家读他的诗。那些都是独树一帜的诗词,原本是一位才华横溢的抒情诗人即兴创作的,但诗词的形式过于松散,过于随意。他在咖啡馆或电车里用铅笔写下来,然后就忘到脑后去了。因此每次大声朗读那些诗歌时,他必须努力辨认被涂抹或弄脏的纸条上的单词。他从来没有钱,也从来不在乎钱。他有时和这个人过夜,有时和那个人过夜。他的独立,他对功利的完全漠视,是一种动人的真理。没有人知道这个善良的山野老人是何时、如何来到柏林的,以及他想在这里做什么,怀抱着怎样的梦想。然而,他什么都不想要:不想出名,也不要人群中的欢呼和赞扬。因为他有一种诗人的梦幻感,比我见过的任何人都要无忧无虑、无拘无束。在他的周围,是那些在高声辩论的激烈的讨论者。他默默倾听,不与任何人争论,有时举起酒杯表示友好的问候,但几乎不参与任何谈话。他给人的印象是,在这个喧嚣的地方,在他混乱的、有些昏昏沉沉的头脑中,似乎诗句和文字正在穿梭,但它们并没有被人们发现或表现出来,并且,它们也不太可能出现在这样的场合。

今天,即使在德国,这位天真的诗人也几乎被遗忘了。他身上的真实和稚气可能会让我把注意力从另一位"后起之秀"的

---

① 德国诗人、小说家,受尼采思想的影响,作品风格侧重于表现主义,擅长通过短诗来描写大自然和抒发情感。

当选主席身上转移开。后来这个人用他的思想和语言对无数人的生活方式产生了决定性的影响。这就是我在这里对鲁道夫·施泰纳①的第一印象。鲁道夫·施泰纳后来成了人智学的创始人,他的追随者建立了最豪华的学校和研究机构来传播他的理论。在特奥多尔·赫尔茨尔之后,在鲁道夫·施泰纳的身上,我再次看到了一个背负着使命的人的形象,这个人的使命是为数百万人提供指导。就个人魅力而言,他不如赫尔茨尔有魅力,但他更有吸引力。他的棕色眼睛似乎有催眠作用。如果我不去看他,我会在听他说的话时更加专心和更有批判意识。他那张瘦瘦的、充满激情的脸让人感觉很舒服,不仅对女人有吸引力,对其他人也是如此。当时,鲁道夫·施泰纳还远没有创立自己的理论,他仍然是一个探索者和学习者。他偶尔会告诉我们他对歌德色彩学的看法。在他的描述中,歌德的形象越来越像浮士德或帕拉切尔苏斯②。听他的谈话令人兴奋,因为他的知识储备是惊人的,尤其是对我们这些知识仅限于文学领域的人来说,他涉猎的内容非常广泛。听了他的汇报或者和他好好地促膝长谈之后,回家总会有一种既兴奋又沮丧的感觉。然而,如果我今天问自己,我是否从这个年轻人身上预见到他将在哲学和伦理学方面带来如此广泛的公众影响,我必须羞愧地给出一个否定的答案。从他的求索精神来看,我期望他在科学上取得巨大的成就。如果有一天我听说他的直觉精神成功地研究出了伟大的生物学发现,我也不会

---

① 德国哲学家,他的人智学理论认为,可以通过人们固有的智能去认识精神世界,以他的理论为基础,曾在世界各地创办过百余所相关的智慧学校。

② 中世纪的一位瑞士医生,文艺复兴时期的神学家,同时也是一位哲学家。

感到惊讶。然而,多年后,当我在多纳赫①看到宏伟的"智慧学校"时——"智慧学校"是他的学生捐赠的人智学柏拉图思想学院,我感受更多的是失望,甚至有些不明所以。他的影响如此深地渗入现实生活中,甚至在某些地方陷入平庸。我不想对人智学做任何判断,因为我还不完全知道他们想做什么,他们的意思是什么。我甚至认为,从本质上讲,这门学科的诱人效果并不是来自它的理念,而是与鲁道夫·施泰纳这个非常有魅力的人有关。无论如何,对于这样一个神奇的人物来说,我能在他早年遇到他,并在他能以一种友好的、不那么教条的方式与年轻人分享他的知识和思想的时候认识他,是一种不可估量的收获。从他那引人入胜、博大精深的学识中,我意识到,我们曾经觉得自己在高中的时候就已经学识渊博了,但真正的深刻绝不可能像我们想象的那样只通过广泛的阅读和讨论获得,还需要多年的付出和努力。

换句话说,那时候是一个包容的时代,建立友谊相对容易,社会或政治分歧也不是那么不可调和。在这种情况下,一个年轻人会从比自己地位和学识高的人身上学到更重要的东西,但是更好的学习方法是通过和愿意共同进步的集体一起去学习。我再一次感受到集体的热情会带来多么丰硕的成果。这一次比在中学时候更高,也更国际化。

我在维也纳的朋友几乎都来自市民阶层,甚至90%来自犹太市民阶层。我们的兴趣相似。在朋友圈里,我们感兴趣的内容都是一样的,或者说几乎都是大同小异。然而,这个新世界

---

① 地名,瑞士的一个镇子。

里的年轻人来自完全不同的阶层,有上层阶级的,也有下层阶级的,在这些人中,包括普鲁士贵族家庭的儿子、汉堡船主的儿子;另一个可能来自威斯特法伦的农民家庭。我突然发现自己在这样一个圈子里:那里有真的穿着破烂衣服的穷人,这是我在维也纳时从未接触过的;我和酗酒者坐在一张桌子旁,身边有着与我截然相反的同性恋者和吸毒者,自豪地和一个著名的被定罪的诈骗犯握手(他出狱后出版了回忆录,于是加入了我们的作家团)。我被带到这样的地方:我在现实主义小说里看过但几乎不敢相信的东西,都堆积在这样的酒馆或咖啡馆里。一个人的名声越差,我想要了解这个人的兴趣就会越强。这种对那些朝不保夕的人的好感和好奇伴随了我一生,甚至到了应该慎重选择朋友的年纪,朋友们还经常指责我总是会和一些缺乏道德感、不靠谱、毫无价值的人打交道。也许我所来自的阶级强调的是一种团结感。另一个事实是,在某种程度上,我感到自己身上那种混杂了"和平与安全"的复杂性是一种负担,这使我感到他们的生活如此迷人,具有诱惑力:他们从来不珍惜自己的生活,他们对时间、金钱、健康和声誉几乎一视同仁,都抱着鄙夷的态度。他们是疯狂的人,充满激情,没有生存目标,是浪迹天涯的江湖豪侠。也许在我的小说和中篇小说中,人们可以看到我偏爱这种坚强而不受束缚的天性。此外,还有异国风情的外来因素带来的刺激。几乎他们中的每一个人都能给我的好奇心带来一份来自陌生世界的礼物。来自德罗戈贝奇的画家埃·莫·利林[①],他是一个贫穷而正统的犹太教扶轮木工的儿子,在那里我第一次见到了真正

---

① 乌克兰画家。

的东犹太人,并了解了在此之前我对犹太这个宗教一无所知的力量和韧性。一个年轻的俄罗斯人翻译了《卡拉玛佐夫兄弟》[①]最美的片段,当时这本书在德国还不为人知呢。一个美丽的瑞典女人让我第一次看到蒙克的画;我也曾待在画师(肯定是些不怎么好的烂画师)的画室里观察他们的绘画技巧;一个信徒把我带到一个宗教圈子里。这些活动让我感受到了生活的各种形式和多样性,我津津有味地享受着。我在中学时代就把注意力投射到纯粹的形式、节奏、诗句和词汇上,现在我把注意力投射到人身上。在柏林,从早到晚,我总是和各种各样的新人在一起,既兴奋又失望,甚至被他们欺骗。我觉得我这十年获得的精神发展,还不如在柏林短短一个学期获得的多,这是走向完全自由的第一步。

这种令人难以置信的各种灵感,原本应该意味着我的创作兴趣也会有不寻常的提升,这似乎是有道理的。但实际情况恰恰相反。我在中学时期因为精神上的兴奋而突然上升的自信,现在却令人担忧地消失了。那本不成熟的诗集出版四个月后,我几乎无法理解我是如何有勇气将这本书拿出来的。虽然我还是觉得那些诗句很好,很有技巧,有些甚至可以说是抢眼的工艺技巧,来源于以诗的形式演奏的那种雄心勃勃的乐趣,但是里面的感伤情绪并不真实,而是虚无缥缈的。同样,这样接触现实之后,我也觉得我的第一部中篇小说有喷在稿纸上的香水味。这些作品都是我在对现实一无所知的情况下,利用从别人那里学到的二手知识写成的。当我来到柏林时,我带来了一部已经完成的小说手稿,这

[①] 长篇小说,作者是俄罗斯作家陀思妥耶夫斯基。

本书本来应该让我的出版商兴奋不已,但手稿很快被我扔进炉子全部烧掉了。因为在看到现实生活后,我对中学生时代能力的自信受到了沉重的打击。对我来说,就像是被迫留了几级一样。的确,在出版了第一部诗集之后,我花了六年时间才出版了第二部诗集,然后又花了三四年时间出版了第一部散文集。与此同时,我听从了诗人德默尔的建议,把时间花在了翻译上——这个建议我还是很感激的。时至今日,我仍然认为,对于一个年轻的诗人来说,翻译外国文学作品是理解自己国家语言的本质并创造性地掌握它的最好机会。我翻译了波德莱尔的诗,魏尔伦、济慈和威廉·莫里斯[①]的诗,还翻译了夏尔·范·莱尔贝尔赫[②]的一些短剧,卡米耶·勒蒙尼耶[③]的小说《熟能生巧》。正是因为每种外语中最独特的常规用法都有排他性,有自己的专有名词,这就对语言的表达能力提出了挑战。这种斗争——试图无情地强行把一门外语变成自己的语言,强行让自己的语言变得有弹性——对我来说总是意味着一种特殊的艺术享受。这种默默无闻、吃力不讨好的工作,需要耐心和坚韧,而这两种美德在中学时代就被我因为轻率鲁莽而抛弃了。现在,我特别喜欢这份工作,因为在简单的介绍著名艺术品的工作中,我第一次有了一定的感觉:我在做一件真正有意义的事情,甚至值得我付出生命,它让我来人世间的这一辈子有了不同寻常的价值。

---

① 英国诗人、画家,在工艺美术方面也有所建树,主要作品有《地上乐园》《社会主义者之歌》《乌有乡消息》等。
② 比利时诗人、剧作家,风格偏向于象征主义。
③ 比利时小说家,以法语进行创作,代表作品有长篇小说《男人》。

那时候我内心深处已经知道未来几年要走的路：多看多学，然后才能真正开始文学创作！不要用仓促发表的作品来面对世界，而是先了解世界的本质！柏林的玉液琼浆让我更加渴望了解这个世界，有了不可思议的求知欲。我在考虑暑假去哪个国家，最终选择了比利时。在世纪之交，这个国家取得了不可思议的艺术飞跃，甚至在某种意义上，它的实力比法国还要强上许多。绘画领域的克诺普夫[①]和罗普斯，雕塑领域的康斯坦丁·麦尼埃[②]和米纳[③]，工艺美术领域的范·德·韦尔德[④]，诗歌领域的梅特林克[⑤]、埃克豪特[⑥]和勒蒙尼耶，这些都展示了新艺术力量的所在。我对爱弥尔·维尔哈伦[⑦]特别着迷，因为他的抒情诗完全开辟了一条崭新的道路。在某种程度上，这位当时在德国默默无闻的诗人是被我发现的——长期被官方文坛混同于魏尔伦，就像将罗曼·曼兰混同于罗斯丹[⑧]一样——假如只能喜欢其中一个人，那这永远意味着双份的尊重和喜爱。

也许我需要在这里补充一些内容。在我们这个时代，人们经历的事情太快太多，所以很难真切地记住什么。我不知道爱

---

① 比利时版画家，作品有浓厚的象征主义色彩。

② 比利时雕塑家、画家，作品风格侧重于现实主义，被称作"雕塑家中的米勒"。

③ 比利时著名雕刻家、画家。

④ 比利时建筑家，也是一位工艺美术家。

⑤ 比利时作家，以法语进行创作，曾获得诺贝尔文学奖，主要作品有《青鸟》等。

⑥ 比利时小说家、诗人、文艺评论家，主要以法语进行创作。

⑦ 比利时诗人、剧作家、文艺评论家，主要以法语进行创作，代表作品有《修道士》《妄想的农村》《奇迹般扩展的城市》等。

⑧ 法国诗人、剧作家，主要作品有《西哈诺·德·贝热拉克》等。

弥尔·维尔哈伦这个名字,今天人们是否仍然知道。在所有法国诗人中,他是第一位试图使欧洲人了解时代和未来的诗人,就像沃尔特·惠特曼在美国所做的那样。他开始热爱现代世界,并将其投入在诗歌中进行表现。当机器在别人的眼中仍然是邪恶的时候,当人们还认为这座城市极其丑陋,当代生活中没有诗意的时候,他为每一项新发明和每一项技术成就而欣喜,他为自己的欣喜而兴奋,因为他想要在这种激情中感到更加的欢欣鼓舞。诗的开头慢慢地变成了宏伟的、充满激情的赞美诗。"互相尊重,彼此友好",是他对欧洲所有国家的呼吁。当今我们这一代人的乐观主义,在经历了最可怕的倒退、变得不可理喻之后——首先在诗歌中找到了表达形式。他的一些最美的诗将见证我们梦寐以求的欧洲和人类的远景。

我最初来布鲁塞尔就是为了去认识维尔哈伦的。然而,卡米耶·勒蒙尼耶——一位被人无端遗忘的强大诗人和小说《男人》的作者,他的一篇小说曾被我翻译成德文——他遗憾地告诉我,维尔哈伦很少从他的小村庄来到布鲁塞尔,他现在不在这里。为了减轻我的失望,他用最真诚的方式向我介绍了比利时的其他艺术家。就这样,我第一次见到了年迈的大师康斯坦丁·麦尼埃,他是一位英勇的工人,也是一位最出色的以表达劳动场面而闻名的雕塑大师。在他之后,我遇到了范·德·施塔彭[①],他的名字在今天的艺术史中几乎销声匿迹了。但是他是一个多么友好的人啊!这个矮矮的、脸颊丰满的弗莱芒人,他和他的妻子——一个身材魁梧、快乐的荷兰人,在我年轻的时候真诚地接待了我!他

---

① 比利时雕塑家。

给我看了他的作品,在那个美丽的早晨,我们聊了很多关于艺术和文学的话题。这两个人的善良很快就让我感到无所畏惧。我向他们毫不掩饰我的遗憾:我最初来布鲁塞尔是因为我想认识一个人,就是维尔哈伦,但是我没有机会见到他,实在是太遗憾了。

我是不是说多了?我说了什么不该说的?不管怎样,我意识到范·德·施塔彭和他的妻子都开始隐秘地笑了起来,并悄悄地向对方眨了眨眼睛。我感觉因为我说的话让他们有了一种神秘的默契。我有点不舒服,想说再见,但是他们不允许,强迫我一定要留下来吃午饭。随后他们用另一个不同寻常的微笑互相交换了下诡秘的眼神。当时我觉得,如果他们在掩饰一个什么秘密的话,那也一定是个善意的秘密。因此,我爽快地答应,愿意放弃当天下午去滑铁卢的计划。

很快到了中午,我们已经坐在餐厅里了。正如比利时所有的房子一样,地板和街道一样高,人们坐在房子里可以透过彩色玻璃窗看到街道。此时,一个影子突然站在窗前,有人用手指关节敲打着彩色玻璃,同时门铃响了。"他来了!"范·德·施塔彭太太说着站了起来。我还没有反应过来她嘴里说的那个"他"是谁,随后一个人迈着沉重而有力的步伐走了进来:原来是维尔哈伦!我一眼就认出了我在画像中看过很多次的那张脸。维尔哈伦今天会像往常一样来拜访他们,所以在听说我在这个地方没能顺利地见到维尔哈伦时,他们迅速交换了一下眼神,达成了协议。他们根本没跟我提一句话,维尔哈伦突然到来的意外给了我一个惊喜!现在他正站在我对面,对着刚刚那个成功的"恶作剧"微笑。我的手紧张地感受到他跟我握手时的力度,第一次看到他清澈善良的眼神。像往常一样,他总是带来许多难得的经历和兴奋。在饭桌上他一边吃饭,一边开始讲他的故事。他刚刚和朋友去了一个艺术博物馆,这会儿仍然对此很兴奋。当他回家时,他总是兴高采烈,不管他去哪里,不管什么偶然的事情都能让他兴奋。这种兴奋已经成为他不可改变的习惯。他聊天说话的时候,会用精准的动作强化他讲述的内容。他的第一句话就能抓住别人的注意力,因为他心胸开阔,对一切新鲜事物都保持开放的态度,什么都不拒绝,愿意接纳所有人。甚至可以说,他会立刻向每个刚认识的人抛出真心,就像那天我和他第一次见面一样。后来我无数次看到他的真诚让别人感到幸福。他在认识我之前只是因为听说我知道他的作品,就已经给了我足够的信任。

午饭后,在第一个惊喜之后又出现了第二个惊喜。范·德·施塔彭想实现自己的愿望,这也是维尔哈伦长久以来的愿望,他想完成维尔哈伦的半身像,今天只需要进行最后一次临摹了。范·德·施塔彭说,我今天的到来是命运馈赠给他的礼物,因为他正好需要有人和这个为他做模特的"安静的男人"说话,这样他的脸就会在说话和倾听的时候变得生动起来。就这样,我深深地盯着这张脸看了两个小时:这是一张令人难忘的脸,高高的额头上刻着岁月风霜的皱纹,赭色的额角上垂着棕色的卷发。他的脸轮廓分明,饱经风霜的棕色皮肤紧绷在脸庞上面,向前突出的下巴棱角分明,狭窄的嘴唇上覆盖着浓密的小胡子,像传说中的维钦杰托列克斯[①]一样向上翘着。他的紧张情绪体现在

[①] 高卢地方的领导人,曾带兵抵抗恺撒入侵,后为救人们免于被屠杀,他甘愿赴死。

他的双手上，那是一双纤细、灵巧、细腻而有力的手，薄薄的皮肤下血管在跳动。他的像农民一样的宽阔的肩膀上，可以看出惊人的力量，似乎承载起了他全部的意志力。比起这个肩膀，神经质的瘦骨嶙峋的脑袋又显得太小了。只有当他大步前进时，人们才能看到他的力量。当我今天再次看到这座雕像时才意识到，范·德·施塔彭的所有雕塑作品中，这一件是最成功的。只有那时我才知道这是多么真实，他是多么完整地抓住了一个诗人的本质。这是一个对伟大诗人的记录，是一座不可磨灭的充满力量感的丰碑。

在这三小时里包括之后，我深深地爱上了这个人，这份爱在我的一生中从来没有改变。他的天性中有一种稳重，一点也不显得自满。他不受金钱控制，为了生计，他宁愿做一个乡下人，也不愿写任何逢迎的可以换钱的文字。他不追求成功，也从来不需要为了获得更多的成功而放纵自己讨好别人。他有朋友，有朋友的忠诚就够了。他甚至摆脱了对一个人来说最危险的诱惑——荣誉，但他始终配得上这个荣誉。他永远光明磊落，心里没有任何芥蒂，从不被虚荣迷惑；他是一个自由、豁达开朗的人，很容易被任何一种兴奋感染。和他在一起的人会因为他的生命力而被感染，因而感到充满活力。

现在，他那么鲜活地站在我这个年轻人的面前：这个诗人，如我所愿，如我所梦，我想成为像他一样的人。于是，我们相遇的第一个瞬间，我就下定决心要为这个人和他的作品服务。这确实是一个大胆的决定，因为这位赞颂欧洲的诗人当时还并不算特别出色。虽然我也提前知道翻译他的经典作品和他的三部诗剧，需要我在两三年里都不能去创作了。当我决定用我的力量、时间和激情去服务别人的作品时，我也给出了自己最好的东西：一个道德的任务。我不确定的寻找和尝试现在有了意义。如果我想给一个对自己今天的道路非常不确定的年轻作家一些建议的话，我建议他应该为一部伟大的作品做点什么，要么作为一个展览者，要么作为一个交流者。对于初出茅庐的人来说，他们可以在服务这些伟大作品的过程中感受到远比自己单独创作更有意义的东西，实现更大的价值。一个有奉献精神的人做的任何事情都不会是徒劳的。

在我几乎全身心投入维尔哈伦诗集的翻译和准备他的传记的两年时间里，我也在闲暇时做了很多旅行，其中一些时候还做了公开演讲。翻译维尔哈伦作品这项看似吃力不讨好的工作现在得到了意想不到的回报：他在国外的朋友开始注意到我，不久之后，我就成了他们的朋友，进入了他们的圈子。有一天，爱伦·凯[①]来找我，这是瑞典的一位不平凡的女性，她曾在那个心胸狭隘、反抗沉重的时代，以极大的勇气为妇女解放而奋斗，早在弗洛伊德提出的青少年精神脆弱之前，她就在自己的著作《儿童的世纪》中提出了这样的警示。经过她的介绍，我在意大利认识了乔瓦尼·切纳[②]，并被介绍到他的诗坛领域。也是通过她，我赢得了挪威人约翰·伯耶尔[③]的友谊，他是对我非

---

① 瑞典著名作家、教育家，致力于儿童教育和妇女解放。
② 意大利作家。
③ 挪威小说家、剧作家。

常重要的一位朋友。格奥尔格·勃兰兑斯①这位国际文学史大师也开始注意到我，并向我伸出了橄榄枝。不久之后，由于我的传播，维尔哈伦在德国变得有名起来，在德国的名声甚至超过了他在自己祖国的声誉。最著名的演员凯恩茨和莫伊西②上台朗诵我翻译的维尔哈伦诗歌。后来马克斯·赖因哈特把维尔哈伦的《修道院》带到了德国剧院的舞台上。对于这些，我感到非常满意。

然而，现在我需要提到另一件事情了。也就是，除了对维尔哈伦的责任之外，我还有另一项责任：我需要完成我的大学学业，最后将一顶哲学博士的帽子带回家。也就是说，再过几个月，我需要将所有的教材都学完，而这份工作是由那些循规蹈矩的大学生在四年内完成的。我和埃尔温·吉多·科尔本海伊尔③——我年轻时的文学伙伴——想尽办法，点灯熬夜死记硬背，整夜一起学习。今天，他可能不想回忆这些事情，因为他成了德国希特勒的官方诗人和普鲁士艺术研究院的院士。然而，学校里为我安排的考试并不难。因为我在文学方面的公开活动，有一位善良的教授已经认识我了，他认为可以适当地跟我开个小玩笑。于是在正式考试前的预面试中，他笑着说："你不想被问到关于精确逻辑的问题，对吧，您应该最害怕这个吧！"事实上，他后来提出的所有问题都集中在一些不太尖锐的领域，且他知道我肯定会的问题上。那是我第一次以"优秀"的成绩通过考试，如我

---

① 丹麦文艺评论家、文学家、作家，主要作品有传记《歌德传》《伏尔泰传》《米开朗琪罗传》等。

② 奥地利著名男演员。

③ 德国散文家、剧作家，后成为纳粹官方诗人。

所愿，也是我最后一次考试。现在，从表面上看，我的生活是无拘无束的。那些年，直到今天，我所有的挣扎都是为了让我的心享受同样的自由。然而，在我们这个时代，这种努力变得越来越困难。

巴黎这座城市，永远青春

我将在获得自由后的第一年住在巴黎，我认为这是我答应给自己的礼物。我以前去过巴黎两次，对这座永不疲倦的城市只有粗浅的了解。但是，我知道，任何一个年轻时在那里住过一年的人，一生都会带着无与伦比的美好回忆想起这件事；我知道没有一个地方能有像这个城市一样的氛围，能让人在活力的感觉中感受到它的青春气息：它会接纳任何人。大家都有同样的感觉，只是没有人去研究其背后的原因。

我很清楚，这个在我年轻时美丽而活跃、能让人轻松愉快的巴黎，已经不在了。既然地球上最坚硬的爪子紧紧地压在它身上，希特勒的铁蹄入侵以来，美丽的、无忧无虑的它就再也回不来了。当我写下这句话时，德国军队和德国坦克像一群灰色的蚂蚁一样冲向那里，试图从根源上摧毁这座城市的美丽、幸福，残忍地拔除这朵永不凋谢的和谐之花。现在这样的事情发生了：纳粹的旗在埃菲尔铁塔上飞扬着，身着黑色制服的冲锋队在拿破仑的香榭丽舍大道上顽强地快速行进。我也能感受到住在城市房子里的人在这个遥远的地方会是怎样的痛彻心扉;曾经那么快乐的人,看到熟悉的咖啡馆、酒吧被入侵者的马靴踩在脚下,会多么的沮丧和屈辱。没有什么个人的不幸比这个城市遭受的屈辱更让我受打击,让我感到震惊和绝望。这个城市比任何其他地方都好,让每个靠近它的人都感到快乐。我希望它曾经给我们的东西,有一天也能给后人——它给了我们最睿智的教义、最好的榜样,同时又让人觉得自由和有创造力;它向每个人敞开心扉,但在这种慷慨的努力中,它变得更加富有,充满怜悯之心,是一片美的天地。

我知道,我当然知道,今天受苦的不仅仅是巴黎。巴黎以外的欧洲在几十年内也不会重现第一次世界大战前的欧洲了。有些黑暗的东西,一旦出现在曾经如此明亮的欧洲地平线上,就永远不会完全消失。国家之间、人与人之间的怨恨和不信任持续存在,就像吞噬身体的毒素永远地留在残疾的身体里一样。在两次世界大战之间的四分之一个世纪里,我们在社会发展和技术进步上取得了巨大的成就;然而,在我们小小的欧洲世界里还有很多无法形容的事情发生,没有哪个国家曾经像它一样失去过如此多的生活乐趣和闲暇。曾几何时,即使在最贫穷的生活条件下,意大利人也是互相信任的,像孩子一样幸福。他们曾经在酒吧里载歌载舞,戏谑讽刺糟糕的"政府",现在他们不得不以军人的身份去为政府而战,带着忧郁的心情昂首阔步地走在出征的路上。人们能想象奥地利人民会像以前一样快乐随和,并对皇帝陛下和给他们带来如此舒适生活的神圣上帝心怀信任吗?那些俄罗斯人、德国人和西班牙人都不知道,这个无情无义、贪得无厌的"国家"从他们内心深处夺取了多少自由和快乐。各族人民都觉得有一个巨大而沉重的阴影笼罩着他们的生活。以个人的自由认识世界的我们也可以见证，欧洲曾经无忧无虑、万花筒般多彩的经历中总是充满了欢乐；如今，我们的世界被自相残杀的愤怒笼罩着、奴役着、囚禁着，这让我们为今天的生活感到不寒而栗。

然而，没有一个地方比巴黎更让人感到幸福，那里有如此纯真美好的、无忧无虑的生活，它美丽的外形，温和宜人的气候，它的丰富多彩和传统都是光辉的证明。我们每个年轻人都会从中拿走一份轻松，同时放入自己的一份快乐。无论人们是来自中国、斯堪的纳维亚、西班牙、希腊、巴西还是加拿大，每个人在塞纳河边都有宾至如归的感觉。一个人可以自由地讲述自己的看法，可以沉思，可以笑，可以诅咒，可以为所欲为。每个人都可以按照自己喜欢的方式生活，或者合群，或者独处。他们可以奢侈或节俭，或如波希米亚风格一样简约。在这里，巴黎的社会空间是为每一种特殊情况保留着的，并考虑了各种各样的可能性。这里有高端的豪华餐厅，有各种神奇的美食，各种单价在200~300法郎的美味又便宜的葡萄酒，还有在马伦哥①和滑铁卢时代极其昂贵的科尼亚克葡萄酒。然而，任何一家转过街角的小餐厅也同样可以有丰盛的食物和饮料。在拉丁区②拥挤的大学餐厅里，你可以吃到美味多汁的牛排，餐前餐后有最好的甜点，此外还有红酒和白酒，以及像木棍一样长的美味白面包。在这里，人

---

① 地名，是意大利的一座城市，1800年拿破仑在此战胜了奥地利军队。
② 巴黎的大学多集中在这一区域。

们可以随心所欲地打扮自己。大学生可以戴着美丽的贝雷帽漫步在圣米歇尔街上;画家们戴着宽边帽、穿着浪漫的黑色天鹅绒夹克,在人群中把自己变成一个典雅的会打扮的人物;工人们穿着蓝色的外套或者卷起衬衫袖子,扬扬自得地穿着舒适的衣服走过最精致的林荫大道;保姆们戴着宽大的布列塔尼人①的帽子;酒保穿着蓝色围裙。年轻人在午夜后开始在街上跳舞,这时候不一定是法国国庆日7月14日。警察会笑着说:这条街属于所有人!大家可以在街上做任何自己想做的事情,没有人会在别人面前感到不舒服。最漂亮的女生和一个黑皮肤的小伙子手挽手走进附近的酒店也不丢人:谁会在意这些后来提倡的种族、阶级、出身等恐吓性的言论呢?人家跟喜欢的人出去说话、睡觉,完全不在乎别人怎么做怎么说。当然后来这一切都改变了。只是,人们首先需要知道柏林发生了什么,只有经历过德国心甘情愿的奴性,只有当有了棱角分明的、痛苦打磨的阶级意识,才能真正爱上巴黎。在德国,军官的妻子不能和教师的妻子交往,教师的妻子不能和商人的妻子交往,商人的妻子不能和工人的妻子来往,一切都是等级分明的;然而,在巴黎,大革命②的遗产仍然存在于血液中。一个无产阶级工人觉得自己是一个自由的、与雇主同等重要的市民;在咖啡馆里,侍者像同事一样和身着镶边军装的将军握手;勤劳稳重整洁的普通市民女性不会对同一条街上的妓女嗤之以鼻,而是每天和她在楼梯上聊天,让孩子给她送花。有一次,我亲眼看到一群富裕的诺曼底农民在拉律餐厅——玛德莲教

---

① 生活在法国布列塔尼半岛上的人。
② 指1789年的法国大革命。

堂附近的一家高级餐厅接受洗礼。他们穿着村子里的传统服装,沉重的鞋子在地上发出像马蹄子一样的嘎嘎声,他们的头发被厚厚的发油覆盖着,发油的味道很浓,甚至在厨房里都能闻到。他们说话声音很大,且喝酒喝得越多声音越大,肆无忌惮地笑着,一边去拍拍自己身边胖夫人的屁股。他们是真正的农民,坐在穿着鲜艳晚礼服、浓妆艳抹的人群中,但是他们不会感到任何不适。剃干净胡须、面庞光滑如镜的服务员不会对他们噘嘴表示不屑,不像德国或英国的服务员对乡下人那样无礼,他们对这些客人同样礼貌,应对得体,对待他们就像他们是部长或内阁成员一样。梅特尔餐厅甚至欢迎非正式顾客,他们觉得用热情的心意来接待这样的乡下客户很有趣。巴黎人只知道对立的事物可以共存,它们之间没有区别,根本没有上等和下等的概念;豪华的街道和旁边肮脏的小巷之间没有明显的界线,处处都是一样的积极快乐。在郊区的院子里,街头表演者正在演奏,透过窗户可以听到缝纫女工在唱歌,空气中不时飘过悦耳的笑声或亲切的呼唤。就算两个马车夫发生"口角",事后也会握手言和,再一起喝一杯酒吃点牡蛎——这种饮食倒是极其便宜。没有什么是棘手或难以适应的。在两性关系上,接触女人很容易,摆脱女人也很容易。每个锅都能找到盖子,每个小伙子都能找到一个不摆架子不害羞的快乐女友。啊,在巴黎,生活是如此轻松和美好,尤其是对年轻人来说!到处旅游也很好玩,总是乐趣很多,也常常在这座城市不停学习,见识到新的东西,因为一切都是对所有人开放的:你可以走进一家街头书店看一刻钟的书,店主不会抱怨;你可以走进一个小画廊,在旧货店挑东西看东西;你可以在德鲁奥特大酒店[1]的拍卖会上尽情享乐,甚至典当度日也没什么不可以;或者你也可以和花园里的女管家聊聊天。如果你出去逛逛,街道会像磁铁一样吸引人,并向人们展示许多像万花筒一样不可抗拒的东西;如果你觉得累了,你可以随便坐在那几千家咖啡馆中的一家的桌子边,用咖啡馆提供的免费文具写信,听着街头小贩为了售卖那些完全多余的滞销货而不停叫卖的声音。在巴黎,只有一件事是很难做到的,那就是待在家里或者离开街道往家里走,尤其是当春天已经开始来临的时候。太阳闪着柔和的银光,林荫道上的树木开始吐出新绿,少女们都在身上挂上一朵新买的紫罗兰。不过,如果你想在巴黎得到快乐,也不必非得在春天,一年四季的巴黎都是令人愉悦的。

当我最开始来到巴黎的时候,这座城市还没有像今天这样被地铁和汽车融为一个紧密的整体。当时,主要的交通工具仍然是公共汽车和马车,由那些肥胖和冒着热气的马儿来拉着人。然而,没有比从帝国双层公共汽车的顶部或敞篷马车上去观察巴黎更好的方式了,而且两者都走得不快,正好可以欣赏风景。然而,如果你想从蒙马特去蒙巴纳斯[2],这就可以算作一段简短的旅行了。所以,考虑到巴黎普通市民的节俭,我认为这个传说是完全可信的:住在巴黎左岸的人从来没有去过右岸;有些孩子只在卢森堡公园玩过,从未见过图勒里花园或蒙梭公园。真正的市民或者说拥有房子的人愿意留在自己的街区。他们在大巴黎为自己创造了一个"小巴黎",待在自己的圈子里,每个这样的小圈

---

[1] 巴黎一个经常举办拍卖会的地方。
[2] 今巴黎塞纳河南北两岸的繁华区。

子都有自己明显的特点,甚至带有一些各自省份的地方特色。所以,对于一个外人来说,确实需要认真考虑住在哪里。现在再来巴黎,拉丁区对我不再有吸引力了。以前,我 20 岁左右来巴黎玩过一段时间,一下火车就匆匆赶去拉丁区,第一天晚上,我已经怀着敬畏的心情坐在了瓦歇特咖啡馆里,我看到了诗人魏尔伦曾经坐过的地方,还有大理石桌子——魏尔伦总是愤怒地用他沉重的手杖打它,同时让别人尊敬他。出于对他的钦佩,我,一个滴酒不沾的追随者,也喝了一杯苦艾酒,尽管这种绿色的酒完全不合我的口味。但我还是觉得,作为一个充满敬畏的年轻人,我有义务按照巴黎拉丁区的法国诗人的仪式行事。当时出于这种社会风尚,我宁愿住在索邦大学①附近的一个六层阁楼里,这样我就可以体验到我通过书了解到的拉丁区的"真实"氛围。不过如今 25 岁的我,已经不像那时候一样天真烂漫了,感受自然有所不同。对我来说,大学生区太国际化了、太巴黎化了。特别需要考虑的是,我对长期居住的选择不应该是基于文学回忆,而应该是尽可能对我的工作有益。我立刻开始环顾四周,认真寻找适合居住的地方。从有利于工作的角度来说,优雅的巴黎和香榭丽舍大道根本不适合,和平咖啡厅周边地区更不适合,它是巴尔干半岛富人的聚集地,除了服务员,几乎没有人会说法语。倒是圣绪尔比斯周围的教堂和修道院的气氛对我更有吸引力:里尔克和絮阿雷斯②曾喜欢住在那里,我很想去。不过就我自己的想法来说,我希望

---

① 属于拉丁区(巴黎的大学区),位于塞纳河左岸。
② 法国著名诗人、评论家、剧作家,主要作品有《巴黎之舟》《影子的梦》《无模特的肖像》等。

能在连接着塞纳河两岸的圣路易河心岛上找到一个合适的住处。后来在第一周，我边走边找到了一个更美丽的地方。我在皇宫的画廊里逛了逛，发现有一座建成于 18 世纪的很体面的豪宅（那时候在这附近一大片建筑群中它看上去非常豪华特别），是平等公爵[①]建的，现在是一个不起眼的小酒店。我联系了这边的负责人，有人给我看了一个房间，我惊讶地注意到窗户正面向罗亚尔宫殿的花园。黄昏时花园的轮廓已经看不太清了，模模糊糊的，只能隐约听到城市微弱的喧嚣，那节奏像无尽的波浪拍打着遥远的海岸。雕像在月光下闪闪发光，有时清晨的风吹来"大厅"里的饭菜香味。在这座历史悠久的宫殿建筑中，18 世纪和 19 世纪的诗人和政治家曾经居住在这里。斜对面的房子是我最喜欢的女诗人马塞琳娜·德博尔德-瓦尔莫[②]曾经住过的地方，巴尔扎克和维克多·雨果曾多次爬近 100 级狭窄的台阶去看望这位女诗人。大理石闪耀的地方就是卡米耶·德穆兰[③]向巴黎人民发出进攻巴士底狱号召的地方，那里地面上的石块还闪耀着冷光；以前有一条铺着地毯的通道，可怜的小少尉波拿巴过去常常在一群不太贤惠的显赫妻子中寻找自己的恩人[④]。这里的每一块石头都可以讲述法国的历史。此外，它离国家图书馆只有一条街，我可以在

---

① 指法国波旁王族奥尔良公爵路易·菲利浦·约瑟夫。

② 法国女诗人，主要作品有《哀歌与小唱》《泪》《可怜的花朵》等诗，茨威格曾为她写过传记。

③ 政治家，活跃在法国资产阶级革命时期。

④ 据传，拿破仑·波拿巴最初在巴黎并不完全顺风顺水，他经人介绍与年轻寡妇约瑟芬·德·博阿尔内结婚，后仰仗妻子好友巴拉斯的提名被任命为意大利方面军司令，故称约瑟芬对拿破仑有恩。不过历史学家们并不认可这样的说法。

那里度过整个上午。近在咫尺的是卢浮宫博物馆和林荫大道，那里有很多绘画作品，大路上人群络绎不绝。我终于住在了一个我梦寐以求的地方，一个几个世纪以来一直以温暖而有节奏的心跳跳动着的法国的地方，在巴黎的中心。我仍然记得，有一次安德烈·纪德①来看我，他对市中心有这么一个安静的地方感到非常惊讶。他说："看来我们还得让外国人告诉我们，我们自己的城市最美丽的地方在哪里呀。"事实上，除了这个位于最具活力的世界城市最中心的浪漫工作室，我再也找不到这样一个有巴黎风味、远离喧嚣的地方了。

我是如此地渴望穿过街道，看更多的东西，寻找更多的东西！我不仅要经历1904年的巴黎；我也用我的感官和心灵去寻找亨利四世②的巴黎，路易十四③时的巴黎，大革命时代拿破仑的巴黎，寻找雷蒂夫·德·拉布列塔尼、巴尔扎克、左拉和夏尔-路易·菲利浦④笔下的巴黎，找到他们写的街道、人物和事件。我坚信，一部注重真理的伟大文学作品，能把那么多永久的力量回馈给它的人民，历久弥新——我坚信这一点，我在法国一直有这种感觉，现在也不例外，因为在我亲眼见到巴黎之前，巴黎的

---

① 法国作家，主要作品有《背德者》《梵蒂冈的地窖》《伪币制造者》等，曾获得诺贝尔文学奖。
② 法国波旁王朝第一代国王（1589—1610年在位），他统治时期的法国非常繁荣。
③ 法国国王（1643—1715年在位），其统治下的法国发展迅速，国力昌盛，后又逐渐没落。
④ 法国著名小说家，主要作品有《蒙帕纳斯的蒲蒲》等。

一切都通过诗人、小说家、历史学家和风俗描述者的表达艺术，让我在精神上如此熟悉它了。在我与这座城市的会面中，它们又活跃起来了；这种真实的看见，原本只是一种再认识，是古代希腊戏剧性的"团圆"，被亚里士多德誉为一切艺术享受中最显著、最神秘的高峰。但是，无论是一个民族，还是一座城市，最内在最隐秘的内容，永远无法通过书本，甚至最不知疲倦的漫游获得。要理解它，总是要通过与这个国家里最优秀的人做朋友，只有通过与活着的人的精神友谊，才能了解一方水土与人的真实关系，从外面观察到的都是不真实的过于草率的图片。

  我得到了这种友谊，其中最深的是与莱昂·巴扎尔热特[①]的友谊。由于我和维尔哈伦关系密切，我每周两次去巴黎以西十公里的圣克卢大街去探望他。我很幸运，没有像大多数外国人一样陷进由国际画家和作家组成的看上去不错实际却没什么内容的"华而不实的"小圈子中去。那些画家和作家一般喜欢到大教堂咖啡馆去聚会；实际上，这种圈子随处可见，在慕尼黑、罗马或柏林，无论在这里还是那里，他们基本上是一样的。而我不必跟他们一起去咖啡馆聚会，我可以和维尔哈伦一起去拜访其他的画家和诗人。他们生活在这个灿烂而充满激情的城市最中心，可是每个人都在自己安静的创作中，就像生活在一个孤立的工作岛上一样，丝毫不理会外界的喧嚣。我还参观了雷诺阿[②]的工作室，看到了他最好的学生。今天，人们将为这些印象派画家的作

---

 ① 法国著名翻译家。

 ② 法国著名画家，印象派代表人物，主要作品有《包厢》《煎饼磨坊的舞会》《弹钢琴的少女》等。

品支付数万美元,但是他们当时的生活条件与普通公民或靠养老金生活的人们没有什么不同。他们住在一间小房子里,旁边有一间工作室,而不是像伦巴赫和慕尼黑其他名人一样讲究气派的生活——模仿庞贝城①的豪华别墅来炫耀自己的铺张和奢侈。巴黎的诗人们也像画家一样生活简单。不久我就开始与他们建立很好的信任,互相非常熟悉。他们中的大多数人在国家机构中的地位都很低下,不过几乎没有工作要做。在法国,精神成就自上而下地受到高度尊重。所以多年来,他们已经采取了一种非常聪明的方法,使从文学创作中获益甚少的诗人和作家可以在国家机构中从事某些清闲的工作,例如任命他们为海军或参议院的图书馆员。这种工作的薪水不高,而且日常的工作量很少,因为议员很少来借书。因此,幸运地待在这个清闲位置上的人,可以坐在卢森堡公园旁高雅而古老的议会大楼中,利用工作时间安静舒适地写诗而无须考虑薪酬,毕竟如此低的固定收入也足以维持他们的生活了。其他诗人,有的是做医生的,例如杜阿梅尔②和杜尔丹③;有的是开设小型图片店的,如夏尔·维尔德拉克④;有些是中学教师,例如儒勒·罗曼⑤和让-里夏尔·布洛克⑥;还有保罗·瓦

---

① 意大利南部古城,因火山爆发全城湮没,其遗址古建筑被后世发掘并仿造。
② 法国著名作家,主要作品有《烈士传》《文明》《天堂生活的回忆》等。
③ 法国小说家、评论家、医生。
④ 法国诗人、小说家、剧作家,影响了后世的许多诗人。
⑤ 法国著名作家。
⑥ 法国小说家、评论家、剧作家,与罗曼·罗兰交往甚密。

莱里等这样在哈瓦斯通讯社①工作的人；还有些人是帮助出版商做点杂活儿的人。但是，没有一个人比后来的诗人自命不凡。电影和批量印刷毁掉了这些年轻一代的文学：一旦表现出一点艺术优势，他们就会自我满足，过着丰衣足食无拘无束的美好生活。当时的诗人并没有想要从那些谦虚的没有虚荣心的职业中得到什么，无非是给他们的外部生活带来一点安全感，略微保障一下自己的日常生活，这对于他们独立创作符合内心思想作品的意愿是相符合的，而且是必要的。有了这一基本保证，他们就可以无视腐败衰落的巴黎大型报纸，也不苛求通过撰写小型文学杂志的文章来得到任何报酬——通常都是免酬劳写作的，因为小型文学杂志的存在总是需要许多人牺牲自己的个人利益。他们可以平静地接受他们的作品只能在一个小型的文学剧院里表演，而且他们的名字起初只能在自己的圈子里被人了解。无论克洛岱尔②、贝玑③、罗曼·罗兰、絮阿雷斯、瓦莱里，几十年来，只有少数文学精英知道他们的名字。在这个每个人都非常着急焦虑的繁忙城市中，他们是一群从容平和的人。对他们而言，更重要的是要安静地生活并在远离"嘈杂场所"的未知圈子中安静地工作，他们也不想变得有名。他们不为自己的房子像普通公民那样狭窄而感到羞耻，因为这种生活使他们能够自由大胆地思考艺术。他们的妻

---

① 哈瓦斯通讯社创建于1835年，是法国官方通讯社，后被法国新闻社所取代。
② 法国诗人、戏剧家，师承兰波，被认为是后期象征主义的重要代表人物之一。
③ 法国作家，曾创办《半月丛刊》，影响了法国思想界和文学界，主要作品有《霞娜·达克》等。

子亲自烹饪和招待客人,晚上当大家聚在一起的时候虽然招待简单,但他们与这些朋友聚在一起的时候总使人们感到更加亲切。人们坐在便宜的草椅上,在桌子上马马虎虎地铺上格子桌布。这里的家具并没有比居住在同一楼层的安装工家里更好更豪华,但是人们在这里自由自在。他们没有电话、打字机和秘书。他们避免使用所有技术机器,也避免他人将自己当作思想宣传的机器。他们像数千年前一样用手书写书籍。即使在大型出版社(如法国梅居尔)中,没有采用口授打字的方法,也没有使用复杂的机器。他们不会浪费时间和精力在外表、名声和炫耀上。所有这些年轻的法国诗人,就像整个国家一样,为了创造自己的生活而快乐,当然以最精致的形式,并通过创造性工作带来了无限的喜悦。

他们不为外表、名气、排场浪费时间和精力。所有这些法国的年轻诗人就像整个国家一样,为他们自己的生活乐趣而活,当然是以他们最精致的形式,用创造性工作带来的乐趣。我新交的朋友是清正可爱的,这大大纠正了我对法国诗人的印象。他们的生活方式与布尔热①和其他一些小说家描述的截然不同。对于后者来说,"沙龙"就是全世界。这些诗人朋友的妻子让我明白了我们在家里阅读到的书上犯了多么不可原谅的错误!在那些书里描绘的女人,每天做的事情无非是风流韵事、铺张浪费和照镜子!我从来没有遇到过比在这个朋友圈子里更加贤惠安静的主妇。她们节俭朴素,即使在生活最困难的时候也保持着快乐的气

---

① 法国人,著名小说家、文学评论家。

质。她们还可以在非常小的炉子上竭尽全力带来像魔法一样的奇迹。她们小心翼翼地照顾孩子，同时还可以在精神上与丈夫联系在一起。只有作为朋友和同事生活在这个圈子里的人才能理解真正的法国。

在这一代诗人中，莱昂·巴扎尔热特的与众不同之处在于，他把所有的创造力都投入对外国作品的翻译事业，把自己的时间和精力全部奉献给了自己喜欢的人。我通过朋友和他成为朋友，但是很不公正的是，他的名字现在已经被遗忘了。可是，我知道我们天生就是"同路人"，在他身上我遇到了一个有血有肉的人，一个活生生的自我牺牲的突出例子。他愿意为朋友做任何事，他有真正的奉献精神。他认为他一生的唯一任务是帮助他那个时代最重要、最有价值的作品发挥作用；然而，作为这些重要作品的发现者和推动者，他从未享受过应有的荣耀。他的热情完全是由于他的思想觉悟。虽然他是一个积极的反军国主义者，但他看起来有点像个军人。有了他，你才能感受到一个真正战友的真诚。他愿意随时帮助人，任何时候都愿意做参谋给出合理建议。他待人真诚，也是一个非常守时的人。他关心别人遇到的一切，却从不考虑自己的个人利益。为了朋友，他从不吝惜自己的时间和精力。他在全世界都有朋友，但是这些朋友的数量少，都是经过主动筛选的。他在十年内翻译了惠特曼所有的诗歌，并写了一本关于惠特曼的不朽传记，以便让法国人民了解这位诗人。以热爱世界的自由诗人惠特曼为例，他引导国家人民的思想和视野走向海外，使同胞更加坚定团结，这已成为他一生的目标，即成为最好的法国人和最热烈的反民族主义者。

我们俩志同道合，很快就成了好朋友，就像兄弟一样，因为我们有着共同的想法，那就是不仅仅只关注于自己国内的作品，还着眼于发掘国外的佳作，我们不遗余力地引进优秀的外国作品，因为在我们看来，思想自由是生活中最有价值的事情。我也是头一次从他那里了解到了法国的"另一面"。后来我从罗曼·罗兰的作品《约翰·克利斯朵夫》中读到，奥里维①是如何在德国人约翰·克利斯朵夫的压迫下进行反抗的。那时候我真是感同身受，觉得就像在描述我和莱昂·巴扎尔热特之间的个人经历一样。不过，我们之间的友谊也存在一点美丽的缺憾，平时我们真诚而亲密的关系也会因此遇到困难。困难在于，他非常真诚地拒绝了我当时写的所有东西。但是，我觉得这是我们友谊中最美好的事情，也是我最难忘的事情。他个人很喜欢我，对我翻译维尔哈伦作品的贡献深表感激和敬意。每当我去巴黎，他总是真诚地在火车站迎接我，并且总是第一个问候和欢迎我。只要他能帮助我，他都愿意尽最大的努力。在所有关键的事情上，我们都认同一样的观点，彼此之间关系融洽，比普通兄弟还要要好。但他当时对我的作品却完全不认同。他在昂利·吉尔波②（该人后来在第一次世界大战中作为列宁的朋友发挥了重要作用）的翻译作品中读到了我的诗歌和散文，那是他初次接触我的作品，但他直言不讳地表示了反对。他毫不留情地指责我所有的作品都与现实无关，完全是一种玄学文学（他最讨厌的）。另外，他说，他生气是因为

---

① 奥里维，《约翰·克利斯朵夫》一书中的主要人物，是约翰·克利斯朵夫的朋友，但两人的个性大相径庭。

② 法国社会党人、新闻记者。

那些作品是我写的。他一直是一个诚实坦率的人,在这一点上从不让步,也不表现出任何尊重或给彼此留些情面。例如,当他负责编撰一本杂志时,他向我寻求帮助——所谓的帮助,就是他要求我为他从德国找一些有能力的作家,也就是为他从德国安排一些更好的手稿。至于我,他最亲密的朋友,他从来没有要求我为他写任何一行文字,也根本不打算发表我的任何作品。但与此同时,他为出版社修改了我的一本书的法文译本——而且他这样做没有任何报酬,是免费的,我相信这是出于对真诚友谊的牺牲。虽然我们的关系很奇怪,但是十年来兄弟般的友谊从未被破坏过,这让我觉得我们的友谊弥足珍贵。后来,当我宣布我早期在第一次世界大战期间的所有作品都是无效的,并为我的作品最终找到了一种有个性的思想内容和形式时,巴扎尔热特对我的赞美让我特别高兴,因为我知道他对我的新作品的肯定是完全真诚的,正如他在长达十年的时间里一直对我的作品直接说"不"。

我还想在这里提一下勒内·玛利亚·里尔克这个高贵的名字。虽然他是一位德语诗人,但我在回忆巴黎生活的页面上写上了他的名字,原因是,我在巴黎和他联系最频繁,并与他相处得很好。因为他爱巴黎胜过爱其他许多人。在我的印象中,我好像看到在构成这座城市背景的古代人物中,他特别突出。今天,当我回想起他和其他对语言和艺术做出巨大贡献的大师们时,也就是当我回想起那些在我年轻时如天边星辰一般难以企及却又照耀着我们的可敬的人的名字时,我不禁要提出这样一个悲哀的问题:在今天这个动荡不安、人心惶惶的时代,当时一些致力于抒情诗创作的朴实的诗人有可能重现吗？我深感惋惜，他们那一代诗人，不是有着此后再也找不到的深情和纯粹吗？——在今天这个被各种命运的风暴所扰乱的日子里，那一代诗人没有后继者。那些诗人，他们不贪图任何外在的生活，他们不是普通人，他们不羡慕荣誉、头衔或真正的利益，他们追求的无非是在安静的环境中固守清贫的心灵，把一行行诗句完美地连接起来，让每一行诗都充满音乐感，让它们的光彩赢得人们的诗意的感悟。他们组成的社交圈，从我们日常的尘嚣生活中来看，简直像一个清心寡欲的僧侣团。他们自觉地远离日常事务。对他们来说，世界上没有什么比在时代的咆哮中幸存下来的最轻柔动听的声音更为重要。当一个韵与另一个韵相遇时，难以形容的、动人心弦的意境就从中解脱出来。它比在风中飘落的叶子发出的声音更轻微，但它可以通过回声抚慰遥远的灵魂。换句话来说，虽然他们居住在远离人权的地方，但对于我们年轻人来说，结识这样一群干净又坚守自持的人真是令人兴奋，这些一丝不苟的语言的仆人和敢于献身的语言监护人堪称典范：他们对诗歌中的每个单词都充满了爱意，他们的语言不迎合当时的时代和主流话语，而以不朽的生命动力为追求。在他们面前，我们几乎是羞愧得无地自容了。他们生活得多么安静，他们有多被忽视，以及他们有多谦虚。他们中的一些人像农民一样生活在乡下，一些人做着卑微的职业，有些人则以热情的信仰漫游世界。只有少数几个人知道他们的名字，但他们却受到这几个人的热爱。他们中的一些人住在德国，一些在法国，一些在意大利，但是他们都住在同一个故乡，那就是诗歌。通过决绝地舍弃，他们避免了生活中所有短暂的事物，并将他们的生活变成一件艺术品，就好像他们在创作艺术品一样。我经常感到，在我们年幼的时候，有如此清白纯粹的诗人生活在我们中间，是一件多么了不起的事情。正因为如此，今天我的心里也隐藏忧虑，自问：在我们这个时代，在我们的新生活方式中，它以破坏性的方式驱使人们脱离任何形式的内部专注，就像森林大火将动物驱逐出其藏身之处一样——是否可能还有这样的一群全心全意致力于诗歌艺术的人存在？我很清楚，每个时代都会有创造奇迹的诗人。在歌德致拜伦爵士的挽歌中，抚慰人心的一句话始终是正确的：那样的一些诗人是天生会持续出现的；因为即便在最没有尊严和体面的时代，上帝也还是偶尔会降临一些什么，留下一些宝贵的印记。我们当下的时代不就是这样吗？——我们现在生活的这个时代，即便是最纯洁的人、最不在乎现实的人，也无法获得安宁的生活，无法获得那种需要等待、酝酿、思考和凝聚力量所必需的安宁。在欧洲第一次世界大战之前的友好和轻松的时代，诗人仍然可以得到这种和平。我不知道，今天仍然广为人知的所有诗人——瓦莱里、维尔哈伦、里尔克、帕斯科利[1]、弗朗西斯·雅姆[2]——如今还有价值吗？不知道在今天这一代耳朵里常年不是充满悦耳的音乐，就是充满宣传机器的噪声和两次大战炮轰隆声的人，他们还能产生多少影响。我只知道，我有责任也非常感激地说出来：在一个正在走向机械化的世界里，有一些诗人在追求完美，这对我们来说是一种很好的教育，也是

---

[1] 意大利诗人，童年遭遇悲惨，主要作品有《怪柳集》《最初的诗》《卡斯忒维丘之歌》，对意大利现代诗歌影响深远。

[2] 法国诗人、小说家，作品有他与纪德共同完成的《通信集》。

一种很大的幸福。回顾我的一生，几乎没有什么比这份财富对我来说更有意义的了：我有幸和他们中的一些人走得更近，我也多次能够把早期的崇拜和后来的友谊联系起来。

在这些诗人中，也许没有一个比里尔克生活得更安静、更隐秘。然而，这并不像德国的斯蒂芬·格奥尔格故意制造的那种孤独，这种孤独不是勉强制造的，也不是一个牧师精心管理过的。从某种程度上来说，无论里尔克走到哪里，停在哪里，周围都是一片寂静，世界因为他而变得安静。因为他避开了尘世中的一切喧嚣与荣誉，那是"围绕着他名字聚集的一切误解"——他曾经用如此优秀的方式表达，以至这种精美澎湃的好奇之波只能打湿他的名字，却无法触碰到真实的他自己。里尔克是一个很难找到的人。他没有房子，没有人知道他住在哪里，他没有家，没有永久的公寓，甚至没有职位。他总是在周游世界的路上。没有人事先知道他要去哪里，连他自己也不知道。对于他那极其纤细、对压力极其敏感的心脏来说，要衡量任何计划、任何提前通知，都是一个两难的选择。想遇到他只能靠机缘。有一次，我站在意大利的一家画廊前，我觉得有人在温柔友好地冲我微笑，但我不能确定是谁，直到我看到他的蓝眼睛才知道是他。当他的蓝眼睛看着一个人时，不引人注目的外表仿佛被内心的光芒赋予了灵魂。然而，正是这个不显眼的地方，才是他最深的秘密。他留着金色的小胡子，神色有些微忧郁。他长着一张略微像斯拉夫人的脸，脸上没有明显的皱纹。可能有成千上万的人会经过这个年轻人身边，但大家永远不会想到他是一位诗人，也是20世纪最伟大的诗人之一。他的性格非常压抑，只有和他走得更近了，你才会看到他的特别之处。他走路和说话都带着难以形容的体面文雅。当他走进一个拥挤的房间时,他的脚步声很轻,很少有人会注意到他来了。然后,他静静地坐着、听着。有的时候他调动思绪,开始想什么的时候,会不自觉地扬起额头;当他开始说话时,他总是非常平静温和,从来也不会装腔作势或故作激昂,没有表现出特别热情的样子,也没有特别注意某些语调。他讲故事的方式简单自然,就像母亲给孩子讲童话一样。听他的话真的很神奇,会让人不自觉地高兴起来。即使是最普通的话题,只要是他讲述的,也能立刻拥有画面感和意义感。但是,一旦他觉得自己成了一圈人的关注中心时,他就会立刻停止讲述,恢复沉默的样子,认真听别人说话。他的每一个动作和姿势都是那么温柔,甚至他笑的时候,也只是刚好有一点点细微的笑意而已,且立即就收敛起来了。低声私语是他的需求之一。最让他不安的是噪声和感情上的强烈波动。"他们让我很累,这些人,他们像吐血一样吐出自己的感受,"他曾经对我说,"所以,我非常疲惫,因此我接近俄罗斯人,好像就是小小地喝一杯开胃酒一样。"除了举止稳妥得当之外,他还需要有条理、干净、安静和慢下来的生活。如果非要坐拥挤的轨道车,或者坐在嘈杂的餐厅里,他会长久地感到不安。一切庸俗的日常对他来说都是难以忍受的。虽然他的生活并不富裕,但他的衣服总是精致、干净、有品位的。同时,他的服装往往会是一件经过深思熟虑、构思巧妙的低调艺术杰作,总是带有一些不显眼的、非常个人化的痕迹。或者戴着一个会让他暗暗开心的小饰品,比如手腕上的一个薄薄的银手镯。他要求的极致的完美和对称感已经渗透到了生活中最隐秘和最个人化的地方。有一次，我在他的公寓里看到他是如何收拾行李离开的。他拒绝了我的帮助，认为我做不好。他就像填充马赛克的格子一样，细心谨慎地将每一件东西都妥帖地放进预先留出的合适的位置上。我当时觉得，如果我伸手去帮助他，就会毁了他仿佛插花一样的工作，应该是一种罪过吧。这种对于美的基本感觉伴随着他，即便在他生活中最不重要的细节中也可以发现端倪。他的手稿写在最漂亮的手稿纸上，上面有书法般的圆形字母，而且每行间的距离非常一致，就像用尺子测量过的一样。哪怕是最无关紧要的信，他都要选最好的纸，他的书法般的手写体字体均匀、干净、圆润、规整，连标点符号的间距也不马虎。即使是笔记，他也不允许划掉或者修改文字；只要他觉得有一个词或一个字使用不太妥当，他就会以极大的耐心重写整封信。在任何事情上，里尔克都没有放弃过追求完美。

他天性中特有的柔和语调和专注，对每一个接近他的人都有强制的影响力。正如里尔克本人不会有任何激烈表现一样，他面前的任何人都不会因为他的沉默所带来的灵感而有任何喧哗或傲慢。他的温柔悄悄地散发出一种神秘的力量，饱含激励、教育和道德的价值。每次和他长谈，我都有几小时甚至几天的时间有一种超凡脱俗的感觉。当然，另一方面，他温蔼与克制的性格和"永远有所保留"的态度，也很早就注定了他难以和其他人推心置腹，建立特别紧密的联系。我相信很少有人自称是里尔克的"朋友"，以作为他的朋友而骄傲的人应该只有非常少的几个人而已。在他发表的六卷书信中，他几乎没有使用过和别人谈心的事例,而且似乎自从高中毕业离开学校后,他几乎再没有对任何人使用过兄弟般的、信任的称呼词"你"。他很敏感,不会让任何人或任何事离他太近,尤其是那种强烈的阳刚之气会让他觉得身体不舒服。他更喜欢和女人说话。他给她们写了很多信,在她们面前他觉得自由多了,可能是因为女人们的声音里没有喉音,让他好受一些,因为每一个不好听的声音都让他觉得痛苦。在我看来,有一段时间他需要和一个高级贵族说话,那时候他的表现是这样的:全身缩在一起,肩膀不舒服地耷拉着,眼睛一直没有抬起来,以免让你发现他眼睛里流露出来的痛苦的神色。听着贵族用捏腔拿调的声音说话,他是多么的不舒服。但是,如果一个人能和他相处,和他在一起又该多好啊!如果他喜欢一个人,那么人们就可以感受到他内心的美好,交流非常融洽!虽然他在言语和行动上都很简单直白,可是他在谈话中表现出来的善意和神色,像一束温暖而有效的光束,直达一个人灵魂的最深处,仿佛可以治愈所有创伤。

在这座令人心胸开阔的城市,这最开放的城市——巴黎,里尔克谨慎而低调,也许是因为他的作品和名字在这里不为人所知。作为一个无名者,他总是感到更加自由和自在。我去过他在巴黎的两个住所,两个都是出租房。每个地方都很简单,没有装饰,但是通过他独特的审美,这个地方很快就拥有了他自己的风格和宁静的氛围。他租借公寓的时候要求,绝不可以是有着吵闹邻居的出租公寓,宁可是一处老旧的甚至不舒适的地方,一个他能把那里变成自己的家的地方。不管在哪里,他马上都能通过自己规整事物的力量,将室内的环境变得韵味悠长并符合他的秉性。他周围的东西总是很少,但是花瓶里总会有灿烂的鲜花,或者是女人送给他的,或者是他自己带回来的。墙上的架子上总是放着书,装订漂亮的或者精心包上书皮的书。他爱书,就如同它们是不吭声的沉默的宠物一样。他的写字台上,铅笔和钢笔都排成一条直线,空白纸张放在右边被摆成直角。房间里还有一张俄国的圣像,一个天主教的十字架——我相信他无论到哪里旅行都会带上这两件东西——给他的写字台赋予一点宗教性特征,尽管他的宗教情结不会跟任何特定的教派发生关联。每个细节都让人感觉到,他经手的这些都是精心挑选出来的,是小心呵护着的。如果有人借给他一本他还不知道的书,在他归还时这本书会用缎面纸平平整整地包上书皮,系上彩色缎带,如同一件节日礼物一样送还给对方。我今天还能回忆起来,他是如何将《骑手克利斯朵夫·里尔克的爱与死亡之歌》的手稿当作一件贵重的礼物带到我房间里的,今天我还保留着包扎过这叠手稿的缎带。不过最令人高兴的,还是和里尔克一起在巴黎散步,因为这也意味着,可以和他一起用同样兴奋的眼睛在最不引人注意的事情上看到深意。他能注意到任何细节,哪怕是公司招牌上的名字,如果他觉得听起来有韵律感,他就会愿意念出来。将巴黎这座城市的边边角角都了解到,这几乎可以说是我从他身上所看到的唯一的激情。有一次我们在一位共同的朋友那里相遇,我告诉他说,昨天偶然去了过去的"旧街栏杆",在皮克普斯公墓葬着最后一批在断头台牺牲的人们的遗骸,安德烈·谢尼耶[①]也在其中。我向

---

① 法国诗人,受到希腊文学影响,主要作品有《悲歌集》《牧歌和田园诗集》等。

他描述了这块令人感慨万千、散乱地布满坟墓的小小草地,这是外国人难得一见的,也告诉他回来的路上,在一条街上一扇敞开的门当中瞥见了一座修道院里的几个修女,她们安安静静地不说话,手里拿着玫瑰花环,像在一个虔敬的梦中那样绕圈走。那是少有的一次,我在这个低声、克制的男人身上几乎看到了急不可待:他一定要去看安德烈·谢尼耶的墓,还有修道院。他问我是否愿意带他去。第二天我们就去了。他带着一种澎湃的激情,安静地站在这寂寞的墓园前,这个被称为"巴黎最抒情的地方"。在回来的路上,那座修道院的门却是关着的。现在我可以考验他那安静的耐心了,对此他在生活中也像在作品中一样精通。"我们等待偶然的机会,顺其自然好了。"他说。他站在那里,头略微低下,以便大门一打开就能看到里面的情景。我们等了大概20分钟,有一位教会修女沿街走来,按了门铃。"现在好了。"他小声地说,激动不安。那位修女注意到了他沉静的倾听——我的意思是说,人们从远处的气息就可以感觉到他的存在,于是向他走过去,问他是否在等什么人。他向她微笑——那种柔和的微笑马上就带来了信任,并非常坦率地说自己很想看一下修道院的走廊。"很抱歉。"现在轮到修女对他微笑着说,她不能让他进去。不过,她建议他去旁边那个园丁小屋,从那里楼上的窗户可以看得很清楚。于是这件事就这么做成了,就如同许多次在他身上发生的那样,让他觉得受到了很大的恩惠。

　　后来我们还相遇过很多次。不过每次当我想到里尔克时,我看到的他都是在巴黎的样子。所幸的是,他可以免于亲历这座城市最悲伤的时刻。

能够有幸遇到这样罕见的人物，对于一个初出茅庐的年轻人来说是一个巨大的收获。但是，对我的一生都有影响的关键教义还没有到来呢。那是人生中的偶然带给我的礼物。在维尔哈伦那里，我们和一位从事艺术史研究的人展开了一场讨论，他痛惜地说，产生伟大雕塑家和画家的时代已经过去了。我又激烈地反对。不比过去的伟大艺术家们逊色的罗丹①，不是还生活在我们当中吗？我开始列举他的作品，就如同人们在进行反驳时常做的那样，几乎陷入了一种愤怒的激动当中。维尔哈伦暗自发笑，最后他说："要是一个人那么喜欢罗丹，那就应该和他本人认识一下。明天我去他的创作室。要是你方便的话，我带你一起去。"

我方便还是不方便去？终于有机会见到自己欣赏的偶像，我高兴得无法入睡。但是，到了罗丹那里，我又说不出话来。我无法好好跟他说话，只能站在那些雕像之间，好像我也是一尊雕像一样。我的这种羞赧似乎博得了他的喜欢，因为在告别时这位老人问我是否想看一下他过去在默东②的创作室，那是他真正的创作室，甚至还请我一起用餐。第一个教义他已经给了我：伟大的人物总是最与人为善的。

第二个教义是，他们在生活中也总是最朴素的。这位誉满全球的伟大人物，对我们这一代人来说，他作品中的每一个线条我们都像老朋友一样熟悉，他的饭食却那么简单，就像中等农民家庭的伙食一样：一大块质量上乘而厚实的肉、几颗橄榄、饱满的

---

① 法国著名雕塑家，主要作品有《思想者》《青铜时代》《雨果》《吻》等。

② 法国一地名，罗丹晚年就住在这里，直到辞世。

水果，再加上味道醇厚的当地葡萄酒。这样的情景给我增添了很多勇气，到最后我已经不再感到拘谨了，随意起来，好像我和这位老人以及他的太太已经相熟多年了。

吃过饭后，我们到他的创作室去。那是一个巨大的大厅，他最重要的作品的复制品都集中在这里，这当中也有上百个珍贵的小型细节化的习作：一只手、一只胳膊、一个马鬃、一个女人的耳朵，大多只是石膏做成的样本。我今天还能回忆起来某些他自己练习时所画的素描图，关于这些我可以讲上整整几小时也讲不完。最后，大师把我带到一个基座前面，他最新的作品就隐藏在湿布下面，那是一座女人的头像。他用自己那重重的、满是皱纹的农民般的手揭开湿布，向后退了几步。我情不自禁地从胸口吐出"美极了"这个词，马上又为自己有这样蹩脚的举止感到羞愧。他非常平静地用客观的视角认真观察着自己的作品，没有一丁点的自鸣得意，只是附和着我小声嘀咕一句："是吗？"然后，他犹豫了一会儿。"只是这个肩膀⋯⋯等一下！"他脱下外套，穿上白色工作服，拿起一把铲子，用他那大师似的专业动作去刮了下雕塑肩膀上的某个位置，随后那栩栩如生的、像是有呼吸一样的白色皮肤瞬间呈现出来，完美。之后他又退回几步。"还有这里。"他小声嘟哝着。又通过一个小小的细节，雕塑的整体效果得到了提升。然后，他不说话了。走向前，再退回去，从镜子里看着这座雕像，一边嘟哝着，嘴里发出听不清楚的声音，一边不停地改变着、修正着。他的眼神在吃饭时显得如此和蔼可亲，现在却凝聚着奇异的光，让他显得更高大、更年轻了。他工作着，工作着，带着满腔的激情，使出他那健壮而魁梧身躯里的全部力量。每当他有力地向前或者后退时，地板都发出吱吱的响声。但是，他听不到。他也没注意到，一位年轻人无声地站在他的身后，心提到嗓子眼儿里，为自己被允许观摩这举世无双的大师工作的情形而感到无比幸福。他完全把我忘了。对于他来说，我根本不在他的工作室里；他眼里只有那个雕像、那件作品，只有藏在这个作品之后那看不见的绝对完美的雕塑设想。

过了一刻钟，又过了半小时，我不知道到底有多长时间。伟大的时刻总是让人忽略时间的长度。罗丹是那么专注，完全沉浸在他的工作当中，即便雷鸣也不能将他叫醒。他的动作越来越强硬，几乎是愤怒的。他好像陷入了一种狂野或者沉醉的状态，他的动作越来越快。之后，他的手变得迟疑起来。他好像意识到了：他没有什么好做的了，一切都已经很完美了。一次、两次、三次……他退回去，什么也没再改变。然后，他胡子后面的嘴唇发出了微弱的声音，他说着什么，但我没有听清。然后，他温柔地将湿布盖在雕像上，就好像给心爱的女人披上披肩似的。他长长地吐出一口气，浑身放松下来。他的身躯似乎又变得沉重起来了，激情之火熄灭了。接下来发生了一件对我来说无法理解的事情，这则是另一个伟大的教义：他脱下工作服，穿上夹克，转身要出去，在这个精神完全集中的时刻，他把我彻底忘掉了。他完全忘了，他自己把一个年轻人带到这个创作室来给他看自己的作品。现在这位年轻人已经被震撼到无以复加了，正屏住呼吸站在他的身后，像雕像一般一动不动。

他向门口走去。要锁门时，他发现了我，甚至有点生气似的盯着我：这个悄悄溜进他工作室里的年轻人到底是谁？不过，他马上就记起来了,几乎有些羞愧地走向我。"对不起,先生。"他开始说。不过我没让他继续说下去,立即打断了他,充满感激地抓住他的手:我甚至更想亲吻他的手!在这个时刻里我看到了所有伟大艺术的永恒秘密,按说这也是造就一项伟大成就的不二法门:集中,专注!将全部力量、全部感官汇聚在一起,在每个艺术家身上都能看到的那种忘我、出世的精神状态。我学到了一些让我受用终身的东西。

我本意是在5月底从巴黎去伦敦。但是我不得不将行期提前了十四天,因为一件始料不及的麻烦让我那个可心的住处变得不那么舒服了。这发生在一段特殊的插曲中,在让我感到非常好玩的同时,也让我学会了一件事:法国不同社会阶层特有的思考问题的方式,是与众不同且非常特别的。

在为期两天的五旬节(圣灵降临节)期间,我离开巴黎与朋友们一起去欣赏宏伟的沙特尔大教堂(巴黎以南约70公里),我还没见过那座教堂呢。当我星期二早上回到酒店房间换衣服时,我发现自己那已经静静地待在角落里好几个月的行李箱消失了。我跑到楼下去找这家小旅馆的老板——一个小马赛人,脖子粗壮、脸颊红红,整日轮班坐在他的小礼宾室里,我经常和他谈笑,有时甚至和他一起去马路对面的咖啡馆玩他最喜欢的十五子比赛[①]——跟他说了这件事情。他立即变得非常气愤,用拳头敲了敲桌子,愤怒地说道:"是真的!原来是这么回事!"他一边迅速穿上外套和鞋子——他喜欢坐在门房里,所以总是穿着衬衫和

[①] 一种双方各有15个棋子,掷骰子决定行棋格数的游戏。

舒适的拖鞋，一边向我解释整个故事的来龙去脉。也许我有必要首先提及巴黎房屋和酒店的特色，以便人们可以轻松地理解这件事情发生的经过。在巴黎，小旅馆和大多数私人住宅里，没有设置大门钥匙，但住宿都是归"门房"管理的，出去进来都需要看门人来开关大门。只要有人在外面敲响门铃，门就会通过门房中管理员控制的按钮自动打开。小旅馆和私人住宅中的看门人不会整夜待在礼宾部，他们中的大多数人晚上也会回到卧室去睡觉，如果有人叫门，他们就在卧室按下按钮打开对方卧室的门。如果有人要出去，他必须大声喊"请开门"才能得到允准。任何从外面来的人都必须说出自己的名字：理论上，晚上没有陌生人可以潜入房子。大概是这么个情况，我们再回过头来继续说这件事。那天凌晨2点，有人从外面敲响了我旅馆的门铃。有人进来报了一个名字，听起来像住在这里的房客的名字，然后住客还把挂在门房里的房间的钥匙拿走了。假定酒店所有者有责任通过窗户确认访客的身份，但那会儿似乎太晚了，而他也太困了就没有细看。大约1小时后，有人从里面喊"请开门"试图离开房子。门房在打开门后感到有些奇怪：已经是晚上2点以后了，还有谁会这个时候出门呢？他就从床上起来了，正看到那个从旅馆出来的男人拎着箱子走进了巷子里。他立即穿上睡衣和拖鞋，跟随可疑男子一直到走进田园街的一间小旅馆。此刻，他没想到这个人会是小偷或强盗，于是他回到床上安稳地躺下了。

现在，他对自己的错误判断感到非常生气，并匆匆忙忙地把我带到最近的警察局。警察立即去了田园街的一家小旅馆，搜查后发现，尽管我的手提箱还在，但小偷却不在那里：他似乎去了附近的一家酒吧吃早餐喝咖啡。两名穿着便服的警察正在田园街那家酒店的礼宾部等待小偷回来。半小时后，当没有感觉到任何危险的他回到这里时，立即就被捕了。

现在，酒店老板要和我一起去警察局履行职责。我们被带到了警长办公室。警长是一个非常胖、平易近人、留着胡子的绅士。他的大衣扣子开着，坐在书桌前，桌上散落着各种信纸。整个办公室都是烟味，桌子上还放着一大瓶酒。无论如何，这个人看上去并不像铁血警察中那种残忍的不懂变通的执法者。他首先命令人把我的手提箱带进来，要我先确定里面有没有丢失贵重物品。皮箱里唯一看起来有价值的东西是一个价值2000法郎的信用存折。我在这里几个月了，用了很多。除了我自己，这个存折对任何人都没有用。其实也根本没有被对方碰过，一直放在箱底，可能小偷还没有找到吧。于是警长做了这样一个笔记记录：我承认这个箱子是我的，里面没有东西被偷。警长让人把小偷带了进来，我很想知道他有什么要说的。

这很值得。小偷本来是个孱弱的人，现在被夹在两个粗壮的警察中间，更是不堪，像个可怜鬼似的。他衣衫褴褛，衣服没有衣领，留着短短的小胡子，一张肮脏的、面黄肌瘦的仿佛老鼠一样胆怯的脸。恕我直言，他应该是个非常愚笨的小偷，甚至可能是个新手。他采用的偷盗技能也证明了这一点：第二天早上他没有带着箱子逃跑。他站在警察面前，两眼低垂，全身微微颤抖，仿佛冷得发抖。我不得不惭愧地说，我为他感到难过，甚至对他有些好感和怜悯。当一个警察把他发现的东西放在木板上时，我的同情感变得更强了。这几乎可以说是一个难以想象的个人物品：

一条又脏又破的手帕；钥匙圈上有很多仿制钥匙和各种形式的开锁钩，像奏乐一样互相撞击发出叮叮当当的响声；还有一个旧钱包。好在没有武器，至少证明虽然小偷用了一种大家都知道的扒窃手段专门偷东西，但偷东西的方式还是和平的。

在每个人的眼皮底下警长检查了小偷的那只旧钱包。结果令人惊讶。不是因为里面有几千法郎或者几百法郎，或者没有钱什么的，而是因为里面共有27张照片，都是赤裸上身的女舞者和女演员，还有三四张裸照。这个瘦瘦的、忧郁的年轻人是一个热情的爱美者，巴黎剧院的那些明星都是他望尘莫及的，然而，他想要让她们的照片最起码贴近他的内心。除此之外，他似乎没有其他违法行为。虽然警长一张一张地看裸照时眼神严厉，但我还是能观察到，这种情况下的犯罪嫌疑人居然有这样的收藏兴趣，这让警长和我一样觉得很好笑。我对这个犯罪嫌疑人的好感明显是因为他的审美情趣而增加的。当警长手里拿着笔一本正经地问我要不要打官司的时候，我回答得很快，且很正确："不要。"

为了让大家了解这种情况，也许我应该补充一些说明。在我国和许多国家，刑事犯罪是公诉案件，也就是说，国家负责司法问题，但在法国，受害者可以自由选择是否起诉犯罪嫌疑人。我个人觉得这种法律比那种死板的法律好，因为它能给人一个机会去原谅那些做过坏事的人。例如，在德国，一名妇女因嫉妒开枪打伤了她的情人，受害者一再恳求也不能保护她免受审判。国家会强制介入，把可能因为感情太过强烈而干出这种事的她，从她爱的男人也是被她攻击过的男人身边带走，并关进监狱。在法国，犯下同样错误的女人，在得到原谅后，两个人可能会一起挽着胳膊回家,这件事他们会自己解决,并且他们大概会认定,这件事情已经过去了。

我果断的"不"一出来,就有三种不同的突如其来的反应。夹在两个警察中间的瘦子突然站起来,用一种说不出的感激的神情看着我,我永远不会忘记。警长满意地放下笔,看得出来我不向这个小偷追责,让他觉得很开心,毕竟这样可以省下他接下来的繁杂的文书工作。我房东的反应就大不一样了,他的脸涨得通红,开始对我猛吼,说我不能这样,这种"坏人"必须彻底铲除,说我无法想象会带来什么样的伤害。他说,一个正派体面的人,必须日夜提防这种邪恶的人,放过一个就是鼓励几百人去做同样的事!这就是一个被伤害到生意的普通公民所拥有的全部诚实和坦率的心意,这也显示了他们的心胸狭窄,现在这些都坦露出来了。他粗暴地、威胁性地要求我撤回免予起诉的决定,因为他参与了整件事,他也想要避免因为这件事给他的生意带来的所有影响。然而我却无动于衷。我坚定地说:"我的箱子已经找到了,没有财产损失,对我来说,这件事就结束了。"我坚持说:"我这辈子没有对另一个人提起过任何指控,并且,如果我今天中午吃牛排的时候能想到,自己让一个人免受牢狱之灾,那我就更开心了,总好过想到对方不得不待在监狱里吃牢饭。"警长声明这件事是由我决定,而不是由我房东决定,因为我不起诉,这件事就彻底结束了。这时我的房东生气了,他突然转身离开房间,"嘭"的一声关上门。警长站起来,对着暴怒男子的背影笑了笑,他和我握了握手,默默地对我表示了赞同。这样,他负责的事情就算完全结束了。我伸手去拿自己的皮箱,想要把它带回我的住处。然后不寻常的事情发生了。那个小偷羞愧地走到我面前说:"哦,先生,让我来吧,我把箱子拿到你家去。"于是我走在前面,心怀感激的小偷拿着箱子走在后面,我们一起走了四个街区回到我住的酒店。

表面上看,这个始于愤怒的意外事件,似乎有了最轻松最愉快的结局。然而,这件事立即带来了两个后遗症,这大大有助于我更全面地了解法国人的心理。第二天我去拜访维尔哈伦时,他顽皮地笑着并出来迎接我。"你在巴黎,真的有很多奇遇呀,"他开玩笑地说,"特别是,我根本不知道原来你是这么个有钱人。"起初我听不明白他在说什么,他递给我一份报纸,上面有关于昨天发生的事情的详细报道,但在这种浪漫的捏造中几乎看不到事实。这篇报道用各种新闻技巧来描述:在市中心的一家酒店,一位尊贵的外国人(有意思的是,我成了尊贵的外国人)的箱子被偷了,箱子里有很多特别值钱的物品,尤其是一张 2 万法郎的信用支票(原来的 2000 法郎一夜之间翻了十倍啊)和其他不可替代的物品(其实里面只有些衬衫和领带)。一开始似乎根本没有破案的线索,因为小偷作案手法非常老练,对当地情况非常熟悉。然而,凭着警察局的某位警长"众所周知的办案能力"和"非凡的洞察力",他们立即采取了一切可能的措施。他们通过电话通知所有警察,在不到 1 小时的时间里,已经非常仔细地将巴黎的旅馆和客栈检查了一遍。由于他采取的措施一如既往的彻底和准确,罪犯在最短的时间内被抓获。警察局局长立即对这位杰出的治安官给予了特别的表彰,因为他的行动和远见是模范的巴黎警察局的又一个光辉榜样。当然,这份报告里根本没有任何真实的内容。优秀的警长一分钟也不用离开他的办公桌。我们把小偷和箱子送到了他的办公室。然而，他利用这个好机会好资本，好好地大搞了一把宣传。

这个结局无论是对小偷还是高级警察来说都是一个幸福的故事，但对我来说却不是。从这一刻开始，曾经随和的房东开始想办法让我觉得在这里过不下去。我从楼上下来，在门房礼貌地和他老婆打招呼，可是她根本不理我，负气地转过头去，像是在侮辱我。旅馆里的小伙计不再认真打扫我的房间。我的信件会神秘地丢失。甚至在附近的商店和烟草店——过去因为我抽烟很多，被热情地招呼为"常客"，现在看到的则是一张张冷若冰霜的脸。镇民的道德感似乎受到了侮辱，不仅在我住的酒店，整个巷子里都有这样的氛围。甚至整个街区都在反对我，因为我曾经"帮助"过小偷。我别无选择，只能带着已经找回的箱子离开那里。就好像我是个罪犯一样，我不得不夹着尾巴离开了这家舒适的酒店。

在巴黎待了一段时间后来到伦敦，就像从炎热中走进树荫：起初，我不是很习惯，刚到伦敦的时候总是不由自主地打寒战，后来眼睛和其他感官都慢慢地适应了这里的环境。我从一开始就做了一个很好的计划，并把在英国待两三个月作为我的首要目标。如果一个人不了解把世界推入自己轨道好几个世纪的国家，又怎么能了解我们的世界，判断它的各种势力呢？我也希望通过大量的交谈和频繁的社交活动来练习我可怜的英语（我的英语从未变得流利）。不幸的是，我做不到：像所有欧陆人一样，我以前很少接触海峡两岸的文坛。在我们客栈所有的早餐对话或闲聊中，我觉得我真的对球场、赛马、晚会等话题无话可说。如果他们在讨论政治，我更是跟不上，因为当他们提到"某个人"时，他们指的是约瑟夫·张伯伦①；当提到爵士时，他们只提到名字，没有提到姓氏。听伦敦马车夫的方言我更是一头雾水，耳朵似乎被蜡堵塞了一样变成了聋人。所以，我不能像自己希望的那样快速进步。我也试着向教堂里的传教士学习一些好的表达方式，旁听过两三次法庭办案，去剧院听标准的英语发音。我得尽最大努力去寻找那些类似于巴黎的团圆、友谊和欢乐，我找不到任何人来一起讨论对我来说重要的事情；因为我对他们所关心的事情，如体育、比赛、政治等，完全持一种冷漠的态度，在受过教育的英国人眼中，我大概是相当庸俗、难以应付的。我找不到一个能让我感觉到内心与它相连的圈子，所以我90%的时间在伦敦自己的房间或大英博物馆里阅读。

自然，我首先试图通过散步来了解伦敦。头八天，我走在伦敦的街道上，直到我的脚磨出了泡，疼痛难忍。我带着大学生的责任感去看了"贝德尔"旅游指南中提到的所有名胜古迹，从图索德夫人蜡像馆②到英国议会大厦；我学会了喝爱尔麦芽做的淡啤酒，用这里每个人都抽的烟斗代替巴黎香烟，在很多细节上尝试着入乡随俗。然而，无论是在社会上还是在文学上，我都没有和英国人有过真正的接触。一个只从外表看英国的人，无法理解

---

① 英国人，出身于伯明翰显赫的工厂主家族，活跃于英国外交界，后因作为首相签订《慕尼黑协定》而闻名。

② 图索德夫人蜡像馆，位于伦敦，1835年由法国玛丽·图索德夫人创办，馆内藏有名人蜡像。

这个国家的本质；就像一个人走在一座城市里一家价值数百万美元的公司前面，他所能知道的只有一枚抛光的铜牌，上面写着公司的名字。有人带我去了一个俱乐部，但我不知道人们在那里做什么。那种低矮的皮质的安乐椅，就像整个会所的氛围一样，第一眼看上去就让我精神困倦，因为我不配拥有这种睿智的放松，也不像其他人一样，能在紧张的工作或者体育活动之后来这里放松。伦敦市强行拒绝一个游手好闲的人和一个纯粹的观察者，将他们作为异物，拒绝他们了解这个城市，人们还没有包容到把通过观察找到同类的方法提升为一种高级艺术。相反，如果以同样的方式，巴黎会让这个外国人愉快地参与它热情的活动。当我意识到自己的错误时已经太晚了：在伦敦的两个月里，我本应该在一家商店做实习生，或者在一家报社做秘书。这样的话，我至少可以了解一点伦敦的生活。作为一个纯粹的观察者和外国人，我经历得很少。直到多年以后，在战争期间，我才对真正的英国有稍微的了解。

在英国的诗人中，我只见过阿瑟·西蒙斯[①]。通过他的介绍，我收到了叶芝[②]的邀请。我非常喜欢叶芝的诗，翻译了他的诗剧《水影》的一部分，纯粹是为了娱乐。我不知道那天晚上是独奏会，只邀请了几个入选的人。我们坐在一个非常拥挤的房间里，有些人甚至坐在小板凳上或者干脆坐在地上。最后，叶芝点燃一

---

① 英国诗人、文艺评论家，支持法国象征派诗人，作品有《象征主义文学运动》《剪影》《伦敦之夜》等。

② 爱尔兰诗人、剧作家，作品艺术成就很高，1923年获得诺贝尔文学奖。其主要作品有《茵尼斯弗利岛》《白鸟》《钟楼》《心愿之乡》《胡里痕的凯瑟琳》等。

根两臂粗的巨大祭坛蜡烛,站在黑色(或覆盖着黑色布料)的平台旁,开始背诵他的诗。房间里其他的灯都灭了,他那黑色的卷发、头部的影子有力地晃动着,在烛光里摇曳。叶芝用低沉的节奏缓慢地背诵,一点也不慷慨激昂,每一个音节都有清楚明亮的音色和穿透力,非常漂亮,那是真正的庄重。唯一让我不舒服的是他在舞台上的做作:传教士般的黑袍让叶芝看起来像个牧师;房间里,慢慢融化的粗蜡烛散发出淡淡的香味。通过这些细节,这种文学享受更像一首诗经文,而不是即兴朗诵——对我来说也是一种新的认知。对比中我不禁想起了维尔哈伦朗诵他的诗的场面:他穿着衬衫,让他激动的手臂能更好地敲打节奏;他不需要布置和精心准备外观设计,一切都很真实;我还想到里尔克,他偶尔从一本书上读几首诗,简单明了,只是静静地为他的想要讲述的内容服务,辞藻朴实无华。这是我参加的第一次"舞台式"诗人的自读活动。虽然喜欢他的诗,但对这种崇拜行为还是有些怀疑。无论如何,作为当时叶芝的客人的我,依然对他充满了感激。

然而,我在伦敦真正找到的诗人,在当时并不是一个活生生的人,而是一个被完全遗忘的艺术家:威廉·布莱克[1],这是一个孤独的天才,身上有很多问题。他作品中天真与精致混合的矛盾让我着迷。一个朋友曾经建议我去大英博物馆的印刷品陈列室——当时,陈列室是由劳伦斯·比尼恩[2]管理的,去看那些带

---

[1] 英国诗人、版画家,思想激进,风格叛逆,主要作品《先知书》,借助圣经故事反映18世纪末的时代思想。
[2] 当时负责管理大英博物馆印刷品陈列室的负责人。

有彩色插图的书籍——《欧洲》《美洲》《约伯记》，这些书籍今天已经成为古代书店的稀世珍宝。当时我看那些书，也好像被施了魔法一样，沉迷其中。在这里，我第一次看到了具有神奇力量的一个人，他属于仍然不知道自己的路在哪里的人，可是想象力像天使的翅膀一样带着他穿越文学幻象的荒野。好几天，好几个星期，我试图深入这个天真又如同魔鬼般的灵魂，把他的一些诗翻译成德语。想要从他手里得到一份他的亲笔画作，这几乎已经成为一种不可阻挡的愿望，但这似乎只有梦中才会有可能。有一天，我的朋友阿奇博尔德·G.B. 拉塞尔——告诉我，在他举办的一个展览中，有一幅《梦幻肖像》要出售，他当时已经是最好的布莱克鉴赏家了。根据他（和我）的意见，《约翰国王》这部作品是大师最美的铅笔素描。"你永远不会厌倦的。"他肯定地对我说。确实，他没有说错。在我所有的书和画中，这是一部陪伴我长达 30 多年的作品。画作上那个国王多次用他那双神奇明亮的眼睛在墙上看着我。在我失去或不得不放弃的所有财产中，这幅画是我流浪时最怀念的一幅。曾经我也在街上和城市里徒劳地寻找英国天才，但是都失败了，而突然之间，布莱克这个名字，仿若一颗明亮的星辰降临在我面前。从此之后，在我的许多世俗的爱中，又增加了一个人的名字。

道路曲折

流连在巴黎、英国、意大利、西班牙、比利时和荷兰多个国家和城市,这种徘徊和充满好奇心的游荡本身是令人愉快的,并且在许多方面也非常有益。但是,人们始终需要有一个稳定的落脚点,从该点开始漫游,然后回到那里。当我不得不因为受压迫而以逃亡的姿态环游世界时,我觉得这种需求比以往任何时候都更甚!自中学毕业以来,除了画作和纪念品外,我还积累了很多其他作品,几乎能算作一个小型图书馆。我的手稿开始成捆堆积在一起。毕竟,我无法将这些令人愉快的负担放到手提箱中,并拖到世界各地。所以我在维也纳租了一间小公寓,但这并不是我真正的居住地。正如法国人尖锐地说的那样,那只是一个休息的地方。第一次世界大战之前,一种莫名其妙的感觉笼罩着我的生活。每次我做某事时,我都会对自己说:这不是我要做的。对于创造,我只觉得这是真正创造之前的实践。对于那些与我交往的女性,这种暂时性的感觉更强。因此,我在青年时期并不是特别负责任,而且一切都是在"轻松愉快"的氛围中进行实验、尝试和享受,没有任何沉重的负担。当其他人到我这个年龄时,他们已经结婚了。当他们有了孩子并在工作上担任重要职务时，他们必须竭尽全力去实现，有了很多要去奋斗的目标。但是我仍然认为自己是一个年轻人、一个刚起步的人，我面前还有无限的时间等着我去了解这个世界。就像我在任何作品中都会毫不犹豫地修正自己，只把我的创作看作"真正创作"的前期调研一样，或就像我的文学生涯的一张名片一样；同样地，我自己的公寓也只不过是一个暂时的地址而已。我特意在郊区选择了一个小地方，以免由于高昂的住房租金成本而妨碍我的自由。我也不买昂贵的家具，因为我不想花费精力，像照料父母一样"照料"它们——我父母那里的每把扶手椅上都罩着避免灰尘的罩子，只有在客人来时才将其脱下。我尽量不一直待在维也纳，也不要让自己在某个地方受到情感的束缚。多年以来，我一直觉得这种"使自己处于暂时的、不确定的状态中"是一个错误。后来，当我被迫一次又一次地离开自己的家，看到周围建造的东西一次又一次地倒塌时，才意识到，这种"不束缚自己"的神秘生活对我来说是有益的。我已经学会了不守规矩，所以我每次面临失去和说再见的时候总比别人要容易些，心情也更轻松些。

我将不会把太多奢华的东西放在这个租赁的小房子里①。然而，从伦敦获得的布莱克的素描已经被我挂在墙上了，还有歌德最美丽的诗，上面显示着他稳健潇洒的文稿笔迹，我从中学时代起就开始收集手稿，而歌德的手稿是当时我的收藏中最宝贝的东西，是我的心头好。就像我们当时在文学团体中一起写诗一样，

---

① 小房子位置在维也纳八区科赫胡同8号，这是茨威格在维也纳的第一处住所，1907年他迁居到此。

我们也乐于成群结队地追着诗人、演员和歌手们签名。当我们走出学校大门时，我们大多数人都放弃了这种收集活动和写诗的爱好，但是对我来说，我却越来越热衷于收集名人手稿。简单签名对我来说已经不重要了，而且我对一个人的国际知名度或赞颂他的文章也不感兴趣。我现在正在寻找的是诗歌或乐谱的原始手稿或草稿，因为相比其他事物，我对艺术品的诞生更感兴趣——无论是从艺术家的生活还是心理学的角度来看：那是最神秘的过渡时刻，一首诗和一首旋律的诞生，是我们从未见过的奇迹，是来自天才的想象力和本能，并通过象形图的固化而进入了这个世界。除了在原始手稿中可以看到大师们反复考虑或雕琢的过程，或认真思考过的艺术火花之外，我们在哪里可以聆听并更好地了解到那一瞬间灵感的诞生？如果我只看到艺术家完成的作品，那么可以说我对这个艺术家的了解还不够。我同意歌德的话：如果您想完全掌握一件伟大的作品，不仅必须看到作品的完成，还必须聆听其形成过程。从纯粹的视觉角度来看，手稿对我来说也将是非常有用的：贝多芬的初稿，用他狂躁不耐烦的笔触将不同的思想混杂在一起，那些已经打开并扔掉的稿纸上面有几处铅笔画痕勾勒出的主题，将他的创造性生机勃勃地凝聚在他拥有的本性中，这会使我的身体不由自主地感到兴奋，因为看到这些手稿会使我的思想振奋不已。我像着魔一样疯狂迷恋这些手稿，就像其他人阅读整幅画一样认真细致，再三阅读。在巴尔扎克的修订草稿中，几乎所有句子都被修改了，每一行都被反复修改过多次。稿纸周围的白色边缘都被涂画得密密麻麻，变成黑色的了，因为上面覆盖着各种标记、符号和文字。我看到这样的稿子会兴奋得发狂！当我第一次看到自己喜欢多年的一首诗的原始手稿并看到其原始形式时，我内心深处升起一种宗教似的敬畏，几乎不敢伸出手去触摸它。我为自己能拥有几份这样的手稿而感到自豪。拥有这些物品的过程往往也会给我带来紧张和刺激的感受，认真去搜集这样的手稿消息，并在拍卖会上想方设法把它们弄到手，或弄清楚到底谁收藏着这样的手稿，差不多已经变成我个人的一种非同寻常的爱好，在我看来这并不亚于最有趣的运动。这种追求使我度过了许多非常紧张的时光和令人兴奋的巧合！一天，当我到达拍卖行时，很幸运我晚到了一天，因为我最开始准备拍下的一件作品被鉴定为伪品；然后发生了一个奇迹性事件：本来，我收集了一份莫扎特手稿，但是只有一小半，这可是件让我遗憾许久的事情，因为其中的一部分乐谱被撕掉了。然而，这张过去曾被某个爱好者撕去的乐谱稿纸，在长达50年或100年的销声匿迹之后，竟然出现在了斯德哥尔摩的一次拍卖会上。这样，我可以再次将莫扎特的咏叹调的草稿整理成完整的版本，这与莫扎特150年前创作时留下的咏叹调内容完全一样。当时，我在文学出版方面的收入不足以购买大量的藏书。但是，每个收藏家都知道，如果他不得不放弃另一种乐趣才能收藏到自己想要的东西，那么他收藏的乐趣就会大大提高。此外，我还邀请所有诗人和朋友为我的收藏做出过贡献：罗曼·罗兰给了我一本《约翰·克利斯朵夫》的手稿，里尔克给了我他最著名的作品《骑手克利斯朵夫·里尔克的爱与死亡之歌》[①]的手稿，克洛岱尔给了我他在《给

[①] 这本书是里尔克于1899年开始创作并于1906年出版的诗集，这是他最风靡的作品。

圣母的受胎告知》①中的手稿,高尔基也为我提供了不少创作的手稿,弗洛伊德的论文手稿也送给了我。他们都知道,我会比其他任何博物馆都更爱护他们的手稿,精心收藏。我搜罗来的众多的收藏品散落在各处,虽然它们对其他人来说似乎没什么特别之处,但它们给我带来的乐趣却非常多!

但是,后来文学史博物馆中最特别最珍贵的收藏对象虽然当时不在我的收藏屋中,可是值得开心的是,它就藏在同一栋郊区公寓中。这是我后来偶然才注意到的。在楼上的公寓里,就像我的住所一样简单的一间房间里,住着一位白发老妇,她是专业的钢琴老师。有一天,我们在楼梯上见面时,她以非常友好的方式告诉我,由于她要在家里上钢琴课,因此可能会在某些时候影响到我,如果我不愿听到这样的声音,实在是抱歉给我带来这样的困扰,这件事已经让她担忧了许久,并使她感到尴尬。她希望我的作品不会因学生的不完美艺术而受到太多影响。在谈话中,她提到她母亲与她同住,而老太太几乎从来没有出去过,因为现在她的眼睛看不见任何东西了。而这位 80 岁的女人,正是歌德的家庭医生福格尔博士的女儿。她于 1830 年由奥蒂莉·冯·歌德②本人为她举行洗礼,诗人歌德本人也在那儿!给这个女人受洗的居然是歌德!这让我感到头晕目眩,非常震惊!在 1910 年,世界上还有一个人,曾经注视过歌德的神圣眼睛!因为我对任何天才的生平都怀有特殊的敬畏之情,所以我收集了除那些手稿外还

---

① 法国诗人、剧作家保尔·克洛岱尔于 1912 年发表,作品风格带有中世纪神秘意味,旨在颂扬奉献和牺牲的精神。

② 奥蒂莉·冯·歌德是歌德的儿媳妇,也就是歌德之子奥古斯特·歌德的妻子。

能找到的各种文物。如果我可以这样说的话,在我人生的第二个阶段①所置办的第二个房子里,有一个神圣的收藏室,里面收藏有一个贝多芬的办公桌和他的一个零用钱箱,当他因为生病躺在床上时,他颤抖的手从存钱罐里一次又一次地拿钱给女仆支用,那只被死神抓住的手真是令我感动。收藏室里还有贝多芬家里使用的账簿,里面保存着一页写下的账单,还有一缕他的白发。多年来,我一直将歌德的一根羽毛笔放在玻璃盒子里,虽然心里怀着摸一摸的渴望,但是我还是按捺住了冲动,以免这高贵的遗物被我不配的手所玷污。但是,如何将这些无生命的事物与一个活着的人(歌德用棕色的圆圆的眼睛有意识地亲切地注视过这个人)相比较呢?这是随时可能中断的最后一条细线。这位垂死的老妇人,出乎意料地将魏玛的奥林匹斯山圣山与维也纳郊区科赫胡同的8号房屋连接起来。我要求去拜访这位德梅丽乌斯夫人②,并且获得了允许,她很愿意也很友好地接待了我。在她的房间里,我认出了歌德的孙女(那是这位妇人儿时的朋友)送给她的几件具有不朽意义的家具——那烛台,曾经放在歌德的桌子上,还有一些其他的东西,上面的徽章与弗劳普兰③的房屋类似。但是这位老妇人不是一个真正的奇迹吗?她头上满是稀疏的白发,戴着一顶质朴简单的宽檐帽,嘴巴上满是皱纹,不过她很喜欢跟我讲述过去的事情。她告诉我,她如何在弗劳普兰的房子里住了15年,并度过了童年和青春期。那时,它一点也不像个博物馆。自

---

① 我的"第二个人生阶段",是指斯蒂芬·茨威格与第一个妻子弗里德里克·冯·温特尼茨在一起生活的一段日子,大概是1919—1934年。
② 卡尔·福格尔的女儿,她父亲曾是歌德的保健医生。
③ 歌德的故居就在弗劳普兰。

从最伟大的德国诗人歌德永远离开他的家园和世界以后，那里的东西都被封存了下来，没有人可以触摸它们。正如我们在年迈的人们中经常看到的那样，老人对自己年轻时代的感情往往是最强烈的。让我感动的是她的愤怒："歌德研究院"做了一件非常不合适的事情，现在他们已经迫不及待地要出版她儿时的朋友奥蒂莉·冯·歌德的情书。她用了"已经等不及了"这个词！她完全忘记了奥蒂莉已经死了半个多世纪了！对于她来说，歌德老人最喜欢的这个孩子仍然活着，永远年轻，像旧时一样！对于她来说，这些东西仍然是存在于目前的真实生活中的，一切都历历在目。可对于我们来说，这已经成为历史和传奇！我总能感觉到她周围存在着一种如幽灵般的气氛。我住在那座砖石建成的房子里，通过电话交谈，打开电灯，用打字机写信，享受着现代社会的一切便利——可是顺着阶梯向上面走二十步，就进入了另一个世纪，立刻站在了歌德生活世界的神圣阴影中。

后来，我多次遇到过这样的不同寻常的女人，她们的白发飘动着，然而在她们的脑海中，一直保留着关于自己生活的那个非常荣耀奢华的旧有的世界。其中包括李斯特的女儿科西玛·瓦格纳，她总是那么强硬和严格，但是她的身姿却非常优美，哀婉动人。还有尼采的妹妹伊丽莎白·弗尔斯特[①]，她是一个娇嫩的女人，个头儿矮小，有些自以为是，喜欢卖弄风情。还有亚历山大·赫尔岑[②]的女儿奥尔加·莫诺，她小时候曾经坐在托尔斯泰的

[①] 德国女作家，是尼采的妹妹，也充当尼采的助手、秘书和护工，尼采逝世后她写过许多关于哥哥的书。

[②] 俄国作家、政治家，长期流亡国外，主要作品有《往事与随想》等。

膝盖上。我还听了格奥尔格·勃兰兑斯讲述他是如何认识惠特曼、福楼拜①、狄更斯等人的故事。也听理夏德·施特劳斯描述过他第一次遇见瓦格纳的场景。但是最让我感动的,则是这位年迈的德梅丽乌斯,她是一个真实的存在,也是还活在人世间的、曾经被歌德老人看顾过的人!也许今天,我是最后一个可以这么说的人:我曾经认识一个人,歌德的手曾轻轻地抚摸过她的头。

现在,我在旅途中终于有了一个落脚点。但是,更重要的是,我还找到了另一个家:一家出版社。30年以来,他们照顾并出版了我的所有作品。对于作家而言,选择出版社是生活中的重要决定。对我来说,没有什么比这家出版社更让我感到快乐了。几年前,受过良好教育的诗人之一想到了一个主意:他不应该将自己的财富用在养马场上,而应该用它来完成一些精神上的工作。他就是阿尔弗雷德·瓦尔特·冯·海梅尔②。作为一名诗人,他并不算特别出色,但是他决定在德国成立一家出版社,这无疑是他做出的最英明的决定,该出版社不考虑实质性的利润甚至是长期的损失,其标准是以作品的内在质量为根据发布作品,而不考虑作品的销量。当时在德国,几乎所有出版社都是商业化运作的。在这个出版社里,即使娱乐阅读材料能够赚更多的钱,也会被拒绝;相反,那些最难以接受的精美作品将在这里找到宾至如归的感觉。这里只接受那些致力于艺术、表达最精美的作品,这

---

① 法国著名作家,主要作品有《包法利夫人》《萨朗波》《三故事》等。
② 德国诗人、戏剧家和小说家,创办德语杂志《岛屿》并扶持了一大批年轻的文学创作者。

是这家高端出版社的口号。一开始，它完全依赖真正的精英读者。它以自己的名字"岛屿"自豪，敢于在人群中脱颖而出，后来被称为"岛屿出版社"。那里的每本书都不会肆无忌惮地印刷个不停，并且该书中的诗歌将通过公开的技术细节讨论，赋予其独特的外部形式，与其内在的完善相吻合。每本书的封面设计、布局、字体和纸张都是个性化设置。即使在广告目录、文具和其他物品上，它们也被这家出色的出版社所充满的热情和细致的设计所浸润。例如，我不记得在过去的30年中，我曾在这家出版社的书中发现过任何印刷错误，或者在出版社的信件中发现了任何更改的字句。在所有方面，即使在最小的细节中，出版社都是无懈可击的，表现出了力争做时代楷模的志向。

霍夫曼斯塔尔和里尔克的诗歌已在岛屿出版社出版，有了他们两位诗人的作品，且这是仍然活跃在当代的作家，这家出版社从一开始就只接受最高标准的作品。不难想象，当我在26岁时被接纳为这个"岛屿"的居民时，我该是有多高兴和自豪。这种归属意味着将文学水平提升到外界，也意味着对自己具有更强的责任感。能够进入这个杰出人物行列的人都必须对自己严格要求并且谨慎行事，不要让自己的创作被粗暴地制作成文学作品，也不要让自己写出任何诸如新闻稿之类的快速的消费性的内容，因为一本书只要带有"岛屿出版社"的标志，从一开始到后来有可能阅读过的成千上万的人都得到了保证：内容纯正，印刷技术完美无缺，这是已经被整个出版社认定的潜在要求。

对于一位作家来说，没有什么好运能比这样更好了：一位年轻的作家遇见了一家年轻的出版社，并且可以与之一起成长。只有这种共同的成长才能在作家的作品和整个世界之间创造一个有机的成长条件。不久，我与岛屿出版社的总社长安东·基彭贝格①教授建立了真诚的友谊，而这种友谊由于我们共同有着对私人收藏的投资热情而得到了加强，并彼此赞赏。安东·基彭贝格也喜欢收藏，尤其是对与歌德有关的文章的收藏几乎与我的手稿收藏同步，在30年里，它们已成为个人收藏中的惊人作品。我从他那里得到了许多宝贵的建议和警告，不过由于我对外国文学有着比较全面的了解，因此我也可以给他一些重要的启示。因此，在我们的通力合作下发行了一系列丛书，这就是"岛屿系列"。它的销量达到400万册，很快就在原始的"象牙塔"周围建立了声望，仿佛成为文学界的世界首都，并将这家出版社转变成德国一家非常具有代表性的出版社，我很高兴这是根据我的建议而出现的。30年后，我们的情况与刚开始的情况完全不同：从最初的小型读者圈子到拥有最多读者的德国出版社之一，从一家小型企业开始，这家出版社已成为一家规模最大的出版社。我们的关系牢不可破，说实话，如果我们非要打破让我们双方都感到幸福的关系，并把它视为理所当然的话，我们可能需要借助于世界灾难和最残酷的法律力量。我必须承认，如果在我自己的书中再也看不到熟悉的岛屿出版社的标志，这比让我离开家乡流落在外还要难受痛苦得多。

有了出版社，我的文学道路就更加顺畅了。尽管我的第一本书出版得太早了，几乎已经不合时宜，但是从头到尾，我觉得到

---

① 德国出版家、收藏家，私人收藏颇多，目前保存在歌德博物馆。

26岁时我还没有创造出真正的作品。我年轻时最大的收获是我可以与很多人交往，与这个时代富有创造力的人建立友谊，这是我的幸运，但我自己创作文学作品时，这些却成为我创作过程中的危险障碍。为了理解创作的真正价值，我努力学习，这让我变得有些犹豫。由于我缺乏勇气，所以我26岁之前发表的作品相对安全，并且除了翻译作品之外还包括较小的中篇小说和诗歌。我远没有勇气写小说（我花了近三十年也没下定这样的决心）。我第一次尝试创作出更大的作品，是在戏剧领域。并且很幸运，第一次尝试也是一个很棒的实验，这给我带来了一些好兆头。在1905年或1906年的夏天，我写了一部戏剧，这完全是一场诗意的戏剧和古典戏剧，完全符合我们当时的写作风格。这出戏的名字叫《忒耳西忒斯》。今天，我将说这是一本只在形式上有优点的作品，而且我将永远不会再版发行了——几乎我在32岁之前出版的所有作品都没有再版过。但是，这个脚本已经在我心中产生了一些想法：我不想站在所谓的"英雄"的一边，而是总在被征服者们的身上看到他们的悲剧。在我的中篇小说中，那些命运的摆布总是吸引着我。在传记中，吸引我的不是那些真正成功的人，而是那些在道德观念上行为正确的人。比如我用描写伊拉斯谟[①]代替描写马丁·路德，用玛利亚·斯图亚特[②]代替伊丽莎白

---

① 文艺复兴时期的人文主义者、神学家，著作有《愚人颂》等。茨威格曾以他为题创作《鹿特丹的伊拉斯谟——辉煌与悲情》，表达对法西斯主义的抗议。

② 16世纪苏格兰女王，一生曲折坎坷。茨威格根据她的故事创作了《玛利亚·斯图亚特》。

一世，用卡斯特里奥①代替写加尔文②。因此，在我当时写的剧本中，阿喀琉斯不是英雄主角，戏剧的侧重点是对手中最谦卑的忒耳西忒斯：我描述遭受痛苦的人，而不是那些因自己的力量和坚定的目标而给别人带来痛苦的人。写完之后我没有把完成的剧本展示给任何演员，即使是在朋友面前，我也羞于展示。我仍然有着自己的判断，知道这首不按照韵脚来写的诗和主题有点与众不同的剧本，加上需要用上古希腊的服装道具，即使索福克勒斯③或者莎士比亚之流，也很难在现实舞台上带来"票房上的价值"。所以当时我就只是走个过场，以正式的方式向大剧院寄了一些手稿，然后完全忘记了这件事情。

因此，三个月后，我收到一封信封上标有"柏林皇家剧院"字样的信件，这让我感到惊讶。我想知道普鲁士国家剧院给我写信是要我做什么。令我惊讶的是，之前德国最著名的演员之一，路德维希·巴尔奈告诉我，这个剧本给他留下了非常深刻的印象，他特别愿意接受这个剧本，因为很久以来他一直在寻找类似于阿喀琉斯（阿达尔贝尔特·马特考夫斯基非常有意愿出演这一角色）的角色，现在他终于在我的作品中发现了这个机会。因此，他请我允许将这出戏剧安排在柏林皇家剧院进行首演。

我简直喜出望外，有点目瞪口呆。当时，德国这个国家有

---

① 瑞士人文主义者和宗教改革家，是现代宽容思想的主要代表，后被以"异端"罪名处死。茨威格著有《良知对抗暴力——卡斯特里奥对抗加尔文》。

② 16世纪欧洲宗教改革家，创立加尔文教，他敌视其他教派，曾以"异端"罪名处死西班牙神学家50余人。

③ 希腊悲剧诗人，主要作品有《俄狄浦斯王》《安提戈涅》等。

两个杰出的演员：阿达尔贝尔特·马特考夫斯基和约瑟夫·凯恩茨。前者是北德人，他旺盛的活力和令人倾倒的激情无人可及；后者是我们维也纳人，他的精神优雅，非常擅长无与伦比的词汇艺术，可以使单词交替悠扬，其回味无穷的精湛演说技法总使人们感到高兴。现在，阿达尔贝尔特·马特考夫斯基将使我的作品中的人物栩栩如生地出现在舞台上，他会用他那优雅的声音吟诵出我的诗作，而德意志帝国最受人尊敬的剧院将支持我的戏剧上演，看起来我没有特别期待的这出戏剧，未来会超脱想象地出现在我的面前，并为我的戏剧创作开辟崭新的道路。

但是，在揭开帷幕之前，请不要对表演抱有太大期望，这是我从那时开始学到的重要启示。戏剧的排练真的开始了，一次又一次地进行着，我的朋友向我保证，阿达尔贝尔特·马特考夫斯基从来没有像这次排练中一样表现得这么完美，在背诵我的诗的时候，他更像一个英武雄壮的男人，这些排练演出可以说是超出预期。不过，就在我已经预订了前往柏林的卧铺票之后，最后一则电报到了：演出因阿达尔贝尔特·马特考夫斯基病了而被推迟。最开始我以为这只是一个借口，就像剧院里经常发生的那样，因为剧目无法如期上演就推脱说主角生病。然而，八天后，报纸发表了讣告：马特考夫斯基去世了。所以说，当最后他那美丽的嘴唇闭上之前，我的诗歌竟然成了他最终朗诵的绝唱。

结束了，我对自己说，到此为止吧。尽管还有另外两个剧院——德累斯顿剧院和卡塞尔剧院都愿意排演这部戏剧，但是我已经觉得，这样做一点意思都没有了。在马特考夫斯基去世之后,我无法想象会有其他人能将阿喀琉斯的精神完美地表演出来。但是,还有一个更令人惊讶的消息。清晨的一天,一位朋友叫醒我,是约瑟夫·凯恩茨让他来的。因为约瑟夫·凯恩茨偶然读到了该剧本,看到了一个他想扮演的角色:忒耳西忒斯,正是那个马特考夫斯基想扮演的阿喀琉斯的悲惨对手。且他立即就此事与城堡剧院取得了联系。来自柏林的保尔·施伦特①是当时流行的现实主义的先驱,也是城堡剧院的负责人,原则上他以现实主义者的身份主持了城堡剧院(这使维也纳人感到非常生气)。他立即给我写信说,他在剧本中看到了非常不同寻常的地方,但是他也明确说过,这部戏剧在首演以外几乎不会取得任何成功的可能。

结束了,我再次对自己说。一如既往,我对自己的创作和我的文学作品持有深深的怀疑态度。可是凯恩茨对此却非常愤慨,他立即邀请我加入他的行列,这是我第一次看到那个曾经让一个十几岁的少年崇拜的神灵,他就站在我面前——当我们还是中学生时,我们迫不及待地想亲吻他的手和脚。尽管他已超过50岁,但他的身体却像春天一样轻盈,他的头脑敏锐而丰富,他美丽的黑眼睛使他的脸上充满活力。我很高兴能听到他讲话。即使在私人对话中,他讲的每个字都是如此微妙,每个辅音都优美而准确,每个元音都完满而清晰。只要我听过一次他朗诵的诗歌,当我再次阅读它们时,我的脑海中就会浮现他的声音:洪亮清晰、节奏优美、跌宕起伏。我从来没有听过这么有趣

---

① 德国著名戏剧评论家,支持自然主义戏剧的发展,主要作品有《盖哈特·豪普特曼》等。

的德语发音。现在,我看到那个我小时候崇拜的人,为了不能将我的戏剧作品搬上舞台而向我诚挚地道歉。但是,他强调,从现在开始我们不应再失去联系,他希望与我保持联系。还说,他有一件事情需要得到我的帮助,我几乎笑了:凯恩茨居然要请我帮他的忙!这简直是天大的恩赐啊!他的要求是:他现在有很多巡回演出,要在不同的戏剧中串场,现在他已经准备了两部独角戏,但是还有一部独角戏需要得到我的协助。最开始他的假设是这应该是一部短剧,尽可能采用诗意的风格,最好是有大段大段抒情的段落出现在朗诵中。他可以凭借出色的台词技巧,将这些台词疾风骤雨般地倾吐在观众面前(这是德国戏剧中一种独特的舞台艺术)。他询问我是否可以给他写出这样的一幕戏。

  我当时就答应了下来,决定为他试一试。有时候,就像歌德所说的那样,意志会"使诗歌蓬勃发展"。我马上完成了一个独幕戏剧本《粉墨出场的喜剧演员》①的提纲,这是一部洛可可风格的轻松剧本,其中包括两段抒情和戏剧性的独白。我认真地按照他的嘱托仔细雕琢剧本中的每个字。我让自己感到凯恩茨的热情,甚至是他的表达方式,并不知不觉地将这些内容与他的气质贴合起来在台词中表达。因此,完成这出即兴的创作倒不是一件困难的事:台词充满激情,其中熟练的技巧运用也非常得当。三个星期后,我向凯恩茨展示了半成品的初稿,并在其中添加了咏叹调。看到这个剧本的凯恩茨感到非常兴奋。他马上把手稿中

---

  ① 《粉墨登场的喜剧演员》创作于1910年,是茨威格的独幕剧,原定在维也纳城堡剧院首演,但因主演约瑟夫·凯恩茨的逝世,未能登上舞台。

的长篇台词仔细朗诵了两遍，第二次的时候那台词已经非常完美了，简直令人印象深刻！他焦急地问我手稿修改还需要多长时间，很明显，他迫不及待要上演这出戏了！我说一个月给定稿，他表示非常满意，说道，太伟大了！太棒了！他现在要去德国进行为期几周的演出，在台上作为嘉宾表演，等他回来后这出戏剧必须立即开始排练，因为这出戏属于城堡剧院的重头剧。然后，他向我许诺，无论他在哪里演出，这出戏剧都会在他的节目上作为保留好戏进行演出，因为它就像自己的手套一样量身打造，非常适合他。"就像手套一样！"他嘴里不断地重复这句话，同时真诚地握住我的手连续摇晃了三次。

在他出发之前，城堡剧院似乎开始采取行动了。剧院的经理亲自打电话给我，说我现在可以给他看剧本的草稿。并且看完之后，他立即提前接受了剧本，城堡剧院的演员们都开始围绕着凯恩茨这个主要角色进行排练。我似乎再一次获得了最高奖项，没有任何特殊的投入，却赢得了极大的筹码——城堡剧院，我们城市的骄傲对我如此认可！而城堡剧院中最伟大的演员（当时似乎是女演员杜塞[①]）也想在我的作品中扮演一个角色，还有当时最伟大的男演员凯恩茨也要出演！对于初学者来说，这些荣誉似乎太多了。现在唯一的危险是在我完成这项工作之前，凯恩茨可能会突然改变主意，但这无论如何都不太可能！不管怎样，现在轮到我感到非常不安了。最终，我在报纸上读到消息，凯恩茨已经从外地演出回来了。出于礼貌我先是犹豫了两天，毕竟当他才

[①] 闻名世界的意大利悲剧女演员，演过易卜生的《娜拉》和小仲马的《茶花女》等。

刚回来时我不想太过打扰他。第三天我鼓起勇气来到凯恩茨住的扎赫尔大酒店,把自己的名片交给我一位很熟悉的老门卫:"我来拜访宫廷演员凯恩茨!"老人透过自己挂在鼻梁上的眼镜,非常惊讶地看着我:"好吧,看来您还不知道呢,博士。""不,我什么都不知道啊,这是怎么回事?""今天早上,他们把他送到了医院,正在接受治疗。"现在我知道了,凯恩茨从演出现场回来时已经病得很重了。在对自己的病一无所知的观众面前,他英雄般成功地掩盖了自己遭受的可怕痛苦,并最后一次扮演了自己的角色。第二天,他在医院接受了癌症手术。根据报纸报道,我们也非常希望他能康复。我去他医院的病床上看望他,他躺在那里,疲倦、瘦弱、昏昏欲睡的脸上黑色的眼睛显得更大了。我感到震惊:我第一次注意到,在他的嘴唇上已经长出了一些灰色的胡须,可是曾经,这些胡须之下总是充满着青春的活力和雄辩的口才。现在,我看到了一个快要死去的老人。他对我悲伤地笑着说:"亲爱的上帝,我还能有机会再表演一次我们共同创造的那出戏剧吗?我渴望着出演它的心情,可能会让我好起来呢。"但是,几周后,我们站在他的棺材旁边送他离开了这个人世。

读者们应该可以明白,继续坚持戏剧创作对我来说将会是多么不愉快的过程,以及当我把新剧本交给剧院时,我将有多担心。德语世界里两位最伟大的演员——马特考夫斯基和凯恩茨,在排练我的诗歌戏剧时,纷纷走到了生命的尽头。他们的相继离世使我变得迷信了——我并不为此感到羞耻。我深受打击,直到几年后才重新回到戏剧界。城堡剧院的新任院长阿尔弗雷德·贝格尔男爵是杰出的戏剧专家和演讲者，他读完我的作品后立即接受了我的剧本。我几乎是怀着恐惧的心情认真地看了看演员名单，内心矛盾地叹了口气："谢谢上帝，这里面没有一个名人！"当时我说这句话的时候是这样想的，既然剧本的演出者里没有非常有名的演员，那这种厄运就不会发生在任何人身上。但是，后来似乎仍然发生了最不可能的事情。有句老话说，当灾难被挡在一扇门外时，它将从另一扇门偷偷溜进来。当时我只想到了演员部分没有问题，却没想到剧院的院长阿尔弗雷德·贝格尔男爵可能也会牵涉其中。他想要亲自指挥排练我新写的悲剧《海滨之屋》，并且已经完成了导演笔记的草稿。但是不幸的事情确实发生了：十四天以后，在进行第一次排练前，他死了。似乎施加在我的剧本上的诅咒力量并没有消失。十多年后，第一次世界大战后，当《耶利米》和《狐狸》这两部作品出现在不同国家的戏剧舞台上以各种语言进行演出的时候，我仍然感到不安。当我在1931年完成一部新剧集《穷人的羔羊》时，我故意做出了与自己的利益背道而驰的事情。那时，我将剧本发送给朋友亚历山大·莫伊西的第二天，就收到了他的电报：他希望我能让他在戏剧的首映式中扮演主角。莫伊西在戏剧表演中，将来自他家乡意大利的语言所带来的愉悦感带到了德语舞台上，这是德语使用者从未意识到的。当时，他是唯一被视为约瑟夫·凯恩茨的继任者的演员。他的外表迷人、睿智、朝气蓬勃，他是一个善良而快乐的人，他在每件作品中都注入了魔力。我很难想象会有比他更合适的演员来扮演这一角色。但是，当他向我提出这一想法的时候，我想到了马特考夫斯基和凯恩茨。我婉言拒绝了他，却没有说出真正的原因。我知道他继承了凯恩茨的所谓"伊夫兰德"指环——它总是被伟大的演员传给他们最喜欢的继承人。如果他出演我的戏剧，那他会遭受与凯恩茨相同的命运吗？无论如何，我不想让这个时代的第三位著名的演员因为我自己的关系而遭受厄运。出于迷信和对他的热爱，我还是放弃了完美的演员表和强大的阵容，尽管这几乎对我的戏剧表演产生了决定性的影响。我拒绝了他的演出，从那时以后，我再也没有在舞台上演出过自己的新戏剧，但我故意地拒绝仍然未能保护他的安全。尽管我没有犯任何错误，但我总是卷入意外的不幸。

我知道，这会让人们怀疑我在讲鬼故事。马特考夫斯基和凯恩茨身上发生的事情可以解释为一次不凑巧的意外。但是，在他们两个之后，如何解释莫伊西的厄运呢？毕竟，我拒绝了他在这出戏中扮演这个角色，而且我还没有写任何新戏。事情是这样的：多年以后——现在我必须打破时间顺序——1935年夏天，当我在苏黎世时，我突然收到了来自意大利米兰的电报，这完全是超出预料的。他想在那天晚上来苏黎世见我，并请我一定要接待他。我心里非常奇怪，想知道到底是什么让他感到如此紧迫：我没有写过一部新戏，而且我多年以来都对戏剧漠不关心。当然，我想见他。作为真挚的朋友，我真的很喜欢这个热情而真诚的人。他冲出火车车厢来到我身边，我们用意大利的方式互相拥抱。他一坐上轿车，就迫不及待地告诉我他需要找我帮一个忙，他让我做一件事，一件大事。他说，皮兰德娄[①]非常给他面子，并把自己的新作品《修女高唱五月之歌》的首映礼交给他来完成。此外，这出戏剧不是要在意大利表演，而是真正意义的在世界上进行的首屈一指的首演：它将在维也纳用德语进行表演。像这样的意大利大师第一次同意让他的作品在国外上演，即使在巴黎，皮兰德娄也从未做出过这样的决定。但是，他担心自己的散文诗中的音乐性和隐藏的生命力会在翻译过程中丢失，所以他有一个殷切的希望，那就是希望我帮助他将其作品翻译成德语，因为多年以来，他一直珍视我在语言艺术方面的造诣。莫伊西告诉我，虽然皮兰德娄也很担心，我已经多年没有再进行翻译工作了，是否还愿意费心费力地把时间耗费在翻译上呢。所以他找了莫伊西当说客，希望我能答应对方的要求。确实，我放下翻译工作已经很多年了，但是，我与皮兰德娄进行了许多次愉快的会面，而且我非常尊重他，为了不让他失望，也为了表达我对密友莫伊西友情的珍视，我放下手头一两个星期的工作。几周后，我在维也纳翻译的皮兰德娄戏剧的国际首演即将如火如荼地上演了。由于当时的政治背景，该剧肯定会引起轰动。皮兰德娄已答应出席首映礼。当时墨索里尼是奥地利的正式保护人，因此总理及其官员已答应参加首映礼。这个戏剧之夜也将是意大利与奥地利友谊的政治表现（事实上，奥地利已成为意大利的附属国）。

排演的前几天，我刚好也在维也纳。我很高兴能再次见到

[①] 意大利小说家、剧作家，擅长怪诞戏剧创作，1934年曾获得诺贝尔文学奖。

皮兰德娄，也很期待听到我的翻译语言让莫伊西用他动人的声音表现出来。然而，四分之一世纪之后，那如同恶魔一样相似的情况再次发生。我在一天早上打开报纸，看到莫伊西在从瑞士抵达维也纳时感染了流感病毒。由于他的病，排练不得不推迟。我在想，流感而已，应该不算太严重。当我走到他所住的医院探望我的朋友时，我的心激动得发狂——那时候我去看望凯恩茨的景象又一次浮现在我的面前——当时我安慰自己，谢天谢地，这不是当年的扎赫尔酒店，而是格兰特酒店！一切都不一样了！可是，同样的厄运又一次发生了，我们时代最伟大的演员一次又一次地发生了同样的事情，在四分之一世纪之后，我没想到还会有这样的事情发生。我再也不能见他了，因为他已经发高烧昏迷了。两天后，我站在他旁边，并不是在排练的舞台上，而是在装着莫伊西尸身的棺材前。

在这里，我打破了时间顺序，并提到了与我的戏剧尝试有关的神秘诅咒。当然，今天我认为这一重复性发生的事件无非是一场事故。然而那时，马特考夫斯基和凯恩茨的去世对我的生活方向产生了决定性的影响。如果马特考夫斯基和凯恩茨将我26岁的第一部戏剧带到柏林和维也纳的舞台，而他们的艺术成就可以使最弱的作品获得成功，那么我将很快被公众舞台吸引，变成炙手可热的人物，这可能是不合理的，因为他们的艺术，我可能会错过那些可以慢慢学习和理解世界的年代。可以理解的是，我感到所有这一切都是受到命运的迫害才产生的。从一开始，戏剧就给了我很多梦寐以求的东西。起初，它看起来是如此吸引人，然后在最后一刻却又被残酷地拿走了。但是，只有在青春的早期，机会和命运才似乎是相同的。后来，人们就会了解，生活的真实轨迹是由其内在力量决定的。无论我们的生活道路看上去多么混乱和毫无意义，无论多么偏离我们的愿望，最终它们都将带领我们实现自己看不见的生活目标。

走出欧洲

过去的时间流逝得比今天快吗？可能是因为过去发生了太多完全改变我们世界的事情；也许，在欧洲战争之前的几年里，我的青春变得模糊，是因为它们被一步一步的工作所消解。我写作、出版，我的名字在德语世界变得很有名，我在国外也有了一定的知名度。我有追随者和反对者，当然后者更能显示我的独特性；帝国各大报纸都向我敞开大门，所以我不用把作品送给任何人就有许多人要找我邀约稿子。但是，内心深处，我很清楚，那些年我写的做的在今天已经不重要了。我们当年的野心和担忧，我们的失望和愤怒，在今天都太微不足道！我们这个时代发生的事情太多，以至强行改变了我们对世界的看法。如果我几年前就开始写这本书的话，我会提到和盖哈特·霍普特曼、阿图尔·施尼茨勒、贝尔-霍夫曼、德默尔、皮兰德娄、瓦塞尔曼①、沙洛姆·阿施②、阿纳托尔·法朗士等相关的事情，可能我会说起我们

---

① 德国作家，主要作品有《齐恩村的犹太人》《良心的惰性》等。
② 20世纪犹太文学领域代表人物，主要作品有《穿过黑夜的旅行》《先知》等。

之间畅谈的过程，毕竟那时候和他们聊天非常愉快，尤其是和法朗士先生。这位优雅的老先生有一箩筐有趣的故事素材，他可以严肃且正经高雅地花费一整个下午跟我们讲述那些故事。或许我还会写一些关于伟大戏剧首演的盛况，比如古斯塔夫·马勒的第十交响曲在慕尼黑的第一次演出和歌剧《玫瑰骑士》在德累斯顿剧院的第一次演出，以及卡尔萨文娜和尼金斯基[①]的首次芭蕾舞表演。作为一个敏锐而好奇的观众，我见证了许多"历史性"的艺术活动的发生。按照我们今天衡量问题重要性的标准，一切与现时代问题无关的东西都是微不足道的，因为已经失去了内在的联系。今天从我的角度回过头来看，那些曾经把我的目光引向文学的人，远不如那些把我的目光引向现实的人更重要。

把我的目光引向现实世界的人中，我的启蒙者是瓦尔特·拉特瑙[②]，这个人在最悲惨的时代掌管着德意志帝国的命运，也是希特勒夺权之前的 11 年内被"纳粹"分子谋杀的第一人。我们之间的友谊很长久，也很真诚，而且是以一种特殊的方式开始的，牵涉另一个朋友马克西米利安·哈尔登[③]，他是我 19 岁时最早的赞助商之一，帮助过我很多。他主持的政治周刊《未来》在威廉皇帝统治下的德意志帝国的最后几十年发挥了重要作用。那时候俾斯麦将他亲手推入政治生活，他也甘愿做对方的传声筒和避雷

[①] 塔玛拉·卡尔萨文娜和瓦斯拉夫·尼金斯基，都是俄国名盛一时的芭蕾舞蹈家、演员。

[②] 德国人，政治家、工业家，后入内阁，活跃于外交部，被德国国家主义杀手暗杀。

[③] 支持俾斯麦的主张，后以政治周刊《未来》为阵地发动政治攻势，导致了普鲁士首相奥伊伦堡等的下台。

走出欧洲　205

针。他在当时罢黜了很多内阁大臣，使得丑闻发酵，导致了奥伊伦堡①事件的发生。每周都会让朝廷在新一轮的攻击和爆炸新闻面前胆战心惊。虽然他会做这些政治上的事情，可哈尔登个人的爱好却仍然是戏剧和文学。《未来》杂志的某期发表了一套格言，用了一个我现在已经不记得了的笔名。这些格言中包含的特殊智慧和语言的简洁力量立刻让我精神焕发、耳目一新。作为这本杂志的正式作者，我给哈尔登写了一封信询问："这个新人是谁？我已经很多年没读过这么精练的格言了。"

给我的回信却不是哈尔登写的，而是一位名叫瓦尔特·拉特瑙的先生写的。从信纸和其他信息中我可以判断，他不是别人，正是柏林电力公司总裁的儿子，他也是一位大商人和大实业家，在无数公司的董事会任职，是一位面向世界的新型德国商人（借用让·保尔②的话来说）。他给我的回信很真诚，充满感激，说我的信赞美了他的第一次文学尝试。虽然他至少比我大了10岁，但他向我承认，他不知道是否应该把自己的思想和格言整理成一本书出版，因为他毕竟是个门外汉，之前所做的一切都是在经济领域。我真心鼓励他出书，从那以后我们一直保持联系。后来有一次我来柏林时打电话给他。一个略显犹豫的声音回答道："哦，是你啊。真遗憾，明天早上6点我就要去南非了……"我打断他说："那么下次我们再约见吧。"然而，那个声音继续缓慢地说着，好像在想什么事情似的，"不，请等一下……我今天下午有一个不得不开的会议，晚上要去部里，然后会有社团聚餐，但是

---

① 1822年出任普鲁士总理，后因政治争论被免职。
② 德国小说家。

你能在晚上11点15分来找我吗?"我同意了并欣然前去,我们一直谈到凌晨2点。6点左右他出发去了南非和西非——后来,我才知道这是德国皇帝下令的一次官方旅行。

我讲这些细节是因为它们是拉特瑙身上非常典型的特征。这个极度忙碌的人总是有时间的。我曾经在欧洲最艰难的战争年代①和召开热那亚会议的时候见过他,他在街上被枪杀的前几天,我还在他被杀的那条街上和他一起开过车,就在他被杀的同一辆车里。他总是把时间规划到每一分钟应该做些什么,也可以随时轻松地从一件事转移到另一件事上。他的大脑有随时做出反应的能力,就像一个精密而准确的仪器,这是我在别人身上从来没有见过的。他说话的时候总是很流利,就像在读一个看不见的演讲稿一样,每句话都是那么生动清晰。如果将他的对话看作速记,那它就是一个完美的提纲,甚至能立即付梓印刷。他会说法语、英语和意大利语,他对这些语言的掌握和他的母语德语一样好。他的记忆非常准确,从来不会让他感到尴尬,他也不需要为任何对话做特别的准备。与他交谈时,与他内容丰富、条理清晰、全面把握的客观性态度相比,对方会觉得自己愚蠢、缺乏教养、对事物充满不确定的看法且头脑混乱。然而,在他脑海中,这种耀眼的圣光和晶莹剔透中有一种令人不舒服的东西,尤其是对我而言——就像在他的房子里,永远有着最精致的家具和最美丽的画的感觉。他的思维能力仿佛是天赐的神迹,总能精准预测到后来的结果,他的房子就像一座典雅的博物馆。在他的贵族宅邸里,这里曾经是路易斯王后在勃兰登堡的宫殿,整洁干净的风格让人

---

① 指第一次世界大战期间。

视野开阔，可是我却觉得生活在里面感受不到温暖。在他的思想里，总有一种东西在闪烁，穿透一切，有种洞察的疏离感，所以没有真正的质感和真实感。我很少在其他地方比在这里更强烈地感受到犹太人的生命悲剧：在外表看得见的一切之外，被掩藏的底层则充满了深深的不安和不确定感。我的其他朋友，如维尔哈伦、埃伦·凯伊和巴扎尔热特，他们的智慧可能都达不到他智慧的十分之一，也比不上他的博学和对世界理解的千分之一，但他们都对自己充满信心。我心里总是觉得，虽然拉特瑙的智力不可估量，但是他脚下是没有根基的。他的整个存在就是一场冲突，新的对立面总会出现，矛盾重重。他从父亲那里继承了所有人都想要的权力，但实际上他不想成为他的继承人；他是个商人，但他又希望自己能有艺术家的感觉。他有百万资产，但脑子里贯穿着社会主义的概念；他觉得自己是犹太人，却标榜自己是基督徒。他站在国际的角度思考，把普鲁士文化视为神圣的；他梦想着大众民主，但每次被威廉皇帝召见或咨询，他都感到非常荣幸。他有敏锐的眼光，对皇帝的弱点和虚荣心了解得非常透彻，可他却无法控制自己的虚荣心。他不间断地投入工作活动中，可能只是一种精神鸦片，可以用来掩盖内心的焦虑，消除存在于最深处的孤独。1919 年，在德国军队被击败后，一个历史性的任务被分配到他的肩膀上：把这个被摧毁的国家从混乱中解救出来，走上重生之路。在责任重大的时刻，他无穷的潜力终于融合成一股和谐的力量，让他这一生都致力于唯一的想法：拯救欧洲。这使他成为一个有才华的人，一个伟大的人。

拉特瑙充满活力的谈话中所蕴含的思想，具有极其特别的丰富性和清晰性，只能与霍夫曼斯塔尔、瓦莱里和凯泽林伯爵相提并论。这些谈话不仅让我看到了远方，也让我的思想视野从文学角度延伸到了历史领域。我还要特别感谢拉特瑙：他是第一个建议我离开欧洲的人。"如果你只知道英吉利岛，你就不会理解英国。"他曾经这样对我说，"如果你从来都没有离开过我们欧洲大陆，你也无法真正地理解自己生活的欧洲。你是自由人，发挥出你的自由吧！文学是一个很棒的职业，因为这里没必要着急。一本真正的书是早一年写完还是晚一年写完都无所谓。你为什么不去印度或者美洲呢？"这个不小心提到的词语立刻进入了我的脑海，影响了我的心灵，于是我决定立刻听从他的建议去往印度。

印度让我感到的不安和沉重远远超出了我的预料。有太多的事情让我震惊不已：那些瘦小的身体的悲惨处境，那一双双眼睛里的不愉快和严肃，那里的风景往往单调得可怕，尤其是严格的阶级和种族分层在去印度的船上就已经开始上演，这种将人分为三六九等的顽固的思想，令我张口结舌。我们的船上有两个可爱的女孩、黑眼睛、苗条、受过良好教育和礼仪，她们讲礼貌、谦虚和优雅。从第一天开始，我就注意到她们总是离别人很远，或者说被一个无形的屏障和别人隔开了。她们没有跳舞或说话，而是坐着读英语或法语。直到第二天或第三天，我才发现，她们不是想避开英国的社交圈，而是她们这两个"欧亚混血人"被英国圈层的人排斥在外，虽然这两个迷人的女孩，一个来自巴黎的印度大商人世家，另一个是来自法国的女人的女儿。在洛桑[1]的寄

---

[1] 地名，瑞士一城市。

宿学校和英国的女子家政学校,也只有在那两三年时间里,她们才受到与他人同等的待遇。然而,在返回印度的船上,她们立即感受到了这种冷酷的社会歧视,虽然这种歧视是看不到的,但由此表现出来的残忍和冷酷却丝毫没有减弱。这是我第一次目睹种族纯粹主义的"黑死病",仿佛瘟疫一样,它给我们的世界带来的厄运比几个世纪前真正的黑死病给世界带来的灾难还要多。

这两个女孩是我旅行一开始时遇到的,也就是因为她们,我的眼神变得锐利了许多。带着一定的羞愧,当时我很享受当地人对欧洲白人如同神一样的敬畏(如今,这种敬畏早就因为我们自己犯的错而消失了)。例如,如果一个白人想去锡兰的亚当山旅行,他必须有 12 或 14 个仆人陪同,否则他就达不到"体面高贵"的水平。只是,我无法摆脱这种不安的感觉:这种荒谬的关系在未来几十年或几百年内肯定会被改变或颠覆,而我们生活在舒适和安全的欧洲,对此一无所知。可是我是真实经历过的人,因此我对这些观察的结果是,我看到的印度不是皮埃尔·洛蒂[1]描述的美好模样——粉红色的僧衣和印度沙丽营造出梦幻般的浪漫情景,而是一个警告。我在这段旅途见到的,除了宏伟的寺庙、被风雨侵蚀的宫殿,或者喜马拉雅山的风景,这些都给我的内心教育带来了最大的好处,还有我认识的人,另一种人和世界,他们与一个欧洲作家接触到的圈层完全不同。那时,人们仍然很节俭,没有托马斯·库克[2]旅行社组织的那种休闲旅行。因此,那

---

① 法国海军军官,著名小说家,几乎游历遍了世界各大洋,写有许多小说和游记。

② 英国旅行代理商,最早提出了旅行社的构想。

些能够在欧洲以外地区旅行的人，无论他们处于哪个阶层或什么社会地位，都可以说是不同寻常的特殊人物：如果他们是商人，他们一定不是做小生意的眼界狭窄的人，而是大商人；如果他们是医生，那一定就是真正的研究员；如果他是一个接手了家族生意的企业家，一定是一个像探险者一样的人，必须有一个大胆、慷慨和无所畏惧的性格；即使是作家，也必须有高度的精神好奇心。当时还没有能提供娱乐节目的电台，所以在漫长的日日夜夜的旅途中，当我接触到这些特殊类型的人时，我所了解到的让我们的世界运转的各种力量和紧张的关系，比读一百本书还要让我受益更多。与家乡在空间距离上的变化也改变了我内心的判断尺度，本来我很在意一些琐碎的小事，而这次旅行回来，一些曾经斤斤计较的小事在我看来变成了小家子气的行为，变得微不足道了。而且，我再也不会把欧洲视为世界的永恒轴心了。

我在印度之行中遇到的一个人对我们这个时代的历史产生了不可估量的影响，尽管这种影响并不明显。在从加尔各答到中南半岛的路上，在沿着伊洛瓦底江逆流而上的船上，我每天都要和卡尔·豪斯霍费尔[①]夫妇一起度过几个小时的时间。当时，他准备去执行武官职务，出使日本。他的身材笔直细长，长着一张瘦削的脸和一个尖尖的鹰钩鼻。他让我第一次看到了德国陆军总参谋部军官的非凡气质和内在修养。我以前在维也纳的时候，自然和部队里的人有过接触，他们是友好的、热爱生活的，甚至是有趣的年轻人。他们中的大多数人最后都被迫穿上军装进了军

---

① 德国地理政治学家，他的思想影响到了纳粹党和帝国的对外政策。

队,因为他们的家庭条件都不是特别好,只能试图让自己在服役期间过得尽可能舒适。豪斯霍费尔则正好和那些人相反,这让人立刻就感觉到了他出身书香门第,属于上流社会。他父亲发表了许多诗歌,我记得好像是大学里的教授。他也受过很好的教育,除了军事之外,他的知识面也很广。他被指派去日本参观对俄国的战争,进而学习经验,所以他和他的妻子提前学习了日本的语言和诗歌创作。在他身上,我再次意识到,一个人要想掌握任何一个学术领域的知识,包括军事科学,就必须走出自己专业的狭窄范围去接触所有其他学科。当豪斯霍费尔在船上时,他几乎整天都在埋首工作:用双筒望远镜观察船上见到的不同地方的各种细节,写每日笔记和各种报告,认真研究字典。我很少看到他手里没有书。他是一个优秀的观察者,并且非常知道如何将自己观察到的事情描述出来。从和他的对话中,我了解了很多关于东方的奥秘。回到欧洲后,我一直与豪斯霍费尔一家保持着友好的联系。我们互相写信,在萨尔茨堡和慕尼黑的时候我们还互相拜访。后来因为一场严重的肺病,迫使他在达沃斯或阿洛沙[①]休养了一年。离开军队的日子帮助他进入了学术研究的领域。于是等到他病愈后,他在第一次世界大战期间有能力承担了军事指挥的责任。当我想起德国的失败时,我常常对他感到非常同情。他多年来一直致力于建立德国的强国地位,或许也在秘密地参与战争的筹备活动,可是现在,他不得不痛苦地面对这一局面:日本,他曾经在那里赢得了许多朋友,现在却站在了胜利者的一边,成了德国的对手。

---

① 达沃斯和阿洛沙,地名,位于瑞士东部,都是著名的疗养胜地。

不久之后，事实证明他是最早系统地、全面地考虑重建德国地位的人之一。他编辑了一本关于地缘政治的杂志。和很多事情一样，我一开始并没有理解这个新运动的深层含义。我真的认为地缘政治无非是考虑各种力量在与民族国家相处中的较量。即使各民族的"生存空间"这个词——我想也是他最先提出来的——我的理解也是在斯宾格勒①意义上的，即它是一种随时代变化的相对能量，任何一个民族国家在时间循环中都将有这样的主张。豪斯霍费尔提出要更准确地研究不同民族的个体特征，建立具有学术特色的常设指导机构，当时我也认为这是对的，因为我认为这种研究只服务于各民族互相接近的趋势。现在我不能肯定地断言，也许豪斯霍费尔的初衷并非出于政治性的考虑。反正我是饶有兴趣地看了他的作品（他曾经在作品里引用过我的话），但是现在我不敢这样肯定地断言了。我听到的所有客观评价都称赞他的学术演讲很有教育意义，没有人指责他是在为新的强权政治和德意志的侵略政策服务，也没有人会认为他的作品是在为野心勃勃的德意志所要求的新的侵略形式进行意识形态方面的动员。然而，当我有一天在慕尼黑无意中提到他的名字时，有人用一种非常笃定且不言而喻的语气说："啊哈，他不就是希特勒的那个朋友吗？"当时我听完这句话，害怕至极。首先，豪斯霍费尔的夫人根本不符合种族纯洁血统的标准②，他的儿子们（很有才华，

---

① 德国历史学家、哲学家、作家，主要著作有《西方的没落》，他的思想对德国军国主义有一定的影响，被认为是"纳粹革命导师"。

② 豪斯霍费尔的妻子有部分犹太血统，他们生了两个儿子。但是等希特勒上台以后，就宣称豪斯霍费尔全家都是"雅利安人"。

且非常讨人喜欢)的血统根本经不起纽伦堡犹太法①的推敲;其次,我看不出一个受过良好教育、知识渊博的学者和一个愤怒的民族主义煽动者(他坚持从最狭隘且蛮横的角度去理解德意志的民族性)之间有任何直接的思想联系,然而,鲁道夫·赫斯②曾经是他的学生,或许是这个学生为豪斯霍费尔和希特勒之间建立了某种关联;希特勒很少能听取别人的意见,但他从一开始就有一种本能,能吸收一切对他个人有用的东西。因此,他彻底挖掘了"地缘政治"在他的国家社会主义政治中的内容,并使之完全为他的目标服务。这也是国家社会主义一贯使用的伎俩,可以用一张意识形态的、准道德的遮羞布把完全自私的追求权力的本能包裹起来。利用"生存空间"的概念,他们给自己赤裸裸的侵略意图披上了一层哲学上的思想外衣。而这个关键词,由于其定义模糊,看上去似乎没有什么危害性的可能,所以没有遇到太大的阻碍。却产生了一种特殊的后果——任何形式,即使是最不合理的合并,都可以用这个关键词来进行辩护,以表明它们在伦理和民族学意义上的必要性。这样,这位过去曾经与我共同旅行的伙伴不得不承担起责任来,因为他的"生存空间"理论被希特勒篡改了。为了实现他的目标,希特勒从根本上篡改了他的理论,给整个世界带来了不可磨灭的灾难——我不知道我的旅行伙伴是否知道这件事,以及最初他提出这样的构想时是否真的有这样的意图——起初,希特勒的目标严格限于民族国家和种族纯洁,但通过"生存空间"理论,他的政治变成了一句口号:"今天,德

---

① 是德国纳粹用以迫害犹太人的法律。
② 希特勒的秘书,后来被纽伦堡国际法庭判处终身监禁。

国属于我们；明天，整个世界也将被我们纳入版图之中！"这也是一个发人深省的案例：一个简洁有力的表达（只用"生存空间"这样简短的词语），最终完全可以演变成与其最初意义完全相反的恐怖行为和普遍性的情感冲动——这是因为文字的内在力量可以转化为行动和灾难，就像之前百科全书派①对"理性"法则的表达一样为后人所歪曲利用。豪斯霍费尔本人从未在纳粹党中担任过显赫职位，甚至可能连成员都算不上。我觉得，他也绝不可能是一个背地里为纳粹党出谋划策的"谋士"，或者像如今那样的魔鬼般的"灰色高官"——他们躲在幕后，想出各种主意，为元首制定最危险的计划，还像记者一样善于用笔杆子进行抨击，制造舆论。然而，在将国家的社会主义侵略政策从狭隘的国家范围推向更广泛的世界范围时，他的理论毫无疑问要比希特勒的智囊团中最肆无忌惮的人所做出的贡献更多，其影响无疑是粗暴的、毁灭性的。毕竟我们此时所知甚少，也许只有后人掌握了足够多的文献资料之后，才能给这个人物一个真实的历史评价。

在我第一次海外旅行后的一段时间，我开始了我的第二次美国之旅。这次旅行除了看看这个世界和我可能拥有的未来之外，没有其他目的。我相信当时只有几个作家去过那里，不是为了赚钱，也不是为了做关于美国的什么新闻报道，而是为了做一件事：让他们对这个新大陆的模糊想象与现实真相相遇，我觉得我就是抱着这样的理想的一个作家。

---

① 18世纪下半叶出现的一个法国进步思想派别，倡导理性主义和批判精神。不过在法国大革命期间，这一派别支持采用恐怖手段排除异己。

我当时对那个陌生国度的想法真的很浪漫，说出来也不丢人。对我来说，美国就是沃尔特·惠特曼，一片有着新节奏的土地，是一个即将加入世界版图中的兄弟的国度，我们或许会发展出一种真挚的情谊。在远渡重洋之前，我又重温了一遍伟大的《我们是自己人》里的热情的大篇幅的长诗。我怀着像要见到兄弟一样的心情，以开放的心态和宽广的胸怀踏上曼哈顿，而并非像其他欧洲人那样怀有傲慢的思想。我到现在都还记得，我到达美国后的第一件事，就是询问自己入住的酒店的门房，那位我非常敬仰的沃尔特·惠特曼的墓地在哪里，我想去看一看，当面表达一下我的瞻仰之情。可是这个要求让那个可怜的意大利人很尴尬，因为他之前从来没有听过这个名字。

我对纽约的第一印象非常深刻，而且不算太坏，尽管当时的纽约不像今天这么迷人和美丽。当时的时代广场没有装饰带灯的瀑布，纽约城上方也没有建造出梦幻般的夜空（那可是数以百万计的工人将那些星光挂上去的，跟天空中真实的星星交相辉映），城市交通也没有今天这么发达，且缺乏像现在一样的城市规划。因为新的建筑艺术并不一定要在个别高层建筑中进行初步尝试，毕竟那时候这还是非常没把握的事情。在橱窗中展示的商品和具有品位的装饰也只是刚刚开始大胆的尝试。然而，在布鲁克林悬索桥上眺望港口，感受在行走时桥身微微的颤抖，或者在主干道上绕着石头修建的峡谷公路行走，也足以让人发现许多不同寻常的事情，令人兴奋。当然，连续两三天之后，这样的兴奋会被另一种更强烈的感受所取代：非常极致的、陌生的孤独感。我在纽约感到无事可做，那时，如果是一个游手好闲的人,千万不要去纽约,我要说即便他在任何地方都比在纽约感觉要好。那时,这里没有电影院,没有小咖啡馆,更没有像今天这样琳琅满目的艺术商店、图书馆和博物馆,所有的文化活动都远远落后于欧洲,简直可以说是一片孤寂。两三天后,我参观完了这里所有的博物馆和名胜古迹,之后,我只能在寒风凛冽的街道上像小船一样旋转、游荡个不停。我在那里进行的街头漫游带来的无意义感太强了。为了克服这种无意义感,我最后不得不想出一个颇具艺术感的手段,让自己在大街上转来转去的行为变得更有趣,对我更有吸引力一点。我给自己编了许多故事,这是我自己的游戏。因为一直在四处流浪,所以我假设自己是无数移民中的一员,不知道自己要做什么,身上只有七块钱。我对自己说,那些人不得不做的事情,我都愿意去试试,把自己代入别人的生活中去。想象你身上的钱财至多能撑过三天,之后你必须自己谋生;想一想,一个举目无亲的外人,也没有朋友,他该怎么挣钱,怎么在这个陌生的地方立足呢!于是我经常流连在找工作的人群中,从一家职业介绍所流浪到下一家,想着门上贴的各种招工的广告。其中有不少工作:这里有招面包师的;有招助理抄写员的,要求必须会法语和意大利语;书店也在招聘助理。想来想去,在我假设的这个故事中,似乎最后这个岗位对我来说是个不可缺少的机会。于是我来到招工的地方,爬上三层螺旋楼梯,到那里去询问可以拿到多少工资,并把对方愿意提供的薪酬与报纸上公布的布朗克斯区的租房价格进行比较。经过两天辛苦"找工作"的努力,理论上我已经找到了五份可以支撑生活的工作。这样,我就能更好地理解一个想在这个年轻国家工作的人除了四处游荡之外,还有多大的发展空间和可能性。这段经历给我留下了深刻的印象。我在这个游戏中,尝试从一个机构到另一个机构不停地接触。在商店面试工作的时候我有一个非常直观的印象:在这个国家里,到底什么才是真正神圣的自由——这里,没人问我的国籍、宗教、出身,就算去旅游也不需要提供护照。对于我们今天这个需要指纹、签证、警官证的世界来说,简直是不可思议的!有非常多的工作等着人们去做,这一前提决定了一切。没有国家政府的阻挠性干预,没有工会的常规程序,一分钟之内就可以签订自由的合同,这成为这个时代的传奇。由于这种"求职"的游戏,让我在最初几天对美国的了解比接下来几周要多得多。在接下来的几周时间里,我作为一名愉快的游客先后在费城、波士顿、巴尔的摩和芝加哥漫游。只有在波士顿,我和查尔斯·莱夫勒①在他家里待了几小时,过去,他曾经为我的一些诗歌谱写了音乐。而在美国浪荡的其他时间里,我总是一个人。只有一次,一个意外打断了我的这种如同隐士一样的生活。我还能很清晰地回忆起那一刻。当时我正在费城的一条街上漫无目的地走着,逡巡间停在一家大书店的橱窗前,想着至少看一看熟悉的作者们的名字。突然我吓了一跳,因为商店橱窗的左下角有六七本德语的书,其中一本书上有我的名字!当时,映入我眼帘的自己的名字几乎让我大惊失色。我呆呆地站在那里,盯着书本的封面沉思起来。我此时此刻正走在一个陌生国度的街头,似乎在街道上毫无意义地游荡,无人会认出我,无人会关注

---

① 美国人,小提琴表演艺术家、作曲家。

我，可其实我的作品已经先我一步来到这里了，我在异国与自己相遇了。书店老板肯定得把我的名字写到一张纸条上，经过多次复杂的辗转，这样这本书才能在十天内越过大洋来到这里。有那么一刹那，我的那种被遗弃的孤独感消失了。当我在两年前为了写这本书而再次来到费城时，我一直在无意识中不断地寻找这个橱窗。

我已经失去了去旧金山的勇气和心情。那时，好莱坞还没有被发明出来。然而，至少我可以从另一个地方瞥见期待已久的太平洋的风景。从我的童年起，关于早期世界航海的报道就让我着迷于太平洋的故事。不过现在来说，过去我曾在那里看到太平洋的地方已经消失了，以后也没有人会再看到它了：它是当时正在修建的巴拿马运河上的最后几座山丘中的一座。我搭船绕过百慕大和海地去了那里，我们这一代诗人是在受维尔哈伦诗歌的影响下成长起来的，我们赞美这个时代的科技奇迹，就像我们的前辈赞美古罗马的古迹一样。然而，巴拿马运河本身就是一个非常令人难忘的景观：机器挖掘出的河床显露出赭色、黄色泥土，透过墨镜也能让人感到眼花缭乱；数以亿计的蚊子在这里的空中飞舞，密密麻麻，因它们而死亡的尸体被埋葬在墓地里，那墓碑排成一排，看不到尽头。开凿巴拿马运河的工程，简直是出自一种恶魔般的乐趣。这项由欧洲人发起，美国人完成的工程，死了多少人！直到现在，经过30年的灾难和失望之后终于完成了，我见到的就是它即将竣工的样子，不过人们仍然需要几个月来完成最后的收尾工作。之后，只要手指按下一个电子按钮，相隔千年的两大洋的海水就会永远融合在一起。但是，我属于最后一批以完整清晰的历史视角，亲眼看到两大洋还处在彼此分离状态的人。这是一个告别美国的好方法，可以将美国最伟大的开创性的历史工程尽收眼底。

欧洲的光辉和阴霾

现在我已经经历了 20 世纪的最初十年，看到了印度、美国和非洲的部分地区①。接下来，我开始以一种崭新的、更主动也更愉悦轻松的方式来看待我们的欧洲。我从未像第一次世界大战前那样热爱这片古老的土地，也从未像这一时期那样相信未来，渴望欧洲最后的大一统版图。我们以为看到了黎明来临前的红光，其实是即将将战火烧遍整个世界的炽热火焰，实际上，那火光已经冲着我们而来。

今天的一代人在灾难、破坏和危机中成长，因为对他们来说，战争可能每天都在发生。也许很难向他们描述自 20 世纪初以来占据我们年轻人心灵的对世界的乐观和信任感。40 年的和平使各国的经济和社会快速发展，都变得强大，技术的革新加快了人们的生活节奏，也带来了新的发展活力，科学发现使那一代人在思想上感到无比自豪。在欧洲，繁荣的局面几乎同时在我们所有的国家都开始了。人们生活的城市一年比一年美丽，人口也一年比一年增加。1905 年的柏林，已经不再是我 1901 年见到的柏

---

① 1905 年，茨威格曾到非洲游历。

林了，它已经从一个国家的首都变成了世界性的大城市，而到了1910年，柏林的城市发展又要远远超越了1905年的城市规模。诸如维也纳、米兰、巴黎、伦敦和阿姆斯特丹这样的城市，人们无论何时回到这些城市都会感到惊讶和高兴。街道变得宽敞豪华，公共建筑变得更加华丽美观，店面变得更加奢华且有品位。在身边所有的事物中，人们都能感受到社会的财富在不断地增长。甚至我们的作家也能从自己作品的印数中感受到这样的变化：在这十年内，书籍刊发的印数增加了三倍、五倍和十倍。城市里新建的剧院、图书馆、博物馆随处可见；家用浴室、电话这样舒适的生活设施以前是小圈子里人的专属，现在也进入了普通公民阶层的生活中。由于工作时间缩短了，无产者也能从底层崛起，至少分享了一点生活上的快乐和舒适。到处都在进步的浪潮中，谁敢大胆前进，谁就能获得相应的收获。如果有人买了房子，买了珍本书，买了画，就会看到这些东西在不断地升值。企业也变得越来越大胆，因为似乎谁越来越愿意投资，谁就越有机会得到好的回报。有什么力量可以打破这种崛起，又有什么力量可以阻碍这种繁荣呢？就这样，到处都是一派美好的、无忧无虑的景象，因为毕竟这种繁荣是从自身的发展势头中获得进步力量的。欧洲从未如此强大、如此富有、如此美丽，也从未像现在这样真诚地相信未来。除了年纪特别大的非常守旧的少数老人以外，没有人再像以前一样抱怨当下的生活而怀念和惋惜已经过去的"美好的旧时光"了。

改变的不仅仅是城市，还有人们，因为获得了运动、更好的营养、更短的工作时间和与自然更亲密的联系,人们变得更美丽、更健康了。过去,冬天是一个阴冷的季节,人们无精打采地在小旅馆里打牌,或者在暖气很足的闷热的房间里感受百无聊赖的日常生活;现在人们在山里重新发现了冬天的好处,它让人享受阳光,放松心肺,让人感觉充满了新鲜的空气和无限的活力。山、湖、海也没有以前那么远了;自行车、汽车、电车缩短了城市的距离,给世界带来了一种新的空间感。每个星期天,成千上万的人穿着鲜艳的运动装和滑雪板从滑雪场呼啸而下;到处都是新建的健身房和游泳池。尤其是在游泳池里,人们赤裸身体的时候最能看到这些变化:在我年轻的时候,在一群脖子粗、肚子大、乳房塌陷的人当中,真正强壮的男人是不多见的;但现在,可以看到很多四肢柔韧、被太阳晒得黑黑的、长期运动造就的修长挺拔的身材,似乎让人重新见到了古代的健美比赛。除了那些极度贫困的人,没有人会在星期天还待在家里。整个年轻一代都在徒步旅行、爬山或比赛,他们在生活中学会了各种运动。度假者们完全不像过去我的父母们那样——过去只去城市附近或者最多去萨尔茨卡默古特①这个经常会去视察的旅游目的地,他们对这个世界变得非常好奇,极富求知欲,他们想知道这种美是否存在于其他地方,或者是否存在另一种对于美的定义。过去,只有享有特权的人才能看到外国是什么样子的,但现在,即使是银行员工和小企业主也可以去意大利或法国。旅行变得比以前更便宜、更舒适,更重要的是人们表现出的新勇气和热情,这使人们在徒步旅行中更加无畏,在生活中不那么谨慎和节俭。——是的,

---

① 地名,位于奥地利萨尔茨堡附近。

那时候的人们变得羞于谨慎了。那整整一代人都决心让自己变得更加青春活力。与我父母生活的世界相反，每个人都以年轻为荣：突然，年轻人刮掉了胡子；接下来，年纪大的人也竞相模仿，以免让人觉得自己已经老迈不堪了。保持年轻、充满活力、不要老成持重，这是当时的口号。女人们脱下束身的紧身衣，放弃雨伞和面纱，因为她们不再害怕空气和阳光了。她们把裙子缩短，这样打网球的时候可以更自由地活动双腿；当她们那饱满的身材可以大方地裸露出来时，她们不再害羞不已了。整个社会的时尚变得越来越贴近自然了。男人可以穿马裤，女人敢像男人一样骑马驰骋；人与人之间不再互相隐瞒，也不需要故意遮盖什么。那个时候的世界不仅变得更加美好，也变得更加自由了。

　　正是在我们之后出生的那一代人的健康和自信，让这种自由进入了社会习俗的领域。人们第一次可以看到年轻女孩在没有家庭教师陪伴的情况下，和年轻男性朋友一起外出郊游、进行体育活动。她们诚实地表达自己，自己选择值得维持的同伴友谊；她们也不再害怕、忸怩或者动不动就害羞了。她们清楚地知道自己想要什么，不想要什么。她们逃脱了父母出于恐惧的控制，到社会上去做女秘书或者从事其他职业，自食其力，靠自己的双手养活自己。她们也有了重新安排自己生活的权利。在旧世界里唯一允许女性从事的性交易——卖淫活动，如今已经大幅减少。因为这种新的更健康的自由，男女之间任何形式的相处都变得不一样了，男女授受不亲的老传统也变得过于古板老旧，被人们丢到时代的尘埃里去了。如今，在越来越多的游泳池里，过去那种把男女游泳池隔开的厚厚的木板都已经被拆掉了；女人和男人都可以大方地展示自己的风采，不再羞于被看到他们的身体和样子。在那十年里，人们重新获得了比过去一百年更多的自由，那是多么无拘无束、免于胁迫的自由啊！

　　这是因为世界发展的脚步已经加快，进入了另一种节奏。想想看，今年一年能发生多少事！一个发明接着一个发明，一个发现紧接着下一个发现，这些都很快成为公共资源，服务于人们的生活。谈到人类财富的连通性，人们从来没有比现在更强烈地意识到广阔世界之间各个国家紧密的关联了。在齐柏林①一号第一次升空的那一天，我要去往比利时，恰巧路过斯特拉斯堡②休息，看到它在大教堂周围雷鸣般的欢呼声中飞翔，仿佛悬浮的巨人要向这个千年的建筑鞠躬致意。晚上，当我已经到达比利时的维尔哈伦家时，传来了飞艇在艾希特丁根坠毁的消息。维尔哈伦的眼睛里充满了泪水和极度的不安。作为一个比利时人，他没有对德国的灾难采取冷漠的态度，因为作为一个欧洲人，作为这个时代的人，他感受到了战胜自然、共同经历考验的感觉。当布莱里奥③驾驶飞机飞越英吉利海峡时，我们也在维也纳欢呼庆祝，就像他是我们家乡的英雄一样。我们为科技进步感到自豪，这使我们第一次感到欧洲作为一个世界性的社区正在形成一种全民意识。我们那时候还说，如果每架飞机都能像游玩一样轻松地飞越边境，那么边境的存在就变得毫无意义了！海关和边防哨所的视野设置如此狭窄，如此做作，如此违背我们渴望的时代精神！毕

---

　　① 齐柏林伯爵，德国军官，曾设计和制造了齐柏林硬式飞艇。
　　② 斯特拉斯堡，位于德、法边界附近，在莱茵河西边。
　　③ 法国著名工程师和飞行家，曾实现世界上第一次海上飞行。1909年他自己设计出可以飞越英吉利海峡的飞机，并亲自驾驶飞机实现了这一航行。

竟我们这个时代最渴望的就是彼此之间的强关联度，实现世界的共同发展，毕竟这种清晰的纽带和世界是和谐的！这种情感上的翱翔感带来的美好感受，丝毫不亚于飞机试飞成功带来的感受。我为所有那些在欧洲发展的最后几年里没有感受过全人类彼此之间信任感的人感到遗憾。因为我们周围的空气不是封闭的，而是鲜活的，空气中也不是什么都没有的，它本身就承载着时间的节奏和韵律。时代的空气无意识地将这种兴奋感推入我们的血液，并引导它进入我们的内心和大脑，不断地感染我们每一个人。这些年来，我们每个人都从这个时代的整体腾飞中汲取了力量，从集体的自信中，个人的自信也得到了提升。我们这些忘恩负义的人类啊！可能当时我们还不知道，将我们卷入时代之中的这场海浪到底有多厉害、多强大，可我们却辜负了那个时代。只有经历过那个普遍信任时代的人才明白，人们信任的程度从那以后退步了，信任的余额也逐渐蒸发了，一切都将被阴霾所笼罩。

放眼当时的世界，惊人的力量从欧洲的每一个海岸席卷而来，冲击着我们的心脏，这个强大的世界是多么壮丽啊，仿佛突然被注入了兴奋剂一样，看上去充满无尽的光辉灿烂。不过，这些让我们开心的事情也带来了危险，但我们对它们的力量还一无所知。起初，席卷欧洲的骄傲和自信的风暴也伴随着乌云而来。也许是上升的步伐太快，国家和城市成长的脚步太快，力量感总是导致人和国家滥用自己的力量。法国已经拥有大量社会财富了，但它还想要更多的财富，还想要侵占另一个殖民地——虽然国家的人口已经不足以支撑法国管理那么多的殖民地了。但因为摩洛哥，法国差一点就要亮出兵刃了。意大利想要攻占昔兰尼加，奥地利则想把波斯尼亚①纳入麾下。塞尔维亚和保加利亚联合起来，剑锋直指土耳其。虽然当时德国还没有分一杯羹，但是它已经准备好展示它的尖牙利爪了。欧洲的这些国家到处都充满了血腥味和激昂的斗志，一切都剑拔弩张。曾几何时，实现和巩固内部统一的卓有成效的概念已同时发展到各地，同时变成了贪婪到处扩张，仿佛被细菌感染一样。赚了很多钱的法国工业家已经开始想办法攻击同样沾满油水的德国工业主，因为这两家公司，德国的克虏伯公司和法国的施奈德公司都想卖出更多的大炮，获得更多的利益。占据了高额股票份额的汉堡船运公司和南安普敦的船运公司产生矛盾，互相竞争。匈牙利的农民们则想方设法要压垮塞尔维亚的农场主们，一家大公司与另一家大公司互相倾轧，争抢交易份额。国家经济的蓬勃发展让每个人的生活都变得更加轻松，也都更加贪婪了，人们辗转反侧，仿佛疯了一样要抢占更多的资源和财富，试图得到更多。如果我们今天冷静思考，扪心自问，为什么欧洲会在1914年陷入战争？其实仔细想来，好像找不到任何发起这场战争的理性原因，并且没有直接的原因。这场战争不是因为一些思想上的矛盾而爆发的，也不是因为边境上的什么小殖民地或小阴谋。今天我只能用"能量过剩"来解释这场战争，也就是内部发展势头过猛造成的悲剧性后果。这种发展的内在动力是基于40年和平而产生的结果，最终以暴力的形式释放出来。每个国家突然都有了一种强烈的感觉，国家

---

① 位于南斯拉夫中西部，1908—1909年，奥匈帝国试图兼并波斯尼亚，引起国际局势紧张。

自信和发展的力量感,却忘了其他国家也有同样的感觉;每个国家都想要更多,而且是想要从其他国家那里得到更多。最糟糕的是,欺骗我们的恰恰是我们最喜欢的那种感觉:每个人都持有的乐观想法。正是这种普遍的乐观主义害了我们,因为每个国家都相信他们才是可以在最后一刻吓跑其他国家的最终胜利者。结果,外交官们玩了互相恐吓的游戏,都想胁迫对方率先出局。不管是在阿加迪尔、在巴尔干还是在阿尔巴尼亚,他们几次三番都是玩弄同样的把戏。然而,几个同盟国之间的大合作变得更加密切和侧重于军事化。德国在和平时期实施了战争税,而法国则延长了兵役时间。最终,国家必须释放出这些多余的能量;巴尔干战争的风向标显示,战争的乌云正在向欧洲的方向移动。

当时尽管我们还没有感到害怕,却有一种不安的焦虑像炭火一样笼罩着我们。每当巴尔干方向传来枪声,我们都会感到些许不快。战争真的要来了吗?但我们不知道为什么,也不知道最终的目的是什么,难道就这样降临在我们头上吗?与此同时,虽然反对战争的力量正在聚集,但是那太慢了,就像我们如今已经知道的那样,发展力量犹豫不决,前怕狼后怕虎,犹犹豫豫,畏畏缩缩!当时反对战争的力量由好几种组成:其中有社会党人,好几百万人在章程里提出要拒绝战争;有在教皇领导下的一个强大的天主教集团;还有几家有国际业务的大公司;以及有几个聪明的政治家站出来反对他们背后的战争推动者。我们作家也站在反对战争的行列中,但是,和往常一样,我们孤立无援,几乎手无缚鸡之力,我们既没有组成一个联合体,也不够坚决。可惜大部分知识分子的态度都是冷漠被动的。因为我们这个时代的乐观主义、战争带来的问题及其所有的道德后果还没有真正地进入我们的内心：在当时著名人士的话语中，没有任何从本质上讨论这个问题或者提出大声警告的话语。我们认为这样做就够了——我们从思想上考虑整个欧洲范围的发展，提倡在国际范围内建立平等互助的兄弟关系；在我们自己的领域（只能间接影响现状），我们把超越了不同语言和国家的和平沟通和思想联盟作为自己追求的理想。这恰好是新一代欧洲人赞同的想法，他们非常强烈地提倡这种欧洲思想。在巴黎，我看到一群年轻人聚集在我的朋友巴扎尔热特周围。与上一代人相反，他们拒绝任何狭隘的民族主义和侵略性的帝国主义思想。儒勒·罗曼（他后来在第一次世界大战期间写了许多伟大的诗歌献给战争中的欧洲）、乔治·杜阿梅尔、夏尔·维尔德拉克、杜尔丹、雷内·阿科斯[①]、让·里夏尔·布洛克等人首先一起组织了修道院文学中心，然后建立了自由文学协会。他们是为即将到来的统一的欧洲而战斗的热情的先驱。他们坚定不移地憎恶已经在战争中冒头的军国主义。像他们这样一群勇敢的年轻人，才华出众、道德坚定，这在之前的法国文学界和知识界都是很罕见的。在德国，当阿尔萨斯人的命运被置于两国之间时，是弗朗茨·韦尔弗尔[②]和他的"世界朋友"——用最有力的诗歌来表达博爱思想的雷内·席克勒[③]（他也是阿尔萨斯人，注定要在两个国家之间斡旋，不过他最看重的是世界各民族之间

---

① 法国诗人，受到社会主义和人文主义影响，主要作品有《失去的岛》《恶》等。
② 德国诗人、小说家，也从事戏剧创作。
③ 德国作家，曾在巴黎和柏林上学，主要作品有长篇小说《莱茵河畔的遗产》。

的和谐),热情地致力于相互理解、协同进步的思潮;意大利的朱塞佩·安东尼奥·博尔杰塞①给我们发来了诚挚的问候,表示愿意跟我们站在同一立场之上;来自斯堪的纳维亚和斯拉夫国家的人们也不断为我们加油鼓劲。"来我们这里!"一位伟大的作家在给我的信中写道:"让那些想让我们陷入战争的泛斯拉夫主义者看到,你们奥地利的人民不想要战争。"啊,我们都喜欢这个被科技的翅膀支撑着飞速发展的时代,我们也喜欢欧洲!我们都坚信理性,相信理性会在最后一刻停止这个荒谬的玩笑。但是,这也是我们唯一的过错。诚然,我们没有带着足够的怀疑去观察不祥之兆。但是,作为一个年轻人,真正的意义不就是相信世界,摒弃对世界的不信任吗?我们相信饶勒斯②和国际社会主义的组织,我们相信铁路工人们会在自己的战友被火车运送到前线做牺牲品之前就把铁轨炸掉,我们以为女人们会拒绝把自己的孩子和丈夫献祭给战争白白牺牲。我们坚信,在最后的关键时刻,欧洲的精神和道德力量将宣告它的胜利。我们在进步中形成的共同理想主义和乐观主义使我们没有看到和重视共同的危险。

再说,我们缺少一个正确的组织者,一个能有目的地集中我们身上所有隐藏力量的人。我们中间只有一个警告者,唯一有远见卓识的人。然而,最不可思议的是,这个男人就生活在我们中间,而我们却一点都不认识他——那个命运要他带领我们前进的男人。对我来说,在最后一刻找到他,应该是决定性的幸运事件

---

① 意大利作家,后为反法西斯而战,流亡美国。
② 法国社会党的领导人,"一战"前就已经在从事反战活动。1914年在法国被暗杀。

之一。其实我们很难找到他,因为他住在巴黎,但他不住在"嘈杂的地方"。如果有人想写一部扎实的 20 世纪法国文学史,就不能不关注这一令人惊讶的现象:当时,巴黎的报纸上赞扬了当时所有能想到的诗人和作家,但有三个最重要的人却没有找到,或者他们的名字被放在了错误的联想中。从 1900 年到 1904 年,我从未见过《费加罗报》和《马丁报》中提到诗人保尔·瓦莱里。人们认为马塞尔·普鲁斯特[①]是一个沙龙里的小丑,罗曼·罗兰则被认为是一位学识渊博的音乐家。他们都在接近 50 岁的时候才声名鹊起,取得了一些能扬名世界的成就。但是,他们最伟大的作品都是在这个世界上最奇特、最有灵性的城市——巴黎的未知黑暗角落里创作的。

巧合的是,我有幸及时见到了罗曼·罗兰。一位来自俄国的女雕塑家邀请我去她在佛罗伦萨的住处喝咖啡,以便向我展示她的作品。另外,她还想给我画一幅速写肖像。我在 4 点钟的时候准时到达,但忘记了她是一位来自俄国的女士,我们对准时的理解有着截然不同的态度。她家里的一位俄罗斯老太太——她自己说,那位老人是曾经照料她母亲的保姆——带我去她的工作室,让我在那里等着。那里的混乱景象简直已经达到了人们能想象出来的极限。旁边有四个小小的雕塑品,两分钟之内我就全部欣赏了一遍。为了不浪费时间,我伸手去拿一本书,或者准确地说是一些散落在那里的小册子。小册子的名字是《半月刊》,我

---

① 20 世纪法国著名小说家,"意识流"小说的代表人物之一,传世之作《追忆似水年华》深受追捧。

记得以前在巴黎似乎听到过很多小期刊的名字。但是谁会一直非常关注这些小期刊呢？它们遍布全国，曾经以短暂的理想主义之花的形式出现过，不过很快就消失了。当时我手里翻到的正是罗曼·罗兰写的《黎明》①那一篇，于是我开始阅读，并且越来越感到震惊，对这篇文章的兴趣也被勾了起来。这位法国人是谁？他对德国的了解太多了！很快，我对这位马虎的俄国女士充满了感谢，正是因为她没有准时到来才让我接触到这个册子。当她终于姗姗到来的时候，我的第一个问题是："这个罗曼·罗兰你认识吗？"——她说她对此不太了解。当我读完其他几卷时（这部作品尚未完成，后来我知道当时那作品还在创作中），我意识到这部作品不是为某个欧洲国家而写的，而是为所有欧洲国家及其兄弟般的情谊而写的；这个人，这个诗人，终于出现了，他带来了书中所有的道德力量：充满爱的知识和获取知识的真诚愿望，表达出了经过筛选沉淀后的正义，也表达了艺术担负着营造和团结人们的使命的一种激动人心的观点。当我们纠结于一个小宣言的措辞时，他却在默默地耐心做着实事：描述各国人们的不同之处，让各族人民看到自己最珍视的特质，这是欧洲第一部完整的意识清晰的小说。在这里，首次提出了建立睦邻友好关系的决定性呼吁。它是一部更有效的作品，因为它采用了小说的形式，拥有比维尔哈伦的诗歌更多的读者，它比任何小册子或抗议都更有穿透力。我们希望和向往的一切，在这里都不自觉地被他默默无闻地完成了。

---

① 《黎明》是小说《约翰·克利斯朵夫》第一卷的标题。

我到达巴黎后做的第一件事就是打听他的情况。我总是想起歌德的话："他已经学会了，因此他懂得怎样教我们。"我问朋友关于他的情况。维尔哈伦记得他的戏剧《狼群》曾在社会主义的"人民剧场"上演；巴扎尔热特听人说过，罗曼·罗兰是个音乐家，写过一本关于贝多芬的书；我在国家图书馆的目录里找到了十几本古典音乐和现代音乐的书，有七八个剧本都是罗曼·罗兰在小出版社或者《半月刊》中出版发表的。最后为了找到一个能联系上他的连接点，我送了他一本我自己的书。不久之后，我收到了他的一封信，让我去他那里。新的友谊就这样开始了。就像我和弗洛伊德、维尔哈伦等人的友谊一样，和罗曼·罗兰的友谊也让我收获颇多，甚至在某些时刻决定了我的人生轨迹。

生活中值得纪念的日子总是比平常的日子拥有更强更耀眼的光辉，因此我现在还能清楚地记得我第一次去看他的时候的情景。当时我来到了蒙巴纳斯大道附近一栋不起眼的房子里，去拜访他的时候，我只是走上五个狭窄的楼梯，就站在他的门前了。在这里，已经能够感受到一种特别的安静。在这里听到的林荫大道上的车辆声，没有窗外修道院花园里的树木被风掠过后发出的声音大，一切都非常静谧。罗曼·罗兰为我打开门，带我到他的小书房。在这里，他收藏的书籍似乎要一直堆到屋顶上去了。他那双特别明亮的蓝眼睛，是我有生以来看到的世界上最清澈、最善良的眼睛。他的眼睛在交谈中不时焕发出光芒，那是从他内心深处闪耀出来的色彩和热情，同时他的眼睛里蒙上了一层淡淡的悲伤阴影，沉思时，双目显得更加深沉；情绪激动的时候，两只眼睛又兴奋地发光。他因为看书熬夜有点疲惫，眼睛微微发红，只有他两眼之间的那一对瞳孔是奇妙而闪亮的，带着一种兴高采烈而刺激的光芒。我有点害怕地看着他。他的个子很高，身材修长，走路时身体前倾，仿佛在写字台前度过的无数个小时让他的脖子开始弯曲了。他的脸很苍白，脸上的线条非常清晰，骨骼感明显，这让他看起来带着一种病色。他的声音很轻，仿佛在尽力保护自己的身体能量；他几乎从不出去散步，也吃得很少，不抽烟不喝酒，避免任何身体上的紧张。直到后来我才惊讶地发现，他那苦行僧般的身体里隐藏着多少忍耐力，这个看似虚弱不堪的身体背后隐藏着多么强大的精神劳动！我真的非常羡慕他这样的能量！他动不动就在堆满书和文件的小桌子上连续写作好几个小时，或者在床上读好几个小时的书。他给疲惫的身体最多四五个小时的睡眠时间，他让自己享受放松的唯一方式就是音乐。他钢琴弹得很好，他的手指非常柔软，抚弄琴键的巧妙技法也是令人难忘的温柔，所以他慈爱地敲击着琴键，好像他不是把音调从琴键中挤出来，而是想把它们自然地引出来似的。我过去常去听马克斯·雷格尔、费鲁乔·布索尼①和布鲁诺·瓦尔特②在私人范围内举办的小型钢琴演奏会，但是没有哪位业内名人能让我像听罗曼·罗兰弹琴那样，产生直接的情感共鸣，并与我敬爱的大师有如此直白的交流。

　　他的知识如此渊博，以至我在他面前都感觉到自惭形秽。他的生活就是读书。他精通文学、哲学和历史，了解所有国家和有

---

① 意大利作曲家，擅长钢琴，代表作有《巴赫主题幻想曲》等。
② 世界著名指挥家，在指挥演出莫扎特和马勒的音乐方面很有建树。

关这个时代的问题。他知道音乐作品中的每一个节拍,甚至包括加卢皮①和特勒曼②最不寻常的作品,或者一些并非艺术造诣极佳的音乐家的作品。同时,他也带着激情参加了所有当代发生的大小事情。这个简陋的地方,像一个和尚的静修所,也像一个照相机的黑匣子,反映着整个世界正在产生的风起云涌的变化。在人际关系中,他享受着来自他那个时代的伟人的熟悉和信任。他曾经是欧内斯特·勒南③的学生,瓦格纳家的客人,饶勒斯的朋友;曾经还有一个人品和成就都盖过他的伟人——托尔斯泰,曾给罗曼·罗兰写了那篇著名的《远方来信》。在这里,我能感受到——这总能触发幸福感,那是一种作为人类的道德优越感,以及没有任何骄矜感的内在自由。这种自由自然是强大的灵魂所拥有的。我对他一见如故,我相信,在决定性的时刻,这个人将成为欧洲的良心。时间证明我是对的。我们谈了《约翰·克利斯朵夫》。罗曼·罗兰向我解释说,他想通过写这本书来履行三项职责:感谢音乐、表明他对欧洲统一的信念、唤起欧洲各族人民的思考。我们现在必须施加影响。每个人都是从自己的岗位、自己的国家出发,用自己的语言进行沟通交流。可是现在到了该警惕的时刻,而且应该越来越警惕。那些鼓励仇恨的人,因为他们自身的劣根性,他们比那些主张和解的人更加激烈和具有攻击性;况且这些势力背后都有物质利益,比我们这些人还要肆无忌惮。这种非理性的思潮已经形成并可以明显地在社会中看到了。对抗它要比坚

---

① 意大利作曲家,侧重于轻歌剧的创作。
② 德国著名作曲家。
③ 法国哲学家,以历史的角度研究宗教,主要作品有《基督教起源史》等。

守我们的艺术更重要。他说这些话的时候，我能感觉到他的悲伤。世界结构的脆弱性使这个人遭受了双重打击。他在所有作品中都赞扬了艺术的永恒。他对我说："（艺术）可以安慰我们个人的心灵世界，但当面对现实时却毫无用处。"

那是1913年，在我与罗曼·罗兰的第一次谈话中，我清楚地意识到我们有责任做些什么，绝不能在毫无准备的情况下无所作为地面对欧洲即将爆发的战争。罗曼·罗兰提前刻意强化了自己的灵魂，使他在关键时刻能在道路上击败任何人。我们也在自己的能力限度内尽力而为。我翻译了很多作品来引起邻国诗人的注意。1912年，我陪同维尔哈伦游览了德国，并做了一个关于旅行的讲座。维尔哈伦的德国之行变成了德国和法国之间和谐的象征性宣言。在汉堡，维尔哈伦和德默尔公开拥抱：他们分别是法国和德国最伟大的抒情诗人。我为赖因哈特赢得了维尔哈伦的一部新剧。我们之间的合作从未像那时那样真诚、深入和激动人心。有时当我们兴奋的时候，我们会忘乎所以，认为我们提倡的一切已经向世界展示了什么是正确的，什么是拯救人民于水火中的恰当的方法。但世人很少在意这些文学宣言，依然走在自己的险恶之路上。无时无刻，世界局势摩擦的电流中都有火星产生，似乎随时都处在爆发战争的边缘——那时候发生了察贝恩事件[①]、阿尔巴尼亚危机[②]以及对记者提问的蹩脚回答，虽然这些每次都

[①] 察贝恩，地名，位于阿尔萨斯，1913年，一位普鲁士军官在当地辱骂阿尔萨斯人，引起当地居民与普鲁士军官发生冲突，史称"察贝恩事件"。

[②] 1912年，阿尔巴尼亚举行武装起义推翻土耳其统治，宣告独立。

是些小火花,但每一个都有可能成为导火索——引爆堆积如山的矛盾火药。特别是,我们奥地利人那里可以感觉到我们正处于动荡的核心地区。1910年,弗兰茨·约瑟夫皇帝过了他的80岁生日。这位早已成为某种象征的老人很快就要退位,无法长久执政下去了,一种神秘的忧虑的情绪开始在人们的生活中蔓延开来:他死后,千年王朝的瓦解似乎是无法阻挡的历史潮流。在帝国内部,族群间对抗的压力越来越大;在帝国之外,意大利、塞尔维亚、罗马尼亚,在一定程度上甚至包括德国等外敌,都在虎视眈眈地等待瓜分我们的帝国。在巴尔干战争中,德国的克虏伯公司和法国的施奈德公司都在外国的"人肉材料"上试验他们的火炮产品,争个不停,就像后来德国和意大利在内战中试验他们的飞机一样。巴尔干战争给我们带来了恐惧,人们总是很害怕,一边忧心忡忡,一边又自我安慰——"还好这次战争没有降临到我们的国家!希望我们的国家永远不要发生战争!"

以往的经验告诉我们,真实地用笔杆子记录和重建一个时代发生的事情,要比重建那个时代的精神氛围容易得多。因为人们的心态和情绪不是写在官方事件记录里的,更多的是通过个人生活的小插曲里表现出来。这就是我现在要插入的内容,关于这些生活的小事情。说实话,我当时不相信真的会爆发战争。但是,有两次我非常清醒地看到了战争的阴影,那让我的灵魂战栗不已。第一次是"雷德尔事件"发生的时候,这件事和历史上所有重要的背景插曲一样几乎没有什么人知道。

雷德尔上校是这部复杂的间谍剧的主角,我和他只是点头之交。我们住在同一个城市,而且分别住在一条小街的对面。有一次，我的朋友T检察官在咖啡馆里把我介绍给他，那是我们第一次正式见面。那时，这位和蔼可亲的、乐于享受生活的先生正在咖啡馆里抽雪茄。从那以后，我们见面的时候就会打个招呼。但直到后来我才发现，生活中有很多秘密围绕着我们，而我们却对身边的人知之甚少。这位上校在外表上与普通的奥地利军官没有什么不同，他是王储①的密友，甚至被委以重任，掌管着军队的秘密情报机构，并负责打击敌人的间谍机构。1912年，在巴尔干危机期间，俄国和奥地利进行了针锋相对的军队部署。现在真相终于出来了，奥地利军队最重要的秘密军事情报，即"进攻计划"，已经被卖给俄国人了。如果此时战争爆发，它肯定会导致一场前所未有的灾难，因为俄国人提前知道奥地利军队的每一步安排和进攻节奏。这次背叛在总参谋部引起的恐慌是不言而喻的。雷德尔上校作为最高级别的专业人员，不得不面临着寻找叛徒的任务，而且可靠消息显示，这个叛徒只可能出现在极小范围的高层圈子里。外交部不完全信任军事部门的能力，这也是出于互相嫉妒，是部门之间针锋相对的典型做法。于是他们在还没有通知总参谋部的情况下发起了独立调查。外交部命令警察局在进行这项任务时，除了保证其他措施的落实外，还要负责检查所有来自国外的信件，他们被授权可以完全无视信件保护机密性的原则。

有一天，一家邮局收到了一封来自俄国边境站波德沃罗奇斯卡的信，信的地址是"歌剧之夜"，很明显这是一个暗号。邮局

---

① 王储是指弗朗茨·斐迪南，哈布斯堡皇朝大公爵，1914年6月，弗朗茨·斐迪南皇储在萨拉热窝被刺身亡，这是"一战"爆发的导火索。

打开了信封进行检查，发现里面没有信纸，只有六张价值1000奥地利克朗的钞票。这个可疑的发现立即被报告给了警察局。警察局随即安排了一名侦探到邮局窗口进行监视，并下达了命令，如果发现有人来取信，就将对方立即逮捕。

　　一时间，这出悲剧开始在维也纳上演，并辗转变成了让市民们哭笑不得的谈资。到中午的时候，一位先生来了，他到邮局取走了那封写有"歌剧之夜"暗号的信件。邮局窗口的店员立刻偷偷给侦探发了报警信号，但不凑巧，侦探那会儿出去吃饭了。等他回来后只能从别人口中听说了这件事：那个陌生的先生租了一辆马车离开了，但是具体去了哪个方向店员也不能肯定。接下来，维也纳喜剧的第二幕开始上演。当时的马车车厢是一种非常时尚体面的双人车厢，司机们觉得自己身居高位，所以从来不自己动手擦洗车辆。这样，维也纳每一个停车的地方，都有一个所谓的"清洁工人"，他的任务就是喂马和擦洗车厢。幸运的是，一个"清洁工人"记住了刚刚离开的那辆马车车厢的号码。一刻钟后，所有的警察局都接到通知，马车已经找到了。马车夫还详细地描述了那位先生的长相和他的目的地，他去了卡塞尔霍夫咖啡馆。这个咖啡馆也是我经常遇见雷德尔上校的地方。碰巧，有人还在出租车里发现了一把小刀，那是陌生人用来打开信封的工具。警探们立即赶到了卡塞尔霍夫咖啡馆。不巧的是，那位符合目击者描述的先生已经离开了这里。但是，咖啡馆的侍者肯定地说，这个人一定是他们的常客雷德尔上校，他刚刚是回克罗姆塞尔酒店去了。

　　听到这个消息的警探当时简直目瞪口呆！秘密被揭开了，奥地利军队的最高情报官员雷德尔上校，就是被俄国参谋总部收买的间谍。他不仅背叛了国家，还出卖给敌人很多秘密和国家进军计划，现在人们豁然开朗了，为什么近年来他派到俄国的奥地利间谍都不断被逮捕判刑了。接着了解情况的人匆匆忙忙开始打电话，一层层地联系高层向上回报，最后电话打到了奥地利陆军参谋长康拉德·冯·赫岑道尔夫那里，一个目睹这一幕的当事人告诉我，赫岑道尔夫接过电话只听了最开始的几句话，脸色就突然白得像桌布一样了。随后汇报电话也打进宫里去了，一群人进行反复磋商。现在怎么办呢，接下来又会是什么样的结果呢？警察已经采取了预防措施，雷德尔上校无法逃脱。当他想再次离开克罗姆塞尔酒店并跟门卫交代什么事情的时候，便衣警察悄悄地走到他面前，拿出他掉落的小刀，礼貌地问道："上校先生，你是不是把这把刀留在马车上了？"这时，雷德尔知道他已经暴露了。无论他走到哪里，都能看到熟悉的秘密警察的脸，他们正在监视着他。当他回到酒店时，两个警察跟着他进了房间，并把一把左轮手枪放在桌子上。在此期间，皇宫里面已经下达指令，决定以最不引人注目的方式结束这件事情，毕竟这对于奥地利军队来说是非常不光彩的事件。当天，两名警察在克罗姆塞尔饭店的雷德尔房间前走来走去，一直等到夜里两点。然后，里面传来一声左轮手枪的枪响。

第二天，各种晚报上都刊登了简短的讣告，悼念雷德尔上校的突然去世，并在内容中称赞他是一位成就非凡的军官。但整个追捕过程涉及的人太多，这件事无法严格保守秘密。于是人们一点一点凑齐了很多细节，而这些细微的事情也可以从心理层面解释雷德尔上校为何要做出这样的事情。雷德尔上校有同性恋倾向,他的上司和同事对此一无所知。多年来,他落入勒索者之手,最终迫使他不得不走上这条绝望的背叛之路。现在大家都知道了,奥地利全军震惊。众所周知,一旦发生战争,光是他的行为就可能毁掉成千上万人的生命!奥地利王朝也将因为他的错误而濒临崩溃。直到这个时候,我们在奥地利的人们才意识到,在过去的几年里,世界大战离我们如此之近,随时都可能爆发,以至我们已经感受到了它的气息。

那一天,我第一次真正感觉到了战争带来的恐惧,如鲠在喉。碰巧第二天我遇到了贝尔塔·冯·苏特纳[①],她是我们这个时代最勇敢、最卓越的卡桑德拉[②]。她是出生在社会最高阶层的贵族。她目睹了1866年的战争给她早年在波希米亚的家附近所带来的悲剧后果。怀着和南丁格尔一样的激情,她认为她一生只有一个使命:阻止第二次世界大战和任何战争的爆发。她写了一本小说《放下武器》,获得了世界性的声誉。她组织了无数次和平集会;她一生中最大的胜利是唤醒了阿尔弗雷德·贝恩哈德·诺贝尔(他是炸药的发明者)的良知,影响对方为此建立了诺贝尔和平奖,旨在促进世界和平和国际间的理解,以补偿他创造出的炸药所造成的灾难。她情绪激动地向我走来,不像平时说话那么平静温和,而是在街上大声喊:"大家居然还不明白是怎么回事!

---

① 奥地利女作家,也是和平主义者,曾担任诺贝尔的秘书,作品有小说《放下武器》等。

② 卡桑德拉是《荷马史诗》中的一位公主,有特殊的预言才能,但人们都不相信她的预言。

这已经是战争了！他们又一次对我们隐瞒了一切。年轻人，你们为什么什么都不做呢？战争，这是与你们息息相关的事情！你要反抗，要团结！别老是让我们这些老太太出头做这些事情，没人听我们的。"我告诉她我要去巴黎，我想也许我们真的可以试着发表一份联合声明。听到我这样说，她焦急地问："为什么只是'也许'？现在情况比以前更糟了，战争机器已经启动了！"当时我自己也感到不安，费了好大劲才让她平静下来。

可是，就在法国，我的第二次个人经历清楚地提醒了我，这位在维也纳不受重视的老太太是如何高瞻远瞩地看明白了未来的局势，她太有预见性了。可是身在维也纳的人们对此一无所知。这是一个很小的插曲，但给我的印象特别深刻。那是1914年春天，我和一位女性朋友从巴黎出发，要去图赖讷住上几天，好向达·芬奇公墓致敬。我们沿着卢瓦尔河阳光明媚的河岸走着，就这样一直走到了晚上，感觉真的很累，所以我们决定先去那个轻松的小镇图尔看电影。过去我曾到过图尔，为的是瞻仰巴尔扎克的故居。

那是一个郊区的小电影院，根本比不上城市里用各种闪耀的合金和闪亮的玻璃装饰的新时代的豪华影院设施。那里只有一个经过改造的简陋大厅，里面全是些底层的普通人，包括工人、士兵和市场里的女小贩之类的，他们完全是一群平民百姓。他们肆无忌惮地聊着天，虽然电影院内禁止吸烟，但他们仍将斯卡费拉蒂牌和卡波拉尔牌散装香烟的蓝色烟雾吐到污浊的空气中。屏幕上第一个放映的是《世界新闻》，最开始放映的是英国的赛艇比赛，人群继续有说有笑；然后播放的是法国的军事阅兵画面，当时人们还没有太在意;第三张新闻图片跳出来了:德国的威廉皇帝拜访维也纳的弗兰茨·约瑟夫皇帝。我突然在屏幕上看到了我非常熟悉的维也纳西站丑陋的站台。有几个警察站在上面等火车到达。随后一个画面切入,老皇帝弗兰茨·约瑟夫沿着仪仗队走去迎接他的客人,看来列车即将到站了。出现在屏幕上的老皇帝有些驼背,当他走在礼仪队伍中时,他的步伐不是很稳。图尔人仍然对这位留着白胡子的老皇帝报以亲切温和的笑声。接下来,有一列火车开进来,第一、第二、第三节车厢包厢的门打开了,威廉二世皇帝走了出来,他穿着奥地利将军的制服,嘴角边的八字胡高高地翘着。

当威廉二世出现在画面中的那一刻,一声疯狂的口哨和跺脚声在这个黑暗的空间里爆发了。每个人都在大喊大叫,吹口哨,女人、男人和孩子们都在咒骂,好像有人侮辱了他们一样。这些快乐的图尔人对政治和世界的了解并不比当地报纸上写的更多,但他们在那一秒钟的时间里变得如此不可思议。我感到不寒而栗,一股寒流直击我的心脏,因为我能感觉到,这种毒药是如何通过这么多年的仇恨宣传深入人们的内心的:即使是在一个来自其他省份的小城市,这些并非穷凶极恶也并非士兵的普通人就这样叫嚣着,表达出对皇帝和德国如此严重的憎恶,即使是屏幕上迅速闪过的一幅画面,也可能导致这样的爆发。就一秒钟,就那么短短的一秒钟。当另一幅画面出现时,一切都被遗忘了。人们现在都在为喜剧电影中的画面大笑,笑得前仰后合,不停拍打膝盖。这只是一秒钟的时间而已,但这一秒钟向我展示了在严重的危机中煽动人们是多么容易的事情,即使有那么多试图理解这个国家的努力,即使我们自己也在为之努力,但是到了紧要关头,双方的人民竟然是这样的。

我整晚心情都很沉重,也根本睡不着。如果这发生在巴黎,我也会感到不安,但不会觉得那么令人震惊,或者让我生发出这么多奇怪的思绪。仇恨蔓延到外省,侵蚀善良无辜的人,这一点让我颤抖。接下来的几天,我把这件事情讲给朋友们听。他们中的大多数人都没有把它看得太严重:"我们法国人起初嘲笑肥胖的维多利亚女王,两年后,我们不就又与英国结盟了吗。你不了解法国人,他们对政治从来没有深入思考过。"只有罗曼·罗兰不这么看。"越幼稚的人,就越容易受到别人的影响和煽动。自从彭加勒①当选以来,情况一直很糟糕。他的彼得堡之行不会是一次愉快的旅行。"我们也聊了很久,关于那个夏天正在召开的国际社会主义代表大会,罗曼·罗兰比其他人抱有更加怀疑的态度。"战争动员令一旦贴出去,有多少人能抵挡得住呢?谁也无法预料,我们进入了一个所有人都非常敏感的、群情激奋的、歇斯底里的时代,这些极端的情绪在战争中可能产生的暴力是不可预测的。"

但是,就像我之前说的,这一刻的担心很快就过去了,就像蜘蛛网消失在风中一样。虽然我们时不时会想到战争,但除了想到死亡之外,也不会想到太多其他的事情——有的时候也会去想一些或许会发生的事情,可又会认为那种事也有可能还远在将来呢。在那些日子里我们什么都不想,巴黎太美了,我们太年轻太幸福了,一切都无须忧虑。直到现在,我仍然记得儒勒·罗曼想

---

① 法国政治家,1913年任法兰西共和国总统。

出的那个迷人的恶作剧:为了戏弄"诗王"的称号,我们故意选了一个"擅长思考的王子"①。选一个诚实而头脑简单的人,让大学生们把他带到巴黎贤者祠堂前的罗丹的雕像旁边。晚上,我们仿佛还是中学生一样,在模仿会上快乐地嬉笑玩闹。那是树木换新叶,百花吐芬芳的季节,淡淡的空气中有一种甜甜的味道。面对这么多欢乐,谁愿意去想那些不可思议的事情呢?在这里,朋友之间的友谊比以前更深了,在一个并非自己祖国的地方,甚至在"敌对"国家里都赢得了新朋友;整座城市都似乎比以往更添无忧无虑的氛围;人们愉快地爱慕着这座城市的自然,过着无忧无虑的新生活,从来不去想些什么。在过去的几天里,我陪维尔哈伦去了鲁昂②,他需要在那里发表演讲。晚上我们站在当地的大教堂前,教堂的尖顶在月光下反射着迷人的光芒:同沐一片月,这样一个精致的奇迹应该属于某个"祖国"吗?不应该是属于我们所有人吗?随后我们在鲁昂火车站告别了彼此。两年后,也是在同一个地方,他被一列疾驰而来的火车——他过去多次称赞的机器——轧成了碎片。在离别的时候,他拥抱了我。"8月1日,我们在卡佑基比克③见!"我答应了他,因为我每年都去他的庄园拜访他,和他坐在一起,逐字逐句地翻译他的新诗。为什么今年不这样做呢?我毫无顾虑地告别了其他朋友,也是在同巴黎告别。那是一次不经意的、平静的告别,就像一个人需要先离家几个星期一样。接下来的几个月,我有着非常明确的计划。不过现

---

① 这里指的是罗丹的著名雕塑《思想者》。大学生们故意让一位同学扮成"思想者"的样子,以此玩闹。
② 法国城市。
③ 比利时的一座城市,维尔哈伦住在这里的乡下。

欧洲的光辉和阴霾

现在我想回到奥地利,要住在农村的某个地方,抓紧时间写完关于陀思妥耶夫斯基的那本稿子,这样我就完成了《三大师传》①,可以通过这本书向读者展示三个伟大国家最伟大的小说家。然后,我会去见见维尔哈伦。也许等冬天的时候,我可以完成自己已经计划了很长时间的俄国之旅——好在我在那里认识一些人——和那些致力于思想交流的团体成为朋友,互相了解。那是我32岁时的一年,在我看来,一切都是那么平淡而明亮,万事顺遂。在这个阳光明媚的夏天,地里的庄稼长势喜人,整个世界都是如此美丽而有意义,一切都在情理之中。我爱这个世界,是因为当时它所处的那个时代,以及它拥有的对光明未来的期许和憧憬。

然而,1914年6月28日,萨拉热窝发出了一声枪响。在枪炮声中,我们被教育、成长、生活的这个充满安全感和理性创造的世界,就像一个土制的空陶罐,一下子被砸碎了。

---

① 《三大师传》,指三位作家——巴尔扎克、狄更斯、陀思妥耶夫斯基,茨威格的这本人物传记发表于1910年。

1914年战争爆发之初

即使没有席卷欧洲的灾难,1914年的夏天仍然令人难忘。我很少经历这样的夏天,比以往任何一个夏天都更美更繁华。我现在几乎想说,那是一个非常典型的特别的夏天。好多天,天空像蓝丝带一样伸展开来,空气柔软而温暖,草木散发出暖香,到处都是郁郁葱葱的绿色树林。时至今日,当我说"夏天"这个词时,我都会不禁想到那一年灿烂的七月天。我在巴登——维也纳附近的一个小镇度过了那些日子,贝多芬喜欢选择这个地方作为避暑别墅。我离开这个浪漫小镇的原因是为了整个月都致力于我的工作,以便在这年夏天剩下的时间里,我能抽出时间去参观我尊敬的朋友维尔哈伦在比利时的乡间别墅。在巴登,你不用离开小镇就可以看到美丽的自然风光。美丽起伏的森林在不知不觉中延伸到一些低层住宅中去,这些住宅仍然保留着贝多芬时代的简单和优雅。人们可以坐在露天咖啡馆和餐馆里,和那些快乐的疗养者待在一起,参加疗养公园的花车庆典,或者出于他们自己的乐趣找到一条孤独幽深的小路去看风景。

6月29日是圣人"彼得和保罗"的纪念日,这一直是奥地利信奉天主教的人们的节日。第一天晚上,许多游客从维也纳来到巴登。人们穿着轻便的夏装,快乐而无忧无虑地聚集在公园里听音乐。那一天天气很好,栗树上方的天空很广阔,没有云。那真是快乐的一天。大人小孩马上就放假了,他们已经感觉到这个仲夏节对整个夏天所做出的美好的预测:舒适的空气和绿色的林木会让人们忘记平日所有的烦恼。我坐在一个远离熙熙攘攘的人群的疗养公园里,今天我还能想起当时我在读什么书:是梅列日科夫斯基①的《托尔斯泰和陀思妥耶夫斯基》,我全神贯注于阅读之中。但是,树间的风、鸟儿的鸣叫、健康公园里的音乐,依然可以同时进入我的意识。我可以完全不受干扰地清晰地听到音乐的旋律,因为我们的耳朵的适应性很强,只要是一些连续的声音、一条喧嚣街道的声音、一条汩汩的溪流声,在几分钟内就可以完全融入我们的意识。相反,只有节奏上的意外停顿才会让我们竖起耳朵。当音乐演奏戛然而止时,我不由自主地停止了阅读。我不记得当时乐队演奏了什么,只觉得音乐突然停止了,于是本能地把眼睛从书上抬了起来。之前穿着浅色夏季衣服的人群,川流不息地去往林间散步,在树间徘徊,现在他们似乎也变了。他们都突然停止了自己的动作。一定发生了什么事情。我站起来,看到乐手们陆续离开了音乐亭。这也很奇怪,因为这里的演唱会一般持续一小时以上。这种演出突然中断的情况一定是因为有什么特殊的缘故。走近人群之后,我注意到大家都聚集在音乐亭前,每个人都非常紧张地挤上前去,看着刚刚贴出来的通知。几分钟

---

① 俄国作家,是最早在俄国倡导象征主义诗歌的人物之一,代表作有《托尔斯泰和陀思妥耶夫斯基》《亚历山大一世》等。

后，我得知这是一封紧急电报：弗朗茨·斐迪南王储和他的妻子在前往波斯尼亚视察军队的途中被谋杀身亡，成了一场政治阴谋中的牺牲品。

越来越多的人知道了暗杀的消息，人们也在一个接一个地传递这个意外的消息。但是，请允许我实话实说：人们的脸上没有特别震惊和痛苦的表情，因为这位王储在这里完全不受欢迎。我还记得我很小的时候，有一天在梅耶林宫，当皇帝的独子皇太子鲁道夫①被发现的时候，他已经饮弹自尽了。当时，整个城市都在为他的去世而哀悼，街上聚集了很多人，人们成群结队地去看盛放着王储的棺材，向皇帝表示同情，那时候他们都被这一不幸的事实震惊了。作为皇帝唯一的儿子和继承人，人们认为他是哈布斯堡皇室中最进步的人，也是最受欢迎和最值得期待的人。不幸的是他英年早逝。弗朗茨·斐迪南王储的情况正好相反，他身上非常缺乏那种奥地利个性化的人格魅力和为人处世的方式，对于奥地利人认为非常重要的"与民众们在一起"的品质（包括亲和力、个人魅力、擅长人际社交等），这位王储似乎根本学不会。我经常在剧院里观察他。他坐在自己的包厢里，身材魁梧，眼神冰冷僵硬，从来不对台下的观众投以友好的一瞥，也不会用真诚的掌声去鼓励演员们的表演。人们从来没有看到过他微笑，也没有任何能表现出他神态放松的照片。他不懂音乐，也不懂幽默，他的妻子同样不友善，总用阴沉的目光看着别人。在他们周围，空气像铁一样寒冷。所有人都知道，弗朗茨·斐迪南夫妇是没有亲近的朋友的；人们也知道，老皇帝从心底里讨厌他，因为他有

---

① 奥地利皇储，也是老皇帝唯一的儿子，1889年在梅耶林宫饮弹自尽。

着非常强烈的掌权的欲望,甚至对于这种野心他也丝毫不加任何掩饰,而是急迫却没有智慧地表现出来。我几乎有一种神秘的预感,这个脖子粗壮、眼睛发僵的男人迟早会出事。不是只有我才有这种感觉,几乎全国的人都有这种感觉。因此,他被谋杀的消息并没有激发起人们深切的同情心。两小时后,人们没有继续表现出任何深切悲伤的迹象。大家又开始谈笑风生,晚上餐厅里又开始放音乐了。在这一天,奥地利的许多人会静静地松一口气:王位继承人的位置似乎终于要落到受欢迎的年轻的卡尔公爵① 身上了。

第二天,报纸自然刊登了详细的讣告,其中也适当地表达了对暗杀行为的愤怒。然而,没有迹象表明这一事件会引发针对塞尔维亚的政治行动。令皇室感到困扰的是,这一死亡带来了另一个担忧,即葬礼仪式的举行标准问题。作为国家的王储,斐迪南之死,尤其他是在为皇室执行公务时被杀害的,他理应在维也纳的方济会教堂里获得一席之地,也就是应该将他的遗体埋葬进哈布斯堡家族的传统墓地。然而,由于弗朗茨·斐迪南活着的时候,是经过与王室长期激烈的斗争,最终才得偿所愿娶了伯爵府出身的索菲亚·霍台克为妻子。虽然索菲亚·霍台克也来自一个高级贵族家庭,但根据哈布斯堡家族数百年间流传下来的秘密家规,她和斐迪南的结合并非门当户对,所以她生下的孩子无权继承王位;在重大仪式上,其他皇子的夫人们傲慢地要求,她们的孩子要比这位皇储夫人的孩子享有优先继承权,且她们要求得到比过世皇储夫人更好的待遇。即使面对死者,朝廷的骄矜态度也

---

① 指的是奥地利最后一任皇帝卡尔一世,1887—1922 年在位。

不会屈服。那么这件事怎么处理呢？——让一个伯爵府出身的索菲亚·霍台克被安葬在哈布斯堡的皇家公墓？不，这一幕永远不可能发生！然后，很多的计谋活动开始了。好几位皇子的夫人不断去老皇帝那里求情。皇室高层一方面要求普通人公开表达自己的深切悲痛；另一方面，又在私下里搞这样一套激烈的权术争斗。和往常一样，死人反正无处说理。仪式官员们编造了一份声明，称死者曾表示希望葬在奥地利其他省份的一个小地方——阿尔茨台腾，以此为借口假装尊重死者的意愿，于是，所有的告别仪式、葬礼等公共仪式以及相关的尊卑之争都被悄悄地压制下去了。两名被谋杀的受害者的棺材被悄悄地运到阿尔茨台腾埋葬。一向爱看热闹的维也纳人原本认为这是一个很好的看戏机会，现在也错过了，并且大家已经开始忘记这个悲惨的事件了。毕竟，维也纳人经历过伊丽莎白皇后和鲁道夫皇储的暴死，以及皇室成员的各种丑闻，大家已经习惯了老皇帝一个人在皇宫里忍受各种磨难和哀痛，随后仍然会孤独坚强地继续他的统治。再过几周，弗朗茨·斐迪南的名字和形象甚至就会永远从历史上消失了。

然而，大约一周后，报纸上突然开始争论起这件事情。同时各方辩论的语气越来越高昂，让人觉得这不是偶然，应该是背后有推手在不断地加压。塞尔维亚政府被指控默许谋杀，这一指控几乎清楚地表明，奥地利不能放过对这样一对受人尊敬的夫妇、奥地利王国的王储的暗杀。人们不禁会有这样的印象：一场公众行动正在如火如荼地进行着，但没有人想到会发生战争。无论是银行、店铺还是个体的居民，大家都没有改变自己的生活轨迹。和塞尔维亚没完没了的争吵和我们有什么关系？众所周知，归根结底我们对塞尔维亚的认识，不就是因为从他们国家进口了一些生猪还签订了几份贸易合同吗？那个时候，我正要去比利时拜访维尔哈伦，箱子已经装好了，我的工作进展顺利，手稿也写得行云流水。躺在棺材里的皇储和我的人生有什么关系？我们从来没有遇见过这么美好的夏天，接下来的日子肯定还会更美好：我们都无忧无虑地看着这个世界，等待着它光明的未来。我还记得在巴登的最后一天，我和一个朋友去葡萄园散步，一个种葡萄的老农对我们说："我们已经很久没有遇到过这样的夏天了。如果天气一直这么好的话，我们的葡萄酒将会比任何其他年份都酿得好。人们会记住这个夏天的！"

然而，身穿蓝色酒窖制服的这位老人没有意识到，他最后说的那句话多么残忍且真实。

在奥斯坦德附近的一个小海滩上，到处都是无忧无虑的气氛。每年夏天，我都会在这里的海滨浴场勒考克待两个星期，然后去维尔哈伦在乡间的一个小别墅。一些喜欢度假的人躺在沙滩上的彩色遮阳篷下，而另一些人则在海里游泳。孩子们在放风筝，年轻人在咖啡馆前的平台上跳舞。来自不同国家的人们在这里和平相处，人们大多可以见到来自邻国德国莱茵地区的说德语的游客。每年夏天来比利时海滩度假，扰乱人们休闲的唯一因素就是报童：为了更好地销售报纸，他们总是大声地喊出巴黎报纸上吓人的标题："奥地利向俄国挑衅""德国已经开始准备战时动员"。我们可以看到，买报纸的时候，人们的表情都是忧心忡忡的，但这样的情况最多持续几分钟。多年来，我们都知道，这些外交冲突总是很幸运地能在局势变得严重之前的最后一刻得到解决。为什么这次不是同样的状况呢？半小时后，你可以看到这些刚刚还心情沉重的人又在水里开心地扑腾了。风筝飞扬，海鸥在天空中盘旋，太阳似乎在微笑，这片宁静的土地也因此有了光明和温暖，一切都是那么的和平。

然而，传来的坏消息越来越多了，而且越来越带有危险性。首先，奥地利向塞尔维亚发出最后通牒，接着是塞尔维亚搪塞答复；奥地利皇帝和德国皇帝之间经常有电报往来，后来开始进行明目张胆的军事调动。我开始为战争局势担心，几乎都不能待在这个又小又偏僻的地方了。我每天乘电车去奥斯坦德以获取更多的信息，但是传来的消息越来越糟糕。人们仍然在海里无忧无虑地游泳，酒店仍然挤满了人，前来凉快的客人仍然在海滨平台上散步、聊天和欢笑。但是突然有了新的东西，这可能也是第一次出现这样的情景。来自比利时的士兵们突然出现在海边，他们平时可几乎从不到这边来。还有独具比利时军队特色的机枪，被放在小车上，由狗拉着前进。

当时，我和一些来自比利时的朋友坐在咖啡馆里，其中包括一位年轻的画家和诗人费尔南·克罗默林克[①]。下午，我们又见到了詹姆斯·恩索尔[②]，大家一起度过了一段美好的时光。他是比利时最伟大的现代画家，也是一个非常特别、乐于隐居的内向的人。他为军乐队创作了一些简单的、不太华美的波尔卡舞曲和华尔兹舞曲，但是这种为军队创作的自豪感远远超过了他在自己油

---

① 比利时剧作家，主要以法语写作。
② 比利时著名画家，擅长蚀刻版画。

画创作中的伟大构思。他的画作有着丰富多彩的颜色,而且充满了独特的想象力。那天他给我们看了他的作品,本来这是他很不愿意做的事情——想到有人会买他的画,他就感到尴尬和沮丧。这些朋友告诉我,他的梦想是高价出售这些画,同时他还可以保留它们,因为他对每件作品的贪婪就像他对金钱的贪婪一样,要送出去的时候总是舍不得。每次他不得不交出一幅画,都会连续好几天陷入绝望。这个天才贪心鬼(阿巴贡)①的各种乖张行为让我们感到很有趣且非常开心。这时,一群士兵押送着狗拉的机枪走在我们前面,我们中的一个人站起来去抚摸那条狗,这让随行的军官非常生气,他可能是担心如果允许人们表现出对战斗物品的喜爱会损害军事机构的尊严。"为什么最近部队调动这么频繁呢,是有什么行动吗?"我们中的一个人小声说道。然而,另一个人立刻激动地回答说:"这是为了提前准备呀!换句话来说,如果真的发生了战争,德国人会从我们这里进行突围。""绝不可能的!"我满怀信心地说,因为在旧社会,人们仍然相信条约的神圣性。"就算出事了,法国和德国的战争打得只剩下最后一个人了,你们比利时人也可以安安静静地坐着,不受影响!"然而,我们那位悲观主义的朋友没有屈服。他说,如果在比利时出现了这样的军事安排,那一定是有原因的。早在几年前,就有传言说德国参谋本部的一个秘密计划被截获:尽管有各种承诺条约,但是只要德国进攻法国,他们的军队就会从比利时突围。然而我并没有认同他的想法。因为我觉得这很可笑。一方面,成千上万的

---

① 阿巴贡,出自法国喜剧作家莫里哀的著名喜剧《吝啬鬼》,是其中的主人公名字,后逐渐延伸为吝啬鬼的代名词。

德国人在这个小小的中立国悠闲快乐地享受着当地人的友谊；另一方面，他们又在边境上不停地集结军队，这简直太荒谬了！"简直是毫无道理！"我说，"如果德国军队真的进攻比利时，你可以把我挂在这个灯柱上吊死！"今天，我要感谢这些朋友，因为后来他们并没有真的按照我立的誓言那样去做。

然而，七月的最后几天，形势危急，坏消息接踵而至。每时每刻都有与其他消息相矛盾的新消息传来：威廉皇帝给沙皇的电报、沙皇给奥地利威廉皇帝的电报，奥地利向塞尔维亚宣战，饶勒斯被谋杀。人们可以明显感觉到情况变得严重了。一阵恐惧的冷风一下子席卷了海滩，成千上万的人离开酒店涌向火车站，甚至那些最不相信坏事会发生的人也开始加快动作收拾行李了。一听说奥地利向塞尔维亚宣战，我就立即买了一张火车票离开这里。那次真的是幸运地赶上了末班车，因为那时候从奥斯坦德开来的快车，已经是从比利时开往德国的最后一趟车了。我们站在过道里，非常紧张，每个人都在互相交谈。没有人愿意安静地坐着或者学习。每一站都有人冲出列车去打听新的消息，暗暗希望有一只果断的手能把这种失控的命运给拉回来。人们仍然不相信会有战争爆发，他们也不相信比利时会被入侵。人们不能相信，因为他们不想相信这个疯狂的笑话。火车越来越靠近边境，我们进入了韦尔维耶车站，这是比利时的边境站。德国的售票员走了过来。十分钟后，我们已经进入了德国的国土。

然而，在去往德国的第一站，也就是边境上的赫尔贝施塔尔车站的路上，火车突然停在了半途的地方。我们挤进过道走到窗前往外看，这是怎么回事？在黑暗中，我们看见一列货车迎面驶来，那是一辆盖着帆布的敞篷车，我想我认出了帆布底下隐隐约约的大炮的形状。当时我的心脏几乎要停止跳动。这一定是德国军队在向前线行进。但是，也许这只是一种保护措施，无非是战争动员时的恐吓手段，而不是战争本身，我这样不断地安慰自己。人就是这样的，如果处在危险之中，意志会再生出巨大的希望。最后，我们的火车终于等来了一个"通过"的信号，车轮再次向前滚动，进入赫尔贝施塔尔站。我迅速跳下车门的台阶，打算买份报纸来看看最新的消息。然而，这里的火车站已经被军队接管了。我正要进候车室，这时一个白胡子的铁路职员站在紧闭的门前厉声说道："任何人都不许进入火车站！"但是，从小心堵住的玻璃门里，我听到了军刀轻微的撞击声和枪托触地的声音。毫无疑问，可怕的事情已经开始了：德国违反了所有国际法，袭击了比利时。我战战兢兢地登上火车，车辆继续开往奥地利。现在没有什么可怀疑的了，我正走向战争的中心。

　　第二天早上我到达了奥地利！每个车站里都张贴了标志，宣布现在进入全面战争动员时期。火车上挤满了新兵，彩旗飘扬，音乐震耳欲聋。在维也纳，我发现整个城市都处于一种特殊的陶醉状态。对战争最初的恐惧突然变成了一种兴奋。其实，这是一场谁都不想进行的战争。人民不要，政府也不要。外交官们利用这一点来耍花招、虚张声势，但他们没有想到会错把它变成现实。维也纳的街道上出现了许多不同的队伍，到处都是彩旗、彩带和音乐。年轻的新兵在骄傲地行进，他们的表情十分得意，因为人群在为他们欢呼，向他们问候，向他们表达敬意，而平时，不会有人注意到他们这些非常普通的小人物。

　　说实话，我必须承认，在群众这种最初的情绪爆发中，有一些惊人的、引人入胜的，甚至是诱人的东西是非常难以摆脱的。虽然我讨厌战争，但我也不会抹去我生命中那最初几天关于战争的记忆：成千上万的人聚集在一起，从来没有像那天一样觉得他们属于同一个整体，如果那一天发生在和平年代，他们本可以感觉更好。一个有着 200 万人口的城市，一个有着接近 5000 万人口的国家，在那一刻，他们觉得自己在一起参与了世界历史的进程，在经历一个永远不会重现的时刻。大家都觉得自己被召唤了，把微小的"我"融入沸腾的大众，清除了一切自私的杂念。在这短短的时间里，兄弟情淹没了所有因地位、语言、阶级、宗教而产生的差异。街上有许多陌生人在说话，彼此回避多年的人在互相握手，到处都是充满活力的面孔。每一个个体都在经历着一种"自我"的提升：他不再是以前那个孤立的个体了，他已经彻底融入了群众，成了一个受人尊重的"人"。作为一个个体，他平时根本不受重视，此时也算获得了一种意义。就像邮局职员——通常从早到晚都在分拣信件，从星期一到星期六一直这样重复地工作着；或者像抄写员和鞋匠，在生活中突然有了另一种浪漫的可能性：他可以成为英雄，女人们向每个穿军装的人表达敬意，留在后方的人们已经提前用浪漫的名字"英雄"向他们致敬。他们认识到了连他们自己都不知道的潜在力量，这种力量将他们从日常生活中拉了出来，让他们觉得崇高，且脱离了原来的轨道。在这最初过度兴奋的时刻，自己的自然情感，就连母亲的悲伤和妻子的恐惧都羞于表现出来。也许在这种狂热中有一种更深更神秘的力量在起作用。那种惊涛骇浪是那么猛烈,突然向人类袭来,而且是在表面起伏,把人这种动物身上原本暗淡无光的原始驱动力和本能推到上面,这种诉求被弗洛伊德深刻地称为"对文明的厌恶"——也就是说,人们要求突破市民社会的法律法规,让最原始的嗜血本能得以放纵。有了这种狂热,可能还有其他黑暗势力,譬如牺牲和酒精的喜悦,冒险和纯粹轻信的喜悦,旗帜和爱国话语的魔力。在短短的一瞬间,这种数百万人难以想象的、几乎无法形容的陶醉给我们这个时代最大的罪行带来了疯狂的、几乎是毁灭性的推动力。

今天这些只见过"二战"爆发的年轻一代可能会问,为什么我们没有经历过这样的情况?为什么1939年的公众没有1914年那么激动?为什么他们只是严肃而坚定、沉默而听天由命呢?这场战争不是和上次一样吗?我们现在的战争(第二次世界大战),并不是像"一战"一样只为了争夺殖民地,而是为了一个更加神圣和先进的目标,这是一场关于思想和意识形态的战争,而不仅仅是边境或殖民地的战争。

答案很简单:因为在我们1939年的世界里,没有1914年那么多幼稚的轻信。当时天真纯洁的人民不假思索地相信他们所尊重的权威。在奥地利,没有人会想到最受尊敬的国家之父弗兰茨·约瑟夫皇帝会在84岁的时候向他的人民发出战斗的号召;人们相信,如果不是因为邪恶、狡猾、残忍的敌人威胁到帝国的和平,他也不会要求他的人民做出血腥的牺牲。德国人民也读过皇帝写给沙皇俄国争取和平的电报。人们非常尊重精英们(包括那时候的外交部长官、大臣们)的判断力和诚实的品质,这种想法当时仍然占据着普通人的头脑。如果发生战争，那一定是违背了国家政治领导人的意愿的；那些政治家是不可能犯错的。全国任何一个人都不可能对此负有哪怕一丁点儿的责任。这些罪犯，这些战争的推动者一定是在敌人的国家，战争一定是敌方率先挑起的。人们拿起武器反抗，这是自卫，人们在反对那些行为恶劣的卑鄙敌人，因为他们无缘无故地入侵了和平的奥地利和德国。1939年，在几乎所有欧洲国家，人们对自己政府能力的近乎宗教式的诚实信任消失了。自从他们看到那些政治家是如何在凡尔赛背叛了持久和平的可能性，人们就开始鄙视外交手段了。所有民族都清楚地记得，这些政客是如何无耻地欺骗自己解除武装、废除秘密外交的。从根本上说，在1939年，人们不再尊重任何国家的元首，他们也不会把自己的命运交到任何一个国家的手中。法国一个最卑微的筑路工人都会嘲笑法国的达拉第[①]；英国自慕尼黑会议以来提出了"为了我们时代的和平！"之后，人们不再相信张伯伦的远见；在意大利，人们恐惧地看着墨索里尼；在德国，人们把同样惊恐的目光投向希特勒，心里不由自主地猜测：这次他要把我们赶去哪里？不过人们当然不能反抗自己的国家，这毕竟和生长于此的祖国有关。于是士兵拿起武器，女人让自己的孩子上战场。然而，曾经不可动摇的信念消失了——牺牲在所难免。人们服从命令，但不再为战争欢呼；人们走向前线，却不再梦想成为英雄。所有国家和个人都已经意识到，自己只是战争中的受害者，伤害他们的要么是世界的愚蠢政治，要么是险恶的

[①] 法国政治家，1938年与张伯伦一起签订了《慕尼黑协定》，他主张对德国实行绥靖政策。

不合理的命运的力量。

　　但是在 1914 年，在经历了近半个世纪的和平之后，大众对这场战争了解多少呢？他们对战争一无所知，因为他们几乎从未想过这件事情。这是一个传奇，因为战争离人们的生活很远，这使它变得略带上了英雄和浪漫主义的色彩。人们还是通过在课本或者美术馆里的画来看待战争，身穿鲜艳制服的骑兵令人眼花缭乱地发起进攻，致命一枪打中了勇者的心脏，接下来英雄牺牲，全军则在凯旋中高声唱着归来的歌。"我们会在圣诞节胜利回来！" 1914 年 8 月入伍的新兵笑着对妈妈喊。谁能回忆起那些发生在乡村和城市中"真实"的战争？最多有几个老人参加了 1866 年对普鲁士的战争，而它的结果是将原来的敌人变成了盟友。这是一场多么迅速、毫无血腥味的短暂的战争啊！整个战役①只持续了七个星期，并没有付出太多代价就结束了，就是喘口气的时间！快速踏足浪漫之地，充满阳刚之气的狂野冒险——在一些头脑简单的男人的想象中，1914 年的战争被描绘成这样一幅画面，年轻人甚至真诚地不愿意错过生活中这个激动人心的美丽场景。于是，他们兴冲冲地挤到征兵站的横幅前，把自己的血肉之躯送上开往战壕的火车，并在列车上欢呼歌唱。整个帝国的血管里都充满了这种狂野燃烧的血流。1939 年的一代人已经知道什么是战争了，他们接触到了真相，于是他们不再抱有幻想。他们知道战争不是浪漫的，而是野蛮的；他们知道战争会年复一年地持续下去，这是一种无法以任何方式得到补偿的生命的消逝；他们知

---

① 1866 年的普奥战争，自战争爆发到战争结束，总共历时七个星期，故又被称作七星期战争。

道，当他们向敌人发起冲锋时，他们不会佩戴橡树叶勋章和彩色丝带，而是要在战壕或营地里苦苦待上几个星期，浑身是虱子，忍饥挨饿；他们知道，自己身处危险当中，即便他们没有看到敌人，也可能会被远处的枪支发射的子弹打成碎片。人们从报纸和电影中提前知道了新技术魔鬼般的杀人的方法：巨大的坦克不停前进，会把无法躲避的受伤者磨成肉酱，飞机会把还在睡觉的妇女和儿童炸飞。人们知道，1939年的一场世界大战，由于其使用了没有灵魂的机械化的武器，将比人类历史上任何一场战争都更加邪恶、野蛮和不人道。在1939年的这一代，没有人会相信战争能带来上帝想要的正义；更糟糕的是，人们不相信他们所争取的和平是公正和持久的。人们清楚地记得上一次战争带来的所有失望——战争带来的是苦难，不是财富；是怨恨，不是满足；是饥荒、通货膨胀、革命、公民自由的丧失和个人成为国家的奴隶；是不安全感的神经崩溃，是人与人之间彻底丧失信任。

确实，还有一个特殊的差别，1939年的战争还有一个精神方面的意义：它是关于自由和保存道德财富的一种方式。为一个意义而战，会让人变得更强大也更坚定。在1914年的战争中，人们对战争的真相一无所知，战争也为人们的一厢情愿服务，大家总梦想着能创造出一个更美好、更公正、更和平的世界。事实上，让人感到幸福的只是错觉，而不是真实的现实。于是，当时的受害者们在梦想中沉醉了，他们身上戴着花环，头盔上戴着橡树叶徽章，欢呼着走向战壕。在送他们离去的时候，街道上挤满了人，灯火辉煌，就像欢庆盛大节日一样热闹。

我之所以没有陷入这种突如其来的爱国狂热中，并不是因为我头脑多么冷静或者观察力多么敏锐，而是因为我一直延续着那个时候的生活方式和习惯。两天前，我在一个"敌对的国家"，所以我毫不怀疑大多数比利时人和我们自己的人民一样热爱和平，对战争一无所知。我活在世界主义的思想里太久了，不可能一夜之间突然开始讨厌另一个世界，而那里原本也是我的另一个世界，就像我的祖国一样。多年来，我一直不信任政治，而最近几年，我与我在法国和意大利的朋友进行了无数次对话，讨论战争可能是一种多么不理智的行为。所以我在一定程度上已经提前接种了预防极端爱国主义的疫苗。我为这场战争开始时的高烧做好了准备，但我仍然下定决心：不要让我关于"有必要统一欧洲"的信念被一场兄弟之间的争端所撼动，这场争端是由可怜的外交官和残酷的军火工业巨头共同造成的。

在我心里，我必须从一开始就是世界公民。但是，作为一个国家的公民，要找到一个正确的定位并不容易。虽然我只有32岁，可当时是暂时不需要去服兵役的，因为我在以前所有的军事考试中都不合格，我当时真的为此感到高兴。首先，这一次明确的拒绝，为我节省了将近一年的愚蠢的服兵役时间；另外，我认为在一个崭新的20世纪为了去学会使用杀人武器而不断练习，这是与时代相背离的，更是一种罪恶。像我一样有信仰的人的正确态度是在战争中宣称自己是"反战人士"。即便这将面临奥地利最严厉的惩罚（不像在英国），这真的需要一个人从灵魂深处可以坦然接受成为受害者的可能，对自己的信仰保持绝对的坚定。但是，公开承认也不算丢人，我的天性中没有这种英雄主义的因素。我天生的态度就是避开一切危险的情况，别人批判我优柔寡断的评语也是我自己咎由自取，而且这一次，他们可能也有道理。曾经另一个世纪也发生过这样的事，当时的人们经常对我所推崇的鹿特丹大师伊拉斯谟进行这样的指责。但是，在这样的时刻，作为一个相对年轻的人，等着命运将自己从一个阴暗的角落里挖出来，并被扔到一个不属于自己的位置上，这是难以忍受的。所以，我一直在找一些不那么激烈也不怎么有挑衅意味的事情去做。我的一个朋友是战争档案馆的高级军官，帮助我被那个机构录用了，于是我获得了这份和图书馆有关系的工作。我的外语能力对我的工作非常有用，或者我可以对一些向公众发布的新闻进行一些语言上的修改。当然，我也承认这不是一份值得炫耀的工作。但这似乎是一份适合我个人特点的工作，远比把刺刀刺进俄国农民的肚子里要好得多。然而，对我来说，决定性的原因是，在这份压力较小的工作之外，我还能借助这个机会去做另一份工作。对我来说，这是这场战争中最重要的工作：为未来的相互理解而做出努力。

我的工作岗位还算合适，也让我的处境不那么难过，不过我的那些在维也纳的朋友过得就不那么好了。因为保持一个合适的态度比直接相信官方更难。我们中的大多数作家都没有接受过欧洲的教育，他们完全生活在德意志的视野中。他们认为他们能做的最好的事情是通过诗歌或学术思想的形式进行呼吁，来增强人民的兴奋感，并为所谓的战争之美奠定基础。几乎所有的德国作家，尤其是豪普特曼和德默尔，都认为他们有责任像古代日耳曼的说唱诗人一样，使用诗歌和意象符号来唤起那些期待为国捐躯的战士们的兴奋和激动。他们的诗歌创作如同雨点般砸在受到战争影响的地方，歌颂战争，歌颂死亡和牺牲。作家们庄严宣誓，他们不再愿意与一个法国人或一个英国人共享同一个文化社区。更糟糕的是，他们甚至一夜之间就开始否认英国文化或法国文化的存在了，他们说，面对德意志的艺术和文化精髓，英法两国的生活方式变得无关紧要或者几乎可以说是毫无价值。还有学者们的鼓励，几乎产生了最严重的影响。突然之间，似乎学者们除了把战争解读为"百炼成钢"之外没有其他智慧可言了，他们希望用这样的方式有效鼓励各国人民鼓起勇气，凝聚起更强的力量。还有那些和学者们站在一起的医生，他们吹嘘假肢技术的进步和优越，似乎是鼓励人们迫不及待地砍掉自己的一条腿，以便用这种人工支架代替他们健康的腿。各教派的牧师也在后面不远的地方一起加入合唱。有时候，你会觉得自己在听一群被魔法附体的人说话，发出的激烈的怒吼。同一群人，一周或一个月前，让你佩服他们的理性、建设性的力量和人道主义的态度。

  但是，这种疯狂最惊人的是，这些人大多是真诚的。大多数人，因为年龄太大或身体条件不达标，没办法参加军事活动，进而真诚地认为自己有责任做一些辅助性的"工作"。他们之前创造的东西让他们觉得惭愧，他们真心觉得自己对不起德意志的语言和国家中的人们。所以，他们现在必须通过语言为"人民"服务，让他们听到他们想听到的——在这场战斗中，正义只站在他们一边，敌人一边牢牢地站立着非正义；德国会赢，敌人会被打败。他们不知道这样的做法，其实背叛了诗人的真正使命：诗人应该是人类普遍人性的守护者和捍卫者。当最初的兴奋消退后，他们中的一些人肯定会自食恶果，能在舌尖上感受到他们自己的话语中那令人厌恶的苦涩味道。然而，在最初的几个月里，人们是摇摆不定的，谁的声音最大，人们就会听从谁的意见。最后敌对的双方在疯狂的合唱中不停地唱歌和喊叫，为自己争取声势。

在这种真诚而荒谬的狂热中，我认为最典型、最令人震惊的例子是恩斯特·利骚①。之前我一直很了解他。他写了一些短小精悍、棱角分明的诗，是我记忆中最善良温和的人。我今天还能回忆起，他第一次来找我的时候，我不得不紧闭双唇以掩饰自己嘴角浮现出的笑意。读完他那洗练干净的德语诗，以及那些特别追求简洁却非常有力量的诗，我不禁把这位年轻的抒情诗人想象成一个瘦骨嶙峋的人物。然而，走进我房间的却是一个肥胖的男人，身材粗的像桶一样，满面油光，双下巴甚至都有四层了，他是一个胖乎乎的矮个男人，因为兴奋和自我感觉良好而滔滔不绝。他说话的时候结结巴巴，但是完全沉浸在诗歌中，没有任何力量可以阻止他。他总是一遍又一遍地引用自己的诗，尽管有这些可笑之处，人们还是忍不住喜欢他，因为他热情，忠于他的同伴，对艺术有着近乎迷恋般的热爱。

他来自德国的一个富裕家庭，在弗里德里希，这座柏林著名的威廉文理中学接受教育。他可能是我所知道的最像普鲁士人的犹太人，或者是被普鲁士同化得最强的犹太人。除了德语，他不会说任何随用的灵活语言；除了德国，他从未去过任何地方，德国是他的整个世界。对他来说，了解到的德国的东西越多就越令

---

① 德国抒情诗人、剧作家，曾因《憎恨英国》一诗闻名一时。

他兴奋。约克①、马丁·路德和施泰因②被他视作心中的英雄，德意志和自由战争则是他最喜欢在诗歌中谈论的话题，巴赫③是他的音乐之神。虽然他的手指像海绵一样又短又粗，但他非常擅长弹奏巴赫的音乐。没有人比他更了解德国的抒情诗歌的文化底蕴，也没有人比他更热爱和迷恋德语。像许多犹太人一样，他的家庭后来才进入了德国文化领域，但他比任何最虔诚的德国人都更相信德国。

  战争爆发时，他第一个冲到军营报名当志愿者。我可以想象，当这个胖子气喘吁吁地爬上楼梯时，上士和二等兵会立即笑个不停，并把他送走。利骚对此相当郁闷。可是此时他意识到，像许多其他人一样，他至少应该用诗歌为德国服务。对他来说，德国报纸和德国军队的一切报道都是最可靠和真实的。他认为他的国家遭到了突然袭击，正如柏林的威廉斯特里特所展示的那样，最严重的罪犯是狡猾的英国外交部部长格雷勋爵。在他的诗《憎恨英国》中，他找到了一种方式来批判"敌对德国和挑起战争的罪魁祸首"——我手头没有这首诗的正文——对英国的仇恨被用生硬、简洁和令人印象深刻的诗句描述出来，并很快被煽动成了一个永久的誓言：我再也不会原谅英国人民的"罪行"！很快，这首诗以其史无前例的灾难性的方式表明，通过煽动仇恨来达到某个目的是多么容易！在这方面，这个失去理智的又胖又矮的犹太人甚至领先于希特勒！这首诗就像一颗炸弹掉进了弹药

---

 ① 曾是普鲁士陆军元帅。
 ② 曾任普鲁士首相。
 ③ 德国作曲家，出身于德国音乐世家，一生创作很多，被誉为近代西方音乐之父。

库,瞬间引爆了大众的情绪。从来没有一首诗能像这臭名昭著的《憎恨英国》一样流传甚广,哪怕是《守卫在莱茵河畔》之类的优秀作品也赶不上。德国皇帝非常高兴,授予利骚一枚红色雄鹰勋章。所有报纸都竞相转载这首诗,教师在学校上课的时候也会给孩子读;在前线的军官们给士兵们朗读这首诗,直到每个士兵都能记住这种仇恨。这还没完,这首诗马上经过改编,由音乐伴奏扩大为合唱的形式,在剧场演出。很快,德国7000万人口中任何一个人都能对这首《憎恨英国》倒背如流。接下来没过多长时间,全世界的人们都知道这首诗的存在了——当然,其他各个国家的公民对这首歌的热情要小得多。一夜之间,恩斯特·利骚红遍全国,在这场战争中获得了诗人所能得到的一切荣誉。当然,这种燃烧的荣誉后来像内萨斯的衬衫[①]一样在他身上燃烧,甚至将他的一切都焚烧殆尽了。战争一结束,商人们就开始计划重新做生意,政治家也开始真心希望达成谅解,人们极力否认这首诗,认为自己的国家不应该与英国形成永久的敌对关系。为了推卸责任,人们痛斥可怜的"仇恨者利骚"是唯一的罪人,并要求他为这种疯狂的歇斯底里的仇恨负责。但是,1914年的真实情况是,大家从头到尾都参与了这场狂欢。1914年为他欢呼的人,在1919年故意疏远了他。报纸不再刊登他的诗,当他出现在朋友中时,会出现非常尴尬的沉默。这个被遗弃的人后来被希特勒从德国——这个他全心全意关心的国家——驱逐出去,并在被遗忘中孤独死去。他是这首诗的悲剧受害者:这首诗把他举得很

[①] 内萨斯,是指希腊神话中半人半马的怪兽,他的衬衣上沾满了会取人性命的毒血,后比喻会给人带来灾难的礼物。

高,后来落下来的时候他就摔得更重。

那个时候所有的人几乎都跟利骚一样激动。我承认这一点,这些在当时突然成为爱国者的作家和教授,都觉得自己的情感是真诚的,都是在真挚地想要做一些什么事情。然而,很短的时间后,人们就亲眼看到他们对战争的赞美和他们传播的仇恨所带来的可怕后果。1914年,参加战争的各国人民已经处于极度亢奋的状态。最恶毒的谣言立刻就能变成现实,最荒唐的鬼话也会有人相信。在德国,几十个人聚集在一起向人们发誓,就在战争爆发的前几天,他们亲眼看到一辆装满黄金的汽车从法国开往俄国。关于死亡和杀戮的故事在每次战争开始后的三四天就会出现,在各种报纸上发表。唉,这些传播谎言的被蒙蔽的人根本不知道,那些把能想到的暴行都加到敌对国士兵身上的行为,其实也是战争的一种表现形式呀,那就是战争中的消耗物资,就像子弹和飞机一样。每次战争,这些物资从第一天起就会被从仓库里拿出来刊登在不同的报纸上,用于造谣中伤自己的敌人。战争是不能与理智和正义感合作的,战争需要一种被推动的感觉,需要动力,更需要过度的兴奋来达到目的,需要不断激发对敌人的仇恨。

但是,由于人性的原因,强烈的感情是不能无限延伸的,无论是在个人还是在民族之中。军事组织对此也了如指掌,所以需要有人为它煽风点火,需要不断地给民众服下刺激"兴奋剂"。这种刺激的工作应该由诗人、作家、记者等知识分子来做,他们做这些事情的时候,要么心安理得,要么感觉羞愧,要么非常真诚，要么只是按照套路行事。他们已经敲响了仇恨的大鼓，只能辛辛苦苦地继续敲下去，直到每个不服气的人的耳朵都在轰鸣，心如刀绞。无论在德国，还是在法国、意大利、俄国和比利时，几乎所有的知识分子都乖乖地为战争宣传，从来都是鼓励而不是消除群众的狂热和仇恨。

这样的现象造成的后果非常严重。那时候因为是和平年代，宣传不是为了出名，出版的内容大部分是真实的，所以人们几乎毫不犹豫就相信了印刷的内容，后来即便对其中刊登的消息失望过几千次，也还是因为早先积累下来的信任感而心甘情愿地这样受骗。于是，最初几天的纯粹、美好、勇于牺牲的兴奋，演变成了一种最糟糕、最愚蠢的敌对情绪的蔓延。在维也纳和柏林，在环城大道和弗里德里希街上摧毁法国人和英国人要比在战场上方便得多。商店里不能再贴英文或法文的标语，甚至一个名叫"纯洁少女"（Englischen Fräulein）的修道院的名字也必须因此更名，因为那些愤怒的人根本不知道，Englischen 一词在这里的意思是"天使"，而不是指代英国人。那些自命不凡的商人把"上帝惩罚英国"的口号写在信封上，社会上的妇女发誓（她们还给报纸写信）自己这辈子再也不会说出任何一句法语了。在德国的舞台上，莎士比亚被禁止出场，莫扎特和瓦格纳被驱逐出法国音乐厅，德国的那群教授声称但丁来自日耳曼，法国的教授声称贝多芬来自比利时。人们不假思索地从敌国掠夺精神财富，就像掠夺谷物和矿石资源一样。每天都有成千上万爱好和平的公民在前线自相残杀，但似乎这还不够。在战场后方，人们还辱骂、诋毁着彼此几百年来一言不发的已经埋葬在墓地的伟人们。这种疯狂的举动变得越来越荒唐。火炉边的厨娘,即使她从未离开过自己的城市,即使她从学校毕业后就没有再打开过地图,现在也相信如果没有得到"桑夏克"这个位于波斯尼亚某地边境的小地区,奥地利是无法生存的;街上的马车夫们正在争论应该问法国索要多少战争赔款,是500亿法郎还是1000亿法郎,但他们就连10亿法郎是什么概念都不知道呢。所有的城市或社会阶层,都陷入了这种令人毛骨悚然的仇恨里,歇斯底里地发出自己的声音。牧师在祭坛上布道;社会民主党一个月前还谴责军国主义是最大的罪行,现在却比任何人都响亮地坚持军国主义,为的是不要成为威廉皇帝口中的那种"没有祖国"的家伙。这是一场对战争一无所知的一代人发动的战争,那些尚未对自己的单方面正义丧失信心的人才是最终的领导者,而这才是当时那个时代最大的危险。

在1914年战争爆发的最初几周,与某人进行理性对话变得不可能。最平和脾气最好的人也变得斗志昂扬,仿佛喝醉了一样。那些我一直以为是坚定的个人主义者,甚至精神上是无政府主义者的朋友,一夜之间变成了狂热的爱国者,甚至从爱国者变成了贪得无厌的吞并主义者。我们的每次谈话都会以一些愚蠢的陈词滥调结束,比如"没有真正恨意的人,也不懂什么是真正的爱"之类的论调,或者一些毫无根据的怀疑。多年来,我和我的同伴们从来没有争吵过,但是现在他们粗暴地指责我不再是奥地利人,说我应该去法国或比利时。是的,他们还谨慎地暗示我,像"战争是犯罪"这样的观点太危险了,应该向当局报告,因为抱有"失败主义"观点——这个刚刚在法国被发明的美丽的词,是对我们祖国最严重的犯罪。

所以，我只有一条出路，那就是在别人头脑发热情绪暴怒的时候，回到自己的内心，保持沉默。这一点并不容易做到。我也已经知道得够多了——即使是流亡的生活，还不如一个人住在自己的国家感受到的孤独感更强。在维也纳，我的老朋友们已经和我疏远了，而现在还不是交新朋友的时候。我只能在有空的时候与里尔克聊聊天，说说自己真实的想法。此前试图把他转移到这个偏远的战争档案馆无疑是英明的决定，因为他的神经过于敏感，污秽、气味和噪声会使他感到身体不适，所以他绝对适合成为士兵。每次想到他穿军装的样子，我就忍不住想笑。有一天，有人敲响了我的房门，一名士兵畏缩地站在那里。再一看，简直要把我吓坏了！里尔克穿着军装！他看上去非常笨拙，令人心生怜悯之心，他的衣领很紧，几乎要使他喘不过气来。他是一个一丝不苟的人，所以一直被一个想法所困扰：要向每个军官致敬，就要随时准备猛地双脚并拢。他患有强迫症，不得不模范地执行规定中任何毫无意义的程序，所以他一直处于紧张恐慌的状态。他小声对我说："我从在军校开始就讨厌军装，那时候毕业之后我以为我永远逃脱了。现在我还得再穿上，我都快40岁了！"幸运的是，一些愿意帮助的人伸出了保护之手，援助他免于服兵役。不久后，由于体检结果不合格，他被解除了兵役。他又来见我，这次是找我道别。他换上了常服，风一样飘进了我的房间，我甚至想说他简直像幽灵一样不知不觉地进来了（他走路的时候总是脚步很轻）。他说他也想对我表示感谢，因为我曾经为了他那些在巴黎被没收的书稿求助罗曼·罗兰，最终顺利将它们抢救了出来。这是我第一次注意到他不再年轻，仿佛被残酷的恐惧之心搞得筋疲力尽。"出国,"他说,"我希望我能出国!战争永远是监狱。"然后他便走了。现在,我又完全是一个人了,陷入了孤独之中。

几个星期后,我决定搬到郊区农村的一个地方,以避免这种危险的群体性的心理变态的思潮,以便在战争期间也开始我自己的战争:对抗当时普遍的大众激情对理性的背叛。

为团结思想而奋斗

可是,即便退隐农村也无济于事,整个气氛都非常压抑。也正是因为如此,我才意识到,当对方出言不逊的时候,采取消极的态度回避或不参与是远远不够的。毕竟,在这个言论审查的时代,当一个作家手中有了自己的笔杆子的时候,他也有责任在允许的范围内用文字来表达自己的信仰。我试着这样做。于是我写了一篇名为《致外国的朋友们》的文章,与那些鼓吹仇恨的人有很大不同。在那篇文章里,我公开地呼吁那些外国朋友:虽然我们目前不可能保持联系,但我们应该保持对彼此的忠诚,这样我们就可以在未来的第一时间共同努力,重建欧洲文化。我把这篇文章寄给了一家拥有最多读者的德国报纸《柏林日报》。没想到他们在没有进行任何删减的情况下就毫不迟疑地把通篇文章都放在了报纸上。只有一句话——"谁在乎谁会赢"——没有过审,成了报纸审查制度下必须删除的一行。因为在那个时候,哪怕是最轻微的质疑德国会赢得世界大战的想法都是不被允许的。然而,即使没有这句话,这篇文章也给我带来了一些超级爱国者的愤怒来信,他们无法理解为什么一个人要在这样的时刻与那些卑鄙的敌人交往。这样的言论不会伤害到我的。我这一辈子，从来没有试图说服别人接受我对生活的信念。对我来说，能够如实且清楚地表达自己的信仰，以可见的方式公开出来，这就够了。

十四天后，当我几乎已经完全忘记这篇文章时，我发现了一封贴有瑞士邮票和检查盖章的信。我从熟悉的字迹中认出那是罗曼·罗兰的信。他一定看过我的文章了，因为他在信中写道："不，我永远不会断绝和朋友的关系。"我立刻明白，他在这封短信中写下的这几行字，只是为了测试在战争期间是否有可能与奥地利的一位朋友恢复联系。我马上写信回复了他。从那以后，我们定期通信，这种通信一直持续了25年，直到"二战"的时候才不得不中断了，因为当时的状况比"一战"更加血腥，彻底断绝了国与国之间的联系。

这是我一生中最快乐的时刻之一：这封信就像一只白鸽，来自充满希望的诺亚方舟，里面全是咆哮、倾轧的愤怒动物。我不再感到孤独，终于可以和有同样想法的人保持联系了。罗曼·罗兰那令人敬佩的精神力量让我受到了鼓励，也让我变得更强大了，因为现在我知道，超越国界，这个伟大的罗曼·罗兰正在守护人性，这是多么令人钦佩的行为啊！他找到了诗人在这种情况下唯一正确的做法，不参与破坏和谋杀，而是以沃尔特·惠特曼为榜样参与人道主义救援工作。住在瑞士的罗曼·罗兰因为身体的原因，被免除了一切外勤职务。但他立即去红十字会报道了，因为战争爆发时，他刚好就在日内瓦，他每天在拥挤的房间里继续自己非凡的工作，我后来在一篇题为《欧洲的心脏》的文章中公开感谢他所进行的这项工作。在这场残酷的战争开始后的几周内，国家之间的所有联系都被切断了。不管在任何国家，人们都不知道自己的儿子、兄弟和父亲是被杀害、失踪还是被俘，大家也不知道该问谁或者应该去哪里打听消息，因为他们不能指望"敌人"给出任何有用的信息。在这样一个恐怖而残酷的时刻，红十字会承担着一项伟大的任务，至少要把人们从最痛苦的折磨中解救出来：亲人的命运没有确切的消息，这是酷刑一样的折磨。红十字会把敌方战俘的信件带到他们的家乡。当然，这个组织成立才几十年，还不足以应付如此大规模的将近百万封信件的邮递和转送。每一天，每一小时，都有更多的志愿者来帮忙工作，因为对于在煎熬中等待消息的亲人们来说，每一个小时都比一百年还要长。到1914年12月底，每天有3万多封信到达那里，最后，竟然有超过1200人挤在日内瓦狭窄的拉特博物馆里，每天处理和回复汹涌的信件。在这群人中，还有一个最有人文精神的诗人，他不是自私自利地做自己个人的事情，而是和志愿者们一起工作：这个诗人就是罗曼·罗兰。

但是，他并没有忘记他的另一个责任，那就是艺术家有责任把自己的信仰说出来，哪怕要面对来自自己国家甚至整个战区的抗议也在所不惜。早在1914年秋天，当大多数作家还在为仇恨相互攻击和侮辱对方而发出声嘶力竭的尖叫时，他就写下了著名的自白文章《超脱于混战之上》，要求艺术家们即使在战争中也要维护正义和人性。当时没有任何一篇文章像这篇文章一样引起这么多矛盾重重的观点，甚至把整个文坛分成了赞成和反对的两部分。

"一战"和"二战"还是有区别的，幸运的是在"一战"中，文字在当时还是有力量的。当时舆论还没有被有组织的谎言，也就是所谓的"宣传"所扼杀。人们也还愿意相信报纸上的文字，期待着它们的出现。到了1939年，无论好坏都没有人关心，没有任何一次诗人聚会可能产生哪怕是最小的一点影响。甚至到了今天，在第二次世界大战依然没有结束的时代，没有一本书、一本小册子、一篇文章或一首诗能够再次打动公众的心，更不用说直接影响他们的思想了。而在1914年，一首十四行诗，如利骚的《憎恨英国》，或那个愚蠢的"九十三位德国知识界人士的宣言"，以及与之相对的罗曼·罗兰的一篇短短八页的文章《超脱于混战之上》，或巴比塞①的长篇小说《火线》，都可能成为一件大事。当时世界的道德良知并没有像今天这样枯竭干涸。对于任何明目张胆的谎言和对国际法与人道主义的践踏，它都会竭尽全力以数百年来积累的信念力量做出回应。由于希特勒视谎言为理所当然，并将反人类提升到法律层面，德国入侵中立比利时等违法行为几乎没有受到严重谴责，这在当时引起了全世界的愤怒。卡维尔②护士被枪杀和"卢西塔尼亚"号③邮轮被鱼雷击沉引起的普遍道德谴责，使德国遭受的打击比一场失败的战争还要大。那个时代的诗人和法国作家的声音并不是完全无用的，因为人们的耳朵和灵魂并没有被收音机里持续不断的胡言乱语所淹没。相反，一个伟大诗人的即兴宣言比一个政治家的官方演讲有着高过一千倍的影响力。众所周知，后者的言论是从战略和政治上判断形势

---

① 法国著名作家，他的代表作《火线》是以"一战"为题材的。
② 英国护士，是"一战"中家喻户晓的女英雄，后被德国当局处死。
③ "卢西塔尼亚"号，是英国的一艘邮轮，于1915年被德国潜艇击沉，原因是运输违禁品和军火。

的结果,最多一半是真的,另一半则是出于利益的选择。那一代人仍然对诗人有着无限的信任,把他们当成思想纯洁的最好的公民,这也正是他们后来如此失望的原因。仅仅因为军队和官方机构知道诗人有这样的威望,就把所有有道德、有思想威望的人都放在自己的战争动员机构之下:强迫他们声明、见证、证实、发誓,强迫他们去宣称一切不义、邪恶都在敌人的那一边,而一切真理都站在自己国家这一边。然而,在面对罗曼·罗兰的时候,他们没能实现这个目标,他们的企图落空了。罗曼·罗兰认为,他的任务不是强化这种愤怒和挑衅的气氛,而是净化它,让一切仇恨平静地消散掉。

如果我们今天再次去读那八页的名篇《超脱于混战之上》,人们可能不再理解它在当时所发挥出的巨大作用。如果一个人有着冷静清醒的头脑,那么他就会发现,罗曼·罗兰阐述的无非是最自然、最朴素的真理。但他说出这些话的那个时代,是一个大众普遍思想疯狂、精神振奋的时代,几乎很难用今天的什么事情来形容或再现当时的情况。这篇文章一经发表,法国的超级爱国者就好像不小心抓到了一块烧红的铁块,所有人都惊讶地叫了起来。一夜之间,罗曼·罗兰被自己的老朋友们纷纷抵制,书店不敢再陈列他的名作《约翰·克利斯朵夫》。只需要仇恨来刺激士兵的军事当局已经在考虑对他采取一些措施了,而鼓吹这种观点的小册子却层出不穷:"战争期间,爱国主义高于一切人道主义价值观。"这种一如既往的叫嚣只能证明罗曼·罗兰的重拳完全击中了要害。思想界的人在战争中应该保持怎样的态度,讨论这个问题已经变成不可抗拒的浪潮,每个人都不可避免地要面对这个问题,并给出自己的答案。

现在回忆起这些事情,最遗憾的是再也看不到罗曼·罗兰那些年写给我的信了。当我想到它们可能在这场新的灾难中被摧毁或丢失时,我感到一种沉重的责任和负担。我太爱他的作品了,觉得这些信件未来可能会成为可以如实地展示出他那伟大的心灵和激情理性,以及表达出最美好的真诚、也最人性化的作品。这些信是他写给边境那边的一个朋友,也就是官方的"敌人"的。它们来自另一个灵魂经历同样的痛苦所造成的无与伦比的震撼,来自无助的悲痛和愤慨所激发出的全部力量。在一个需要巨大的力量才能保持信念,需要非凡的勇气才能不让理性背叛自己的观念的时代,或许它们才是最感人的记录,保留了一个高贵灵魂的最伟大的道德。不久后,在我们的友谊通信中,罗曼·罗兰提出了一个积极的构想:他建议邀请各国思想界的重要人士到瑞士举行联席会议,以便他们能够形成统一且恰当的态度,甚至能够在达成相互理解的意义上向全世界发出团结与合作的呼吁。他从瑞士邀请了法国和其他外国的一些知识分子,而我则负责联系德国的一些诗人、作家和学者,我们需要着眼于那些尚未公开表示支持战争的人,需要进一步大胆地试探。于是我马上着手做这件事。当时德国最重要和最有代表性的诗人是盖哈特·豪普特曼。我没有直接问他,这样无论他是决定接受还是拒绝,到时候也不致太尴尬。我写信给我们共同的朋友瓦尔特·拉特瑙,请他私下问问豪普特曼的意见。可拉特瑙拒绝说,现在还不是力图维持意识形态领域和平的时候。由于这个结果,我也不能确定到底豪普特曼是否已经知道了这件事。就这样，我的尝试以失败告终。因为当时我的朋友托马斯·曼①支持另一个阵营，最近还在一篇关于弗里德里希大帝的文章中公开表示支持代表着德国权益的一方，这样他的立场就很明确了；还有里尔克，我知道他站在我们这一边，但原则上他不愿意参加任何公开的或者联合的活动；前社会主义者德默尔，自豪地在给我的来信上署名为"带着孩子气的爱国主义的少尉德默尔"，我自然不用去他那里碰钉子了；我与霍夫曼斯塔尔和雅各布·瓦塞尔的私人谈话让我明白，我不能指望他们加入我。在德国和奥地利的作家方面，几乎没有什么值得期待的结果。而罗曼·罗兰在法国的境遇也并不比我好多少。1914年和1915年，时间还太早，战争对后方的人来说还太远。我们是完全孤立的，没有找到任何援手。

不过虽然我们很孤立，却并不孤独。通过彼此间的通信，我们有了不少新的收获：无论是在中立国还是在战争国家，都有十几个人赞同我们。我们关注对方的作品、文章、小册子，从中可以看到一定的会产生共鸣的契合点。新的因素聚集在这个结晶点上让我们有了新的共同想法，起初大家都还有些犹豫，但随着时间的推移，沉重的压力使得这种趋势更加强烈。这种和同伴们一起站在荒野中的感觉给了我勇气，促使我更多地去写文章，去寻找那些和我们有相同感受的独立的人，或者那些还隐藏着没有表达出自己想法的人。无论如何，我那时还可以在德国和奥地利的大报纸上发表文章，因此有一个自己非常重要的影响

---

① 德国著名作家，主要著作有《魂断威尼斯》《马里奥和魔术师》《魔山》《绿蒂在魏玛》《浮士德博士》等。

圈，我不必害怕当局的例行阻挠，因为我从来不会回避任何当前的政治问题。在自由主义的思想下，当时的人们仍然尊重重要的文学人物。后来当我重新读到当时我在读者中悄悄传播的文章时，我不禁要向奥地利军事当局官员的宽宏大量致敬。在世界大战全面展开的时候，我仍然可以热烈赞扬和平主义的创始人贝尔塔·冯·苏特纳——她指责战争是一种罪恶，我不用避讳这一点，甚至我还可以在一份奥地利报纸上详细介绍巴比塞的小说《火线》。我们想在战争期间把一些不合时宜的想法传播到更广阔的范围中去，当然也要找一些技巧。如果我们想对奥地利大后方的阶级人民展示战争的残酷和冷酷，自然有必要在介绍小说《火线》的文章中强调那是"法国"步兵[①]所遭受的痛苦。然而，数百封来自奥地利前线的信件也让我看到，我们自己的士兵也注意到自己有着相同的痛苦命运；或者，为了表达我们的信仰，我们采取了互相攻击的手段。例如，我在法国的一个朋友在《法兰西信使报》中批评了我的文章《致外国的朋友们》。在装腔作势的辩论中，他逐字翻译并发表了我的全文，并使得那篇文章成功地在法国传播开来，以便那里的每个人都能阅读到全部内容（这也是我们最初的目的）。我们用这种方式给对方发信号，不断闪烁着我们互相理解、互相支持彼此的信念。而我们的目标读者也如此心照不宣地理解我们的意图，我在后来的一则轶事中看到了这一点。1915年5月，当意大利对其前盟友奥地利宣战时，我们这里掀起了一股仇恨的浪潮，与意大利有关的一切都遭到人们恶狠狠的诅咒。碰巧，19世纪"文艺复兴"时期的年轻意大利人卡

[①]《火线》中的主人公是一名法国步兵。

尔·波埃里奥出版了他的回忆录，描述了他与歌德会面的情景，我就写了一篇题为《一位意大利人访问歌德》的文章，力图在喧嚣的敌对氛围中表明意大利最初与我们的文化密切相关。因为这本书的序言是贝奈戴托·克罗齐[①]写的，所以我借此机会用几句话表达了我对他的最高敬意。在一个不允许对敌国的作家或学者表达认可和赞扬的时代，一个奥地利人公开在作品中向一个意大利人表达敬意，用这件事来表达明确的抗议是很自然的，也是非常明显的示威。而边境那边的人完全能够理解这一内涵。时任部长的克罗齐后来告诉我，当这篇文章出来的时候，不懂德语的外交部工作人员惊慌失措，首先清楚地告诉他，在一个敌对国家的主要报纸上有针对他的东西（因为他无法想象指名道姓但不把他们当作敌人的可能性）。随后他为克罗齐带来了《新自由报》。他一开始读的时候非常惊讶，后来觉得很开心。因为在这篇文章中，他没有看到任何敌意，而是非常诚挚的尊敬。

我无意高估目前那些小而孤立的尝试所取得的结果。当然，它们对事件的发生不会产生任何影响，甚至连最小的影响都没有。不过这些努力对一些不知名的读者还是有帮助的。因为它们，灵魂在战争中遇到的可怕的孤立和绝望得到了缓解：这就是20世纪真正有感情有人性的人们的处境。25年后的今天，同样的情况再次出现：面对恐怕比以前更糟糕的非常强大的力量，真正保留着人性的人是如此的无能为力，大家的孤独感无疑是更深

---

① 意大利著名哲学家，代表作有《精神哲学》四卷，一生致力于维护意大利国家统一，反对法西斯主义。

切的。那时候我很清楚，这样的小抗议小把戏，并不能使我放下心中的重担。慢慢地，我有了一个完成一部作品的计划——在这部作品中，不仅要把关于个人的一些情况说出来，还要把自己对时代和民族、灾难和战争的所有看法说出来。

不过，为了用文学的手段全面地描述战争，我还缺乏最重要的一点东西：我个人还没目睹过真实的战争。我在这个办公室已经坐了快一年了。在看不见的远方，"本质的东西"，也就是战争的现实和残酷，却无时无刻不在发生。我有过几次上战争一线的机会，几家大报让我替他们写战地报道，我大概有三次机会去到战场上。然而，每一次的描述都有义务地从积极的和爱国主义的角度出发。我曾经对自己发誓，绝不会写一句表示认可战争或贬低其他民族的话。我在 1940 年也遵守了这个誓言。现在有机会了。1915 年春，在塔尔努夫[①]，奥匈帝国强大的军事力量强行突破俄国防线，一举攻占了加利西亚[②]和波兰。战争档案馆需要承担一些关于原始材料的搜集工作，也就是在被奥地利占领的俄国地区搜集他们尚未撕掉或销毁的各种宣传材料和通知的原件，并把这些材料收集到自己的图书馆保存。馆长碰巧知道我在收藏方面有些经验和技巧，就问我愿不愿意接受这一任务。当然，我马上就同意了。所以我得到了一个特别的通行许可，我可以乘坐任何军车去任何我想去的地方。我不属于任何特定的部门，也不直接服从某个组织或领导。由此，就表现出了一个非同寻常的细节：

---

① 地名，位于波兰。

② 地名，位于今波兰东南部，历史上一直是俄、奥两国必争之地，"一战"后重新归于波兰。

我不是军官，只是一个名义上的上士，穿着没有特殊标志的军装。每次当我出示我的机密文件时，就会引起人们的特别尊重，因为前线的军民认为我一定是一个微服私访或者有其他秘密任务的总参谋。我也不住在军官室，只住酒店，因为这样可以得到一种便利，就是可以待在巨大的战争机器外面，在没有"向导"的指引下，看到自己真正想看到的东西。

对我来说，收集这些材料和宣传标语并不太难。在加利西亚的每个火车站，都有一些被称为"经纪人"的犹太人，比如在塔尔努夫、德罗戈贝奇和伦贝格都有这样的人，他们的工作就是帮助人们得到他们想要的东西。我只需要对这样一个无所不能的人说，我要一些俄国被占领时的宣传通知和公告，经纪人们就会立即行动，敏捷如鼠，以一种神秘的方式把这个任务分配给不同的"下线"。三小时后，我没有采取任何特殊行动，甚至大门都没有迈出去就收集齐了所有的材料。正是托这个优秀的收藏渠道的洪福，我有很多时间可以出去看看，当时我在这场战争中确实看到了很多东西。首当其冲的是平民可怕悲惨的处境，他们的痛苦还倒映在眼睛里，清晰可见，带着一种惶惶然的恐惧。我也看到了在这里的犹太区的人们过着怎样的悲惨生活，这是我从来不知道的：他们中的 8~12 个人一起住在平房或地下室里，挤在小小的房间里备受折磨。我第一次看到所谓的"敌人"，是在塔尔努夫，我遇到了被护送过来的第一批来自俄国的战俘。他们在一块方形空地上围成一圈坐着，一边抽烟一边聊天，由来自蒂罗尔省的 20~30 个年纪较大的人看守着，大多数守卫也没有刮胡子，几乎和战俘一样衣衫褴褛、蓬头垢面，与那些体面的、脸庞干净、穿着崭新制服的士兵完全不同。但是,这种已经缴械投降的战俘们之间,完全没有表现出任何与生死有关的残酷特点。战俘们也不会像人们通常想象的那样时刻企图逃跑,奥地利的卫兵也没有严密看守他们的欲望。他们和战俘像战友一样坐在一起,只是因为语言不通,让双方都觉得特别有意思,闹了不少笑话。他们互相递烟,相视一笑。一名蒂罗尔士兵正在从一个又旧又脏的钱包里拿出他妻子和孩子的照片给"敌人"看。"敌人"一边欣赏照片,一边用手指做出一些手势询问孩子是三岁还是四岁。我不禁觉得,这些底层阶级的非常单纯的人,对战争的感觉比我们那些大学教授和作家要正确得多:这是降临在他们身上的不幸,他们无能为力;而那些同样卷入这种厄运的人,就像是同舟共济的兄弟。这种理解安慰着我,伴随着我的整个旅途,和我一起走过了被炮轰的城市、被抢劫的店铺,家具像断肢一样躺在街道中央,其中的东西已经被洗劫一空,仿佛挖空的心脏。那些战场之间的田地中还好好地长着许多庄稼,这不禁让我重新生出希望,希望这些破坏在几年内就能消失得无影无踪。自然,我没有估计到,就像战争的痕迹在地球上迅速消失一样,战争的残酷记忆也消失了。

在出公差的最初几天里,我没有遇到过战争的真正残酷:它的出现超出了我最糟糕的想象。由于常规公交车基本没了,我有一次坐的是敞篷炮艇,还有一次坐的是平时运输动物的火车。在这样的车厢里,极度疲惫的人们在强烈的恶臭中沉睡,被送往战争的屠宰场——他们和被屠杀的动物非常相似。但是,最可怕的是我不得不两三次坐上运送伤兵的火车。这与战争开始时我们在画报上看到的军用医疗救护车不同——当时维也纳社会的公爵夫人和女士们都到那样的车厢里去过,还拍照留念,那些是明亮的、白色的、擦洗过的车厢——但我在这里看到的是一辆普通的卡车车厢,没有真正的窗户,只有一个狭窄的通风口,被一盏充满烟尘的油灯照亮。最简陋的担架并排放在一起,躺在上面的每一个人都在呻吟,汗流浃背,脸色苍白如纸,几乎像死人一样,他们在屎和尿的恶臭中苦苦地垂死挣扎。医务人员走路的时候都在颤抖,摇摇晃晃,因为他们已经筋疲力尽了。我到处都没有找到照片里那种白色炫目的床品。伤员身上盖着被鲜血浸湿的毯子,躺在麦秸或硬担架上;在这样的马车里,两三个死人躺在垂死或呻吟的人中间。我和一位医生谈过,他承认自己只是匈牙利一个小村庄的牙医,已经很多年没有做过手术了,面对这种情景他感到绝望。他告诉我,他已经提前给七个站发了电报,要求支援一些吗啡,然而各处的药品都用光了。他没有药棉,也没有干净的绷带,而且离布达佩斯的医院还有 20 小时的车程。他让我帮他,因为他手下的人都太累了,几乎无法给他提供应有的支撑。我尽力去做些力所能及的事情,笨手笨脚地帮了些忙,至少可以让自己对别人有点用处。我到每个车站都会下车去拿几桶水,那些水的水质很差,很脏,本来只是用来给机车加水的,现在变成了伤员们的绿洲:至少可以稍微擦洗一下,并把滴在车厢地板上的血擦掉。还有一个难点:不同国籍的士兵被扔进这个滚动的棺材里,语言障碍给这些士兵带来了人际交流上的困难。医生和护士都听不懂鲁塞尼亚语和克罗地亚语。唯一能帮忙的是一个白发苍苍的老牧师,对此他还倾吐了自己的怨气,说他现在已经不能履行神圣的职责,因为他已经没有香油可以给那么多人做临终仪式了——就像医生没有能够减轻伤员痛苦的吗啡一样,他从未像上个月那样处理和"送走"那么多去往天堂的人。我永远忘不了从他那里听到的一句话,那是用一种生硬而愤怒的声音说出来的:"我67岁了,见过很多事,但是我一直认为,人类犯下这种程度的罪行简直是不可想象的。"

我回程乘坐的是一辆破破烂烂的火车,一大早就到达了布达佩斯,为了补充睡眠,我一下车就立刻去了酒店。因为在那列火车上,我唯一的座位就是我的手提箱。我筋疲力尽,一直睡到11点,然后穿上衣服去吃早饭。一走出来,我总觉得要揉揉眼睛才能确认自己是不是在做梦。那也是一个阳光明媚的日子,早晨的天气像春天一样温柔清凉,中午则变得和夏天一样炎热。我当时觉得,似乎布达佩斯从未如此美丽和无忧无虑,但实际上它一直如此。穿着白色连衣裙的女人们和军官们手挽手地走着,我突然觉得,这些军官肯定和我昨天、前天看到的那些军官不在同一个部队服役。在那列运送伤者的运输车上,那些士兵的衣服上、嘴巴和鼻子里都散发着碘酒的味道;可是在这里,我看着军官们在女士们面前献上买来的紫罗兰,看着整洁干净的汽车载着礼仪得体、穿戴整齐的先生们从街上经过。而这些都只是从一线出发,八九个小时的火车和快车就能到达的地方!但是谁有权利去指责他们呢?他们在过自己的生活,试图为自己的生活感到幸福,那不是最自然的事吗?也许是因为感觉到一切都受到威胁,他们享受着仍然可以享受的一切:一些好衣服和最后几个美好的时刻!

正是因为人们看到了人是多么脆弱,多么容易被毁灭,一颗小小的铅丸能在千分之一秒内带走一条生命,带走今生所有的记忆、认知和狂喜,只有经历过那些才能让人明白,在这样美好的早晨,会有成千上万的人来到这条波光粼粼的河流享受阳光,让自己以更强大的力量去感受生命的鲜活。一开始震惊我的那一幕,现在几乎已经让我放松下来了。不幸的是,一位殷勤的服务员给我带来了一份维也纳报纸。我打开报纸看了看,立即气不打一处来,对上面的内容简直作呕!上面全是一些关于"不屈的胜利意志"之类的说法,什么"我军损失不大,敌人损失很大"这样的话,这场战争的谎言赤裸裸地、大张旗鼓地、无耻地在我面前跳来跳去!不,那些走在街上享受生活、放松、无忧无虑的人没有错,用言语煽动战争的人才犯下了最大的过错!然而,如果我们不能反击他们的罪恶,那我们同样是有罪的!

这给了我真正的创作动力:我一定要为了抗议战争而写些什么,坚持战斗不息!材料我已经有了,不过距离真正开始创作,我现在还缺少最后一张能证实我的感觉的生动形象。我认出了自己要与之战斗的对手:那种宁愿把别人送进痛苦和死亡里的、虚伪的英雄主义,来自政界和军界的没良心的预言家所持的廉价的乐观主义,他们谈论辉煌的胜利,延长战场上的杀戮;还有后面无数的喉舌,就是那些为他们充当战争的唱诗班的人。所有这些"战争倡导者"——韦尔弗尔在他优美的诗歌中用这样的话来斥责这些人——谁表示怀疑,谁就是他们爱国事业的绊脚石;谁提出一个警告,谁就被嘲笑为悲观主义者;谁要破坏战争,谁就会被打上叛徒的标记,但他们自己在战争中却安然无恙!事实上,真正的战争并未发生在他们的世界中。纵观古今,同样的废话总是一次又一次地出现:谨慎的人被视为胆怯者,坚持人道主义的人被视为软弱者。然而,当他们轻率地带来真正的灾难时,他们也立刻不知所措了。就好像叶公好龙一样,同样的愚蠢总是再次出现。就好像卡桑德拉在特洛伊被嘲笑,耶利米①在耶路撒冷被嘲笑,人们总是这样。在相似处境的当下,我对这两个形象所体现出的悲剧和伟大有了前所未有的深刻理解。从一开始,我就不相信所谓的"胜利"。我知道只有一件事是肯定的:即使我能在无尽的牺牲后得到胜利,这也不足以成为牺牲很多人的借口。虽然我指出了这样的问题,也提出了警告,可我在自己的朋友中却被孤立。在第一枪打响之前,人们激动地发出杂乱的喊叫来庆祝胜利,似乎他们在第一场战斗正式打响之前就开始幻想分享战利品了,这让我怀疑是不是每个人的智商都还在线,到底是我自己愚昧无知地混在众多的聪明人之间,还是我一个人清醒至极,而其他人都已经大梦不醒。所以我计划写一部关于"失败主义者"的戏剧,来描述当前尤为悲惨的境况。"失败主义者"这个词是人们新发明的,用来把"失败的意志"归咎于那些致力于互相理解、包容的人。用戏剧的形式来描述的悲惨境遇也是理所当然的,我选择了耶利米这个虚荣的警告者的形象作为象征。但是,我根本不想写一部"和平主义"的剧,用文字和诗句说出众所周知的道理:和平比战争好。相反,我想表现的是,在人群激昂的时候被鄙视的软弱而恐惧的人,是唯一能忍受耻辱和战胜失

---

① 《圣经·耶利米书》中的预言家、先知,曾多次预言耶路撒冷会遭遇灾难,后来被隐喻为悲观的预言家,或者敢于出言指出弊病的人。

败的人。从我的第一个剧本《忒耳西忒斯》开始，我就一直在反思"战败者的精神优势"这个问题，一直激励我写作的因素是，我想让人们看到，有一种力量会导致一个人内心的坚硬和灵魂的麻木，所有的人都认为正是这种力量决定了每一个胜利；与此相反的，则是失败带来的力量，使灵魂遭受无尽的痛苦和可怕的蹂躏。在战争还在进行的时候，在别人还在过早地、得意地等着确认胜利消息的时候，我就已经把自己扔进了灾难的深渊，努力去寻找出路。我选择了《圣经》中的一个主题，我隐约觉得，这似乎也无意间触碰到了某些正悄悄推动犹太人命运共同体形成的特殊血脉或某种潜在的传统，并且是一些我至今都没怎么注意到的特别之处：这个民族，我同胞们的民族，并没有一次又一次地被所有民族打败，而因为一种神秘的力量，那就是通过意志来改造失败的力量，让他们活了下来，超越了那些曾经打败过他们的民族。我们的先知，总是被人们追逐和赶走，难道他们不知道今天我们仍像垃圾一样被赶出自己居住的家园吗？难道他们没有认识到屈服于暴力，甚至赞美遭受暴力的命运是通往上帝的道路吗？苦难并不总是会让人受益，但我感到特别幸运的是，在写这个剧本的时候，我受益于苦难，这是让我自己感到满意的第一本书。今天我知道，如果我没有在战争中带着同情心和本能的预感经历了痛苦，那么我还是一个战前的作家，是一个无忧无虑的、"舒缓"的——就像人们在音乐评论中使用的词语——作家，但我永远不会抓住在内心最深处存在着的理解和感动。现在我第一次有这种感觉，同时也在为自己和这个时代发出声音，当我试图帮助别人的时候，同时也帮助了自己：这是我在《伊拉斯谟》之外最关心、最个性，也最朦胧隐晦的作品，《伊拉斯谟》完成于希特勒统治下的 1934 年，那也是起源于类似的危机。从我开始写作的那一刻起，这个时代的悲剧给我带来的痛苦就变少了，我不再因此备受折磨了。

出版《耶利米》这本书之后，我没有想到这项工作会带来显著的成功。因为其中涉及先知、和平主义者、犹太人等诸多问题，又因为结尾场景采取了合唱的形式——因为需要将最终的结局升华，变成一曲为献给战败者命运的赞歌——所以这部作品的篇幅远比一般剧本长得多，需要连续两三场演出才能真正将故事情节全部表演完毕。再说，当报纸在喊"胜利，还是沉默"的时候，在那样的时代背景下，德国的舞台上怎么可能会出现一部宣告失败甚至庆祝失败的戏剧呢？如果这本书被允许出版，我只能称之为奇迹；即使在最坏的情况下，剧本无法上演，那么它也至少能帮我度过最艰难的日子，让我扛过精神上的巨大压力。我把与人交谈时不得不闭口不谈的所有东西都放进诗歌的对话里，扔掉了灵魂上沉重的负担，重新找回了自己，也解放了自己；当我认不出这个时代，且对其中的一切都"不满意"的时候，我找到了对自己的认可，找到了自己赞同的东西。

在欧洲之心

当我的悲剧作品《耶利米》在1917年复活节以书的形式出版时,我经历了一个意想不到的情况。我在写这部作品的时候,内心对这个时代有着最强烈的抵触,所以不得不抱着它会被严厉抵制的期待。然而实际情况却恰恰相反。最初发行的两万本很快就卖完了,对于剧本来说,这是一个不可思议的数字。关注着这本书的人,不仅有像罗曼·罗兰这样的朋友,还有之前站在另一边的"人",比如拉特瑙和德默尔,他们都纷纷公开表达了对这本书的支持。有很多还没有拿到剧本的剧院经理纷纷写信给我,希望我为他们保留在和平时期首演该剧的权利,因为战争期间是不可能演的。即使是那些主张战争的反对者也表现出非常得体的礼貌和尊重。我做了各种心理准备,可以说,除了这个,我什么结局都想到过了。

到底发生了什么?无非是战争已经持续了两年半,时间带来了残酷的清醒。在战场上经历了可怕的流血牺牲之后,战争的狂热开始冷却下来,人们现在用更平静、更认真的眼光去仔细查看战争的表象,大家和最初几个月充满兴奋的样子完全不同。同甘共苦的感觉开始松动，因为人们看不到哲学家、诗人、作家曾经标榜的那种所谓的"道德精神净化"有任何效果。这个民族中出现了一道深深的裂痕，让这个国家一下子变成了两个不同的世界：前方的士兵承受着最残酷的磨难，他们依然在为国战斗；他们后面是那些待在家里的人，大家继续无忧无虑地生活，去剧院看歌舞，甚至利用人们的困难赚钱，大发国难财，这样的前后对比越来越清晰。通过官厅的大门，人们在不同的面具下形成了一个关系网，政治已经腐败，选贤任能的机制也被破坏殆尽，人们知道，有了钱，有了有效的关系，就能得到有利可图的商品；与此同时，那些已经挣扎在生死边缘的农民或工人被一次又一次地赶到战壕里去；只要有可能，每个人都在不顾一切地追求自己的利益，因为那些无耻的倒卖，生活必需品一天比一天贵，食物越来越少。在被大众的苦难所困扰的沼泽上，那些靠战争赚钱的人过着炫目奢侈的生活，简直就像闪烁的"鬼火"。民众中开始出现深深的不满：大家不再相信货币，因为钱币贬值得越来越厉害；人们也不愿意相信将军、军官和外交官；甚至也不相信政府和总参谋部发布的任何公告，不相信报纸和新闻，不相信战争本身的存在及其持续下去的必要性。所以，并不是我的剧本本身的文学成就让它取得了这种意想不到的成功，我只是说了别人不敢公开表达的话而已——我痛恨战争，不相信最后能获得胜利。

然而，在舞台上用直白的语言来表达这种气氛似乎是不可能的，演出势必遭到抗议，因此只好放弃在战争时期首映这部反战诗剧的想法，但是就在这时，我突然收到了苏黎世剧院经理的一封信，他想马上把我的《耶利米》搬上舞台，并邀请我参加首映式。我几乎忘了德语世界中还有一小块珍贵的土地①保持着可贵的中立和民主——在"二战"中它也是如此——它是上帝赐予的礼物,能逃离于战争之外,在这个民主的国家,言论仍然自由,思想没有变成浑水,一切都是开明的,所以我不假思索地,马上就同意了。

当然,我的同意只能是原则上的,因为前提是我可以得到允准放下工作离开祖国一段时间,好在当时每个参与国都有一个叫"文化宣传处"的组织促成了此事。不过第二次世界大战的时候,这个部门根本就没有设立。我认为有必要明确指出,第一次世界大战期间的氛围与第二次世界大战期间的氛围完全不同,值得一提的是,当时的国家元首、皇帝、国王,都是在仁义的传统中成长起来的,不自觉地以战争为耻,他们一个接一个地驳斥别人对他们"军事主义"的指责,说这是卑鄙的诽谤,相反,他们想为自己的国家洗清名誉,表明他们的国家是"文明国"。1914年,他们还在世界面前想尽一切办法假装把"文化"置于"暴力"之上,他们鄙视和排斥"神圣的利己主义""生存空间"等口号,他们最渴望的是他们的国家在世界范围内的精神贡献得到认可。在所有中立国,到处都有令人眼花缭乱的艺术表演,于是德国也派出由享誉世界的著名指挥家领导的交响乐团,分别在瑞士、荷兰和瑞典演出,维也纳也派出了爱乐交响乐团。即使是诗人、作家和学者也会被派出去,不是为了赞扬军事行动或赞扬吞并的趋势,而是为了通过他们的诗歌和作品证明德意志人民不是"野蛮人",证明他们这个民族不仅能制造战争中的燃烧弹或

---

① 这一小块地方就是瑞士,茨威格认为中立的瑞士是欧洲的心脏。

高质量的毒气，还能创造出整个欧洲也认可的完美价值观。我还要强调，从1914年到1918年，世界各国的看法，仍然是一股受到各国争夺的力量，在战争中，一个国家的艺术创作和道德因素也代表了一股被认为具有深远影响的力量，这个国家仍在努力赢得人们的好感，而不是像1939年的德国那样用恐怖手段击倒人们。所以我很有可能以参加一部戏剧作品在瑞士的首映礼为由申请休假，当时唯一能想到的障碍就是，这毕竟是一部反战主题的戏剧，而且剧中有一个奥地利人——即使只是一个象征性的形式——希望战争最终以失败而结束。我去找了文化宣传部的负责人，向他陈述了我的愿望。令我大为惊讶的是，他马上答应了我所有的计划，多少出于一些不寻常的原因，对此他特意对我解释说："感谢上帝，你从来不属于那些愚蠢地叫嚣着要延续战争的人，去吧，在外面想尽一切办法，让你的斗争能坚持到底，以至最终实现吧！"四天后，我得到了休假许可和出国护照。

战争期间，我惊讶地听到奥地利政府某部的最高官员如此随意地讲话。然而，我对政治上的秘密往来过程并不熟悉，也没有预感到在1917年新皇帝卡尔①登基后，政府最高层为摆脱德国军队的独裁统治会做出一些轻微的举动，因为德国无视奥地利人民的内心愿望，继续将奥地利拖入其残酷的吞并主义拉锯战之中。在我们的总参谋部，人们对鲁登道夫②残酷的控制非常痛恨；在外交部，他们绝望而徒劳地反对无限制的潜艇战，因为他们认为

---

① 奥地利最后一位皇帝。
② 德国将军，在德国进行军事独裁，1923年还参与过希特勒发动的暴动。

这一举动肯定会把美国变成我们的敌人;即使是普通人也在悄悄地抱怨"普鲁士人的飞扬跋扈"。所有这些表达,首先只是通过一些小心翼翼的弦外之音和看似无意的评论彰显出来的,但是在接下来的几天,我出乎意料地了解到了更多的事情,而且比其他人更早地接触到了一件政治秘密,这在当时几乎是国家最大的秘密计划了。

事情是这样的:我在去瑞士的路上在萨尔茨堡待了两天。我在那里买了一栋房子,并计划战后在那里定居。在这座城市里,有一小群人坚信天主教,其中两人在战后担任过首相,在奥地利的历史上,海因里希·拉马施[1]和伊格纳茨·赛佩尔[2]发挥了决定性的作用,前者是当时最杰出的法学家之一,曾任海牙会议主席团成员;后者是天主教的神父,拥有几乎不可思议的智慧,奥地利王朝崩溃后,他奉命领导年轻的奥地利继续发展,并在这个职位上表现出杰出的政治才能。他们都是坚定的和平主义者、虔诚的天主教教徒和热情的老派奥地利人。作为这样的人,他们从心底里反对德意志、普鲁士和新教军国主义,他们觉得这与奥地利的传统思想和天主教的使命格格不入。我的诗剧《耶利米》在这个宗教信徒圈里赢得了最强烈的好感——和平主义者兼宫廷顾问拉马施恰好也在旅途中,于是他邀请我去萨尔茨堡拜访他。这位重要的老学者非常真诚地谈到了我的书,认为它体现了奥地利人民友好共处的思想,他热切地希望这本书能产生超越文学领域的影响。令我惊讶的是,他信任我——虽然他从来没有见过我,并

---

[1] 奥地利国际法学者、和平主义者,1918年出任奥地利总理。
[2] 奥地利政治家,信奉天主教。

以一种可以见证他内心坦率的勇气对我说出了一个秘密——当前,我们奥地利正处于一个决定性的转折点:自从在俄国的入侵遇到阻碍并实施军事停火政策以来,无论是对德国还是对奥地利,只要它不再继续坚持其侵略意图,实现和平就是易如反掌的,没有真正的障碍,我们绝不能错过这一刻。如果那些德国人不愿意谈判,那么奥地利必须接管战争指挥权并采取独立行动。他告诉我,年轻的卡尔皇帝已经答应帮助实现这一构想了,也许在下一步,我们就可以清楚地看到这种政治决定最终取得的效果,现在一切都取决于奥地利是否有足够的精力来实现相互理解的和平,而不是德国军方不顾我们国家持续的牺牲所要求的"胜利者的和平"。在紧急情况下,我们必须采取果断措施,也就是在被德国军国主义者拖入灾难深渊之前,及时与德国脱离联盟。"没有人能指责我们背信弃义,"他用坚决的语气肯定地说,"我们已经死了一百万人,我们牺牲得够多了,我们做得够多了!现在我们不要人民为此牺牲自己的生命,也不要为了实现德国的世界霸权而牺牲自己的生命!"

我屏住呼吸站在那里,关于这一构想,我们对此默默思考了无数次,却没有人敢在光天化日之下说出"我们要及时摆脱德国吞并政策"这句话,因为它意味着对战争盟友的"背叛"。然而,在这里,这些话得到了奥地利皇帝的信任和依赖,并在国外受到高度重视,因为他在海牙的行动——在我面前说这件事的时候,他的态度是如此冷静和坚决,而我几乎是一个陌生人——我立刻感到,奥地利单方面割断与德国的战争同盟计划已经开始了,现在这个几乎并不在准备阶段,而是已经付诸实施。在单独缔造和平的威胁下迫使德国同意让步,或者在必要时实施这一威胁,这种选择是非常大胆的。历史可以做证,这是当时拯救帝国和皇室唯一的也是最后的可能,甚至有可能拯救整个欧洲。可是不幸的是,在计划的实施过程中,原计划并没有得到真正的实践。卡尔皇帝确实派女王的弟弟帕尔玛王子出使,给克里孟梭[①]带去了一封密函,询问在没有柏林朝廷同意的情况下缔结和平的可能性,并称如果可能的话,双方可以开始谈判。但是不幸的是,德国高层得知了这个秘密任务,我不太清楚各种缘由,但似乎直到现在这件事还没有完全弄清楚。而卡尔皇帝没有勇气公开表明他的信仰,因为他的选择是——要么退出战局,但是同时必须面对德国用武装力量入侵奥地利的威胁;要么是因为他是哈布斯堡皇室的一员,不敢在关键时刻冒天下之大不韪,取消弗兰茨·约瑟夫皇帝以流那么多血为代价而缔造的盟约,无论如何,他没有任命拉马施和赛佩尔为总理,这种犹豫最终毁了他。只有这两个出于内心道德信仰天主教的国际主义者,才会有这样的力量承受背离德国的恶名,毕竟这两位伟大的人,都是在千疮百孔的奥地利共和国后期,而不是哈布斯堡帝国时期成为首相的,当时,除了这两位有影响力、受人尊敬的人物之外,似乎没有人有能力在世界范围内坚持这种看似背叛的行为。如果拉马施能够公开威胁脱离德国,或者如果他这样做了,那么他将不仅能拯救奥地利,而且能将德国从其最固有的危险(即没有满足的吞并企图)中拯救出来。如果这位宗教智者坦率地告诉我的计划,不曾因为软弱和笨拙而半途而废,那么我们欧洲人今天会处于更有利的地位。

---

① 法国政治家,曾任法国总理,参加过巴黎和会。

第二天，我继续穿越瑞士边境，开始了我的旅程。很难想象从一个被封锁、已经处于半饥荒状态的战乱国家来到一个中立国意味着什么，虽然从这里的最后一站到那里的第一站只有几分钟。从穿越边界后的第一秒开始，我就有了这种感觉，仿佛从令人窒息的污浊空气中突然来到了一个充满白雪的清新环境，那种眩晕感从大脑中穿过，激活了所有的神经和感官（否则，我不会把它的名字留在记忆中），多年来，每当我从奥地利来到瑞士，路过这个名叫布克斯火车站的时候，这种突然松了口气的轻松感就会突然升起。下了火车，第一个惊喜就是食品柜台上琳琅满目的陈列商品，这些东西曾经在我们的生活中是非常常见的，可是后来却变成了难得的东西。我几乎忘了它们应该是什么样的：满满的金色橘子、香蕉、巧克力、面包和火腿都放在那里，还有不需要票的面包和肉。但在我们那里，我们需要通过借助各种关系才能拿到这些看似普通的东西。乘客像一群饥饿的动物一样冲向这些廉价的食物，还有电报局和邮局，人们可以在那里向世界各地发送不需要经过检查的信件。这里充斥着法文、意大利文和英文等各种版式的报纸，人们可以自由购买或者随意阅读上面的内容，也不需要受到任何惩罚。五分钟之前，在我们来的地方，一切都是被禁止的；五分钟之后的这个地方，一切都是允许的。由于距离和空间太近，欧洲战争的荒谬之处变得如此明显。对面的边城那么近，用肉眼就能看到招牌上的字。可那里的人们将被从每一间小屋和棚屋中拖出，运送到乌克兰或阿尔巴尼亚，在那里，他们将杀死别人或者被杀死。离那里五分钟的路程之外，和他们同龄的男人带着自己的妻子坐在装饰了满墙爬山虎的门前抽着烟斗。我不禁问自己：在这条边境线上游泳的鱼，到底是右边属于战争状态，左边的鱼保持中立，还是相反呢？在穿越国界的第一秒，我的思维已经不一样了，变得更自由、更兴奋、更奔放了。第二天我了解到，在战争的世界影响中，不仅我们的精神生活被削弱了这么多，甚至我们的身体机能也一样被削弱了。应亲戚邀请，我饭后喝了一杯纯咖啡，抽了一支哈瓦那雪茄，却突然感到头晕起来，心跳也变得非常剧烈，在长期使用咖啡和烟草的替代品之后，我的身体和神经已经没有能力接受真正的咖啡和烟草的刺激了，甚至我的身体也要从非自然的战争状态切换到自然的和平状态。

这种舒服的头晕也传递到了精神领域。在我眼里，每一棵树都更美丽，每一座山都更自由，每一道风景都能让人感到更幸福。在一个处于战争状态的国家，在黑暗而沉重的环境下，草地上苍茫的景色会被视为是大自然的冷漠无情，殷红的夕阳会让人想起流淌的鲜血。在这里，在平和自然的状态下，大自然的优雅低调也让人觉得本来就应该如此。我从来没有像现在这样喜欢瑞士。过去，我一直喜欢来到这个小而伟大的国家，因为那里有着无尽的多样性。我从未如此强烈地感受到它存在的意义：在同一个空间里，各民族无敌意地共存，这是最明智的指导思想，即通过相互尊重和真诚的民主，可以将存在语言和民族差异的人们之间的关系提升为兄弟般亲厚的友谊。对我们混乱的欧洲来说，这是一个多么好的例子啊！它是所有受迫害者的避难所。数百年来，它一直是和平与自由的家园，总是略尽东道主的友谊，它忠实地保存了每一种思想的独特品质，它是存在的唯一一个超越民族的国家，对我们这个世界很重要！我认为这个国家拥有无与伦比的美丽和财富。在这里，没有人是陌生人；在这个悲伤的时刻，一个自由独立的人在这里比在自己的国家更有家的感觉。我还在苏黎世的街道和湖泊上游荡了几个小时，直到晚上才回去，这里的夜晚亮着灯，充满了和平的一切，这里的人还享受着生活中的平静。我仿佛觉得，那些宁静的窗户后面，不会有一个不眠不休的女人躺在床上备受折磨地想念着自己的儿子。在这里，也没有明天后天就要被装上开往前线的火车的伤兵、残兵和青年士兵。我觉得，在这里，会让人觉得人有活下去的权利和价值，人们还没有被战争所扭曲。而在其他战争国家，生活已经变成了恐惧的代名词，是一种不恰当的罪过。

然而，对我来说最紧迫的事情不是去谈论表演，也不是与瑞士的外国人交朋友。首先，我想见见罗曼·罗兰，我知道他能让我的思想变得更坚定、更清晰、更活跃，我要感谢他在最艰难的日子里对我的认可和友情，我必须先见他，所以我立刻去了日内瓦。现在，我们的两个"敌人"的处境相当复杂，可以想象，交战国双方的政府不希望看到他们的公民在中立的第三国有私人接触，然而，没有法律禁止这些活动，没有任何法律规定，敌对国家的两个人坐在一起就会受到惩罚，只有贸易交换即"对敌贸易"，是被禁止的，应以叛国罪论处。为了避免在这一点上给别人留下任何把柄，或者令双方的国家产生任何轻微的怀疑，我们这两个朋友，甚至原则上不互相给对方递烟，因为毫无疑问，我们会不断地被特工监视。为了不让人怀疑我们之间确实存在秘密或者在密谋什么有罪的计划，我们国际友人总是选择最简单的方法，也就是直截了当地、开放地接触。我们双方的通信不需要用假地址，也不需要利用办公室里待接收信件的小把戏，我们不会偷偷趁着晚上见面，而是非常公开地走在街上，坐在咖啡馆里。所以等我到达那里后，我立即向酒店门房报告了我的全名，说我想见罗曼·罗兰。这样做，德国和法国的情报机构就能更方便地知道我是谁、我想见谁，这不是更合适的办法吗？对我们来说，最自然的是两个老朋友不必因为各自的国家恰好处于战争状态而刻意回避见面，我们没有必要和这个世界一起去做荒谬的事情，因为这样做本身就是荒谬的，我们不需要为了世界的乖张而改变自己。

我终于来到了他的房间，站在了这里的地面上。我几乎觉得这里像以前在巴黎的时候一样，各种各样的书都堆在书桌和扶手椅上，桌子上堆满了杂志、信件和纸张，他有着和以前一样简单的住所，就像苦行僧的工作室一样，但这里却连接着整个世界。无论他走到哪里，他都是出于自己的考虑把房间布置成这样的。我一时说不出话来，我们互相伸出手——这是几年来我第一次能再次和一位法国人握手。罗曼·罗兰是三年来第一个和我聊天的法国人，然而在这三年里，我们的心却比以往任何时候都更加接近，和他说外语进行交流，让我觉得比和自己国家的任何人说话都更加直接和值得信任。我完全意识到站在我面前的这位朋友是世界上最重要的人，他就是欧洲的道德良知，现在他正在和我说话。那个时候，我才注意到他为促进人类之间的相互理解做出了怎样巨大的贡献！他日夜工作，独自一人，没有助手或秘书，时时刻刻都在关注不同国家发布的不同声明，与无数在不同情况下咨询他的人保持联系，每天在日记里连续写上很多页。在这个时代，没有人像他这样，具有强烈的责任感，要去见证历史和时代，觉得自己有必要向后人解释些什么。但是今天，这些手写的日记，这些能让人充分理解"一战"引发的道德冲突和意识形态冲突的手稿在哪里呢？同时，他还发表了许多文章，每篇文章都引起了强烈的国际反响。他还在写一部长篇小说《格莱昂波》①，他不遗余力，一视同仁，充满牺牲精神，全身心地投入他接手的巨大责任中；在人类疯狂攻击彼此的战争时代，他在一切方面的做法都堪称典范，充满人性。他回复每一封信，阅读每一本讨论时代的小册子，这个受到严重疾病威胁的虚弱无力的男人，只能轻声说话不停咳嗽的男人，没有围巾就无法出门的男人，走几步路就不能呼吸的男人，竟然可以满足那么多人几乎不可能的需求。没有任何攻击，也没有任何卑鄙的手段可以撼动他。他无畏而清醒地注视着整个世界的混乱。我在这里看到了一种英雄主义，这种英雄主义在一个活着的人身上表现出来的，是精神层面的、充满道德的和永垂不朽的。即使在关于他的书里，我对他的描述可能还是不够（人们往往不敢对一个活着的人给予太多的赞美）。当我在这个小房间里看到他时——从这里开始，他把看不见的、强大的思想之光传播到了世界的所有地区——我是多么震惊啊！也许我可以说自己的灵魂被他"净化"了，这种震撼至今还流淌在我的血液里。我当时就很清楚，罗曼·罗兰一个人或几乎以一人之力形成的刚正不阿的强大力量，是可以抵挡百万人的非理性仇恨的，尽管这种仇恨是任何衡量仪器和计算都无法估计

---

① 罗曼·罗兰的反战小说，创作于"一战"后。

的。只有我们,那个时代的见证人,才能知道他的存在和他那堪称楷模的不可动摇的坚定在当时意味着什么,因为他,患有狂犬病的欧洲才能够保持自己的道德和良心。

在那天下午和接下来的几天的谈话中,他的话里所包含的内容给我带来了一丝悲伤,就像在跟里尔克谈论遇到的战争时感觉到的那种悲悯。他对那些政客和那些为了自己民族的虚荣心而牺牲他人的人感到愤慨,深恶痛绝,同时,他对那些为了一个他们根本不懂的意义而受苦受难,甚至不惜为之死去的人感到同情。他给我看了一封来自列宁的电报,在离开瑞士之前,在乘坐广受批评的全封闭列车离去之前,列宁曾强烈要求罗曼·罗兰和他一起去,因为他深知罗曼·罗兰的道德威望对他所从事的事业有多么重要,然而罗曼·罗兰决心不服从于任何团体,而是献身于他发誓要为之奋斗的事业:人类的共同事业。就像他从来不要求任何人屈从于他的想法一样,他也拒绝任何来自别人的束缚和联系,爱他的人也要爱他的无拘无束。他希望人们看到的无非就是这样一个独一无二的例子:人们要怎样做可以保持自由,才可以忠于自己的信仰——即使他们为此需要对抗整个世界。

在日内瓦的第一天晚上,我遇到了几个法国人和其他外国人,他们聚集在两家独立的小报纸《报页》和《明日》上。皮埃尔-让·茹弗①、勒内·阿科斯和弗朗斯·马塞雷尔②。我们对彼此

---

① 法国诗人,"一战"时游历日内瓦,与罗曼·罗兰交往甚密,他倡导人道主义,坚持反战,作品有《血汗集》等。

② 比利时版画家,曾为茨威格、罗曼·罗兰等人的作品画插图。

一见如故，成了知心朋友，就像青少年之间的友谊一样，很快就拉近了彼此的距离。但是我们仅凭直觉就能感到我们正开始新的生活，因为我们以前的朋友被爱国主义蒙蔽了双眼，过去的一些朋友已经不存在了，我们需要新的朋友，因为我们仍然站在同一个战线上，在一起反对同一个意识形态战壕里的共同敌人，所以我们立即形成了热情的伙伴关系，发展出了不同寻常的友谊。24小时后，我们彼此信任，仿佛相识多年，我们都愿意像这个战线的人通常做的那样，像兄弟一样用"你"来称呼对方。"虽然我们人数很少，可我们很幸福，我们是兄弟般的亲信。"我们都觉得这种不寻常的、大胆的聚会也有个人的危险；正如我们所知，距离我们五小时的路程之外的地方，为了得到应有的奖励，德国和法国的每一个敌对的战士都在警惕地注视着对方，他们会用刺刀捅对方的身体，或者用手榴弹把对方炸成碎片；边境两边超过千百万人都在梦想着互相毁灭对方，让敌人永远从地面上消失；而敌我双方的报纸上只剩下了互相谩骂。在数百万人中，我们之间很少有人能和平地坐在一张桌子旁，还能拥有这种最真诚、最热情的兄弟情谊。我们知道，我们的行为与官方的规定有多么不一致，我们也知道忠于友谊会让我们在各自的国家处于危险之中。然而，正是这种危险使我们将行动计划兴奋地升级为实践。我们只需要冒险，享受冒险的乐趣，因为仅仅让自己陷入危险的行动就足以让我们的抗议显示出真正的分量。我甚至在苏黎世与皮埃尔-让·茹弗举行了一场公开独奏会，这在战争期间是非常罕见的。他用法语朗诵他的诗，我则用德语朗诵我的小说《耶利米》的片段，正是因为我采取了公开展示一切的做法,我们才在这个大胆的游戏中越发显得真诚。至于领事馆和大使馆的人对我们的看法,对我们来说并不重要,即使我们这样的做法,简直就像科尔特斯①那样烧毁返航的船只一样。可是我们深信,真正的"叛徒"不是我们,而是那些在这意想不到的时刻背叛诗人人道主义使命的人。这些年轻的法国人和比利时人,他们是多么英勇啊!是弗朗斯·马塞雷尔用他对战争残酷的木刻版画,在我们眼前展示了永恒的反对战争的画面,其中的愤怒不亚于戈雅的《战争的灾难》;这个刚强坚韧的男人,日日夜夜在寂静的树林里孜孜不倦地刻画新的形象和画面,在他那狭小的房间和厨房里,早已堆满了这些木板。只是,每天早上《报页》上刊登的他的版画作品,不是针对某个具体国家的指控,而是指向所有的作品所共同的控诉对象,那就是我们共同的对手——战争。我们梦想着有人能把这些传单而不是炮弹从飞机上扔向城市和军队,让没有语言阅读能力的思维最简单的人也能看懂这些愤怒而悲壮的画面。我敢肯定,如果真的能做到那样的话,战争会更早结束。不幸的是,这些照片只能在小报《报页》上发表,它传播的范围实在是太小了,而且几乎永远不会到达日内瓦,我们所谈论和尝试的仅限于在瑞士的小圈子中,要想将它们当作有效的举措运用到现实中,实在是为时已晚。面对各国总参谋部和政治机构的庞大机器,我们感到无能为力,这一点我们都很清楚。也许他们之所以不迫害我们,是因为我们不会对他们造成任何实际的威胁。我们的言论始终是闭塞的,发不出声响,我们的影响力也

---

① 西班牙军官、航海家、殖民者,1519年登陆圣胡安·德·乌卢阿,焚毁船只背水一战,征服了墨西哥。

无法传达出去。可是，正因为知道自己的力量太小，自己人也太少，所以除了依靠自己一个人战斗以外，我们才会紧紧拥抱，真诚相待。作为一个成年人，我从未在日内瓦感受过像这次这样温暖的友谊，我们在未来的很长一段时间里一直保持着这种友好的关系。

  从心理学和历史的角度（而不是从艺术家的角度）来看，这个群体中最引人注目的形象是亨利·吉尔波。他比任何人都更清楚地看到历史上一条颠扑不破的规律：在突变时期，尤其是在战争或革命时期，勇气和胆量可能在短时间内比内在意义更有效，无畏的公民勇气可能比一个人的性格和坚定性更具决定性的价值。当时代的浪潮冲进来的时候，毫不犹豫投入急流的人，总是可以成为带头人和时代的弄潮儿。有多少短命的人，比如贝拉·库恩①、库特·艾斯纳②一直被历史潮流所追逐，直到他们自己的才能实在无法胜任！吉尔波是一个瘦瘦的小个子男人，金色的头发，灰色的眼睛锐利而充满不安，他能说会道，擅长书写和辩论，但不是其中的天才或佼佼者。虽然他早在将近十年前就把我的诗翻译成了法语，但我不得不诚实地说，他的文学才华实在是微不足道。他的语言表达能力也平平无奇，和一般水平差不多，各方面也不是特别深刻。他的性格里有一种不幸的气质，就是无论什么时候一定要提出反对，而对于他会反对什么，他自己是一点都不知情的。如果他真的能像街头流氓一样到处去挑衅，不断遇到比自己强的对手，他会觉得很舒服。在战争开始前的巴黎，

---

  ① 匈牙利共产党的创始人，也是主要领导人物之一。
  ② 德国新闻记者，巴伐利亚社会党的领袖人物。

他不断地与某个领域或文坛上的某个人争论，反对一些思想观念，随后他又转身投入了更加极端的党派，因为在他眼中，所有的政党都不够极端——尽管他本质上是一个心地善良的年轻人。现在，在战争中，他这个原本的反军国主义者突然发现了一个巨大的敌人：世界大战。与大多数人的恐惧和懦弱形成对比的是，战斗带给他的是无畏和勇敢，让他在关键时刻显得非常重要甚至不可或缺。吸引他的恰恰是别人害怕的危险！他做了那么多别人都畏首畏尾不敢做的事情，使得这个没有什么文学地位的人居然一跃成了大人物，甚至把自己的创作能力和战斗能力提升到了超出原本价值的水平，这种事情可是非同寻常的。法国革命时期的吉伦特派①的小律师和小法学家的身上也可以观察到类似的现象。当别人保持沉默的时候，当我们犹豫不决、仔细考虑每个环节该做什么不该做什么的时候，他毫不犹豫地动了手。吉尔波最长久的成就是他创立并主持了当时唯一的反战刊物《明日》——这是一份任何想真正了解那个时代思潮的人都必须阅读的文件，该刊物在第一次世界大战期间的思想界发挥了重要作用。他做了我们当时需要做的事情：建立一个在战争期间超越国际的讨论中心。罗曼·罗兰对这本刊物的支持几乎起了决定性的作用，由于他的道德威望和人事关系，他为这本杂志赢得了来自欧洲、美洲和印度的最有价值的作者们；另外，当时流亡在外的俄国革命者，如

---

① 法国大革命时期的一个政治派别，由信奉自由主义的法国工商业人士组成。

列宁、托洛茨基①和卢那察尔斯基②,都对吉尔波的激进立场非常有信心,经常给《明日》写信投稿。就这样,有12个月或者20个月左右,世界上没有哪个刊物能比这本杂志更有趣、更独立,如果能持续到战争结束,它甚至可能会影响和推动当时正确舆论的形成。同时,吉尔波还在瑞士表达了对法国激进集团的支持,因为他们在法国克里孟梭的要求下被迫沉默。在著名的昆塔尔会议③和齐美尔瓦尔德会议④上,吉尔波都发挥了历史性的作用,在他的影响下,坚持国际主义的社会主义者与坚守爱国主义的社会党人彻底分裂。在整个战争期间,在巴黎的政界和军界,没有哪个法国人比这个金发小个子更令人畏惧和憎恨,甚至比后来成为俄国布尔什维的萨杜尔⑤上尉更令人畏惧和厌恶。法国情报局终于成功地给他安排了一个罪名,这是一次蓄意的栽赃嫁祸,他们在伯尔尼一名德国间谍的酒店房间里发现了几份《明日》的报纸,在我们看来,这只能证明德国人也订阅了几份《明日》而已,无可指责。就德国人而言,这些《明日》的副本似乎是为了满足不同的图书馆和机构的需要才准备的;可是对巴黎来说,这个借口足以把吉尔波描述成一个被德国收买的煽动者,并对他进行起诉,他虽然没有到场,但也被判处死刑,这完全不公平。后

---

① 俄国十月革命中的领导人物之一,1940年被暗杀,作品有《社会民主党和革命》《十月革命》等。
② 苏联革命家、评论家、作家,有很多文学、音乐、戏剧作品传世。
③ 国际社会党人第二次代表会议,1916年在瑞士昆塔尔村举行。
④ 国际社会党人第一次代表会议,1915年在瑞士齐美尔瓦尔德举行。
⑤ 法国军官、法国社会党党员,后在十月社会主义革命的影响下成为共产主义思想的拥护者。

来的事实证明,这一判决在时隔十年后的再审中被撤销。不久之后,由于他的极端行为——这也威胁到了罗曼·罗兰和我们所有人——他与瑞士当局发生冲突,并被对方逮捕和监禁起来,列宁非常喜欢他,也因为十分感谢他在困难时期的帮助,所以他想办法把吉尔波变成了俄国公民,让他乘第二班封闭的火车去莫斯科,这样才挽救了他的生命。从理论上来说,当他到达那里时,他的创造性活力应该能够得到充分发挥。毕竟,他身上已经具备了一个真正革命者的所有资格:被监禁,在不在场的时候被判处死刑,所以他完全有机会再次展示自己的才华,莫斯科应该是个能更好地发掘他的天赋的地方,正如当初他在罗曼·罗兰的帮助下,在日内瓦为我们的梦想做出了积极的贡献一样,他在俄国得到了列宁的信任,因此完全可以大有作为。因为从另一角度说,几乎没有人像他一样,因为他在战争期间的大胆姿态而在战后议会和公众中受到群体的青睐,并发挥了决定性的作用,因为所有极端团体都在他身上看到,他似乎是一个有行动力、有勇气的、真正的人,一个天生的领袖。然而,事实证明,吉尔波根本不是一个领导者,像很多战争诗人和革命政治家一样,他只是一个来去匆匆的时代的产物。在经历了一次与自己天赋不符的突如其来的晋升之后,最终依然会崩溃。吉尔波是一个无可救药的辩论家,在俄国,他像过去在巴黎一样,把他的天才都花在了争吵和制造麻烦上,慢慢地和那些曾经尊重他的勇气的人闹翻了。最开始他与列宁不欢而散,然后是巴比塞和罗曼·罗兰,最后是我们所有人,最终他与我们彻底分道扬镳。他最终生活在一个不那么辉煌的时代,写着毫无分量的小册子,在其中进行一些毫无意义的争论，就像他职业生涯开始时一样。他被赦免后不久，就在巴黎的一个角落里默默地死去了。这位在战争期间反对战争的最无畏、最勇敢的人，如果他能很好地利用时代给他带来的机会，并知道如何使之有效地生发出力量，一切可能都会不一样。他本可以成为我们这个时代的伟人，可今天他完全被人们遗忘了。他在战争期间创办了出版物《明日》——也许我是最后一个带着对他的这个成就的感激而回忆起他的人。

几天后，我从日内瓦回到苏黎世，继续讨论我的剧本试演。我一直很喜欢这座城市，因为它的湖光山色，也因为它优雅而略带保守的文化生活。因为瑞士位于交战国之间，苏黎世不再那么安静，它一夜之间成为欧洲最重要的城市，也成了欧洲各种意识形态运动的聚集地，当然也是所有可能的商人、投机者、间谍、宣传人员和其他鱼龙混杂的人的聚集地。当地人完全有理由对这些陌生的人保持警惕。在餐馆、咖啡馆、电车和街道上，人们可以听到来自世界各地的各种各样的语言，到处都能遇到熟人，不管你喜不喜欢他们；也不管你是否愿意，大家总会陷入无休止的激烈争论。那些被命运拖到这里的人——有的是带着政府任命而来的，有的是被自己的国家驱逐出来的，有的是遭受了迫害和轻蔑逃离到这里来的，我们的生存与战争的结局息息相关。只是，每个人都脱离了最初的存在状态，被抛入偶然事件中。由于没有家乡，他们一直在寻找伴侣式的共同点；因为他们没有权力影响军事和政治事件，所以他们夜以继日地以一种狂热的思想状态讨论问题，这使人既兴奋又疲惫。当人们不得不在自己的故乡沉寂多年，此时真的很难放弃倾诉的乐趣。当一个人不需要经过审查就能思考和写作时，就让人不得不产生了写作和发表作品的急切的动力。每个人都有充分的权力，即使是中等资质的人——正如我所描述的，吉尔波——在这里也变得比以前和以后更有趣。各种语言和背景的作家和政治家聚集在这里，诺贝尔和平奖得主阿尔弗雷德·赫尔曼·弗里德①在这里发表了他的《和平瞭望台》，前普鲁士军官弗里茨·冯·翁鲁②给我们背诵了他的戏剧作品，莱昂哈德·弗兰克③写了他激动人心的短篇小说《人本善良》，安德雷阿斯·拉茨科④用他的《战争中的人们》引起了轰动，弗朗茨·韦尔弗尔来这里朗诵他的作品。我住过的施韦德酒店历史悠久，当年卡萨诺瓦⑤和歌德就曾经待在这里，也因此可以在这里见到来自不同国家的人。我见过一些俄国人，他们后来出现在革命中成为先锋者，可我从来不知道他们的真实姓名；我还见到了意大利人、天主教神职人员、德国强硬派社会主义者。在我们之中还有瑞士学者，包括著名的莱昂哈德·拉加茨⑥牧师和作家罗伯特·费西⑦。我在法语书店遇到了曾翻译过我作品的法语翻译家保罗·莫里斯，另外，我在音乐厅遇到了指

---

① 奥地利著名新闻工作者，曾获诺贝尔和平奖，作品有《和平瞭望台》等。
② 德国剧作家，主要作品有《面对抉择》《血族》等，均表达出谴责战争的思想。
③ 德国反法西斯作家，主要作品有《人本善良》等，具有浓厚的反战意味。
④ 奥地利剧作家、小说家，主要作品有《战争中的人们》等。
⑤ 意大利作家、冒险家，当过情报人员，也做过外交家，生平经历跌宕起伏，其作品《回忆录》记录了他冒险的一生。
⑥ 神学家，苏黎世神学教授，后成为国际和平运动的代表人物之一。
⑦ 瑞士作家，从事文学研究，著作有小说、戏剧、抒情诗等。

挥家奥斯卡·弗里德,一切来来去去,那里所有的意见你都能听到,最荒谬、最理性、充满愤怒或激动的观点,非常之多。杂志可以随时成立,辩论可以立即进行,不同观点之间的碰撞或者对立不断升级;各种团体正在快速地形成或解散。我之后从未像在苏黎世的那些日子里(或者更准确地说,那些夜晚)一样遇到过如此丰富多彩的观点和充满激情的人,如此集中和热情,如此专注而热烈。人们在贝莱菲咖啡厅或奥德翁咖啡馆待到打烊,有时还要去另一个人的公寓继续讨论。在这个被施了魔法的世界里,人人都沉醉其中,没有人关注风景,没有人在乎这里的湖光山色和这种难得的平静,人们生活在报纸、新闻、谣言、观点和无穷无尽的争论中。很特别的是,在这里,人们对战争的意识形态体验更为集中,甚至超过了正在进行战争的国家,因为在这里人们可以将问题客观化,完全无视胜利或失败所带来的国家利益。人们不再从某个政治基点来看待问题,而是从欧洲的角度来看待战争,认为战争是一个残酷的暴力性事件,它不仅改变了地图上的几条边境线的形状,也改变了我们生活的这个世界的形势和未来。

仿佛对自己未来的命运有了预感,最让我感动的是那些没有家乡的人,或者更糟糕的是,那些有两三个祖国而不是一个祖国,甚至心里不知道自己属于哪一个国家的人。在奥德翁咖啡馆的一个角落里,一个留着棕色小胡子的年轻人独自坐在那里,还戴着一副引人注目的厚眼镜,但他黑色的眼眸透过镜片也显露出锐利的锋芒。有人告诉我,他是一个非常有才华的英国诗人。在我遇到这个詹姆斯·乔伊斯①几天后,在他的讲述中,他断然拒绝与英国有任何隶属关系,他说他的祖国不是英国,他是个爱尔兰人,虽然他在使用英语写作,但他不使用英语进行思考,而且他的思维方式也不是英国式的。他当时对我说:"我想要使用一种特别的语言进行创作,一种超越所有语言的语言,所有语言都服从它,我无法使用英语完完整整地表达我的想法,英语限制了我的思想,而我也不能在英语表达时让自己进入一个传统的限制。"我当时不知道他说了什么,甚至不完全理解他的意思,因为我不知道那时候他已经开始写的作品就是《尤利西斯》。他刚刚借给我他的书《青年艺术家的画像》,这是他唯一的一本书,还有他的短剧《流亡者》,我曾经借阅过这本书,为了帮助他,我甚至想翻译这部戏剧。我越了解他,就越对他渊博的语言知识感到惊讶。他圆圆的、高高凸起的前额在电灯反射下映照出陶瓷般的光芒,在他额头后面的大脑里,似乎所有恰到好处地表达他所拥有的一切的词语都在跳舞,它们以最光彩的方式错综复杂地交织在一起。有一次他问我怎么表达《青年艺术家的画像》中的一个复合句,我们试着用意大利语和法语一起混合起来才翻译出了正确的句子成分,对于每一个词语,他的脑子里似乎都有四五个备选词,甚至方言词,他对这些词在意义色彩和语义程度上的细微差别了如指掌。他的身上总带着一种苦苦求索的劲头,似乎非常心酸,不过我相信这就是他内心的躁动和力量,这种略微的愁绪激发了他的创作激情和动力,非常富有成效。对都柏林、英国和特定人群的憎恨已经成为他身上的力量和能量的形式,并且

---

① 现代派小说的倡导者,"意识流"创作者的代表人物,作品晦涩难懂。

只在诗歌中被释放出来。他似乎喜欢自己不苟言笑的样子,我从来没见过他笑,也没见过他表现出开心的样子,他总是犹如一股让人看不透的复杂的力量。每次在街上看到他,他的嘴唇总是紧闭着,步伐总是匆匆忙忙,仿佛在向着一个特定的目标前进,这一刻,我会比在我们的交谈中更强烈地感觉到,他远离了别人,离群索居,故意选择去贴近自己内心的孤独。后来我一点都不惊讶——偏偏是他写出的那部最孤独最无拘无束的作品[①],像彗星一样落入我们这个时代。

另一个生活在两个国家之间,找不到心灵归属和栖息地的人是费鲁乔·布索尼。他出生在意大利,并在那里接受教育,但他最终选择住在德国,像那里的人一样生活。从我年轻的时候起,他就一直是我许多著名艺术家中最喜欢的一个。当他坐在钢琴前全神贯注弹奏的时候,眼里总有一种特别的美,绽放出如梦境般的光彩,他的手在下面轻松地弹奏音乐,流淌出来的每个音符都绝对完美;在舞台上面演奏的他,若有所思的脑袋微微后倾,静静地听着他演奏的音乐,完全沉浸在其中,仿佛进入了出神入化的状态。多少次在音乐厅里我不由自主地要去看着他那容光焕发的脸,听着他的琴声轻轻升起,带着银色的光芒进入我的血液。现在,我又在这里见到他了。他的头发变成了灰色,眼睛中流露出悲伤的阴影。"我该属于哪一方?"有一次他问我这个问题,"当我晚上从梦中醒来时,我知道我在梦中说的是意大利语。当我想写点什么的时候,我又是在用德语的词汇进行思考。"他的学生遍布世界各地——"也许我的那些学生在互相倾轧和伤害彼

---

① 指乔伊斯的作品《尤利西斯》。

此"——那时候他不敢触碰自己真正的作品《浮士德博士》,也不敢开始写作,因为他觉得自己恍惚了。他为了解放自己,让精神从烦闷中被解救出来,专门写了一个轻音乐的小独幕剧,但战争期间,乌云不会从他头上散去。如今难得听到他爽朗响亮的甜美笑声了,那是让我过去那么喜爱的笑声。有一次深夜我在火车站餐厅的大堂遇到他,当时他已经独自喝了两瓶酒,我经过时他拦住了我。"麻醉!"他指着瓶子对我说,"这可不是真正的畅饮,而是自我麻醉!但是,有时候你得麻醉自己,否则你就受不了这种苦闷。音乐并不总是有效的,创作的灵感只有在恰当的好时候才能到来。"

可是,这种分裂给阿尔萨斯人造成了极大的痛苦,其中最糟糕的是像雷内·席克勒这样的人,他们的心一直思念着法国,但是却不得不使用德语创作。最初,战争在他们国家的领土上兴起,战火燃烧,他们的心似乎也被割裂了,碎成两半。有些人想把他们拉到左边,有些人想把他们拉到右边,强迫他们只承认德国或法国中的一个。然而,他们最不能忍受的是"非此即彼"的问题,这对他们来说是不可能的。他们想要的,就是像我们所有人一样,是德国和法国之间作为兄弟和盟国的相互理解,而不是敌意,因此,他们夹在两国之间总是遭受无尽的痛苦。

还有一群不知所措的半敌半友的混血人,嫁给德国军官的英国妇女,以及奥地利外交官的法国母亲。在一些家庭里,一个儿子在这里服务,另一个儿子在那里效力。有的父母不停地在等待来信;还有些家庭,家里仅剩的一些没有多少的财产被没收,在别的地方也失去了工作。所有这些分裂的人都逃到瑞士来了,以逃避总是被他人怀疑的两难处境。无论在老家还是在新的地方，他们的处境无疑都是被迫害后的结果。这些被摧毁、被破坏的生物，为了避免羞辱这个或那个人，避免说这种或那种语言，往往像影子一样安静地游荡。一个人的欧洲化程度越高，越是将欧洲当成自己的故乡，就越容易被打向欧洲的拳头击碎。

  与此同时，《耶利米》正式演出的日期即将到来。首映式非常成功，甚至《法兰克福报》也得向德国发出秘密报告，美国部长和几个盟国的重要人物都观看了首映式。不过我倒是不介意，这些丝毫没有影响到我的情绪。我们都觉得，从战争开始到现在已经三年了，参加德国内部的支持战争的声浪越来越弱，提出反对鲁登道夫强加的战争，并不像在他邪恶地开始战争时那样危险。1918年秋天，这场战争的胜负将会出现最后的定论了。然而，我不想待在苏黎世等待那么长的时间，因为我慢慢变得更加清醒和警觉。在刚到这里的兴奋中，我一度认为，在这些和平主义者和反军国主义者中，我确实找到了志同道合的人，他们是实现欧洲和解目标的坚定的战士。可是我很快发现，在装扮成流亡者或扮演拥有英雄主义信仰的烈士中，有一些身份不明的人混了进来。他们受雇于德国情报机构，负责监视我和在这里的其他人。很快，每个人都能从发生在他们身上的许多事情中觉察得一清二楚：这个安静而循规蹈矩的瑞士被两个敌对国的情报人员打开了无数个缺口。倒废纸篓的仆人、电话接线员，距离人们出奇的近，但服务起来动作又很慢的服务生，都是在为敌对的某一方服务，甚至是同一个人都在为敌对的双方同时服务。盒子被悄无声息地打开了，吸墨纸被拍了下来，信件在路上或邮局里不明不白地消失；在酒店的大堂里，优雅的女人无聊地对着某个男人微笑，搔首弄姿地勾引对方；还有一些我们从来没有听说过的和平主义者突然来找我们，要求我们在一些声明上签字，或者以无辜的方式询问他们"可靠的朋友"的地址。一个"社会主义者"让我给拉绍德封①的工人组织进行一次演讲，他给的工资高得令人怀疑，但工人组织却对此一无所知。这样的情况让我必须处处提高警惕。没多久我就注意到，身边绝对可靠的人只有寥寥几个而已，而且我不想从政，所以能值得交往的人脉越来越少。并且，即使在与可靠的人打交道时，无休止的没有结果的讨论，以及局限于激进分子、自由主义者、无政府主义者、布尔什维主义者和没有政治倾向的小圈子的做法也让我感到厌烦。在那里，我第一次真正可以观察到那些永久的职业革命者身上的特点——只有作为对手不断提出反对意见，他才会觉得自己微不足道的地位得到了提升；他们坚持教条，因为他们没有停泊点。也就是因为这个，我意识到，如果我们继续停留在这种无休无止的混乱环境中，这种耀眼而不确定的共性就会继续发酵，将我们拉入一个同流合污的圈子里去，这样，我们自身的信仰和道德力量就会受损。所以，我退出了，立即与他们拉开了距离。事实上，这些在咖啡店里讨论种种观念的共谋者，没有一个敢真正造反，那些临时行动的国际政客也没有一个知道在真正必要的时候该如何搞政治。在主动的任务来临之初，也就是战后建设之时，他们还在暗暗表达着挑刺和抱怨的负面情绪。就像当年的反战作家，在战后完成重要作品的人可谓寥寥无几。过去那种让他们发烧的时候，

---

① 地名，是瑞士西部的一个小镇。

激发他们创作、讨论、搞政治的时期,只是一种暂时的状态,并不是内心的想法导致他们有共同之处,所以这些有趣又有才华的年轻人组成的圈子,在战后就突然消失得无影无踪了,因为他们反抗的对象——战争——已经结束了。

我接下来选择住的地方是吕施利孔的一个小旅馆,离苏黎世只有半个小时的路程。从那里的山上,你可以看到整个苏黎世湖变得又小又远,还有城市模糊的尖顶。在这里,我只需要见见我邀请的人——我真正的朋友罗曼·罗兰和马塞雷尔;在这里,我可以充分利用已经过去的时光做任何我想做的事情。美国参与战争的消息一传来,只要德国自己的宣传没有使他们的人民变得又瞎又聋,就会使每个人都看到德国的失败是不可避免的定局。当德国皇帝突然宣布他将从现在开始"民主"执政时,我们都知道那钟声传达了什么含义。我坦率地承认,尽管我们奥地利人在语言和思想上与德国人民有着密切的联系,但我们现在变得不耐烦了,这是不可避免的最终结果,所以我们期待着这样的事情尽快到来。曾经发誓战斗到底的威廉皇帝逃出了边境。为他的"胜利者的和平"杀害了数百万人的鲁登道夫戴上太阳镜悄悄逃亡去了瑞典。但是那样的一天,却让我们心里得到了极大的安慰。因为我们相信——当时全世界都和我们一起相信——这场战争是所有时代的最后一场战争。践踏世界的野兽已经被彻底驯服,或者已经被杀死。我们相信威尔逊[①]伟大的计划,就好像这是我们自己的计划似的;我们在东方也看到了类似的光芒,因为俄国革命正在用人道主义和理想主义的理念庆祝它的甜蜜时期。我们那时候

---

① 美国总统,"一战"后提出"十四点原则",作为建立世界和平的纲领。

很蠢，我知道，但不是只有我们这么蠢。经历过那个时代的人都记得那样的场景：所有城市的街道上都充满了欢呼声，大家一起用最热烈的感情去迎接世界的伟大拯救者威尔逊，甚至互为敌对两方的士兵们都互相拥抱和亲吻了彼此。人们从未像在和平的最初几天那样对欧洲如此信任。现在，地球上终于有了空间，可以来建立已经被承诺的公平与博爱的自由王国，并建立我们向往的欧洲共同体，要么是先做，要么我们就永远失去了这样的机会。我们经历了地狱一样的生活，然而在此之后还有什么可以吓到我们？一个新世界已经准备就绪。那时候我们都还年轻，所以都在心里对自己说：这个崭新的世界将是我们的世界，是我们梦想的世界，一个更美好、更人道的世界。

回到祖国

从逻辑上看,在德国和奥地利解除武装之后,我做的最愚蠢的事情就是回到奥地利和前帝国大陆。现在,它只是欧洲地图上悬而未定且毫无生气的灰色阴影。捷克人、波兰人、意大利人和斯洛文尼亚人都将自己占领的地方分割走了,现在剩下的奥地利只是一个残缺不全的尸体,而这躯体好像还在流着鲜血。在被迫称为"德国人—奥地利人"的六七百万人中,有两百万人因饥饿和寒冷而拥挤地生活在首都维也纳。曾经使这个国家致富的工厂现在已经变成了国外的某个地方,火车现在变成了一种简陋的短途列车,国家银行中的黄金被带走,取而代之的是大量的战争贷款。边界线尚未划定,因为和平会议几乎尚未开始,谁承担哪些责任尚未确定。面粉、面包、煤炭、石油这些生活物资也极度匮乏。看上去,奥地利的一场革命似乎是不可避免的,否则,就必然得到一场灾难的结局。从各种现实的角度来看,这个由打败了奥地利的战胜国所创造的国家不能独自生存。社会主义党、教会执政党、民族主义党等所有政党在这个问题上都有自己的声音,他们根本不想独立。据我所知,这是一个国家历史上第一次被迫独立，但该国本身拒绝这种独立的情况。奥地利希望与原邻国或同一个渊源的德国统一成一个国家，无论如何，它都不应该以这种不完整的方式过着最丢脸的如同乞丐般的生活。周围的这些邻国不愿与奥地利保持经济同盟，部分原因是他们认为奥地利太穷了，部分原因是他们担心哈布斯堡王室的回归和复辟。另外，盟国禁止德国与奥地利合并，以免加强被击败的德国的军事力量。这就是为什么会有如此明确的规定的原因：奥地利和德意志共和国必须继续存在。命令一个不希望独立存在的国家："您必须留在这里并且存在！"这在历史上是独一无二的怪事。

是什么力量促使我在祖国最坏的时刻自愿返回了我离开的国家呢？直到今天我也无法清楚地告诉自己这个缘由。无论如何，战前的我们这一代人怀着强烈的责任感长大。人们认为自己越艰辛，就越应该回到自己的家庭。无论如何，我认为，为了避免自己遇到悲惨情况而选择避开自己的国家，那是懦夫和不体面的人才会做的事情。作为《耶利米》这位"失败主义者"的作者，我有义务用自己的语言来帮助人们克服失败和打败即将面临的困难。我觉得自己在战争中是多余的，但战败后我似乎能够找到一个有用的位置，特别是因为我对战争持续下去的抵制呼声，在人们尤其是年轻人之间赢得了一定的道德声望。即使我毫无用处，也至少有一个意义：与我的国家和我的同伴们一起，经历长期以来已经被预言的无处不在的苦难，起码我们能在一起同甘共苦，也算作弥补吧。

当时，返回奥地利的旅程几乎与远征北极的旅程一样远，且需要准备相同的东西。必须穿很多保暖的衣服，并准备毛衣和长裤，因为众所周知，边界上已经没有煤炭可以烧了，而且寒冷的冬天此时已经站在门前。必须更换合适的鞋底，因为那边只有木制的鞋底。还要尽量在瑞士所允许的范围内将足够的食物储备和巧克力带入奥地利，以确保在获得足够的面包票和肉票之前不会饿着肚子；为确保行李保险，保险金额应尽可能高，因为大多数行李和推车都会被抢劫，并且那些东西丢了之后就没有再拿回来的可能，尤其是再没有鞋子或衣服可供选择。十年后，当我前往俄罗斯时，我才再次做了类似的准备。一年多以前，我在瑞士的边界站布克斯车站满怀幸福地进入了这个国家——于是此时，我犹豫了一下，自问是否应该在这最后一刻回头，返回瑞士。我认为这件事将影响到我此后的生活，是一个至关重要的时刻。最终，我仍然选择迎难而上，去往奥地利过更加艰苦的生活。于是我又上了火车。

一年前当我到达瑞士时，我在瑞士边境车站度过了激动人心的时光，那短短的一分钟让我非常开心。现在，当我回到自己国家的土地上时，我在奥地利一侧的边境检查站费尔德基尔希列车站也度过了一段难忘的时光。当我下车时，我已经感觉到边境官员和警察的明显不安。他们没有太在意我们，边境检查进行得很草率，好像在等待更重要的事情。终于，钟声响起，宣布一列来自奥地利的火车即将驶入车站。派出所的警察们立即采取了行动，所有工作人员都从木屋中走了出来。他们的妻子似乎已经提前被告知过了，都挤在平台上。在等待的人群中，特别引起我注意的是一位穿着黑衣服的老太太，她带着两个女儿，看着她的举止和服饰,我猜她是一个贵族。她显然非常激动,一直用手帕擦拭眼睛。

火车慢慢驶进来,几乎就像国王一样庄重地开进车站。它是一种特殊的火车,不是那种老式的普通客运火车,因为日晒雨淋而褪色,而是一列有着大型黑色车厢和特殊装置的专送列车。慢慢地,列车最前面的部分停了下来。在等待的人群中突然爆发出一种紧张又激动的情绪,我感觉到了那种氛围,可我还是不明白为什么会这样。这时,透过列车透明的玻璃,我看到奥地利的最后一个皇帝卡尔皇帝和他的妻子齐塔皇后穿着黑色的衣服,高高地站在窗前。那一瞬间我几乎跌倒在地!统治了奥地利700多年的哈布斯堡王朝的继承人,尊贵的奥地利皇帝,现在竟然想离开他的国家,离开他的子民!尽管他不愿意正式退位,但奥地利共和国还是允许他离开,也许他对共和国施压,要求他们必须接受这样做。此刻,一个高大严肃的男人站在窗户旁边,最后看了一眼他统治的这个国家的山脉、房屋和人民。这是我经历的历史性时刻:对于一个在帝国的传统中长大的男人来说,这是双重打击。他在小学时唱的第一首歌是赞颂皇帝的歌,后来他在部队服役,就是在这个穿着便服的表情严肃、礼仪得体的男人面前,向他宣誓就职:"和国家的领土共存亡!"没想到现在居然是这种情景,我心里不由得生出许多感慨来,我已经多次见过奥地利的皇帝,而在那些主要节日上展示的奢华已经成了传奇。我看到我们的皇帝站在美泉宫的台阶上,身穿崭新的制服,被他的家人和将军们包围着,并受到站在草地上的八万名维也纳儿童的欢呼和赞美——孩子们用稚嫩的声音为皇帝演唱了海顿的合唱《上帝养育歌》，每个人都激动不已。我曾经在宫殿舞会上见过他，在一次特殊的戏剧表演中，我碰见他穿着光鲜的制服，戴着一顶绿色的施蒂里亚帽子，在伊施尔温泉[①]附近狩猎。我看到我们的皇帝低下头，虔诚地走到"圣体节"的行列中，走进了斯特凡大教堂。在那个雾蒙蒙的潮湿的冬天里，我看到了皇帝的灵车。在大战爆发的期间，那位年迈的老人被埋葬进了嘉布遣修士会[②]的墓地。在战争中，对我们来说，"皇帝"一词曾经是所有大国和所有财富的整体概念，也是奥地利长期稳定的象征，童年时人们首先就要学会敬畏地说出这两个音节。现在，我看到他的继承人，奥地利的最后一个皇帝离开了这个国家。哈布斯堡家族的辉煌历史，19世纪后的帝国权杖和王室世袭替代品，在这一分钟内宣告结束了。在这个悲惨的场面中，我们周围的每个人都感受到了真实的历史、世界的历史。宪兵队、警察和士兵们看上去都很尴尬，他们有些不知所措地待在一边，因为他们不知道自己是否还能像以前一样进行老式的敬礼。围观的女人们也不敢抬起眼睛，所有人都没有说话。突然，人们听到那位穿着黑色衣服的老妇人发出轻轻抽泣的声音。谁知道她来自多远的地方，可能赶了很多路才能再次见到皇帝。最后，火车司机发出了列车启动的信号。每个人都感到震惊：不可逆转的时刻已经开始。机车突然着急起来了，就好像它不得不对自己使用暴力来使自己快速运动起来一样，随后火车渐行渐远，铁路工作人员们远远望着它消失的地方，表示对皇帝最后的敬意。然后，带着一些尴尬和窘迫的神情——就是

---

① 地名，是奥地利著名的疗养胜地。
② 方济各修士会的衍生支派。

人们经常会在葬礼上看到的那种表情——他们回到了自己的小工作室。在这一刻,历时近一千年的王朝真正结束了。我知道,我现在要回到的那个奥地利,已经是另一番模样了,是另一个面目全非的奥地利。

火车在远处消失后,我们被要求从美丽的瑞士火车上下来,换乘奥地利火车。一旦乘坐上奥地利的火车,人们就已经提前知道了这个国家发生了什么。协助乘客找到座位的售票员摇摇摆摆地行走着,看上去一副饥肠辘辘的样子。他的衣服几乎破烂了,破掉的衣服碎片在垂头丧气的肩膀下晃来晃去。火车上用于上推或下推窗户的皮革手柄已被切断,因为每一块皮革都是宝藏。盗贼们用匕首或刺刀割伤了座位,我不知道是哪个大胆的人残酷地将整个坐垫的皮革表面全部裁掉了,这是为了修补鞋子,人们无论在哪儿看到皮革,都会立即把它拿走。同样,烟灰缸被盗是因为里面含有少量的镍和铜。秋末的风从外面穿过破碎的窗户咆哮,带着被发动机燃烧过后的灰烬和灰渣,使墙壁和地板变得黑黢黢的。但是,浓烈的煤烟味至少稀释了极强的碘酒味,这使人想起了战争期间这架仅有骨架的火车运送了多少生病的和受伤的士兵。无论如何,火车仍然可以向前行驶,这简直是一个奇迹,但这是一个缓慢的奇迹。每次我们听到未上油的车轮发出的吱吱嘎嘎的声音突然变得尖锐刺耳时,我们都会担心,这辆过度劳累的机器可能随时都会停止呼吸。之前需要一个小时就能到的地方,现在要花四五个小时才能完成。当黄昏来临时,列车整个陷入黑暗当中。因为车上的灯泡或损坏或被盗了。如果有人想翻找什么东西,他必须点燃一根火柴,并趁着那微光向前摸索。此时人们倒是不会因寒冷而发抖,因为从一开始就有六到八个人挤在一起,也算是抱团取暖了。在前面的第一站,许多人再次拥挤地冲进这个车厢,越来越多的人由于已经等待了好几个小时而变得非常疲倦。列车的过道上都挤满了人,甚至有一些人在冬天寒冷的夜晚都蜷缩在火车的踏板上坐着。此外,每个人都充满恐惧地紧紧地抱着自己的行李和食品袋。没有人敢在黑暗中让他的东西离开他的手,一分钟的时间都不行。我从和平之地回到了残酷的战争后的满目疮痍的国家,那里充满了恐惧——虽然当时所有人都认为战争已经结束了。

当我们接近因斯布鲁克[①]时,机车突然开始放气,尽管马力增加且列车一直喘着粗气,但仍然动力不足,无法爬上一座小山。火车上的工作人员在黑暗中带着冒烟的灯焦急地奔跑。一个小时后,救援车吭吭哧哧地赶到了。然后,原本到达萨尔茨堡需要 7 小时的时间,现在则不得不花费 17 小时了。到站以后我发现,车站没有搬运工。最后,在几个衣衫褴褛的士兵的帮助下,我终于将行李都卸下来放在了一边的马车旁。那匹用来拉车的马年纪大了,而且看上去没有足够的食物,瘦骨嶙峋、老迈不堪。说是马拉车,实际上倒不如说是老马需要靠着车辕才能站着。我真的于心不忍,不愿意把自己的行李箱装进马车,让那只垂死的动物劳累地工作。于是我不得不把行李箱放在火车站的储藏室里,当时我非常担心东西遗失,我再也看不到它们了。

战争期间,我在萨尔茨堡买了房子。由于彼此之间的对立

[①] 奥地利地名,欧洲著名的旅游城市。

态度，我和我以前的朋友们大大疏远了，这也唤醒了我的内在需求，即不生活在大城市中或人们中间。并且，我未来的工作需要这种僻静的生活方式。在奥地利的所有小城市中，我认为萨尔茨堡是最理想的城市，这不仅是因为其美丽的风景，还因为其地理位置。它位于奥地利的边缘，乘火车到慕尼黑需要两个半小时，到维也纳需要 5 小时，到苏黎世或威尼斯需要 10 小时，而到巴黎则需要 20 小时，这是欧洲真正的起点。当然，它最初并不是以各种各样的艺术节而闻名的，那时候可不会一到夏天就成为众多名流的狂妄聚会场所，否则我根本不会选择这个地方作为我打磨作品的创作之地。当时，这是一个古朴安静而浪漫的小镇，位于阿尔卑斯山的最后一个山脊上，那里的山丘平滑地过渡到德国平原去。我家所在的那个郁郁葱葱的山丘是阿尔卑斯山大起大落的最后一道山梁。汽车无法驶向那里，只有一条古老的道路，有三百多年历史吧。顺着这样的阶梯向上走一百多步，经过这样崎岖的山路之后，就能收获一定的好处了——可以从上面的平台上欣赏到无与伦比的美景，并且可以看到这座城市的屋顶和许多教堂的尖顶。在这座山的后面是一幅宏伟的全景图，上面绘制着阿尔卑斯山上的一连串气势雄伟的山脉（当然，还可以远远地看见在贝希特斯加登①花园附近的萨尔茨山，随后不久，当时我完全不认识的一个人，阿道夫·希特勒就搬去了我对面的那座山上居住）。我的那所房子本身是非常浪漫的，而且不切实际，不太实用。这是在 17 世纪给大主教使用的一座狩猎别墅，建有坚固的

---

① 边境城市，位于德国巴伐利亚，与萨尔茨堡遥遥相望，希特勒常来这里避暑。

城堡保护墙。在 18 世纪末,这座房子被扩建了,左侧和右侧都加了一间房子,别墅里有一个豪华的旧挂毯和一个彩绘的九柱装饰球(彩绘保龄球)。弗朗茨皇帝 1807 年访问萨尔茨堡时住在皇家别墅,当时就是用这个球在长廊里击倒了九个柱子。此外,这所房子里还保留了几张羊皮纸,上面写有各种基本权利。无论如何,它们都能使人们一目了然地看到这座房子的辉煌历史。

那栋别墅的前门很长,表面看上去非常华丽漂亮,但实际上由于深度不够,只有九个房间,这是历史悠久的罕见的情况。后来,到我们这里来拜访的客人经常会为此惊叹,欣赏这个建筑的奇巧的风格。但是在那时,它的悠久历史是一个可怕的不幸。我们发现每当下雨或下雪的时候,这个地方简直无法住人。雨水落入房间,淋漓不止;每次下雪时,门廊都充满了积雪。而且,当时无法修理屋顶,因为木匠们根本找不到木头来修理房子,而且水管工也找不到铅皮来修理渡槽,我们只能用油毡纸把坏得最严重的部分遮盖起来。下雪后,我们还得立马爬上屋顶铲雪,以免屋顶承受不住太大的重量而塌陷。电话也是不容易使用的,因为电话线不是铜线,而是用铁线做的替代品。每一件小东西都必须由我们自己亲手搬到山上,因为没有人可以帮我们运送货物。但是,最糟糕的还是寒冷,这里附近没有煤,而且花园里的木头太潮湿,燃烧后会发出嘶嘶的声音,就像蛇一样,根本不会有任何加热效果,几乎就是不断阴烧着发出木头爆裂的声音。最后,我们必须点燃苔藓和地衣制作成泥煤来取暖,这至少可以带来一些温暖的幻觉。三个月来,几乎所有我的作品都是在床上写完的,捂在被窝里用冻得发紫的手写作,每次写完一页纸后,我都必须将手放在被子下面焐一会儿,让它恢复点热气才能继续写下去。即使这样的房子不适合人们居住,它仍然是需要捍卫的宝贝,因为除了普遍的食物和燃料短缺之外,在这个灾难的年代,人们还缺乏住房。四年来,奥地利各处都没有建造新的房屋,还有许多房屋已经倒塌了。现在突然之间,大批解散的士兵和战俘从战场上回来,几乎是蜂拥而至。作为最后的选择,每一个家庭都需要在自己家清理出一间空房间来安顿那些归来的人们。管理委员会已经先后四次来过这里了,而且我们也已经自愿放弃了两个房间的所有权。现在看来,这栋曾经让我们备受寒冷苦楚的房子,正是靠着它的破旧和寒冷,才得以被我们保存下来,曾经的困扰似乎是对的:没有人愿意爬上100级台阶住到这里挨饿受冻。

那时,每次我从山上出发去这座城市,那都是一次令人震惊的经历:我第一次看到人们危险的黄色眼睛里充满了饥饿的神色。面包发霉变黑,味道像沥青和胶水的混合物。咖啡是大麦烧成的替代品,啤酒是黄色的水,味道相当寡淡,巧克力就好像染了颜色的沙子,土豆是冷冻的,而且大部分坏掉了。为了不完全忘记肉的味道,许多人就在自己家养兔子吃。一个年轻人在我们的花园里打了一只松鼠,那是他星期天的加餐好菜。稍微胖一点的猫和狗走到远处几乎就不会再回来了。用加工纸制成的服装,简直是替代品中的替代品。男人几乎把能穿的旧衣服全都穿上了,甚至是俄罗斯人的制服,这些都是从仓库或医院带来的,有些可能是从死者身上扒下来的。用旧的麻口袋缝制的裤子也不少见。路边的商店像被抢劫一样空无一物,破旧房屋上的泥土像结痂一样剥落。路上的行人显然营养不良,拖着疲倦的身体去找活干。每次走在这样的街道上，总觉得非常哀伤且情绪低落。在平原地区，人们的营养状况比这里稍微好一些。在道德普遍下降的时代，没有一个农民愿意按照法律规定的"最高价格"出售黄油、鸡蛋和牛奶。他们将所有可能换来利益的东西存储在仓库中，等待可以支付高价的买家。很快出现了一种新的职业，即所谓的"囤积居奇者"，也就是倒买倒卖的投机者。那些男人往往是失业的人，背着一个或两个背包，挨家挨户到农民的家中去买他们的货物，甚至会乘坐火车去到另一些地方非法购买食物，然后以成本价格的四倍到五倍出售到城市中能卖上高价的地方。最初，农民高兴的是可以一次性换来这么多钞票，但当他们的钱包里充满钞票，他们希望拿钱在城市里买东西时，却悲哀地发现，他们只在平时价格的5倍基础上出售食物，而镰刀、锤子和铁的价格比最初他们想买的时候增加了20倍或50倍。从那以后，他们只肯接受用工业产品交换食物，要求以物易物。自从人类进入战争时代，在战壕中恢复洞穴时代的生活以来，数千年来一直使用金钱的传统也已被放弃，人们又回到了原始的易货贸易中。一种奇怪的贸易方式开始遍布全国。城市居民拿着农民们缺乏的东西去交换食物和日常物资，例如中国瓷器花瓶和地毯、长刀和步枪、照相机和书籍、灯和各种装饰品等都是他们交换的内容。如果有人走进萨尔茨堡的一个农夫的家里，他可能会看到房间中有一尊印度佛像正凝视着访客，或者看到一个洛可可式的书柜，里面有带有精装皮革封面的法律文件，而新主人尤其会为这样的友好交换而感到自豪。"那是真皮的！法国货！"他们的脸颊鼓鼓地炫耀着，一副非常骄傲的样子。要物品不要钞票，在那时已经成为一种常用的口语。有些人不得不从手上摘下结婚戒指或腰上的真皮皮带，以便换来食物填饱肚子。

最后，有关部门也加入进来，力图阻止这样的实际上仅对拥有实物的人有利的黑市交易，每个省都建立了许多检查站，从自行车和火车上收缴囤积居奇者们搜罗来的许多商品，并将它们分配给城中的食品供应机构进行发放。于是这些倒买倒卖的人学会了像美国西部一样，组织夜间运输或贿赂检查员——毕竟那些官员自己的家中也有饥饿的孩子。正所谓上有政策下有对策，有时他们也会真刀真枪地动起手来，左轮手枪和匕首都是常用的工具：经过四年的前线练习，男人们已经精通武器的使用，并且他们还熟悉诸如逃生时的自我掩护之类的军事艺术。这种混乱的局势每天都在恶化，人们越来越不安，因为每天都可以感觉到货币在不断地贬值。邻国已经用自己的钞票代替了奥匈帝国的钞票，并在一定程度上将支付老"克朗"的负担转移到了分裂的战后布满疮痍的小奥地利。人们失去信任的第一个迹象就是硬币已经消失了，因为与纸币相比，一小块铜或镍仍然是"真品"。国家正在全速印钞，以便根据魔鬼靡菲斯特①的方法创造尽可能多的人造货币，但其流通的速度仍不能跟上通货膨胀的速度。结果，每个城市和乡村，无论大小的地方政府，甚至小村子里都开始印刷纸币，发行自己的"脱离困境的票据"，但是邻近的村庄拒绝接受，不愿意将它们当作付款方式。后来，人们在意识到它们根本一文

---

① 出自德国作家歌德的悲剧《浮士德》，在第二部中，靡菲斯特依靠诡计让皇帝签署发行纸币的圣旨，以此来解决朝廷面临的经济困境。

不值的情况下不得不将它们扔掉。此阶段的通货膨胀首先出现在奥地利，然后出现在德国。如果一个国家的经济学家能如实地写下当时的情况，我猜测，那种扣人心弦的紧张程度估计比这世上任何一部小说都要令人激动，因为混乱的形势越来越出乎人们的意料。很快，人们就不再相信稳定的价格了，因为市场上的一切物品的价格都会随心所欲地上涨：一家商店的火柴价格可能是另一家商店的火柴价格的 20 倍，因为后者的所有者仍在不知不觉中以昨天的价格出售商品。诚实的人最后得到的结果是，在不到一个小时的时间内，他所有的囤货就被抢购一空，因为人们之间迅速传播了这个消息并引发了大众的关注，大家不管是否真的需要，每个人都来买他们能买到的一切实际的东西。即使是一条小金鱼或旧望远镜，也可以说是"实际性质的东西"，每个人都想要"有形的东西"而不是钞票。最荒谬的事情是当时的房屋租金不成比例。为了保护租户（占多数），政府禁止任何形式的租金上涨，认为这会损害房东的利益。很快，在整个奥地利，一间中型房屋的年租金甚至还赶不上一顿午餐钱，甚至在奥地利，有五年到十年的时间，人们对房屋的出租几乎都是免费的，租房住的人们差不多就是白住，因为后来社会上甚至明令禁止终止租户合同。由于这种混乱的局面，每一周，社会风气都会变得比上一周更肆无忌惮，更没有道德，世界正在变得越来越糟。那些节俭地生活了 40 年，并出于爱国热情而用全部积蓄购买了战争债券的人现在成了一文不名的乞丐。可背负着债务的人竟然不愿意再偿还债务；那些遵守规矩去得到食物配额的人将不得不忍饥挨饿，只有那些大胆越界的人才能吃饱饭。愿意贿赂别人的人会得到更好的机会，有路子实现更大的获利，那些囤积居奇倒买倒卖的人可以赚得盆满钵满；而根据国家限定的购买价出售商品的人几乎等同于被盗；那些认真小心地做生意的人将永远是被骗的一方。在资金的流动和蒸发过程中，根本没有任何规范或价值可言。人们只坚持一条原则：要聪明、足智多谋、不假思索，跳到这匹快马的背上，而不是让自己被它践踏。

更糟糕的是，当奥地利人在价值突变的过程中失去任何规范时，一些外国人意识到他们可以浑水摸鱼。通货膨胀已经持续三年了，而且速度越来越快。在这个过程中，这个国家唯一不变的具有价值的东西就是外币。因为奥地利克朗像流水一样从你的手指间流过，每个人都想要换得瑞士法郎和美元；许多外国人也丝毫不放过这种机会，狠狠地利用这种经济形式在奥地利克朗的尸体上咬了几口，在我们发展疲软的社会中再分得几杯羹。奥地利被人们"发现"还有这样的潜力，因此出现了灾难性的"外国人争相涌来的季节"。从牙刷到农庄，维也纳所有的酒店都充斥着这些什么都买的秃鹰。他们买断了自己的私人收藏和古董店，这个时候店主们终于意识到他们因为自己的尴尬处境而遭受了什么样的抢劫和盗窃。令人难以置信的是，瑞士一家小旅馆的看门人和荷兰的速记员可以住在环城大酒店的王侯套间里。但是，作为目击者，我可以证实这一点：萨尔茨堡最著名的豪华酒店欧洲酒店，在很长一段时间内稳定地出租给了英国的失业者。由于英国人民有丰厚的失业救济金，他们在这里的生活费用甚至比在他们自己国家的贫民窟还要低。世界上没有不透风的墙，在奥地利生活和购物有多便宜的消息已经逐渐传开了，来自瑞典和法国的好奇客人已经到达。在维也纳的街道上，使用意大利语、法语、土耳其和罗马尼亚等各种外国语言的人，比使用德语的人多得多，甚至德国也用马克来兑换不断下降的克朗。那时，德国的通货膨胀率没有我们快，当然，后来他们的速度却比我们奥地利快了百万倍还不止。作为一个边境城市，萨尔茨堡给了我每天观察这些抢劫队的最好机会。数百个来自巴伐利亚邻近村庄和城市的人，挤满了奥地利的这个小镇。在这里，他们让裁缝为自己做华美的衣服，在这里修车，还去这里的药店买药和看病。慕尼黑的大公司在萨尔茨堡给外国发信件和电报，以节省邮费。后来，德国政府采取措施，针对人们不在本国商店购物的现象，阻止人们在廉价的萨尔茨堡购买所有必需品——毕竟，一个马克可以兑换70克朗。他们设立了边境检查站，来自奥地利的所有商品都将被海关没收。但是，有一样东西是海关没收不了的：喝到胃里的啤酒。巴伐利亚的啤酒爱好者可以从汇率表中看出，由于克朗贬值，他们用同样的钱在萨尔茨堡可以喝五六升或十升啤酒！大家再也想不出比这更吸引人的了。因此，他们带着妻子、孩子成群结队地从费赖拉辛或赖辛哈尔穿过边境，来到这里享受奢侈饮酒的美好机会。每天晚上，火车站都变成了一个真正的魔法洞穴，挤满了喝醉了、大喊大叫、打嗝和呕吐的人。有些人喝多了，不得不被通常运送土豆的大车装着推到车厢里去，直到火车上挤满了喊着、唱着，要回自己国家的醉汉们。当然，这些快乐的巴伐利亚人并不认为，在不久的将来会有一场可怕的报复等着他们——当克朗稳定下来，马克以天文数字急剧下跌时，奥地利人也从同一个火车站乘列车去那里喝廉价啤酒。不过是同样的剧被出演了第二遍，只是换了个方向。在这两场通货膨胀战争中，啤酒战争是我记忆中留下的最特别的一场，因为这一节中的这些现实和荒诞可能最生动地展示了那些年的疯狂。

最神奇的是，我想不起那些年我们自己是怎么处理家庭开销的。当时，奥地利的人们每天需要几千或几万克朗才能维持生计。当然后来德国一个家庭每天需要数百万马克才行。然而，最神秘的是人们完全能够得到这么多钱。人们对此已经习以为常，适应了混乱的社会。买一个鸡蛋需要的钱可能和过去买豪车的钱一样多；后来，在德国，一个鸡蛋需要 40 亿马克。在通货膨胀之前，这笔钱可以买下大柏林区所有房地产市场的房子了。从逻辑上讲，一个没有去过那里的外国人肯定会认为，当时奥地利的妇女一定是蓬头垢面的，人们在街上跌跌撞撞，所有的商店一定是荒凉的，因为没有人能买得起其他东西，尤其是剧院和娱乐场所一定是空的。然而令人惊讶的是，事实恰恰相反。人对于生命延续的意志大于担忧金钱的不稳定性。在金融混乱中，日常生活似乎不受干扰地继续着。个人层面发生了很多变化：富人变穷了，因为他们在银行里买的国债贬值了；投机者则抓住这个机会变富了。然而，生活的车轮继续转动，不在乎任何一个人的命运，而是按照自己的节奏前进。面包师在烤面包，鞋匠在缝靴子，作家在写书，农民在种地，火车正常运行，每天早上，报纸都像往常一样放在门口。偏偏娱乐场所、酒吧、剧院总是座无虚席。正是因为那个意想不到的事情的发生——也就是过去最稳定的货币现在都失去了价值，所以人们更珍惜生活中真正有意义的事情：工作、爱情、友谊、艺术、自然，整个民族在灾难中的生活却比以往任何时候都更加投入和精彩。年轻的男孩和女孩们一起去爬山,回家的时候皮肤已经被晒成了健康的黑色;舞厅里的音乐回荡到深夜;到处都在建立新的工厂和企业。甚至我自己都没想到,自己比以前更投入生活和工作之中,显得更加生机勃勃、充满朝气。我们以前重视的事情,现在对我们来说更重要了。在奥地利,我们从未像在这些混乱的岁月里那样热爱艺术,因为我们从金钱的背叛中感到,只有我们心中那些永恒的东西才是真正持久的。

比如,在那些最艰难的日子里,我从来没有忘记去看任何一场歌剧表演。人们在半明半暗的街道上跌跌撞撞,因为缺少煤,实在是照明有限。买一张大厅座位的票往往需要一捆钞票,过去足够包下一个豪华包厢一年的票了。因为剧场没有暖气,观众都穿着外套看戏,大家挤在一起取暖。现在的大厅是多么单调和阴暗,但是从前,这里有耀眼的制服和奢华的晚礼服!没有人知道,如果货币继续贬值,下周是否还会继续上演这部歌剧,很有可能接下来的一周因为货币贬值得不到足够的煤炭供应。在这个皇家富丽堂皇的豪华剧院里,一切都显示出了双重的绝望。乐队的队员们坐在乐谱架旁边,他们也在灰色的阴影中穿着破旧的晚礼服,因为缺乏食物和各种营养而疲惫憔悴。在这个阴暗的剧场里,我们自己就像幽灵一样。然而,当指挥举起指挥棒的时候,当幕布缓缓拉开的时候,一切都呈现出前所未有的光彩景象。每一个歌手、每一个音乐人都发挥出了自己的最佳水平,因为他们都觉得这可能是最后一次在这个自己喜欢的剧场演出了。我们在认真听,从来没有这么专注过,因为也许这是我们最后一次来这里的机会。我们像其他数百万人一样这样生活，每个人都尽了最大的努力，这周、这个月、这一年、所有毁灭前的时间。我从来没有像当时那样强烈地渴望生活在一个国家里，在那里，仿佛这一切都与终极目标有关：为了生存、为了延续。

然而，尽管如此，如果我必须向人们解释被掠夺的、贫穷的、多灾多难的奥地利是如何在战后的创伤中生存下来的，我还是会感到尴尬，并且实际上我也不知道该如何解释。我们右边的巴伐利亚建立了共产主义苏维埃共和国，我们左边的匈牙利在贝拉·库恩的领导下倾向了布尔什维主义，甚至今天，我也不明白为什么奥地利没有发生那样的革命，当时真的不缺引发矛盾和变革的导火索：满大街都是流浪回家的士兵们，他们饿得半死，衣衫褴褛，愤怒地看着那些靠战争赚钱的人享受着无耻的奢侈，而他们则不得不面对严重的通货膨胀。在军营里，甚至出现了一个叫"红色保卫团"的组织，那个兵营随时准备发起冲锋，并且当时也没有任何与那样的思潮相对立的组织。当时只需要两百名意志坚定的人，就足以赢得维也纳和奥地利了，但是并没有什么严重的事情发生。只有一次，一群不守纪律的人准备闹事，被四五十个武警轻松制服。于是，奇迹变成了现实：这个被切断了能源供应、工厂、煤矿和油田的国家，这个像雪山一样失去价值、被掠夺的国家，活了下来，屹立不倒。也许由于它的软弱，生活在这里的人们忍饥挨饿了太长时间，于是变得非常软弱，没有力量再去战斗；或许，这也是由于奥地利典型的神秘力量——与生俱来的和谐相处的能力。两个最大的政党，社会民主党和基督教社会党在最困难的时候联合起来组建政府，尽管他们内部充斥着强烈的对抗关系。双方都向对方做出了让步,以避免出现整个欧洲分崩离析的灾难性局面。慢慢地,各种关系开始理顺并稳定下来。令我们惊讶的是,这些不可思议的事情发生了:这个身体已经残破不堪的国家继续存在着。后来,当希特勒来到这里,试图带走这个民族的灵魂时,这个民族在充满了牺牲、忠诚和在艰苦工作中表现出的巨大勇气,甚至可以发动反抗,以捍卫这个国家的独立。

而这个国家避免的极端崩溃只停留在外部和政治意义上。在国内,它在战后的头几年经历了一场大革命。和军队一起,我们被"威权主义不能犯错"的信念压垮了,这是我们从小被灌输的信条。对于那个发誓"军队在有生之年永远不会放弃战斗",但在夜晚趁着浓雾逃离祖国的皇帝,德意志人民真的能够仍然对军队领导人、政治家充满钦佩吗?还有那些诗人,从未放松用胜利和死亡对"战争"和"困苦"的押韵。当枪炮的烟雾弥漫全国,战争造成的破坏无处不在时,战争的残酷现在已经为人们所知了。打着英雄主义和军事征用的旗号进行了四年的谋杀和抢劫,人们怎么能把这样的道德信条视为神圣呢?在国家取消了对公民的一切艰难责任后,公民怎么能相信这个国家做出的任何承诺?现在,依然是战争时期的那同样的部队,那些有经验的人,在和平谈判时比发动战争时表现得更加愚蠢。今天每个人都知道——但当时我们中只有少数人意识到——当时的和平将是历史上的一次绝无仅有的道德机遇,也许是最大的一个能够产生变革的机遇。威尔逊意识到了这一点,他以非凡的远见,概述了一项将给世界带来真正持久和平的和解计划。然而,老将军、国家元首和利益相关者将该计划撕碎了,使之变成毫无价值的废纸。那些曾经答应过百万人——这场战争将是最后一场——的承诺,无非是从那些因为疲惫而半失望半绝望的士兵身上调动最后力量的借口而已。军火商和政治家之间的利益竞争是以牺牲这些承诺为代价的。他们采取了灾难性的战略,签署秘密条约,秘密谈判,成功地避开了威尔逊提出的明智和人道的要求。世界上所有具备超前视野的人都看到自己被他们欺骗了。那些被骗的人,是牺牲了自己孩子的母亲,是那些以乞丐身份回家的士兵,是那些认购爱国债券的人,是那些相信国家承诺的人,以及我们所有梦想着一个更有秩序的新世界的人。我们必须看到,时代和国家像以前一样,在进行一场根深蒂固的老游戏,不惜赌上我们的生存、我们的幸福、我们的时间和我们的财富,现在这赌局又开始了,交易者仍然是同样的人或者新加入的一些赌徒。如果整个年轻一代都带着怨恨和轻蔑的目光看着他们的父亲——因为父辈们先是听信了关于战争胜利的鬼话,然后接受了条件做出了承诺之后却又被夺走了和平——这样会不会很奇怪?难道都是因为运气不好,什么都不能预见,什么都不能期待的缘故吗?如果年轻人失去了对自己父辈的任何形式的尊重,这难道很难理解吗?整个年轻一代不再信任父母、政客、教师,他们会用怀疑的眼光去阅读国家发布的任何一项法规和制度规则。战后一代突然抛弃了目前为止所有有效的规章制度,背离了传统。他们想掌握自己的命运,摆脱过去,跃入未来。一个完整的新世界的生活领域,一个完全不同的秩序应该从他们开始建立。当然,一切都有些过度了,尤其在最开始的时候。所有非同伴的活动在年轻人看来都是不可接受的，他们拒绝和不同年龄的人或事情接触。过去，年轻人和父母一起旅行，但现在十一二岁的孩子根据他们的性别组织自己的团体，像"候鸟"①一样走遍全国，去意大利和北海。在学校里，根据苏俄的例子，他们成立学生委员会来监督教师，推翻不合时宜的"教学计划"，因为孩子们只想学他们自己真正愿意学的东西。对于每一个现存的规则，他们都会出于反叛的喜悦而反对它，甚至反对自然意志和两性之间的永久两极分化。女生们会把头发剪得很短，和男生的发型几乎分不清；而年轻的男生要刮胡子，试图显示出一些女生的魅力。男女同性恋者不是被内心的性的本能所驱使，而是作为一种流行的表达抗议的时尚元素，而反抗的对象则是长久的、合法的、正常的表达爱的形式。在他们看来，存在的每一种表现形式都必须表现出激进主义和革命的斗志，艺术也必须如此。出现了新的绘画思潮，彻底宣布伦勃朗②、荷尔拜因③和委拉斯开兹④创造的一切都已经过时，这开启了立体派和超现实主义最离奇的绘画实验。无论在哪里，那些能让人一目了然的因素——音乐中的旋律、肖像中的相似性、语言中的感性——都是被鄙视的，年轻一代厌恶这样的基本概念。年轻一代删除表示男性、女性和中性的德国定冠词，然后将句子的结构颠

---

① 指候鸟协会，1901年由卡尔·菲舍尔创立，最初是德国青年徒步旅行会，后影响到奥地利。

② 17世纪著名的荷兰画家，主要作品有《夜巡》《浪子回家》等。

③ 是一位画家，但在美术史上的地位比不上其子（小）荷尔拜因，（小）荷尔拜因是德国文艺复兴时期的重要画家，擅长肖像画创作。

④ 著名画家，在西班牙美术史上颇负盛名，主要作品有《水贩》《宫娥》《镜前的维纳斯》等。

倒了。人们使用"直率"和"直言不讳"的电报风格,并加上强烈的感叹来撰写文学作品。而且,任何非活跃性质的不激进的文学作品,也就是说,缺少政治理论上思考的文学都会被扔到垃圾堆里。音乐在一根筋地寻找一种新的调性,将节拍分离;建筑学把房屋的里外翻了个儿;在舞蹈中,华尔兹消失了,取而代之的是古巴舞蹈和黑人舞蹈;在时装设计中,突出裸露总是造成另一种荒诞;在戏剧中,演员穿着燕尾服上演改编后的《哈姆雷特》戏剧,试图带来爆炸性的戏剧效果。在所有领域中,他们都已经进行了最不受束缚的实验,一切现有的、已经完成的、已经成就的东西,要一蹴而就地被赶超过去。一个人越年轻,所学到的东西越少,就会因为他与任何传统都不相干的特质而越受欢迎:终于,年轻一代可以胜利地向父母一代的世界进行报复了。在这种任情任性的狂欢之中,让我觉得最可悲而滑稽的一幕就是,老一代知识分子惊惶失措,由于担心自己会被年轻人超越,会被时代认为"不合时宜",他们绝望地采取了改变,比如赶紧装扮出做作的"自然不羁"的风格,试图瘸着脚跟在这些年轻人的后面,哪怕谁都能看出来,那是明显不过的歧途。那些举止端庄、温柔诚实、留着灰胡子的大学教授在以前创建的"静物写生"中添加了象征性的立方体和六面体,因为现在不改变就无法出售了,因为年轻的策展人(现在整个社会都正在寻找年轻人,到处都是,或者更确切地说,是最年轻的人)会认为这些画作太"经典"了,会将它们从画廊中拿下来并送到仓库。几十年来用清晰的德语写作的作家如今砍断了句子间的关联,驱使自己成为"行动主义"的一分子。普鲁士理事会的顾问挺着大肚子在讲台上传讲了马克思的理念。年长的宫廷芭蕾舞演员裸露了四分之三的身体，并以僵硬的身体表演旋转舞，跳了贝多芬的热情奏鸣曲或勋伯格的《升华之夜》之类的曲子。到处都有老年人在恐惧中追随最新时尚的情景。突然之间，要保持"年轻"，当昨天的一切都过时了的时候，必须迅速构想出一个新的、更极端的、从未见过的方向，这将成为人们唯一的虚荣心。

那是多么疯狂的，一个属于无政府主义者和令人难以置信的时代！这些年来，随着货币价值的消失，奥地利和德国的所有价值都在下降！这是一个人们兴奋不已的时代，一个肆无忌惮的骗局以及焦虑和极端主义的独特混合的时代。所有非常规和不可控制的事物都在经历着蓬勃发展的黄金时代：通俗的神学、神秘主义，唤起精神、催眠、人类学、手相学、刑法学、印度瑜伽理论和帕拉切尔苏斯[①]的神秘主义。吗啡、可卡因、海洛因和任何形式的麻醉剂，比目前的兴奋剂都具有更加令人瞠目结舌的市场。当时的戏剧中充满了乱伦和杀人的情节。在政治上，只有共产主义和法西斯主义才是人们所向往的极端。相反，人们将轻视任何形式的中立态度视为妥协。但是，我不想在自己的生活和艺术发展中放弃这个混乱的时代，正如每一次意识形态革命的首要任务总是清除污垢一样，始终有必要把空气中的沉闷传统清除掉，并释放多年来积累的紧张气氛。尽管进行了各种大胆的实验，但仍然没有出现有价值的灵感。尽管我们对他们的夸张行为感到疏远，但我们仍然没有理由责怪他们或傲慢地拒绝他们，因为从根

---

① 瑞士医生、自然研究家、哲学家、神学家。他认为人的生命分为两部分：一部分是实际的肉体，另一部分是看不见的灵魂。

本上讲，这些新一代的年轻人正在尝试做我们这一代由于谨慎和边缘化而不得不推迟的事情，即使他们表现得太紧张，也太急躁了一些。从最深层次来看，他们的直觉是正确的。战后时代必须不同于战前时代：那是一个崭新时代、一个更美好的世界。我们的上一代人不是在战争之前和战争期间一直对此抱有希望吗？当然，即使是在战争之后，我们这些年老的人再次证明，当危险的世界重新政治化时，我们无法及时组建一个超越国家的组织来扭转这种局面。在和平谈判中，法国作家亨利·巴比塞曾以小说《火线》而著名，曾试图在欧洲和解的旗帜下建立欧洲知识分子联合会。这个团体自称为"清醒社"，来自世界各地的作家和艺术家应严肃地承担起自己的责任，并与任何形式的煽动公共情绪的力量做斗争。巴比塞曾经委托雷内·席克勒和我共同带领德国作家小组的发展，这也是最难的部分，因为在德国，各地仍然存在着关于对《凡尔赛条约》的愤怒。只要莱茵兰、萨尔和美因茨的桥头堡仍被外国部队占领，那些在德国赢得权威人士对抗民族主义意识形态的可能性就很小。如果巴比塞没有在最艰难的时候抛弃我们，德国也是非常有可能建立这样的组织的——就像约翰·高尔斯华绥[1]通过成立国际笔俱乐部可以做到的那样。致命的是，前往俄罗斯的兴奋带动了巴比塞的热情，群众主义思想的崛起在他那里蔓延开来，使他坚信，无论是公民国家还是民主制度，都不能使所有族裔组成一个真正的兄弟般的世界，而对整个国家来说，唯一的可能就是共产主义，将整个世界发展成为共产

---

[1] 英国小说家、剧作家，1932年获得诺贝尔文学奖，主要作品有《福赛特世家》《有产业的人》等。

主义旗帜下的兄弟,才能建立一个真正的统一的世界。他想悄悄地将"清醒思想家社团"转变成阶级斗争的工具,但我们拒绝用这种激进的方法,因为这势必会削弱我们的力量。结果,这个有意义的计划提前宣告了失败。再一次,因为我们过分热爱自由和独立,争取思想自由的斗争失败了。

现在我只有一件事要做:安静地退休并隐居起来,返回到自己的创作中去。如果我能直言不讳的话,我认为,在表现主义①的放纵中,他们认为自己拥有无尽的幻想,是无可企及的天才人物,而我已经36岁,已经是被归类到上一代的老派的作家了,因为我拒绝像猴子那样左右逢源地投票支持他们。我对自己的早期作品不满意,在"唯美主义审美"②时期我从未重印过那些书。这也意味着我需要耐心重新开始并等待,直到各种"主义"思潮带来的焦虑情绪消退。我的个人缺陷之一,也就是缺乏虚荣心的性格,也有利于我自己在平静的生活中保留自我激励且淡泊致远的心性。我开始了自己一系列的作品创作,这是一套连续的丛书:《那些世界的建设者们》,为了保证内容的精品,我深知这样的努力需要耗费好几年的时间。当时在非常放松的心态中,我写下了长篇小说《马来狂人》和《一个陌生女人的来信》,在这个过程中,非激进主义者慢慢放松了下来。我周围的国家、我周围的世界开始缓慢地恢复它的秩序,因此我也不要再犹豫不决了,更不

---

① 表现主义,1910—1920年盛行于德国、奥地利、瑞士等国,从绘画领域扩展到文学领域,最后形成一场声势浩大的文艺运动。其基本主张是:艺术应该影响生活,着重表现内心的情感。

② 自19世纪法国诗人戈蒂耶提出"为艺术而艺术"的理论起开始盛行,强调重视艺术的形式美。

会像这样蹉跎着假装自己的时间已经过去了。过去我还能为自己找到合适的借口:"毕竟现在开始的一切都只是权宜之计。"——只是我已经到了人生的中途,简单承诺的时代已经过去,那个欺骗自己的时代一去不复返了。现在需要做的是更加积极地遵循自己的愿望,并坚定地经受考验,或者完全放弃自己最初坚守的一切。

重游世界

三年的时间里，1919—1921年，在奥地利溃败于第一次世界大战后最困难的三年里，我在萨尔茨堡与世界隔绝的状态下生活，并且再次萌生了去外面的世界看一看的希望。此前因为战后崩溃，外国人对德国人、对用德语写作的人的仇恨，货币贬值，这一切所带来的大灾难都让我觉得，或许这辈子只能留在自己的家乡了。但是一切又都变好了，我们又能吃饱，又能坐在桌子旁不受打扰地工作。没有抢劫案件，也没有发生革命，我们还好好地活着，能感受到自己的力量。难道在这样的情况下，不是应该再尝试重温一次年轻时的快乐，到外面去很远的地方，看看别处的生活吗？

虽然我还没有考虑进行长途旅行，但是意大利就在前面，只有八个或十个小时的路程。我应该大胆地走出这一步吗？边界这边的奥地利人是他们的"头号敌人"，尽管我自己从来没有这样的感觉。难道因为要避免这样的不友好情况，我必须率先拒绝这一想法变成现实吗？想起在异国他乡，为了不连累自己的朋友，可能需要在擦肩而过的时候也假装彼此是陌生人，难道我也必须这样做吗？不，我不会这样做的。现在，我要迈出这一步。一天中午，我越过了国家的边境线。

傍晚时分，我已经到达了维罗纳①，并住在一家旅馆里。有人递给我一张旅店的登记注册表，然后我按要求把它填了，且心里不免有些紧张。门房员拿了登记表，仔细端详了一会儿。当他在"民族"一栏中看到"奥地利"时，他感到非常惊讶。"你是奥地利人吗？"他问。我当时暗暗想，或许他现在要把我赶出去了。但是，当我肯定地回答了他时，得到的却是他情不自禁的一声欢呼喝彩："啊，太好了！终于来了！"这是我在那里接受的第一次问候，它再次证实了我在战争中的感觉：所有那些宣传和煽动仇恨的行为只能引起短期的狂热，从根本上讲从来没有真正接触过欧洲公众的心灵。一刻钟后，真诚的看门人来到我的房间，询问我房间里是否已经准备好所有我需要的东西了，他真是非常体贴。他称赞我的意大利语，当我们道别时，我们发自内心地真诚地握了手。

第二天我到达了米兰，我又看到了大教堂，在画廊里闲逛。听到自己过去非常喜欢的意大利语音乐，看到所有我熟悉的街道，我喜欢在其他地方找到熟悉的感觉，这让人感觉很舒服。在街边经过的时候看到一栋楼，上面写着《晚邮报》的标志。我突然想起我的老朋友朱·安·博尔杰塞，他那时候是这个编辑部的主要管理者。在他的社交聚会上，凯泽林伯爵、本诺·盖格尔和我带着激动人心的想法度过了许多快乐的夜晚。他是意大利最优秀、最有激情的作家之一，对年轻人有很大的影响。虽然他是

---

① 地名，意大利边境城市。

《少年维特之烦恼》的翻译者,并且热爱德国哲学,但他在第一次世界大战期间对德国和奥地利采取了坚定的反对立场,并主张与墨索里尼(后来他们也分道扬镳了)并肩作战。在整个战争期间,我有一种奇怪的感觉,因为我知道一个敌对国家的老朋友是一个军事干涉主义者。正因如此,我才有了遇见这个"敌人"的欲望,但是我不想被拒之门外,所以我给他留了我的名片,上面有我的酒店地址。在我走下楼梯之前,已经有人从后面追上了我,那张充满活力的脸上闪烁着兴奋的光芒:正是博尔杰塞!五分钟后,我们没有任何芥蒂地聊了起来,也许比以前更加推心置腹。他也从战争中吸取了教训,我们从各自的海岸出发,彼此比以前更亲近了。

各地都是这样。在佛罗伦萨,我的老朋友画家阿尔贝特·斯特林加在街上向我走来。他冲上来紧紧地抱着我,让当时的我的妻子以为他要谋杀我——她正和我一起走在街上,但是她不认识他。一切都和以前一样,不,比以前更真诚了。战争结束了,我松了一口气。战争结束了!

然而战争并没有过去,我们只是不知道而已,对即将到来的风暴一无所知。我们都被美好的愿望蒙蔽了双眼,把个人的心理准备和外界的环境混为一谈。然而,我们不必为这种误判感到羞耻,因为政治家、经济学家和银行家们对当时局势的误判不亚于我们,他们也被复苏的虚假繁荣和懒洋洋的满足感所蒙蔽。其实战斗只是转移了位置而已,从国与国之间转移到了社会各个阶层之间。我从第一天开始就是现场的目击者,但是直到后来才明白它的深远意义。我们奥地利人当时对意大利政治不太了解,只知道战后的失望情绪引发的极端的社会主义甚至布尔什维主义的思想倾向开始蔓延。每面墙上都可以看到用木炭或粉笔写的生硬的字母:"列宁万岁!"人们恍惚听到这样的消息,一个叫墨索里尼的社会主义领导人在战争期间脱离了自己的政党,独自成立了一个对立的小组。然而,人们以冷漠的态度接受了这个消息,因为大家觉得这丝毫不相干。这样的群体有什么了不起的?每个国家都有无数这样的小党派:沿着波罗的海海岸,到处都有志愿者在游行,莱茵兰和巴伐利亚也分别被坚守不同主义的团体给割裂开来了。到处都有示威和政变,但是随之而来的事实往往是,几乎所有的示威和政变都被镇压了。没有人想到这些"积极分子"——虽然他们没有穿上像加里波第①志愿军一样的红衫,但他们都穿着黑色的"法西斯分子"制服——将会成为欧洲未来发展的重要的影响因素。

然而,在威尼斯,"法西斯分子"这个词突然在我看来有了真正的内涵。下午,我从米兰来到我最喜欢的水城,但是奇怪的是,码头没有搬运工,也没有小游艇。工人和铁路员工站在那里无所事事,双手插在口袋里不停示威。我拿着两个沉重的箱子四处寻找帮助,并问一位年长的先生哪里可以找到搬运工。"你真不幸,在这个时候来到这里。"他遗憾地回答我,"不过,我们现在经常会遇见这样的日子,又是一次总罢工。"我不知道罢工是为了什么,也没再多问。我们在奥地利也已经习惯了这种做法,

---

① 朱塞佩·加里波第,意大利民族解放运动的领导人物之一,军事家,曾领导创建罗马共和国,1860年组建红衫军,协助西西里岛人民起义。

而社会民主党经常采用这种最终会带给我们最大不幸的方法示威，完全不考虑实际效果。于是我吃力地提着箱子继续往前走，直到看到一条小船在河里飞快驶来，还偷偷向我招手，然后他让我和那两个箱子一起上了船。我们花了半个小时才到达我下榻的酒店。在路上，我们遇到一些人，他们冲着我的船夫挥舞拳头，因为他违反了罢工的规则。我不假思索地按照我的旧习惯先去了集市广场，可是那里出奇的冷清。大多数商店的防护窗都是放下来的，完全封闭着，咖啡馆里也没有人坐，只有一大群工人三三两两地站在拱廊下，仿佛在等待什么特别的事情发生。我有点好奇，就和他们一起等。然后，这样的场景突然出现了：匆匆忙忙间，从附近的一条小巷走出一群年轻人，他们的队伍很整齐，用他们练习过的节奏唱着歌。我不知道歌词的内容——后来知道是《青年之歌》。他们挥舞着棍子向一群比他们多一百倍的人冲去，以致被突然袭击的人根本没有时间抵抗。这个有组织的小团伙确实大胆，快速向人群发起了攻击，当对方意识到是挑衅的时候他们已经消失无踪了，根本没有办法抓住这些人。这些被打的人，现在正怒气冲冲地聚在一起，攥紧拳头，但是已经来不及追上那组机动灵活的冲锋队了。

眼见为实总是更有说服力。我第一次知道，传说中的法西斯主义，原来是这样领导有方的，他们决心发动那些无所畏惧的年轻人，让他们成为政党中的狂热分子。从那以后，我不再同意身在佛罗伦萨和罗马的老朋友们的看法，他们总是轻蔑地耸耸肩，称这些年轻人为"雇佣团伙"，并嘲笑他们为"魔鬼的兄弟"。出于好奇，我买了几期《意大利人民报》，从墨索里尼犀利又简洁生动的拉丁文风格中，我看到了同样的决心和坚毅，就像集市广场冲锋队的年轻人所表现出来的决心一样。当然，我此时还是不能预见，一年以后，这场斗争达到了一个非常大的规模。从这一刻起，我知道我们在这里和在其他方面，都面临着一场潜在的斗争，我们现在享受到的和平不是真正的和平。

对我来说，这是我遇见的第一个警告：在欧洲看似平静的表面之下，仍有一股非常危险的暗流在涌动着。没过多久，第二个警告就出现了。我决定夏天去北海和德国海岸的威斯特兰，因为我再次对旅行产生了浓厚的兴趣。当时，在一个奥地利人看来，去德国的旅途无疑是令人兴奋的。与我们疲软的克朗相比，德国货币马克一直表现得相当好，现在这个国家似乎走上了一条良好的复苏之路。火车在几分钟内准时到达，酒店一尘不染。铁路两旁到处都是新建的房子和工厂。任何地方都是整洁有序的，几乎无可指责。战前人们讨厌这种秩序，但在混乱的战争中却重新学会了珍惜它。空气中弥漫着某种特殊的紧张气氛，因为整个国家都在等待与热那亚和拉巴洛①的谈判结果，人们不知道是否能够实现减少战争赔偿的希望，或者是否能至少达到真正和解的清醒态度。这是德国作为一个拥有平等权利的国家，第一次与那些敌对国家坐到谈判桌前。这次，是我的老朋友拉特瑙主持了这次欧洲历史上的纪念性谈判，他出色的组织能力在战争中得到了充分的展现，他第一时间意识到了德国经济疲软的弱点，这也是后来

---

① 指的是1922年意大利热那亚国际经济会议，德国没有参加正式会议，但是会议期间，苏俄和德国在此进行了私下会谈。并且，德国和苏俄在热那亚近郊拉巴洛签订了《德国和俄罗斯苏维埃联邦社会主义共和国协定》。

使德国经济遭受致命打击的缺陷,即原材料的供应。他及时把整个经济置于中央控制之下(他在这方面很有远见)。战争结束后,当德国需要一位来自外交部的部长来应对最明智和最有经验的对手时,这个责任自然落在了他的肩膀上。

犹豫了很久,我还是给他打了电话,由于他正忙于参加一件足以塑造这个时代的命运的大事,所以对于自己贸然的打扰,我非常不安。对于安排时间见面,"是的,真的很难,"他在电话里说,"现在我不得不因为工作而牺牲友谊。"但是,他有着可以利用每一分钟的优秀组织能力,并且立刻发现了一个会面的机会。他说他要去几个大使馆参观,离格鲁内瓦尔德(也就是拉特瑙居住的地方)有半小时的车程。最简单的办法就是我去他那里,我们用这半小时的时间在车上好好聊一聊。他确实有那种精神集中能力,能快速彻底地从一件事转移到另一件事上。每当他在公共汽车或火车上讲话时,他都可以像在他的工作室里练习过的一样那么精确而深刻。我不想错过这个机会,我也相信,能和一个没有从政过且和他有多年交情的老朋友聊聊,会让他觉得很开心。这是一次非常有收获的长谈,我可以证明,拉特瑙虽然并非完全没有个人野心,但从来都不是因为带着某种贪婪或不耐烦的心情接管德国外交部部长这个处境相当困难的职位。他早就知道,这个任务目前没有解决办法,最多只能完成四分之一,得到几个微不足道的让步。然而,还不能期待真正的和平与虎视眈眈的敌对方的宽宏大量。"可能至少要十年时间,"他对我说,"前提是大家都不好过,不光是我们处在这样的境地。等到那些老一辈不得不退出外交界,那些将军们成了公共广场上的纪念雕像,站在那里什么话也说不出来的时候,这些才有可能实现。"他完全明白,作为一个犹太人,他肩负着双重的责任。在历史上,这样的人带着如此多的怀疑和内心深处的思考去接受一个任务,可能是很少见的,他也很清楚,能解决这个问题的只有时间,而不是他。他也知道自己面临的危险。自埃茨贝格尔[①]遇刺以来,他不得不承担了签署停火协议这一令人不快的责任,而鲁登道夫则小心翼翼地躲在国外逃避这一责任。拉特瑙毫不怀疑,作为一个倡导和解的先驱,类似的命运正等待着他。但是,他没有结婚,没有孩子,从根本上说是极度孤独的。他告诉我,他认为自己不需要害怕这种危险。当时,我实在没有勇气提醒他注意人身安全。随后拉特瑙在拉巴洛会议上表现出色,在当时的条件下取得了最好的成绩,这是一个惊人的历史事实。他那种能抓住任何有利时机的杰出天才,他那种世界级人物的风范,他的个人声誉,从来没有像那个时候那么耀眼。然而,德国的一些团体日益壮大,他们知道,给自己注入力量的唯一途径是不断告诉战败者,他们根本没有被打败,任何谈判和让步都是对国家的背叛。当时的秘密团体——因为同性恋氛围浓厚而形成的对抗团体——超出了当时共和国领导人的预期。在自由的理念引导下,共和国领导人放松了对所有团体的警惕,包括那些企图永远摧毁德国自由的团体。我在市区外交部的门口和他告别,没想到这次分别之后我们竟然天人永隔[②]。后来我从新闻照片上认出,不久之后,就

[①] 德国政治家,"一战"后任德国政府谈判代表团团长,后被暗杀。

[②] 1922年,拉特瑙从家里赶往外交部的路上,被德国国家主义恐怖组织的杀手暗杀。

在我们一起在车上畅谈时经过的那条街上,凶手伏击了我们乘坐的那辆车。按说我并没有成为历史上这一灾难性场面的见证人,也只是偶然的运气。因此,德国的不幸和欧洲的不幸,这一悲剧场景就正式拉开了序幕,而对我来说更是痛彻心扉、印象深刻的。

那天我已经在威斯特兰了。数百名前来疗养度假的病人们在海滩上愉快地放松,一个乐队正在为那些对暑假毫不担心的人演奏音乐,就像弗朗茨·斐迪南遇刺消息传来的那天一样!突然,送报纸的人像一只白色的信天翁一样从滨海大街跑了过来:"号外号外!拉特瑙被暗杀了!"恐慌开始了,这个消息震动了整个德国,马克的价值突然暴跌,没有什么可以支撑这种贬值,而且贬值速度已经疯狂到可以用万亿来计算了。直到现在,德国正式开始了真正的通货膨胀的混乱局面。相比之下,奥地利之前 1∶15000 的通货膨胀率都变得微不足道起来,几乎变成不值一提的事了。如果要细细还原历史,讲述清楚原著中的细节和其中许多不可思议的事情,估计整整一本书也讲不完,这样的书今天看起来就像天方夜谭一样。我经历过这样的一天,早上花 5 万马克买一份报纸,晚上再去购买同样的晚报,就不得不花费 10 万马克了。那些要兑换外币的人竞相涌来,兑换的金额会被分摊到好几个小时来计算最恰当的汇率,因为 4 点钟能兑换到的金额比 3 点钟的兑换金额多好几倍,5 点钟的时候又会比一小时前再多几倍。比如我把写了一年的稿子发给出版商,以防万一,要求出版商立即预付一万份的稿酬。当支票到达时,它的价值已经贬值到甚至不足以支付我一周前的包裹邮费了。想买张火车票得以百万计算。中央银行不停地用卡车把钞票运送到银行大厅里。14天后，人们可以在排水沟里看到一些面值10万马克的钞票：它们已经被一个乞丐鄙夷地扔掉了。那时候去买根鞋带，比买一双鞋还贵。不，比奢侈品店里一大片将近两千双的鞋子还贵。修一扇玻璃窗比之前买整栋房子还贵。一本书比以前拥有数百台机器的印刷厂还要贵。如果你口袋里有一百美元，你可以在柏林库达姆街附近买上一排六层楼的房子。以前的工厂现在价值已经严重缩水了，只有像买把手推车的价格那么低。如果一个小男孩碰巧在港口发现了一箱子掉落的肥皂，他可以开车出去几个月，每天只需要卖一盒肥皂，就能过着像王侯一样奢侈的生活，而他们的父母，以前的富人，却到处乞讨，过着卑微至极的破产的日子。原来的寄件人摇身一变，成了大银行家，设立银行进行各种外汇交易的投机行为。其中做得最风生水起的是大赢家施廷内斯[1]，他利用这次经济的崩溃疯狂贷款，买下了他能买到的一切东西，比如矿山以、轮船、工厂、股票、城堡和农场等各种资产。事实上，他什么也没花，因为所有的债务最后都归零了。不久之后，德国的四分之一的经济和领土都落到了他的手中。最具有讽刺意味的是，总是对可见的成就感到兴奋的德国人民居然为他激动不已，向他欢呼，好像他是个天才一样。成千上万的失业者站在那里无所事事，紧握拳头向坐在豪华汽车里的外国人和那些为他们开门的人暗自表达愤怒——他们可以买整条街，就像买一包火柴一样。那时候只要认识字的人从事的都是交易投机、赚钱之类的

---

[1] 胡戈·施廷内斯（1870—1924），德国矿冶工业巨头，"一战"后德国通货膨胀，施廷内斯一跃成为德国最大的企业家和工业主。

事业。同时这种情况之下还隐瞒着另一种神秘的感觉,这些投机分子在欺骗大众,但同时他们被一只隐藏在暗处的手所欺骗:这只手显然是策划这场混乱的主谋,为的是让这个国家彻底摆脱债务和责任。我觉得我已经可以算是很懂历史的人了,可是在人类历史上,从来没有经历过类似的疯狂时代,会产生这么大规模的通货膨胀。所有的价值观都彻底变了,不仅仅是物质方面;国家的规章制度都遭到无情的嘲笑,因为它丝毫没有将习俗和道德考虑在内,柏林已经成为世界的邪恶源泉。酒吧、游乐园和小酒馆如雨后春笋般涌现。我们在奥地利看到的只是这种舞蹈场景的一个温和而羞涩的前奏,因为德国人已经完全颠倒了他们的激情和稳定的组织和秩序。沿着库达姆街走上一圈,会发现有无数假冒女人的年轻男人们在来回摆动他们的腰肢。他们不都是职业卖家,就是中学生也想赚点钱;在那些黑暗的酒吧里,你可以看到国务卿和高级财政官员温柔地向喝醉的水手献殷勤,而没有任何羞耻之心。就连斯韦东①的作品里描述的邪恶的罗马,也从未有过像柏林的变性化装舞会这样的放荡生活。数百名装扮成女人的男人和装扮成男人的女人,在警察的注视下跳舞狂欢。当所有的价值观都崩塌的时候,疯狂正好侵入到社会秩序已经摇摇欲坠的市民阶层。年轻女孩对自己的特别个性感到非常自豪。16岁时,如果她被怀疑还是处女,那么这在当时柏林的任何一所学校都会被视为耻辱。每个人都想吹嘘他们的浪漫冒险,越陌生越离奇越好。在这种色情的性爱狂欢中,最重要的是其中存在的那种可怕的不真实感。从根本上说,德国爆发的肆意放纵氛围和通货膨胀

---

① 罗马传记作家,主要作品有《恺撒生平》等。

只不过是狂热的模仿。随处可见的是，这些市民家庭出身的女孩原本是愿意把头发梳向两边的，而不是梳成像平头男人一样的发型；她更喜欢用小勺子吃奶油苹果蛋糕，而不是喝烈酒。随处可见，人们也能感觉得到，因为这种过度刺激，人们每天都要在通货膨胀的钢索上行走，这已经变得让人的思想难以承受了，大家都处在崩溃的边缘。这个被战争弄得筋疲力尽的国家，只渴望秩序、安宁、法律和一点点安稳的生活。他们暗暗痛恨这个共和国，不是因为它压制了这种野性的自由，而是相反，它手中的缰绳太松了，过于放纵了这种自由。

经历了一年这一类似世界末日的人们，即使他们非常讨厌和害怕它，也会非常肯定地觉得，这样的时代风气会逆转，彻底翻盘，甚至会出现一些令人极端恐惧的应对措施。那些让德国人民陷入混乱的人正在幕后等待时机，手里拿着时钟愉快地计算着时间："这个国家的局势越糟糕，对我们越有利。"他们知道，他们的国家占上风的时刻即将到来。当时，聚集在鲁登道夫周围的人比聚集在尚未夺取权力的希特勒周围的人还多，而且他们清楚地显示出反向革命的迹象。不得不脱下制服的军官们组织了秘密集会；那些觉得自己一生积蓄被骗的普通市民也悄然聚集，愿意接受对方承诺的将会带来秩序的口号。对共和国来说，没有什么比它的理想主义企图更致命的了：它想给人民自由，无论是自己的子民还是敌国的子民，它都同样宽容地对待它们。正是因为德意志是一个秩序井然的国家。面对自由，他们不知道该怎么办，所以当时他们已经在焦急地等待着，希望有人能从这里夺走他们的放纵和自由。

当时,德国的通货膨胀彻底结束的那一天(1923年)① 可能会变成一个历史的转折点。随着铃声响起,当迅速上升的一万亿马克被换成新的马克时,标准就出炉了,这是一个一切终于恢复正常的时刻。的确,带着污秽和泥巴的浑水很快退去,酒吧和小酒馆消失了,各种关系开始正常化。现在每个人都可以清楚地看到和计算出自己到底得到了多少,又失去了多少。然而大多数人,一个非常庞大的群体,毫无疑问都是历史的失败者。然而,这种牺牲和责任并没有发生在那些需要对战争负有责任的人身上,而是被当作责任丢在了那些有勇气去奉献的人身上(实际上这些人没有得到任何的感激),以及那些出于奉献精神让自己挑起建立新秩序的沉重负担的人身上。我们必须永远记住,就是因为这次疯狂的通货膨胀,才让德国人民如此愤怒,如此充满仇恨、群情愤慨,如此容易接受希特勒的领导。虽然战争使人们痛苦,但它也曾给人们带来了欢呼的时刻,也让胜利的钟声和号角响彻全国。作为一个不可救药的军国主义国家,德国人曾经因为在战争中的阶段性胜利而骄傲不已,而通货膨胀只会令德国人感觉受到了玷污、欺骗和屈辱。整整一代人都不会忘记或原谅德意志共和国时期的那段岁月,他们宁愿召回那些杀人犯,也不愿意接受那样的时代。但这些还很遥远,大肆屠杀的机器还要很长时间才会出现。况且到了1924年,那些混乱的奇怪影像似乎已经像鬼火

---

① 1923年11月15日,德意志共和国政府发行新货币"地租马克",出于民众的信赖,产生了稳定货币的作用。

一样消失了。天又亮了起来，充满了曙光，人们知道自己该做什么了，正常的日子已经归来。虽然秩序仍在恢复期，但是我们已经对维持长期和平的前景表示了喜悦。多少次，我们以为战争已经过去了，这次也依然一样。我们没救了，犯下了和以前一样的错误。然而，正是这种欺骗性的幻觉给了我们十年安稳的工作机会、对未来的希望甚至安全的生活。

从今天来看，从1924年到1933年的近十年的时间里，即从德国通货膨胀结束到希特勒上台，是我们这一代人自1914年以来目睹的一系列灾难的短暂间歇期，尽管在此期间也存在各种问题，但那已经非常微不足道了。在此期间，我们的社会也出现了一些紧张、动荡和危机，特别是1929年的经济危机。然而，在这十年中，欧洲似乎实现了一定程度的和平，这具有重大意义。德国被国际联盟①体面地接受为成员国，得到了用于建设经济的贷款——实际上被秘密用于军备；英国已经减少了自己国家的军事力量；在意大利，墨索里尼接管了对奥地利的保护。世界似乎又开始飞速运转，重新恢复建设自身了。巴黎、维也纳、柏林、纽约和罗马，无论是赢家还是输家，都变得比以前更加美丽了。飞机使国家间的交通变得更快了，办理护照的规定简化了许多，各种汇率之间的大幅波动已经平稳下来。人们清楚地知道自己有多少收入，能花多少钱，所以并不会那么热情地关注外部世界存在的种种问题。人们可以得到工作机会，可以集中精力思考、钻

---

① 1920年以"促进国际合作，维持国际和平与安全"为主旨成立的国际组织，总部设立在日内瓦。

研艺术和文学领域的著作。人们甚至可以再次做起梦来了，期待建设出一个完整统一的团结的欧洲。在人类社会的这个时刻——这十年的一瞬——似乎我们这一代已经经历了太多苦难的人，将有机会再次过上正常的生活。

我个人生活中最突出的一点变化是，那些年，有一位客人来到我家，在这里舒舒服服服地安顿下来。这位嘉宾——就是我在社会上取得的成绩——是我万万没想到的，也从来没有特别期待过的来客。这几乎是不言自明的，我不愿意提及我的作品在外部世界中取得的成功，这会让我觉得不舒服。正常情况下，我不会允许自己给出任何哪怕是最随意的言语和暗示，因为担心那可能会被别人解读为自负或者自夸。然而，我在这里谈及此事，主要是有一个特殊的原因，因为这个原因，我甚至不得不在我的生活经历中毫不掩饰这一事实——因为我的这些成就，自希特勒七年前就职以来，已经彻底成为故纸堆里的历史成就了。我的书曾经几十万几百万册地发行，在书店和无数家庭里找到了安全的落脚点。今天，我在德国的任何地方都找不到关于自己的任何一本刊物，就算谁收藏了一本我的什么著作，也要小心翼翼地藏起来；在公共图书馆，我的作品都放在"毒草书籍专柜"，只有少数获得当局特别许可的人，主要是出于批评和辱骂的目的，才能查阅那些书籍，并将其运用于"学术需要"中去。那些给我写过信的读者朋友，从来不敢在信封上写上我的真实名字，因为我的姓名也被禁了。除了这些，甚至在法国、意大利和所有其他被奴役的国家——在这些国家，我的作品的译本属于拥有最多读者的书籍——也都是如此，我的作品几乎找不到落脚之地。这是因为，我所有的书都因为希特勒的命令而被彻底禁绝。今天，作为一名作家，用我们格里尔帕策的话说，我是一个"虽然活着但却已经失去发展生命的人"。过去40年里，我在国际上建立的一切（或者说几乎所有的一切）声誉和成就都被这一拳打碎了。所以我提到我的"成就"，不是说现在属于我的那些东西，而是曾经属于我的，就像我的房子、我的家乡、我的自信、我的自由、我的公平正直等，一切都已经逝去了。如果我不让人们看到我之前所达到的高度，我就无法生动地让人们知道我和无数无辜的人一起遭受的打击和坠落是多么深刻和彻底。这是我们整个文学一代被彻底灭绝的独特之处，据我所知，对此，历史上没有第二个可比的例子。

那些成绩不是突然出现在我身上的，它来得缓慢而小心，但它是持久的、忠诚的、可靠的，直到希特勒用法律的鞭子把它赶走。那时候我的作品令我自己的影响力逐年提升。《耶利米》后出版的第一本书，也就是《建造世界的大师们》三部曲的第一部——《三大师传》——开始铺就我的成就之路。此前活跃在文坛上的表现主义者、意志论学者和经验主义者都已经谢幕了。对于那些有耐心和毅力的人来说，通往贴近人民的通俗文学的道路上没有任何障碍。我的中篇小说《马来狂人》和《一个陌生女人的来信》很受欢迎，达到了平时只有长篇小说才能达到的水平。它们被改编成剧本，很多人公开阅读并发表了看法，接着它们被改编成剧本，搬上了戏剧舞台。我的一本小书——《人类的群星闪耀时》——正在所有学校里流行起来，孩子们竞相阅读——很快它被编入了"岛屿丛书"，成为系列书籍中的一本，并连续卖出了25万册之多。几年之内，我就取得了这种程度的成就（我觉得这是一个作者能取得的最有价值的成就），那就是：拥有一个庞大的读者群体、一个可靠的值得信赖的读者人群，他们期待着作者的每一本新书，也愿意购买作者的每一本新书，他们信任作者，而作者不能让他们失望。后来这个群体的规模和数量变得越来越大。我的每本书几乎都是这样，虽然报纸上没有刊登书籍出版的消息，但它们在德国出版的第一天就能卖出两万册之多。有时候我会有意识地回避这个成就，但它总是以惊人的韧性跟随着我。我写了一本书，是关于富歇[①]的传记，这纯粹是出于个人兴趣。我把稿子发给出版商，结果他马上给我回信，说立即就要出版，首次出版预定一万份。我劝他暂时不要印那么多份，因为在这篇稿子中，富歇不是一个很受欢迎的形象，书中也没有提及女性的相关描写，这本书可能会比较小众，不太可能吸引更广泛的读者，所以建议他最好先印一千份试试看。一年后，这本书在德国最终卖出了五万册。可是现在，在同一个德国，我的作品再也不能被人们看到了，因为国家规定我的书是禁书，人们一个字也不允许看。我在修改喜剧剧本《狐狸》的时候也遇到过类似的情况。那时候我非常怀疑自己的作品，几乎有些病态了。我本来打算写一部诗剧，就用九天的时间把所有的表演都写成了简单散文诗的形式，这草稿自然是非常松散的，毫无力量感可言。碰巧德累斯顿的宫廷剧院给我发了一封信，问我最近的写作计划——在这个剧场首映了我的第一部剧《忒耳西忒斯》，所以我总觉得我对他们有一定的道德责任——的时候，我就把散文诗的剧本草

[①] 法国政治家，活跃于法国大革命时期，曾做过中学教师，后步入政坛。

稿送到剧场去，还表示了诚挚的歉意：我现在给出的稿子只是基础底稿，呈现的只是一个把它加工成诗歌初稿的提纲。然而剧院立即给我发了一封电报，要求我对稿件保持原貌，不要做任何改变。就这样，这个剧本真的原封不动地登上了全世界的舞台（在纽约，是在戏剧协会上演的，由著名演员艾尔弗雷德主演）。总的来说，那些年，无论我做了什么，我的成就和不断增长的德国读者群都从未放弃过我，始终跟随在我左右。

我在写传记或评论性文字评价外国作品或人物时，总觉得自己有义务去探究为什么它们在自己的时代能够获得或未能获得影响力。所以，有时候在沉思的时候，我会忍不住问自己：我的书有什么特别的地方呢？竟然给我带来如此意想不到的成功。最后的结论是，我觉得这是因为我自己的一个缺点所决定的——我是一个非常容易不耐烦又情绪化的读者。在一部小说、一部传记，或者一场思想讨论中，如果一部作品中有任何冗长复杂的部分，或者任何琐碎的安排、朦胧的晦涩，只要有任何一点点不清不楚或表达暧昧的部分，所有不必要的曲折情节，我都会觉得非常无聊。只有那些每一页都高潮迭起，能让人一口气从头读到最后一页的书，才会让我觉得是真正的享受。在我拿到手里的书中，我觉得几乎有90%的内容都是多余的描述和重复的对话，还有很多不必要的配角，以至于把整本书的内容扩展得太广、太松散、太没有生气，即使是最著名的经典之作中也有很多潦草之处，这让我在阅读中感到非常不愉快。我经常向出版商提出大胆的想法：希望能够编辑一个能让人一目了然的系列，把所有世界名著——

从荷马到巴尔扎克、陀思妥耶夫斯基等人以来到《魔山》①的全部作品——进行浓缩和改写,去芜存菁,删繁就简,从而出版出一套完整的丛书。只有这样,这些毫无疑问地包含超越时代内容的作品——才能在我们的时代里,焕发出崭新的生命活力,发挥更大的作用。

我个人在看别人的作品时非常厌恶冗长枯燥的内容,也会将这种情感转移到自己的写作上,因此培养出了特别的警惕性。我的写作总是简单流畅的,这是我刻意追求的结果。在一本书的初稿中,我一直坚持不停地手写,让思想自由地流淌出来。同样,在传记作品中,我总是先去找到所有相关的信息和细节供我使用。比如写《玛丽·安托瓦内特》②这本书的时候,我确实查了她的每一张账单,确定了她的个人开销,我甚至核对过每一笔账目;我也研究了当时的报纸和小册子,一行行地仔细研究了当时的审判文件和各种卷宗。但是我在印出来的书里不会把这些写出来,甚至读者们找不到任何一行这样的描写,因为当一本书的初稿差不多完成的时候,对我来说真正的工作才算是正式开始,就是压缩构思的工作,从第一稿到下一稿,一遍又一遍地提炼和净化作品的内部结构,这是一个永无止境的工作,但对我来说总是乐此不疲的。大部分人都无法狠心对自己所知道的事情保持沉默,他们有一种让字里行间的内容比自己原本所知道的内容表现得更深更广的偏好,但我的志向是,让人们看到更多的除了表面上的内

---

① 长篇小说,德国著名作家托马斯·曼的作品,该作家曾被人誉为"20世纪德语大师"。

② 人物传记,茨威格的著作,1932年在莱比锡出版。

容之外的东西。

这种不断压缩的过程及设置作品起伏情节的过程，必须在后来的印刷样张上重复一次、两次和三次，经过再三修改。后来，这个过程变成了一个有趣的狩猎活动：认真筛选每一个句子，力求找到能删除的多余的句子或单词，又能加快工作节奏，却不会降低内容准确性的精准表达方式。在我的工作过程中，对我来说最享受的就是这种删除的游戏。记得有一次，当我非常满意地放下工作站起身的时候，我的妻子对我说，看上去好像今天我完成了一件不平凡的事情。我自豪地回答她："是的，我成功地删除了一整个大段落，从而找到了更平滑的过渡方式，让通篇文章更顺畅更有文意了。"如果说有时候我的书因为能抓住读者的紧凑的节奏而受到赞扬，那么这个特点绝不是出于天生的不安或内心的躁动，而只是因为有一种系统的方法，总能处理掉所有不必要的停顿和噪声。如果说我的写作中有什么艺术，那就是抛弃的艺术，因为即使一千页手稿中有八百页最后扔进废纸篓，最终只出版了剩余二百页的精选内容，我也不会有丝毫抱怨，因为我觉得那是有价值的。如果必须找到一个什么理由来解释为什么我的书会在社会上引起这么大的反响，那我觉得，就是我严格遵循"宁愿作品无比简短，但一定只选择保留最重要的内容"的规则，精华就是力量。从一开始，我在书中想要表达的观点就是完全超越了国界的，以欧洲为导向的世界性作品，所以当一家家的外国出版社联系我时，我真的很高兴：他们来自法国、保加利亚、亚美尼亚、葡萄牙、阿根廷、挪威、拉脱维亚、芬兰和中国，这实在是我的运气。不久之后，我将不得不去买一个大书架来放下自己作品的不同语言的译本。有一天，我在日内瓦国际组织关于《知识分子的合作》的统计中看到，我在当时是作品被翻译得最多的一位作者（按我的本性，现在我依然会觉得那个报道令我很不舒服）。之后又有一天，俄国出版社给我寄来了一封信，信中问我是否同意让马克西姆·高尔基为我的作品全集作序。写信来征求我的意见？我会同意吗？当我还是中学生的时候，我在桌下偷偷看他的中篇小说，我非常喜爱他，甚至仰慕了他很多年。但是，我从来没有想到，他竟然会听过我的名字，更没有想到他会读我的作品，更加没有想到这么重要的大师会为我的作品作序。还有一天，一位美国出版商拿着一封介绍信出现在我萨尔茨堡的家门口，好像真的有必要这样做似的——试图说服我允许他们出版我所有的作品，并想获得继续出版的合作意向。这是维京出版社的本杰明·许布施，从那以后他一直是我最可靠的朋友和向导。当我在其他地方的所有出版物都被希特勒的马靴践踏，进而转移到地下不可见光的地方去时，当我失去了我所有旧有的、过去的、德意志的和欧洲的故乡时，他用文字保留了我最后的故乡，也就是我的一个思想家园①。

这样的外部成就也可能是危险的，因为它们会使一个对自己的善意和自负感到自信，相信自己的能力和影响力的、更有信心的人觉得不堪重负。任何一种流行本身就会干扰一个人的自然平

---

① 美国出版商本杰明·许布施，通过维京出版社出版了很多茨威格的著作，这些作品保留了茨威格很多美好的回忆，因此他将这些书籍看作自己的精神之家。

衡。在正常情况下,一个人的名字不过是香烟包装纸而已:只是一个识别标记,几乎是一个微不足道的东西,与真实的主体,也就是最初的自己,松散地联系在一起。而作品取得的成就一出现,作者的名字也就随之流行起来。最后它可能脱离了最初使用这个名字的人,成为一种权力的象征,代表着一种力量、一种权威、一种自由存在着的东西,或者变成一种商品、一种资本。当作者名字的力量被外界强化之后,也会向内产生一种强大的反作用力,会产生一种力量,开始影响、支配、改变名字背后的创作了真正作品的人。那些已经获得荣誉和自信的人,本质上会在不知不觉中受到自己声名的影响,甚至习惯于依靠它的效果。得到的头衔、地位、勋章,甚至作者的名字的流行,会让这些人拥有更高的安全感,能产生一种被强化了的自我相信的感觉,能带给他们一种自己在这个社会、这个国家、这个时代特别重要的感觉。于是,作家受到这种影响,就会不由自主地去吹嘘自己的个人魅力,将本身的作品抬高到一个与外在声名效果一致的高度。但是,一个天生对自己没有信心的人,会觉得每一个外在的成就都是一种责任,会试图尽量保持这种矜持的状态,决不能因为取得的小小成就而得意。

  我不是说对自己取得的成绩不满意,反而觉得很幸福,但是也只是局限于我自己的创造所带来的成就感——也就是我的书和与我的书联系在一起的我自己的名字。当我站在德国的一家书店里却没有人认出我时,我碰巧看到一个中学生走进来,要了一本《人类群星闪耀时》,他用他的微薄的零花钱去买书,这是一个感人的场景。在卧铺车厢里,当列车员在乘客登记时读完名字后尊敬地归还我的护照时，或者当意大利海关官员因为读过我的一本书，而特意为我省略了不少检查行李的步骤时，这也会愉快地激起我的虚荣心。或者说，自己的名字和作品能影响那么多人，这种纯粹的量化效应对作者来说也是一种诱惑，让我不免得意起来。还有一次，我碰巧去莱比锡，当天正赶上我的一本新书在那里发售。当我亲眼看见自己耗费三四个月的时间写下的那些书稿，差不多有三百多页的样子，竟然无意间需要那么多人为之付出辛勤的体力劳动时，心里真的是非常感激的。我看见工人们将书装在大箱子里，而其他人则喘着粗气把成捆的书搬到下面的卡车上，这一过程需要连续下好几个台阶，然后装在开往四面八方的火车上。几十名女孩在印刷厂分拣打印纸张；还有不少排版工人、装订工、搬运工和批发商，他们从早到晚都在为了我的书工作个不停。我粗略地估算了一下，如果将这些书籍布置起来，像铺设砖块一样在地面上排列起来，则可以建造出一条不错的道路。我从来不敢傲慢地鄙视物质收益。在最初的几年中，我也从来不敢认为我可以从自己的书籍中赚到钱，甚至可以从特许的版权使用费中谋生，并过上不错的生活。现在，这些书突然给我带来了可观的金钱，而且数目一直在增加，就好像它们足以消除我的任何烦恼一样。那么过去的时候，谁能想到在我们现今的时代里我会有这样的奇遇呢？我可以在少年时慷慨献身于以前的爱好，并收集名人的著作和笔迹。在这些令人惊叹的圣徒文物中，一些最精致、最珍贵的作品找到了合适的归宿——我会耐心细致地照料它们，保护它们。我可以利用自己的作品获得的钱财——虽然它们从更高的角度来看，是一些非常短命的作品——来购买诸如莫扎特、巴赫、贝多芬、歌德、巴尔扎克等人的永恒作品的手稿。因此，如果我想虚伪地声称，那些意想不到的外部成功对我来说并不重要，或者我内心拒绝这些成功，那将是极其荒谬的故作姿态了。

但是，我这样说，也是真实的：在我看来，这些成功只限于我的书以及其中的内容，以及我因为这些作品在文学领域取得的声誉，这些才让我觉得快乐；当别人对我作品的好奇心转移到我本人身上的时候，这些原本的成就会对我造成很大的困扰，甚至会让我非常厌烦。从十几岁开始我进入青年时代，保持自由和独立的本能欲望就比其他所有愿望都强烈。我感觉一旦自己的照片公开，个人的很大一部分自由都会受到阻碍和破坏，自己身上一些美好的品质也会被误解。除此之外，还有一个危险，就是我出于兴趣而开始的东西会变成一种职业，甚至是"生意"。每次邮递员带来信件、请柬、通知和各种各样的询问，我都不得不给出妥帖的回答。可能到时候我出门一个月，回来后总得花费连续两三天的时间去处理成堆的邮件，让"生意"重新井井有条。因为我的书在市场上很受欢迎，虽然我不愿意这样做，但我必须配合一个需要清晰的组织、全面的把握、保持准时和警觉的业务流程，只有这样我才能正确地处理这些事情。这些都是值得尊敬的美德，可惜与我的本性完全不相容，并且会对我纯真奔放的感情和梦想造成最危险的威胁，将它们粉碎。所以越是有人想让我参加活动、演讲、庆典之类的事情，我越是选择隐居不出。我几乎有一种病态的恐惧——不敢自信地宣传自己的名字，对我来说，这个障碍几乎从未被克服过。直到今天，在大厅、音乐会或戏剧表演中，我都会本能地坐在最不显眼的最后一排；我最受不了的是坐在讲台上，或者坐在别人能看到我的位置，我不喜欢那样的抛头露面。所以，每一种匿名的形式，对我来说都是一种必然的需要。当我还是个小男孩的时候，我不明白为什么我崇拜的那些老一代的作家和艺术家总是身着奇装异服走在大街上，他们穿着天鹅绒外套、卷发或遮住额头，很容易在街上被人认出来。比如，我尊敬的朋友阿图尔·施尼茨勒和赫尔曼·巴尔，他们独特的胡须造型和奇怪的衣着实在是太显眼了，简直是招摇过市。我非常相信，任何一个试图通过外貌去吸引人眼球的人，都会不自觉地让自己过上"镜中人"一样的生活（这是韦尔弗尔的话），每一个姿势都要有一定的风格。随着这种外在态度的改变，一般来说，他内在的真诚、自由和毫无顾忌的快乐都会消失殆尽。如果今天我能从头开始，那么我会考虑享受这样一种幸运状态：保持个人匿名，并取得相应的文学成就。我想用另一个陌生的名字来发表我的作品，一个虚构的名字、一个笔名，这样我就能同时享有成就带来的喜悦和匿名的无忧虑的生活，如果能够拥有这样两全其美的精彩生活，本身就是足够丰富且充满惊喜的！

夕阳西下

从 1924 年到 1933 年的十年，在那个人①颠覆世界之前，欧洲处于一个相对平静的时期。每次想到这些，我总是心存感激。正是因为它经历了如此多的混乱和不安，我们这一代人才把这种相对的和平当成了一份意想不到的礼物。我们都有一种感觉，我们必须弥补世界上从战争和战后生活中窃取的幸福、自由和全面的思想发展。人们更加努力工作，但心情却比较轻松；人们到各地区漫游，尝试许多不同的方式；那时候，人们开始重新发现欧洲和属于自己的世界。在这十年中，从来没有这么多人像此时一样加入旅游业的行列中来。那是年轻人渴望得到的弥补吗？弥补彼此处在封闭世界的时候错过的一切东西？或者说，也许是一种隐秘地对未来的感觉，人必须赶在下一次的"封闭"之前，及时突破狭小的世界禁锢。

这段时间我也去了很多地方，但和我年轻时的旅行完全不同，因为我不再是第一次来到这些国家的陌生的普通人了。我到处都有朋友、出版商和读者。无论走到哪里，我都是我这些书的

---

① 此处"那个人"指希特勒。

作者，不再像以前那样只是做一个简单而好奇的匿名者了。这也有各种好处：我可以利用自己的名声推广一个更强大、更具普遍性的理念，它已经成为我这多年来真正的生活理念，那就是欧洲的精神统一。为此，我在瑞士和荷兰发表了演讲，并在布鲁塞尔"艺术大厅"用法语做了报告，还用意大利语在佛罗伦萨历史悠久的 13 世纪的大厅里发表了演讲——过去，这里可是米开朗琪罗和莱奥纳多·达·芬奇就坐过的地方。还到美国进行过巡回演讲，从美国靠近大西洋的东海岸来到太平洋的西海岸，这是一次完全不同的旅行。我到处都能看到那个国家最优秀的人们，几乎不用花费力气到处找。那些我年轻时很崇拜的、从来不敢给他们写信的人，成了我的好朋友。我可以进入那些通常骄傲地排斥外人的圈子。我可以看到圣日耳曼区、巴黎的高级贵族住宅和意大利的各种宫殿和私人收藏。在公共图书馆，我不必站在借阅窗口等待借阅书籍，馆长会亲自向我展示他们的珍宝。我可以成为一些身价数百万美元的古董商的客人，比如费城的罗森巴赫[①]博士，而小收藏家只能用尴尬的眼神从他的店铺前快速步行走过。有生以来，我第一次看到了所谓的"上流"世界，看到了这里的奢华和舒适，却不用向任何人申请进入许可，而这一切都是主动来找我的，这令我感到舒适愉悦。但是我会因此更了解这个世界吗？我总是不由自主地怀念我青春时代里的旅行：没有人在等我，我总是漫无目的地到处走走，一切都因为一个人孤独的行动而显得更加神秘。所以，我不想完全放弃旧的漫游方式。每次去巴黎，我都避免在抵达当天把自己的行踪告诉给任何人，就连最好的朋

---

① 美国著名的书籍收藏家。

友如罗歇·马丁·杜·加尔①、儒勒·罗曼、杜阿梅尔、马塞雷尔也是如此。首先，我想在街上漫无目的地闲逛一圈，不受干扰，就像当年的大学生时代一样，然后去以前的咖啡馆和酒吧让自己找到青春的感觉。如果我想写作，我也会去最不起眼的地方，比如海边的布洛涅、蒂拉诺，或者第戎之类的一点也不闻名的小地方。自从习惯住在一个无比豪华的酒店之后，我感觉到非常厌烦，并深刻意识到住在一个小酒店里是多么美妙：随时可按照自己的心意做事，出去还是回来，起居行动全部随心所欲，这样的日子实在是太轻松愉快了。后来，希特勒从我这里拿走了很多东西；然而，即使是他也不能没收或不能摧毁我清晰的意识，以及关于这些的回忆：十年来，按照自己的意愿，我过着一种拥有最大自由的欧洲式的生活。

在这些旅行中，最让我兴奋和学习到最多东西的是去新生的俄国的那次旅行。1914年，就在战争爆发前，当我在写关于陀思妥耶夫斯基的书时，我已经开始为这次旅行做准备了。然而血腥的战争打断了这个计划，从此我就一直担心，因为对于思想界人士来说，俄国因其布尔什维主义实验而成为战后最令人捉摸不透且非常迷人的国家。人们并没有真正了解它的细节，采取的态度也很单一，要么马上兴奋地称赞它，要么对它极度敌视。因为同样实力的宣传和反宣传，没有人确切知道那里到底发生了什么。但是人们知道，在那里，确实进行了一些全新的尝试，不管是好

---

① 法国著名作家，主要作品有《蒂博一家》等。

的还是坏的，都将决定我们未来世界的组成。萧伯纳、威尔斯[①]、巴比塞、伊斯特拉蒂[②]和纪德都去过那里。回来后，一部分人成了欣赏俄国制度的发烧友，激情满怀；一部分则非常失望。如果我不是那种愿意在思想上认识一切新事物的人，我可能不会立刻有亲眼去看一看那里的实际情况的欲望。我的书在那里广为流传，不仅是马克西姆·高尔基为它写了完整的序言，还有一些只卖几戈比的廉价版本进入了最广大的人民群众之间。我相信在那里肯定会很受欢迎，那里的人们会热情地接待我。然而，阻碍我旅行的因素是，当时任何去俄国的旅行，从一开始就意味着一份声明，是一种强制性对俄国制度和思潮的公开认可或公开否认。我最讨厌接触到政治和教条主义的因素，我也不想被逼着对一个我还无法完全了解的国家进行判断，或表示自己看法，毕竟还有很多需要至少经过几个星期的观察才能确定的问题。因此，尽管我的好奇心很强，但我还是一直在犹豫是否要去苏维埃俄国游历一番。

  1928年初夏，我收到一封邀请函，邀请我作为奥地利作家的代表参加在莫斯科举行的列夫·托尔斯泰百年诞辰庆典，并在宴会上向他致贺词。这样的机会对我来说是非常难得的，我没理由拒绝，因为这种超越党派的活动已经让我的访问脱离了任何政治色彩。作为一个提倡非暴力的先知，托尔斯泰不能被视为一个布尔什维主义者。我也有足够的资格，去那里谈一谈他作为一个

---

  ① 英国作家，科幻小说很出名，主要作品有《时光机器》《隐身人》等。
  ② 罗马尼亚小说家，用法语写作，主要作品有《基拉·基拉里娜》《安格尔舅舅》《阿德里安·佐格拉菲的故事》等。

诗人的伟大成就，因为我写的关于他的书已经卖了几万册。从欧洲的角度看，我也认为这次活动——各国作家联合起来向其中最伟大的一位创作者致敬——也是一次意义深远的表达和示威。于是我接受了邀请，而且我从不后悔这个仓促的决定。因为火车经过波兰时，对我来说就是一次非常难忘的经历了。我能从那里的发展看出我们愈合伤口的速度有多快。我在1915年看到的是加利西亚城的废墟，现在一切完全都是新的景象。我再一次意识到，十年，在一个人的一生中是很长的一段时间，但在一个民族的生存中，却只是一眨眼的事情。在华沙，没有任何迹象表明这里曾发生过两次、三次或四次胜败之争。一个穿着优雅的女人坐在咖啡馆里，明艳动人；身材修长、穿着笔挺的衣服的军官走在大街上，看着更像技艺高超的宫廷剧场中的演员。无论在哪里，人们都能以充分的理由感受到活力、信任和自豪，这使新波兰共和国从世纪的废墟中抬起头来，重新崛起了。列车继续从华沙经过，来到俄国的边界。这里的土地广阔而平坦，沙子越来越多。在每个车站，都能见到全村居民穿着五颜六色的乡村服装——因为一整天只有一辆公共汽车穿过这片被禁止和封闭的土地，所以看到一列整洁明亮的快车，一列连接世界东西方的快车，是一件大事。终于到达了涅戈洛尔耶边境站。跑道上方高高悬挂着一条红色的横幅，我不知道上面的西里尔字母①代表什么意思。有人翻译给我听，说那句话是："全世界无产者联合起来！"我们下了车，走在这面火红的旗帜下，走进了一个劳动者的国度——苏维埃共和国，这里是一个新世界。当然，我们乘坐的火车根本不

---

① 斯拉夫语字母，系俄语、保加利亚语等字母的本源。

是无产阶级劳动者的火车,这是沙皇时代的卧铺列车,比欧洲的豪华列车还要舒服,因为车厢宽敞,行驶速度也比较慢。这是我第一次坐着火车穿越俄国的国土,很奇怪的是,我并不觉得这里非常陌生,反而有种出乎意料的熟悉感:带着一丝忧伤的平坦空旷的草原,低矮的茅舍和像洋葱头一样的小镇建筑,留着长胡子的男人看着又像农民又像先知,他们用满脸的幸福微笑着迎接我们的到来;那些戴着彩色头巾、穿着白色裙子的女人正在出售格瓦斯、鸡蛋和黄瓜。我之前没有来到过这里,怎么会知道这一切呢?只有通过俄国文学大师:托尔斯泰、陀思妥耶夫斯基、阿克萨科夫[①]和高尔基的作品去了解,他们才真实而精彩地描述了"人民"的生活。这些简单的身材魁梧的男人站在那里,穿着宽松的白色外套。我相信虽然我不会说他们的语言,但我能理解这些人的意思。车厢里的年轻工人或下棋,或看书,或讨论。年轻人正承受着自由热情和不受约束的精神力量的洗礼,他们也会因为所有力量的召唤,而经历一次特殊的青年时期桀骜不驯的心境的复活。托尔斯泰和陀思妥耶夫斯基对"人民"的热爱正在发挥作用,或许这只是我的记忆:无论如何,在火车上,我已经对这些简单、迷人、聪明又缺乏礼节的人产生了良好的印象。

我在苏维埃俄国度过的 14 天,时间一直被安排得很紧张。总是在冷热的激流中不停地去看、去听、去欣赏,或感受到厌恶,或感受到激动,或感受到愤怒。莫斯科本身就是一个矛盾体:有一个宏伟的红场,有克里姆林宫的城墙和洋葱一样的城镇

---

① 俄罗斯作家,开创了一种新文体,在俄国文坛颇负盛名,主要作品有《钓鱼笔记》《猎人讲的各种狩猎故事和回忆》等。

建筑，里面的风格混合有鞑靼人、东方人和拜占庭人的一些奇妙元素，所以它也有原始的俄罗斯风格，但在这些建筑的旁边，有一群像美国巨人一样的现代和超现代的高层建筑，看上去两者的风格似乎很不搭，有些违和。在教堂里，可以在阴影之中看到被烟雾熏黑的旧图标和嵌有宝石的祭坛，一口水晶棺放在距离教堂一百步之外的地方，里面躺着的是列宁的遗体（我不知道是不是因为我们的到来而特意提前进行了修整），穿着黑色的西装。在一些干净整洁的汽车旁边，还有邋遢的马车，那个留着胡子、不整洁的马车夫含糊地喊着口令，用鞭子赶着他的瘦马继续前进。在我们演讲的大剧院里，灯火辉煌，沙皇时代的富丽堂皇的景象就这样展现在无产阶级观众面前。在郊区，无人看管的脏兮兮的仿佛老人一样站着的破败的老房子只能相互依靠，以免摔倒在地。这里的一切都太陈旧了，腐朽、生锈，充满衰颓感，但一切都想在一夜之间变得非常现代甚至超现代。正是由于这种对成功的过于急切的渴望，在莫斯科的商店和剧院前，到处都是拥挤和混乱的人群。因为一切都被过度管理，所以它不能真正有效地工作，人们不得不到处等待。本应带来秩序的新官僚体系，却还在享受着发放票据和发放许可证的快感，一切都在拖延中被耽误了。那个重要的夜晚，演讲本来应该在 6 点钟开始的，结果被推迟到晚上 9 点 30 分；当我凌晨 3 点筋疲力尽地离开大歌剧院的时候，上面的演讲者还在说个没完。每次接待客人，每次约会，欧洲人总是会提前一小时到达，以表尊重。然而在俄国，时间就这样从手中流过，却似乎又充满了忙碌的迹象：人们四处张望，呆滞地愣在那里，进行无休无止的讨论。一切事物中都蕴含着一种热情的力量，让人觉得自己不知不觉中被俘获了。同时也触发了俄罗斯人神秘的煽动精神的导火索，让人在不可抑制的兴奋感和快乐情绪中沉迷，甚至被带动，产生热烈的情绪或思想。一个人在这里会很容易情绪化，虽然我不知道原因，也不知道为何他们这么容易激动。但是这是周围环境影响的结果，可能与当时的社会氛围有关；也许是一种俄罗斯式的灵魂已经在一个人身上生根发芽了吧。

这里真的有很多很了不起的东西。尤其是由勇敢的王侯天才设计的列宁格勒①，这座城市中有着宏伟的布局和壮丽的宫殿。然而，它也是《白夜》②里所描述的令人压抑的圣彼得堡，是拉斯柯尔尼科夫③生活的圣彼得堡。冬宫非常壮观，令人难忘的是在那里看到的景象：工人、士兵和农民穿着沉重的鞋子成群结队地走进前沙皇的大厅，他们手里拿着帽子敬畏地站在那里，就像以前站在圣像前一样规矩，他们带着无法形容的骄傲看着这些画："这些现在属于我们，我们必须学会理解这些东西！"教师们带着许多圆脸的孩子走过大厅，艺术管理员向紧张拘束的农民们解释伦勃朗和提香的画，他们认真听着。说到细节之处的时候，他们总是胆怯地抬一下沉重的眼皮。在这里，就像各地的情况一样，在这种纯粹而认真的努力的背后，有一点可笑的东西：想让不识字的人一夜之间理解贝多芬或维米尔④的作品，这无疑是握

---

① 就是圣彼得堡，苏联时期改名为列宁格勒，苏联解体后又恢复原名。
② 长篇小说，是陀思妥耶夫斯基于1848年创作，小说中的故事就发生在圣彼得堡。
③ 出自陀思妥耶夫斯基《罪与罚》一书，是该小说中的主人公。
④ 荷兰著名画家，以风俗画闻名。

苗助长。这种单纯而一本正经的努力最特殊的地方在于，讲述的一方希望这些艺术品的珍贵之处能够被听者彻底理解，而听着的一方迫切希望掌握这些知识，但是，这种急躁的做法让双方都变得不耐烦了。在学校里，他们让孩子们画最狂野、最具有开拓性的东西；12岁女孩的书桌上放着黑格尔的作品和索列尔①的书（我当时甚至不认识这个人，也没听过他的著作）；甚至连根本不会读书的马车夫手里都拿着一本书，仅仅因为那些是书而已，"书"就意味着教育，也是新无产者们的尊严和责任。他们带我们参观了很多中型工厂，并期待我们流露出惊喜的神情，于是我们不得不报以那样的微笑——就好像我们在欧洲和美国从来没有见过这样的东西一样。有一次，一个自豪的工人指着缝纫机对我说："这是电力驱动的装置。"他满怀期待地看着我，似乎我应该给他很大的赞扬才对。这些人都是第一次看到这些技术产品，他们真诚地相信，是革命和革命之父列宁和托洛茨基的构想才创造性地发明了这一切。所以我们只能假装钦佩地笑着，但暗暗觉得有趣。当时的这个俄国，就是这么一个不可思议的地方，有着伟大的天才构想和快乐的希望。面对这种情况，我们不禁扪心自问：这个国家真的能像它打算的那样快速地学会那门庞大的课程，从而达到彻底改换天地的终极目标吗？这个伟大的计划以后还能发展得更显著吗？或者它会困在老式的俄罗斯人固有的奥勃洛摩夫②式的懒惰精神中而无法实现吗？在某个时刻，我们对此有信

---

① 法国新闻记者、社会哲学家，主要作品有《暴力论》等，列宁也曾受到他的影响。

② 奥勃洛摩夫，出自俄国作家冈察洛夫的小说《奥勃洛摩夫》，这一主人公心地善良，但为人懒惰，有很多良好的计划却从没有付诸实践。

心；又过了一段时间，我们又失去了对这件事的信任。当时我在那里见到的事情越多，越觉得困惑不已。

然而，这种矛盾的困惑只存在于我身上吗？难道不是更源于俄罗斯人吗？难道它不也存在于我们来纪念的伟人托尔斯泰的灵魂里吗？在去亚斯纳亚·波利亚纳[①]的火车上，我和卢那察尔斯基提起了这个问题。"托尔斯泰他到底是革命的还是反革命的？"卢那察尔斯基对我说，"他知道这件事吗？作为一个俄国人，他想尽快完成一切，世界形成了几千年，而他想在转手之间改变，几乎和我们一样。"他笑着补充道："正如我们当下所做的一样，我们应该遵循一个独特的也是唯一的一条道路。如果有人说我们有耐心，那他们就错怪我们了，俄国人无论是身体上，还是灵魂上都是擅长忍耐的，但是我们的思想却是急躁的，不像任何其他国家的人那样有耐心。我们想要所有的真相，并且需要在极短的时间内掌握真理，我们总是需要立刻知道所谓的'真谛'。托尔斯泰这位伟大的老人，为此吃了很多苦，这是他自己不得不经受的折磨。"事实上，当我走进亚斯纳亚·波利亚纳的托尔斯泰故居时，我总能感受到"这位伟大的老人为此遭受了多大的折磨"这句话。他曾在那张桌子上完成了他不朽的作品创作，但他离开了它，去了旁边的一所简陋的小房子里做鞋匠，去修理人们坏掉的鞋子。那扇门、那楼梯，就是他逃出房子的地方，他想逃避自己的矛盾，那里还有一把长枪，他在战争中用它来杀死敌人，但当时他自己又是所有战争的敌人。在这座低矮的白色庄园建筑里，他生活中的所有问题都那么强烈而直观地显现在我的眼前。但

[①] 托尔斯泰的居住地。

是，奇异的是，当我走到他最后的安息地时，这种悲伤的感觉得到了奇妙的缓解。

我在俄国看到的最令人难忘和感动的莫过于托尔斯泰的墓地了。这个著名的朝圣地孤零零地坐落在一片森林中。一条狭窄的步行道通向这个黄色的土堆：它只是一个方形的土堆，没有人守护它，也没有人保护它，只有几棵大树为它遮挡阳光。在他的墓地前，他的孙女告诉我，这些参天大树是列夫·托尔斯泰亲手种植的。当他和他的兄弟尼古拉年轻的时候，他们曾经从一个农村妇女那里听说了一个传说——人们种树的地方会成为一个幸运的地方。他们像游戏一样种了一些树苗。过了很久，老人想起了这个奇妙的预言，立刻表示希望自己死后能被埋在自己种的树下。最终事情的安排完全按照他的意愿进行了。因为这座坟墓太简单了，它可能也是世界上最令人印象深刻的坟墓。在森林的中央，有一个被树木覆盖的方形小土堆，没有十字架，也没有墓碑，甚至都没有碑文。这位伟人，因为他的名字和荣誉而比任何人都遭受过更多的痛苦和折磨，而他死后被埋葬在这个无名的坟墓里，就像一个偶然被发现的流浪汉，或一个无名的士兵。他的墓地是敞开的，没有人会被挡在他安息的地方之外，墓地周围的薄栅栏也没有上锁。没有什么比人们的敬畏更能保护这个永无止境的人的最后的安息。通常，好奇的人会因为墓地的奢华而蜂拥而至，在这里，简单质朴的风格却不可抗拒地吸引了所有的游客。风像上帝的耳语一样，沙沙作响地穿过这座无名的坟墓，除此之外万籁俱寂。路过这里的人可能只知道有一个人葬在这里——某个俄国人葬在俄国的土地上，别的就完全一无所知了。无论是巴黎荣军大教堂大理石拱门下的拿破仑墓、公爵陵墓里的歌德棺①，还是威斯敏斯特大教堂的墓碑，都没有这个寂静而动人的无名墓那么令我震撼：它在树林的某个地方，只有风在向它低语，而墓地本身没有传递任何信息或话语。

我在俄国待了14天，但是内心仍然感觉到非常好奇，这是种轻微的思想迷雾，是什么让我这么苦恼？我很快意识到是这里的人，是从他们身上涌出来的真诚。所有的人，从我遇到的第一个人到最后一个人，大家都坚信自己是在参与一件关乎全人类的大事；所有人都深信，为了更高的使命，他们必须接受商品的稀缺和短缺。过去，他们在欧洲人民面前的自卑突然变成了陶醉的骄傲——他们走在了别人的前面。"光从东方来"，他们才是唯一可以拯救世界的人，他们真诚而坚定地这样认为。这个就是他们已经意识到的真理，他们相信自己被赋予了实现这一真理的价值，而其他民族只能在梦想中实现这样的机会。当他们给人们看最微不足道的东西时，他们也会露出自豪的神色："这是我们制造的！"这个"我们"贯穿全国。送人上路的马车夫会用鞭子指着新房子爽朗地笑着说："我们盖的！"大学教室里的鞑靼人和蒙古人会走上前来自豪地向人们展示他们的书："达尔文的书！"一个大学生说："马克思的书！"他们带着那种自豪感，好像这本书是他们自己写的一样。他们不断地成群结队地来向我们展示这一切，向我们解释，他们非常感谢有人来参观他们的"伟大事业"。每个人都对欧洲人有着无限的信任——只不过那时是在斯大林执

---

① 歌德的灵柩存放在魏玛公国奥古斯特公爵的墓穴中。

政之前的时代——他们用忠诚善良的眼神看着陌生的我们,像兄弟一样伸出手来紧握住我们的双手。但也正是这极少数人也表现出一种特别的可能:他们爱一个人,却对这个人没有"敬意"。在他们看来,我们都是兄弟,都是战友,作家们也不例外。我们坐在亚历山大·赫尔岑的故居里,不仅有来自欧洲和俄罗斯的朋友,还有来自通古斯、格鲁吉亚和高加索的作家,每个苏维埃共和国的盟国都派出了自己国家的作家代表来纪念托尔斯泰。我和他们中的大多数人都语言不通,因此很难交谈,但我们能相互理解彼此的意思。有时候,一个人会站起来走向一个人,一边说了对方的一个作品的名字,一边指向自己心脏的位置,意思是"我很喜欢",然后他抓住这个人的手热情地握着,那表达欢喜的样子好像要将对方摇晃散架一样。更让人感动的是,他们每个人都带了礼物。当时还是社会发展很艰难的一段时间,他们几乎没有什么昂贵的东西,但每个人都准备了一些小物件作为纪念:一幅不值钱的旧画、一本非常古旧的书、一张乡间农民的剪纸或雕刻画。对我来说,得到这些东西当然要容易得多,因为我可以带着一些在俄国好几年都没见过的贵重物品来回礼:一把老头牌剃须刀、一支钢笔、一些精美的白色文具和一双柔软的皮革拖鞋。所以当我回来时,我的行李已经非常少了。正是因为这份真诚是无声的,是有影响力的,所以才如此强大。人们在这里感受到的广泛而温暖的感觉,对我们来说是前所未有的,因为我们永远无法接触到"人民",也达不到那样的思想觉悟。每次我和这些人在一起时都面临着一种危险的诱惑,一些外国作家在访问俄国时真的被他们的思想俘虏了——他们从来没有得到过这样的欢呼,没有像这样受到过真正的公众的喜爱,所以他们相信人们会阅读他们的作品、热爱他们的作品,而当权者也一定会欣赏他们的作品,投桃报李,回馈感恩,写一写赞赏对方政权的话语或文章,也是人之常情。我必须承认,在我身处俄国的某个时候,我自己也几乎要为这个政权开始唱赞美诗了,因为我被我看到的一切兴奋的激情所感染了。

后来我之所以没有被这个神奇的狂热者附身,与其说是因为我内心的强大,不如说是因为一个陌生人,我不知道他的名字,可能也永远不会知道,但是我要好好地感谢他。那是一次参加大学生的庆祝活动时,很多学生围在我身边,拥抱我,和我握手。这种兴奋让我感到浑身舒畅,看到他们充满喜悦和活力的脸,我心里洋溢着温暖的感觉。最后有四五个人陪着我回到了居住的地方,一群人跟我同行,包括分配给我的一个女翻译,她也是大学生,几乎会直言不讳地把听到的任何什么话都翻译给我听。直到我关上酒店的房间门,我才真正地恢复到独处中来。这么长时间以来这是我头一次找到独处的机会,之前的十二天里总有人陪着我,围在我身边,总有人温情地对待我,热烈的民众涌上前来拥抱我。此时我放松下来,开始脱衣服和外套。这时,我注意到身上传来了纸张摩擦的沙沙的声音。我把手伸进口袋,这是一封信。一封用法语写的但没有通过邮局寄出的信,一定是什么人在拥抱我的时候,或趁着我在拥挤的人群中时,巧妙地将它放进了我的口袋。

这是一封没有落款人签名的信,一封非常明智的和充满人道主义关怀的信。虽然它不是来自所谓的"白俄罗斯",但它对近年来自由受到越来越多限制的情况表示了彻底的愤慨。"请不要相信人们对你说的一切，"陌生人写道，"也不要忘记，当你看到他们给你看的东西时，还有很多东西是他们没有给你看到的，那些事情都被掩藏了。记住，大多数和你说话的人并没有说出他们真正想说的话，只是说出了他们能对你说的话。我们都被监视着，你也完全被监视着。你的翻译应该会报告你说的每一句话，你的电话被窃听了，你每一步的行为都被控制着。"陌生人在信中还写了一些例子和细节，但我无法证实。然而，我按照他/她的要求把信烧掉了："不要只是把信撕碎，因为他们会从你的废纸篓里找到每一片碎片，然后把它们放在一起重新拼凑起来。"然后，我开始思考这件事情。我曾经就沉迷在这种真挚的热情里，沉醉在这种美好的同志友谊里，确实，我几乎没有任何机会可以和一个人进行自由的私人对话，总是被人群裹挟。这难道不是事实吗？我不会说俄语，这让我无法对公众产生真实的感受。另外，这14天我所看到的，就是这个密不透风的国度里的这么一小片！如果要对自己和别人坦诚，我必须承认，有些细节让我感到非常兴奋和快乐，但这并不具备客观的可靠性。因此，几乎所有欧洲作家在从俄国回来后都立即出书，其中既有激动的肯定，也有尖锐的否定，而我只写了短短几篇文章。当然，我的保留也是有益的：三个月后，很多东西和我看到的都不一样了；一年后，由于瞬息万变且彻底的革命，当时的每一句话都可以因为后来发生的事情而被斥责为谎言。无论如何，我在俄国强烈地感受到了我们这个时代的潮流。它的程度是非常强烈的，在我的生活中很少能遇到，甚至在我的一生中也是极其罕见的。

当我离开莫斯科时，我的行李箱基本上是空的。我已经送出了我能给出的一切；他们给我的东西，我只带回来两个圣像，用以装饰我的房间，而且保存了很久。然而，我带回家的最有价值的东西就是我与马克西姆·高尔基的友谊。我第一次见到他是在莫斯科。一两年后，我们在索伦托①再次相遇。由于他身体不好，不得不在那里的疗养院休息。我作为专程拜访的客人与他度过了三个难忘的日子。

我们的相遇和共处有一些特殊之处。高尔基不会说任何外语，我也不会说俄语。根据正常的逻辑，我们必须安静地坐着了，否则我们只能借助我们尊敬的朋友玛丽亚·布德贝格男爵夫人②的翻译来交谈。然而，高尔基能成为世界文坛中最有才华的叙述者，绝非偶然。讲述对他来说不仅是一种艺术表现，更是他整个人最有力量的魅力所在。我们通过讲故事来进行交流。他在叙述的过程中，把自己融入叙述的对象，或者把自己代入被叙述的事物。虽然我不懂他的语言，但是从他脸上各种像模像样的表情，已经可以猜测出他在讲什么了。他本人就是一个彻头彻尾的"俄罗斯派"——他脸上的五官没有什么特别引人注目的：当人们看到这个又高又瘦、头发像麦秆一样黄、颧骨很宽的男人时，他们可能会认为他是一个田间的农民、出租车司机、卑微的鞋匠或没有经济支撑的流浪汉。他是一个"普通人"，一个浓缩的俄罗斯人的原型。如果一个人在街上从他身边走过，他可能根本意识不到高尔基有什么特别的地方。只有当人们坐在他对面，听他

---

① 1930年，茨威格和妻子去意大利旅行，曾前往索伦托拜访高尔基。
② 曾担任过茨威格的俄语翻译。

说话时,他们才会认出他是谁。他情不自禁地变成了他所描述的那个人。我还记得他是如何描述他在一次漫游中遇到的一个疲惫的驼背老人的。在别人翻译出他的句子之前,我已经理解了他的意思:他非常自然地低下了头,双肩耷拉着,眼睛在故事开始时清澈碧蓝,闪闪发光,现在却黯然疲惫,声音也在颤抖。他似乎都没有察觉自己已经变成了那个驼背老人的模样。当他描述一些开心的事情时,嘴里会爆发出笑声,他会放松地往后靠,额头闪着光。当他用不准确但很有画面感的动作展示风景和人物时,听他说话有一种说不出的快感。他的一切都是那么简单自然:他的走和坐的姿势,他的倾听让人如沐春风,非常愉悦。一天晚上,他伪装成一个贵族老爷,腰里别着一把长刀,眼神立刻变得高贵起来。他舒展双眉,气宇轩昂地在房间里使劲踱来踱去,好像在愤怒地构思一个即将下达的命令。片刻之后,他卸装的时候,立刻笑得那么天真,像个农家男孩。他的生命力是个奇迹:肺部受损还能活着,这和任何医学规律都是相悖的;然而,一种难以置信的生活下去的意愿,一种钢铁般的责任感让他得以继续生存下去。每天早上,他都会用清晰的字体写下伟大的小说,并回答来自家乡的许多年轻作家和工人向他提出的数百上千个问题;对我来说,和他在一起的历程才是在体验真正的俄国,不是布尔什维的俄国,也不是过去和今天的俄国,而是一个有着博大、坚强和痛苦灵魂的永恒的国家。那些年,他的内心还没有完全做出决定。作为一名老革命,他愿意彻底改变这个天地,而且他与列宁也有个人友谊,但他仍然犹豫是否要全心全意地献身于党,用他的话说:"成为一名党的牧师或教皇。"但是那些年,他的良心一直压迫着他,那些每周都会产生新的决定,不符合他内心的原则,因此他与那样的政党是不能紧密融合的。

在那些日子里,我碰巧目睹了新俄国的一个典型场景,它向我揭示了这个国家存在的主要矛盾。一艘来自俄国的军舰首次驶进那不勒斯①进行航行训练。那些年轻的水手从未来过世界级的大城市。他们穿着漂亮的海军服走过托莱多大街,用大而好奇的仿佛农民一样处处感到新奇的眼睛去看所有的新事物,一点也不厌烦。第二天,他们中的一小群人将来到索伦托拜访他们伟大的作家。他们没有提前打招呼:在他们兄弟般的俄国人心目中,他们的伟大作家自然随时有时间接待他们。突然之间他们就站在房子前面了,他们的感觉没有错:高尔基没有让他们久等,所以他马上邀请他们进来。但是第二天高尔基自己笑着说,这些年轻人把"公事公办的事业"放在首位,首先对他提出了非常严厉的批评。"你住在这里,"他们一踏进这座美丽舒适的别墅就说,"你活得像个小资产阶级一样!为什么不回俄国去?"高尔基尽力向他们耐心仔细地进行了解释。但是,本质上,这些老实质朴的年轻人也并没有那么严格,他们只是想表明自己在名人体面荣华的居所面前没有"敬意",也不会虚荣贪图物质享受,并且他们认为每个人都必须经受思想的考验。他们无拘无束地坐下,喝茶、聊天,最后和他一一拥抱告别。高尔基后来说那感觉太棒了,他真的很喜欢这年轻一代随意自由的方式,一点也不觉得自己会因为他们的粗心大意而受到伤害。"我们和他们有那么多不同,"他不断重复这样的话,"我们要么胆小,要么太激烈,但我们永远

---

① 意大利第三大城市,著名港口城市,这里港阔水深,可容纳巨轮停靠。

不可能真正成为自己,我们不会把控自己。"整个晚上,他的眼睛都在发光。我对他说:"我觉得你当时应该生出了宁愿和他们一起回家的念头。"这时,他突然目瞪口呆起来,严肃地看着我问道:"你怎么知道的?事实上,直到最后一刻,我还在考虑是否要把所有的东西都抛在这里什么都不管了,把这些书、文件和工作统统放下,然后和这些男孩们一起在蓝色的大海上航行14天,回到我们国家去,到那时也许我就能真正明白俄国到底是怎样的了。在离家漂泊的远方,一个人会失去最好的东西,在流亡中,我们谁也没有写出好作品,或者做出什么有益的贡献。"

然而,高尔基称他在索伦托的生活是流亡,这是不对的。他每天都有可以回国的机会,事实上有些时候他也确实回去了。他自己和他的书都没有像梅尔日科夫斯基一样被流放(我曾经在巴黎遇到过那个可悲的愤世嫉俗者,他的作品被禁了,人也被驱逐出了自己的国家);也不像今天的"我们",如格里尔帕策一句精彩的话一样:"一个双重身份的外国人,无论祖国还是外国,没有一个地方是他的家乡。"我们只能用异国语言交谈,没有故乡也没有根,在风里飘来荡去,一个真正的流亡者,一个特殊的流亡者,不会像高尔基言辞中提起的那样。几天后我在那不勒斯遇到了贝奈戴托·克罗齐。几十年来,他一直是年轻人的精神领袖。作为一名参议员和部长,他在他的国家赢得了各种外部荣誉,直到他因反对法西斯主义而与墨索里尼发生冲突。他辞去了所有的职务,退出了各种事务。然而,对于那些强硬派来说这还不够。他们想击溃他的抵抗,必要时还要惩罚他。那些大学生也和以前大不一样了,他们成了各地反动势力的先锋,冲击他的房子,砸坏他的玻璃。但是,这个有着矮胖的身材,有着一双灵动的眼睛,一小绺山羊胡,看起来更像一个快乐市民的诗人并没有被吓倒。他没有离开这个国家,虽然美国和其他外国的大学争相雇用他,向他伸出了橄榄枝,但他还是坚持待在自己的房子里,在一排排的书墙后面继续经营杂志《评论》,在那个思想阵地里,他依旧坚持与过去相同的观点发表作品和文章。他的威望如此之高,甚至根据墨索里尼命令建立的无情的检查制度对他也很宽容,而他的学生,和他有同样想法的人,却被一个接一个地被攻破,与他失去了联系。对于意大利人,甚至外国人来说,拜访他需要非凡的勇气,因为当局非常清楚,他在他的堡垒里,在一个被书籍包围的书房里,他说话是相当直接的,不带任何面具和装饰。所以,他生活在一个密不透风的房间里,却像生活在四千万同胞中的一只真空瓶里一样。在我看来,在一个百万人口的城市,一个几千万人口的国家,一个人这样被完全孤立,确实有点毛骨悚然,也是一件很了不起的事情。我当时也不知道,和后来强加给自己的做法相比,这种灭绝思想的做法还是一种很温和的形式。我不禁赞叹起那个当时已经年迈的学者在日常奋斗中所保持的兴奋和精神紧张。但是,他笑了起来,告诉我说:"是反抗使人变年轻。如果我继续当参议员,我的生活会好很多,精神也会变得懒散,行为和自己的思想不一致。对于一个有思想的人来说,最大的伤害是缺乏抵抗的能力。只有当我一个人站在这里,周围再也没有年轻人的时候,我才觉得有必要让自己再年轻一点。"

过了几年我才知道，在对一个人的考验中，如果迫害使人强大，孤立使人提升，这个人始终无法被彻底摧毁的时候，这种迫害的力度只会不断增强。像生活中所有重要的事情一样，这些理解不是从别人的经历中获得的，它们总是来自自己命运的线索。

我从未见过意大利最重要的人物墨索里尼，因为我害怕接触任何政治人物。即使在我的祖国小奥地利，我也从未见过这些国家领导人，像是赛佩尔、多尔富斯和舒施尼克①之流——我完全可以做到这一点，这是有意地选择回避。从那些既是我的朋友又是墨索里尼的朋友的人中，我知道他是我在意大利的第一个最忠实的读者。并且，我应该有责任去见他，并亲自向他表达我的谢意，感谢他满足了我的一个临时请求，这也是我第一次向一个国家的政治人物提出要求。

事情的经过是这样的：一天，我收到一封来自巴黎的朋友的快递信，信中说，一位意大利女士因为一件重要的事情想到萨尔茨堡来拜访我，希望我能够马上接待她。第二天她来了，她跟我说的话真的令我非常震撼。她的丈夫是一位来自贫困家庭的优秀医生，是由马泰奥蒂②出资抚养长大并送入学校的。当社会党领袖马泰奥蒂被法西斯分子残忍杀害时，疲惫的世界良知对这一罪行做出了强烈反应，整个欧洲都愤怒了。这位忠诚的医生朋友是六个勇敢的人之一，他们敢于扛着受害者的灵柩在罗马的街道上公开示威。不久之后，他遭到了故意为难和被流放的威胁。然

---

① 均为奥地利政治家。
② 意大利社会党人，因对法西斯党派人员提出批判而遭到绑架并被杀害。

而，他不放心马泰奥蒂家族的事。为了报答当年的资助人，他决定悄悄地将恩人的孩子送去外国避难。在这次尝试中，他落入一名间谍或专门运作挑衅事件的特务手中，因此被逮捕了。因为此时再提起任何与马泰奥蒂有关的事情，都会让意大利政府蒙羞难堪，所以如果他尝试一下以这个理由来应诉的话可能结果也不会太糟糕。然而，检察官巧妙地将他与另一个同时审理的案件联系起来，那是一起计划用炸弹暗杀墨索里尼的案件，这下罪名就大了，因此这个曾在"一战"战场上获得战争最高勋章的男子，以从重处罚的结果被判处十年有期徒刑。

毫无疑问，留守家中的年轻妻子当然很焦虑。她在来信中说，希望我一定要针对这件事情做点什么，否则女人的丈夫可能会在这十年的牢狱之灾中死去。她提出，希望我能说服欧洲所有的文学名人都务必要去参加抗议，她要求我帮助她。我马上回信劝她不要用抗议的手段对抗政府。我自己知道，自战争以来，所有的声明都变得无用至极，这种舆论的用处向来不大，甚至可能起到反效果。我试图让她明白，即使出于国家的自尊感，也没有任何一个国家会因为外部力量而屈服，修改其司法判决，在美国的萨科-万泽蒂[①]案件中，欧洲的抗议对有关各方都没有好处，也没有起到实际的帮助，甚至属于帮倒忙了。我恳切地要求她不要以这种方式去做任何事情，因为这只会使她的丈夫陷入更糟糕的情况中，因为如果有人从外面强迫墨索里尼的话，即使他之前

---

① 萨科和万泽蒂，均为意大利裔美国人，1927年被指控在马萨诸塞的工厂抢劫案中杀害了两名工人，案件存在很多疑点，但是两人仍被宣判有罪。有人提出，他们遭难的真实原因是他们坚持无政府主义。

有心从轻发落,此时也永远不可能再安排减刑了。但是,这件事还是深深地震惊了我,我答应她想办法,尽全力帮一帮她。巧合的是,接下来的一周我要去意大利,而我在那里也有一些好心的朋友,他们都身居要职。我想也许他们可以悄悄地施加一些影响,以解救她的丈夫或者起码让他的境地变好一些。

第一天到意大利,我就马上着手去做这件事,我看到恐惧已经深深地侵蚀了人们的灵魂。只要我一提到那个名字,大家都不自觉地尴尬起来,为难地纷纷推脱,不,他没有影响力。这件事完全不可能实现,帮不上忙。我一个接一个地找人,联系我的那些朋友,可最后我失望至极且非常羞愧地回来了,在这件事上,我几乎无能为力,而且一想到那个不幸的人可能会认为我没有真正尽力,我就非常难过。当时我没有任何办法了,只剩下一种值得尝试的可能性,那是一种直接而未知的方式:给掌握着生死大权的墨索里尼本人写封信。

我真的这样去做了。我给他写了一封真诚的信。在信中我写道,我不想以对他的赞美开始引出我的来意,我直截了当地说,我不认识那个人,也不知道他犯下的罪恶有多么严重。但是我见过那个男人的妻子,毫无疑问,她是无辜的。如果她的丈夫不得不在监狱里待这么多年,那所有的惩罚都将落在她的头上了。我无意批评判决的结果,但我能想到的是,如果能够安排这个男人被流放去一个专门关押囚犯的岛屿——在那里流亡者的妻子和孩子可以一起生活——而不是待在监狱里服刑十年,这对她来说,无疑将是一个能救命的功绩。

我写好了这封给贝尼托·墨索里尼阁下的信,并把它扔进了

夕阳西下 393

一个普通的萨尔茨堡的邮箱。四天后,意大利驻维也纳大使兼教授写信给我,说总统对我表示了感谢,他认真考虑了我的意见和期望,准备缩短那个男人的刑期。还有一封来自意大利的电报,确认我在信中要求的事情已经有了转机,对男人的改判已经实现了。墨索里尼执政期间,他抬了抬手,亲自满足了我的要求,而被判刑的医生很快就真的被完全赦免无罪了。在我的一生中,如果说起那些由文学成就带来的喜悦和满足,从来没有任何一部作品的影响能比这封信的作用更大,能让我觉得在文学工作中获得了成功,所以我总是怀着特别的感激之情去思考和看待它。

已经成为过去的那几年,是难得的风平浪静的好时候,能出去旅游真是太好了。然而,回到家乡也是美好的。不动声色的、一些不平凡的事情发生了。萨尔茨堡是一个有四万居民的小镇,我选择它作为定居之地,是因为它浪漫偏远。现在,它发生了惊人的变化:在夏天,它不仅成了欧洲的艺术之都,而且成了全世界的艺术之都。在战后最困难的几年里,为了帮助那些夏季没有收入的演员,以及为了避免演员们因为生计问题而陷入尴尬境地,马克斯·赖因哈特和霍夫曼斯塔尔到这里举行了几次演出,特别是在萨尔茨堡大教堂广场露天演出的戏剧《每一个人》[①]令人印象深刻。一开始他们只是想吸引周围地区的观众。后来他们也尝试以歌剧的形式来上演这部作品,结果越演越好,效果也出来了。慢慢地,全世界都注意到了这一奇妙的戏剧舞台。于是最好的导演、歌手、演员都蜂拥地来到萨尔茨堡,希望能在这里找到

---

① 作者是胡戈·冯·霍夫曼斯塔尔,属于宗教神秘剧。

同样的机会,让他们不仅能在自己的国家范围内,而且能在国际观众面前展示自己的艺术。突然间,萨尔茨堡艺术节的表演成为世界的热点。就像新时代艺术的奥林匹克一样,所有国家都在这里竞相展示自己最好的艺术和文学作品。没有人想错过这些精彩的表演。近年来,国王和公爵、美国的百万富翁、电影大亨、音乐爱好者、艺术家、诗人和伪装者们全都聚集到萨尔茨堡来了。在欧洲,从来没有任何一个地方可以如此成功地将完美的戏剧和音乐、艺术融合在一起,但它只是奥地利的一个长期被人鄙视的小镇而已。萨尔茨堡盛开着灿烂的文化之花,也逐渐变得热闹起来了。在街上,人们可以遇到那些来自美国和欧洲的在艺术领域寻求最高成就的人,他们都穿着萨尔茨堡民间服装:男人们身上套着白色亚麻短裤和短外套,女人们穿着彩色的阿尔卑斯农民妇女常见的紧身百褶裙,小小的萨尔茨堡突然汇聚齐了来自世界各地的时装。在最热闹的季节,在这里很难找到酒店,去表演剧场的车也被装扮得很华丽,每个人都很开心,就像以前去皇宫舞会一样耀眼。火车站总是挤满了人,其他城市也想把这种有价值的人流引走,引到他们那里去,但是谁也做不到。在这个时代,也就是那十年的时间里,萨尔茨堡一直是欧洲的艺术圣地。

我住在我自己的城市,在欧洲的中心。命运再次实现了我的一个愿望,我几乎不敢想象自己的经历:我们在卡普齐纳山上的房子变成了欧洲的房子。我们的来宾留言簿可以比简单的记忆更好地证明这一点,但包括这本留言簿、房子和许多其他的东西在内的一切最后都落入了纳粹手中。我们曾和去过那里的任何人一起度过了最真诚愉悦的时光!从我们房顶的平台上看着远处美丽而宁静的风景,我们从没有想过,住在对面贝希特斯加山的那个人会毁掉这一切。在这里,罗曼·罗兰和托马斯·曼曾经和我们住在一起。在作家中,H.G. 韦尔斯、霍夫曼斯塔尔、雅各布·瓦塞尔曼、房龙①、詹姆斯·乔伊斯、埃米尔·路德维希②、弗朗茨·韦尔弗尔、格奥尔格·勃兰兑斯、保尔·瓦莱里、简·亚当斯③、沙洛姆·阿施、阿图尔·施尼茨勒等人都是我们的座上宾;在音乐家中,我们接待过拉威尔④、理夏德·施特劳斯、阿尔班·贝尔格⑤、布鲁诺·瓦尔特、巴托克⑥等嘉宾。还有来自世界各地的不同流派的画家、演员和学者!每年夏天,都有那么多快乐灿烂的时光,可以无所顾忌地畅谈那些关于文学和艺术的内容,那些意识形态的思想对话向我们走来。一天,阿尔图罗·托斯卡尼尼⑦从那些陡峭的台阶上走来,我们的友谊立即开始了。这份友谊让我比以往更热爱音乐,更享受音乐。很多年后,我还是他彩排时最忠实的观众,不止一次经历过他的激情挣扎的思维风暴:他必须做到完美,这是他自己的个人要求!这是公开演唱会的奇迹,但也是理所当然的(我曾试图在一篇文章中描述他的彩排,他是每一个艺术家的模范榜样,他绝不放弃追求完美,永远在打

---

① 美国新闻记者、作家,主要作品有《人类的故事》《圣经的故事》等。
② 瑞士作家,以德语进行创作,主要作品有《拿破仑传》《歌德传》《俾斯麦传》《罗斯福传》《斯大林传》等。
③ 美国人,著名和平主义者,致力于为女性争取权利,1931 年曾获得诺贝尔和平奖。
④ 法国作曲家,主要作品有《达菲尼与克罗埃》《西班牙狂想曲》等。
⑤ 奥地利作曲家,他的代表作《沃伊采克》被视作现代歌剧中的优秀之作。
⑥ 匈牙利著名钢琴家。
⑦ 意大利著名指挥家。

磨最好的艺术作品）。我再一次感受到莎士比亚说的"音乐是灵魂的养料"这句话是多么美好，我感谢命运让我和他们之间建立了长久的关系。这些夏日的时光如此丰富灿烂，因为艺术和醉人的风景相辅相成！每每回想起那个战后破败、灰暗、压抑的小镇，想起我们自己的房子，想起那时候我们冻得发抖，在和屋顶漏下的雨水搏斗的经历，然后就觉得这几年和平的光辉岁月给我的生活带来了一些特别的东西：它让我重新相信了世界和人类，对这一切都有了崭新的信心。

那些年，许多受欢迎的名人来到我们家乡。然而，当我一个人的时候，我也并不孤独，因为我的周围还有一圈充满魔力的特殊的高贵人物。这就是我坚持许久的收藏工作带来的收获。慢慢地，我能够从他们的影子和留下的痕迹中获得力量：在前面提到的名人书法收藏中，所有时代最伟大的大师都通过他们的笔迹聚集到我的身旁。这个爱好是我 15 岁的时候开始的。在后来的岁月里，由于经历的日益丰富、资金的充裕、激情的不断高涨，它从一个简单的业余事件变成了有步骤有系统的工作，我甚至可以说，它变成了一门真正的艺术。开始的时候，我和每一个新手一样只追求收藏——名人的作品；然后，出于好奇心理，我收集了更多我喜欢的一些大师的原创手稿或片段，这些手稿让我看到了大师们的创作方式。世界上无数的奥秘中，最神秘的是关于作品创造的秘密。大自然不会让人偷听这个秘密，它不让人们理解最后的艺术行为：正如人们不会知道地球是怎么来的，一朵小花是怎么出现的，诗人创作的诗歌和作品也是如此。创作的过程毫不留情地或经过妥协地给自己蒙上了一层面纱，甚至诗人和音乐家自己也无法解释他们的灵感来源，不知道它们产生的那一刻到底是什么在起作用。当一个创作完成时，艺术家们也不再知道它的起源、成长和形成的过程了，他永远或几乎永远也说不清楚，在他美妙的感觉中，个别的词是如何汇聚成线条和画面，以及个别的音调是如何组合成悦耳的旋律的，而这些优美的不朽旋律随后回荡了几个世纪，成为千古绝唱。唯一能为这种不确定的创作过程提供线索的是文学家们的手稿，尤其是那些非用于正式印刷的手稿，充满修改痕迹且尚未确定的原稿，其中已经慢慢凸显出后来定稿的形式，却还没有完全形成。去收集所有伟大诗人、哲学家和音乐家充满了变化的手稿，这些手稿也是见证他们辛勤工作的手稿，是我书法收集的第二个阶段，也是有意识的阶段。我很高兴去拍卖场，花费时间和金钱只为了得到它们，也很乐意在一些最隐秘的角落发掘它们的存在。同时这也是一种学术研究，因为除了我的这些对于文人笔迹的收藏之外，我还有第二个收藏爱好，就是所有关于名人文稿的出版物和印刷品的收藏，收藏数量超过4000本了，这是令人震撼的藏书量，几乎可以说是专业级别的，因为即使是书商也没有太多的时间和热情去专注于某个特定的领域。我甚至敢说——这是我在文学或者其他生活领域不敢说的，因为我没有绝对的把握——在这三四十年的收藏实践中，我成了这个收藏领域的第一权威。每一份重要的手稿，我都知道它被收藏在哪里、属于谁，以及它是如何落到现在的主人手中的。我是真正的鉴宝者，只看一眼就能辨别出作品的真假。在估值方面，我比大多数专业人士都更有经验。

虽然我收藏名人手稿的成就已经不小了，然而，我的收藏雄心继续发酵。活跃于世界文学和音乐领域的创作者们在手稿上留下的成千上万种创作方法，已经不能再满足我的胃口。单纯的扩大同类型的收藏品已经不能再吸引我了。在我收藏生涯的最后十年，我主要是做精品收藏，也就是筛选那些特别的手稿。起初，我对那些能展示诗人或音乐家创作时刻思维过程的手稿感到满意。后来慢慢地，我开始转向那些展示他最快乐的创作瞬间和最成功作品的手稿。也就是说，我要收藏的不仅是诗人的任何一首诗，而且是他最美丽的一首诗，从诗人用墨水笔或铅笔将自己无限的灵感注入作品，使其变成世界级伟大作品的那一刻起，就永远实现了不朽，我要收藏的就是那样的不朽，我要的是那些让他们流芳千古的传世佳作的手稿，所以我的收藏筛选也是非常严苛的。

因此，我的收藏是在不间断地流动和变化着的。只要我能不停地找到更重要、更典型、更永恒的手稿，甚至可以这样说，如果我找到了那样更具永恒价值的手稿，我会不惜出售或交换此前收藏里不符合最高要求的手稿。大部分情况下我这样的做法都能成功，这是一件非常神奇的事情，毕竟，只有少数人有这样的知识、这样的坚韧、这样的智慧去收藏世界上最重要的藏品。这些收藏品已经从最初我最爱的几页慢慢汇聚在一起，装满了皮包，后来甚至发展到需要用一个由金属和石棉保护的大盒子装起来，它们是展示人类创造力杰作的不朽的手稿。不过，因为我今天被迫过着流浪的生活，而这个零散藏品的目录又不在手边，所以我只能随便地列出几个藏品，可以代表世界天才在永恒时刻的笔迹。

在这些收藏品中，有一张达·芬奇的工作笔记，其中的斜体字记录了关于素描的一些感悟；还有四页军事命令，那是拿破仑匆忙地用几乎难以辨认的字体潦草地写下来的，最后被保留在里沃利①的士兵那里；有一部翻印的巴尔扎克的小说，每张手稿上都密密麻麻且字体工整地写满了字，上面保留了几乎好几千字，这清楚地表明，作者在创作的时候经历了多少困难！这些变化正是诗人细细推敲过无数遍的记录（可以说非常幸运了，由于需要为美国大学所用才翻拍的副本，就这样被保存了下来）；还有尼采《悲剧的诞生》的初稿。不为人知的是，早在这本书出版之前，他就为他心爱的科西玛·瓦格纳写了这本书，放了很长时间才出版；我还收藏了不少乐谱手稿，有一首巴赫的康塔塔合唱乐谱，格鲁克的清唱剧《阿尔西斯特》，还有一张亨德尔②的乐谱。亨德尔的作品手稿很少流传下来，他的创作笔迹几乎是最罕见的藏品。我总是寻找最有代表性的、值得收藏的原稿，大部分我都收集到了，比如勃拉姆斯的《吉普赛人之歌》的原稿、肖邦的《巴尔卡罗勒》的原稿、舒伯特的不朽之作《致音乐》的原稿，以及海顿的《皇帝四重奏》的原稿，那些都是后世流传的千古绝唱。有的时候，我会从这些藏品中梳理出对于几个关键人物的了解，我甚至成功地将收藏从了解作品的独特形式扩展到了解创作者的整个人生图景。我不仅有一份莫扎特11岁时写下的稚气手稿，还有他为歌德的不朽之作《紫罗兰》写的诗歌。我收集到的关于莫扎特的手稿有很多，包括他所展示的《费加罗的婚

---

① 意大利西北部一城镇。此处指拿破仑时期法国重要将领里沃利公爵所率领的军队。

② 德国作曲家，主要作品有《弥赛亚》《水上音乐》等。

礼》中"不再受人欺凌"的天使咏叹调小步舞曲；我还有一封他写给巴斯勒[①]言辞轻佻有伤风化的信，这封信从未公开发表过，也从未全文出版过；还有一个很轻浮的卡农舞曲，以及一首他死前不久写的稿子，是《狄托的仁慈》里的一段咏叹调。我对于歌德手稿的收藏，几乎也涵盖了他一生的作品：从他9岁时的一篇拉丁文翻译手稿，到他去世前不久写于82岁的最后一首诗，还有一张《浮士德》的折叠版本的双页校样手稿，还有他的一些在自然科学领域的手稿，和一些他一生不同阶段的无数诗词作品和绘画作品。关于歌德的收藏总共有十五件，从中可以清楚地看到这位我最崇拜的人物不朽的一生。不过关于另一位收藏人物贝多芬，我没能完成这样一个完美的能观察他生活全貌的收藏。在收藏这些内容的时候我也有对手，尤其是在收藏歌德和贝多芬的时候，我遇到的收藏上的竞争对手是我的出版商安东·基彭贝格教授，他也非常喜欢收藏。由于他是瑞士最富有的人之一，因此他收藏的关于贝多芬的那些珍贵的手稿毫无疑问是最多的，也是无与伦比的。不过我收藏的关于贝多芬的内容虽然很少，也就只有他年少时的一个笔记本、歌曲《吻》的乐谱手稿和《哀格蒙特》[②]的部分乐谱片段，但我起码可以形象地展现他悲惨人生中的一个特殊的瞬间，这是世界上任何一个博物馆都做不到的。在一次最幸运的时刻，我得到了贝多芬的其他一些东西，在他去世之后，家里的全部家具和陈设都被拍卖了，随后这些东西被皇宫顾问布罗伊宁买到，并辗转卖到了我手里。这些内容里面最主要的

[①] 出自莫扎特《费加罗的婚姻》，是一个喜欢奉承主人的乐师。
[②] 贝多芬作品，源于歌德的悲剧《哀格蒙特》，是重要的戏剧配乐。

就是他的那张巨大的书桌，还有藏在书桌里面的两张他情人的肖像画，分别是吉乌莉塔·古西亚尔蒂伯爵夫人和埃尔德蒂伯爵夫人。还有一只钱箱，直到他生命的最后一刻，他都把它放在床边；还有一张倾斜的小写字桌，他病着的时候在床上挣扎写作，在上面创作乐谱或给自己的朋友们写信；还有他死后从头发上剪下的一缕白色卷发、一封讣告和通知吊唁的邀请函，最后还有一份笔记，由他颤抖的手写下的最后一张洗衣单、一份拍卖家具的登记单，以及一份由他在维也纳的朋友签署的照顾穷困潦倒的厨师莎莉的声明。机遇总是特别偏爱真正的收藏家。在我开始整理他临终房间里的所有物品后，我意外地得到了三张他临终前躺在床上的素描。从委托人的描述中我们知道，在那个时代中，年轻的画家舒伯特的朋友约瑟夫·特尔切尔想在 3 月 26 日贝多芬病重那天为他作画，留下他生命最后一刻的记录，当时贝多芬正在与死神搏斗。然而，议会顾问官布罗伊宁直接把他赶出了房间，因为在他看来这是对那位病人极大的不尊重。这些素描沉默地消失了将近一百年，直到布尔诺的一次小型拍卖会上，这位鲜为人知的画家的几十幅素描以极低的价格售出，其中就有这三幅素描。随着一个又一个巧合，有一天一个中间人打电话给我，问我是否对贝多芬临终时的原始素描画感兴趣，我回答他说，那些东西我都已经全收藏过了，我自己手里有相关的东西。后来我才发现，很明显，他给我提供的是丹豪泽[①]创作的石版画的原版手稿，后来他依托那些原件创作出了记录贝多芬垂死之际挣扎求生的石版画，那些画后来举世闻名。因此，我将那张手稿和其他的贝多芬去世

---

① 奥地利画家，擅长描绘维也纳市民风俗，作品有《母爱》等。

前保留的藏品放在一处，所有以视觉形式保存的记录了贝多芬一生中难忘的和真正永恒时刻的物品都被我收藏起来了，我觉得那是真正不朽的。

当然，我从来没有觉得自己是这些东西的主人，只是它们的一段时间的保管者。吸引我的不是"拥有"或"我占有它们"的感觉，而是收藏带来的刺激，它把收藏变成了一件艺术品，这是颇具艺术价值的工作。我很清楚，我通过这个收藏完成了一件杰作。就代代相传的整体价值而言，它比我自己的作品都更有价值。我一直不愿意编目录，虽然很多人都要求我这样做，可是因为我的收藏还在建设和创作的初期过程中，如果要完善的话，还有很多名字和收藏是缺失的。我的良苦用心是把这个独一无二的收藏留给一个能满足我死后特殊条件的机构：就是机构每年要支付一定的钱，让收藏按照我的意愿继续完善下去。这样，它就不会是一个僵化的整体，而是一个活的有机体，是一个在我之后五十年、一百年不断补充完善的活的整体，并会随着时间逐渐完美。

然而，我们这一代受苦的人没有长远的考虑。当希特勒的专制时代到来，在我离开我的房子后，我收集的快乐不复存在，因为我没有信心保留任何东西。有一段时间，我将我的一部分收藏存放在一个安全的地方，让我的朋友们代为保管。之后，我下定决心，要遵从歌德老人提出的经验，警醒自己告别这个收藏的爱好：如果不能继续收藏藏品以充实我的收藏博物馆作为精神上的食粮，也不能创造出足以安全容纳这些藏品的环境，那么就必须改变自身，比如放弃或封存这项爱好。我再也不能把收藏的心思花在这些收藏上了。其中一部分,主要是我从同时代的朋友那里得到的部分,作为告别,我把它送给了维也纳国家图书馆,剩下的我卖掉了一部分,它们过去和现在的命运我都不怎么在意。对我来说,创作过程本身永远是我的乐趣,而不是已经被创作出来的作品。所以,我不为以前的热情唱挽歌,或者有什么遗憾。我们这些在这个时代不停被追捕和驱逐的人,可以说是任何艺术和收藏的敌人,非常有必要去学习一门新的艺术,那就是告别的艺术:告别我们曾经为之骄傲和爱的一切。

就这样,岁月慢慢消逝,在工作、旅行、学习、读书、收藏、享受中,时间不声不响地过去了。当我在1931年11月的一个早晨醒来,猛然意识到自己已经50岁了。这对忠于职守、满头白发的萨尔茨堡老邮递员来说,是一件令人头痛的事情。在德国,一个作家应该在他50岁生日的时候大张旗鼓地庆祝,这是一个很传统的做法,所以老邮递员不得不带着一大包信件和电报登上陡峭的台阶,来到我家门前。在我打开并阅读这些信件之前,我想仔细回想,试图弄清楚这一天对我来说意味着什么。50岁是人生的转折点:一个人可以忐忑地回过头来,看看自己这一生走过了哪些路,然后冷静地问自己是否会继续向前走。我站在房子的窗户前面,眺望阿尔卑斯山和那些平缓起伏的山谷,回忆起我所经历的岁月。我回顾了自己过去50年的经历,然后对自己说:那段历程必然是值得感恩的,如果我没有这种心情,简直就是个罪人了。因为我得到的远远超过了我的预期或希望——在这段时光里,我自由地发展自我、表达自我——在诗歌和文学上的创作带来的成就和影响,远远超过我少年时代最大胆的梦想。媒体使我受益匪浅。作为我50岁生日的礼物，岛屿出版社出版了我的作品总目录，还在里面梳理和收录了各种语言译本的品名。这本目录本身就是一本书，有所有语言的译本，包括保加利亚语、芬兰语、葡萄牙语、亚美尼亚语、中文和马拉提语等的译本。我的文字和思想通过媒体出版的盲文、速记、各种异国字母和表达方式传播给人们，我的存在大大扩展了我自己的生存和思想空间，让我拥有了更广阔的天地。另外，这也让我和我们这个时代的一些最优秀的人成了私人朋友；我欣赏过他们最完美的表演；我有机会看到不朽的城市、不朽的绘画和地球上最美丽的风景，并与它们相处，欣赏一切美好的东西。我可以不受任何机构或职业的约束，我是自由的。我的工作是我的乐趣，更重要的是，它也能给别人带来乐趣！这样愉快的事情难道会出现什么意外吗？难道会有什么不好的事情发生？我的书在这里：有人会销毁它们吗？（这就是我当时的想法，后来的事情我完全没想到）我的房子在这里：有人会把我赶出家门吗？我的朋友在这里：他们难道会在什么时候和我分手？我毫不犹豫地想到了死亡和疾病，但是我以后所经历的那种场景根本没有出现在我的脑海中：作为一个失去家园的流浪者，由于不断地遭到袭击和追捕，我必须离开我的家乡在海中徘徊；我的书会被烧、被禁、被鄙视；我的名字将被通缉，就像德国的一个罪犯的名字一样。同样的朋友——他们的信件和电报在这一天正放在我的桌子上，可是后来当他们遇见我时脸色会突然变得苍白。没想到我三四十年坚持不懈的所作所为，几乎不留痕迹地就毁了；我面对的那种稳如泰山，似乎是一步一步建立起来的无法撼动的生活，居然会彻底崩塌。我被逼得几乎没有退路，只好带着这耗尽的精力和满目疮痍的灵魂从头再来。没错，那天我怎么也想不到接下来的命运会如此邪恶和荒谬。当时我很满意，对一切都非常感恩，我热爱我的工作，也非常热爱我的生活，当时我甚至什么都不用担心：即使从现在开始我一个字都不写，我的书也会让我接下来的生活衣食无忧。一切梦想似乎都实现了，命运似乎被驯服了。早年在父母家感受到的后来又在战争中失去的安全感，现在已经被自己赢回来了，这些还不够吗，我还能向往什么呢？

然而，很奇怪的是，这一刻我没有什么要求，这反而给我带来了一种神秘的不安。心里有个声音——那不是我自己的声音——在朝我发问，如果你的生活就这样继续下去，那么有序安稳，拿到那么高的酬劳，也不必再付出什么或经受任何考验，真的会好吗？这种完全有保障的小康生活，难道不是与你和你的本质不相容吗？我若有所思地在房间里走来走去。这些年来，我居住的房子变得很漂亮，正如我所希望的那样，似乎一切都变得越来越好了。但是，我难道真的想一直住在这里，伏在这里的书案前一本接一本地写书，然后收一个又一个版税，越来越多的版税？然后逐渐成为一名杰出的老教师，以尊严和态度经营自己的名字和作品，好保证自己接下来能远离一切意外、焦虑和危险？还是就这样一直走在笔直平坦的路上，直到六七十岁平安地老去？我心里继续这样思考着。如果生活里还会出现其他的情况，一些新的事情，一些新的挑战，也许是一些更危险的会让我紧张不安的战斗也好，这些能让我保持年轻的经历，或者这样对我来说不是更好吗？在每一个艺术家身上，总有一个矛盾的地方：如果生活让他经历太多挫折，他就会变得非常渴望和平；当他的生活过于平静时，他却又渴望回到惊心动魄的状态。所以，在我50岁生日的时候，我心里有一个罪恶的愿望：希望在接下来的生活里发生一件事，让我再次远离安全和舒适的生活，最好迫使我不仅要彻底离开现在的生活环境，甚至还要求我必须重新开始打拼。那种想法是对变老、缺乏精力的恐惧感吗？还是一种神秘的预感，让我心中对另一种更艰难的生活产生了渴望？我不知道，也说不清楚。

我不知道自己心中的真实想法。因为那是在这个特殊的时刻，在无意识的黑暗中升起的感觉，这根本不是能够说得清楚的愿望，当然也并不是清醒状态下的意识，可能是一种迷糊的胡思乱想。这只是一个微妙的想法，因为当时是从我自己的潜意识而来，或者我自己都不知道当时为什么会萌生那样的想法。也许这根本不是我自己的主意，而是来自一个我根本不认识的地方。但是它一定来自引领我并驱动我生命的某种神秘力量——那是种难以猜测和预料的生命力量，它帮助我取得了很多成就，包括很多我从未渴望过自己拥有的东西。这次或许这种神秘力量也听从了我心里的愿望，它乖乖地举起了手，试图粉碎我的生活，击碎我赖以生存的基石，逼迫我在废墟中建立一种与此前完全不同的、更艰苦、更沉重的生活。

希特勒的崛起

历史总是阻止各方在开始之初就认识到伟大的运动，这一直是不可颠覆的历史规律。正因为如此，我不记得我第一次听到阿道夫·希特勒这个名字是什么时候。几年来，我们每天甚至每一秒钟的思考和言辞都与这个名字有某种联系。这个名字给我们的世界带来的灾难比任何时候都多。无论如何，我听说过这个名字的时间一定很早，因为萨尔茨堡离慕尼黑只有两个半小时的火车车程，可以说我们就住在希特勒的隔壁，是很近的邻居，所以那里一些细微的风吹草动或地方事件很快就会传播给我们。我只知道有一天（我想不起具体的日期了），一个熟人走过来抱怨慕尼黑又不稳定了。特别是有一个叫希特勒的狂热的煽动者，他用最残忍的暴力镇压的方法来阻止敌对的政党，用最卑鄙的方式煽动人民反对建立德国共和国，以及反对犹太人。

这个名字默默地进入我的潜意识，但是对我而言，这个名字是空的，在我看来是没有分量的，我也根本没多想。因为在当时动荡不安的德国出现了很多至今不为人知的煽动者和暴乱者的名字。这些名字总是非常短暂地闪过，很快就消失了。这些名字主要有：波罗的海海军上校埃尔哈特、卡普、政治谋杀集团、巴伐利亚的共产主义者、莱茵的分离主义者和志愿军的领导人等。上百个这样的小泡沫混合在一起慢慢发酵，不断地翻涌着，但是几乎都膨胀不起来，没有发生任何爆炸性事件或产生什么有影响的效果，他们不过是不时地揭开一个个燎泡，将恶气释放出来，清晰地展现了德国未愈合的伤口正在悄然腐烂的过程。当时，有一次我注意到一份在新纳粹运动中产生的小报《米斯巴赫报》——后来发展成《人民观察家》，我也是在没有真正关注的情况下瞟了一眼而已。米斯巴赫只是一个非常小的村庄，报纸的版面和内容也很庸俗。谁会在乎这样的小报呢？

接下来，在邻近的赖兴哈尔和贝希特斯加登边境地区——我几乎每周都会去那里——出现了一小群当时还在不断壮大的年轻人的组织。他们穿着靴子和棕色衬衫，每个人的胳膊上都戴着一个彩色的"卐"字臂章①。他们举行集会和游行，在街对面齐声唱歌或喊口号，在墙上贴大标语并画上"卐"的符号。我第一次意识到，这些突如其来的暴民背后一定有金主或者其他有影响力的人的存在。希特勒可没有这个能力给成千上万的年轻人配备昂贵的设备，毕竟当时他只能在巴伐利亚的啤酒馆发表演讲。肯定有一只更强有力的手来推动这一新的"运动"。那些所谓的"冲锋队"②，他们的制服是崭新的，从一个城市被派到另一个城市。在一个贫穷的时代，正规军的老兵仍然穿着破旧的制服，但这些年

---

① 希特勒创建德国国家社会主义工人党，一般被称作纳粹党，其党旗及袖章是红底白圈中间黑色"卐"字标记，也被称作铁十字标记。

② 又被称作"褐衫队"，是指希特勒于1921年创建的纳粹党冲锋队，队员穿褐色制服，是纳粹党夺取政权的重要工具。

轻人已经拥有了数量惊人的全新汽车、摩托车和卡车,停在一个巨大的停车场中。此外,很明显,军事领导人正在对这些年轻人进行战术训练,或者用当时的话说,执行"准军事"规范训练。这一定是德国国防部的准备,除了提供物资设备外,还提供常规技术培训,而希特勒从一开始就是国防部秘密情报局的特工。不久之后,我恰好有机会提前观察了这个"战斗行动",这是国防部进行的一次秘密演习。在边境的一个地方,社会民主党正在以和平的方式举行集会。突然,四辆卡车飞驰而过,每辆车上都坐满了手持橡胶棒的年轻的纳粹党成员。他们几乎是突然冲向毫无准备的人群——这和我在威尼斯的集市广场看到的一模一样,这是从法西斯分子那里学来的方法,只有经过精确的军事化训练和德国系统化的准备,才能达到现在这种训练有素的效果。这些冲锋队员吹着口哨,迅速跳下车,手里举起橡胶棒,向路上遇到的人挥去。一切都发生得猝不及防,早在警察介入或者工人们聚在一起开始反抗之前,他们就跳进车里飞也似的开走了。令我非常惊讶的是,他们以极其精确的动作跳上跳下,每次行动的时候都伴随着歹徒头目尖锐的哨声。可以看出,每个年轻人都是经过专业训练的,他们身上的肌肉和神经都提前知道自己应该用什么样的动作行动,应该往哪里跳,应该往哪里走,下车的时候如何表现才不会挡住后面人的路,不影响整体的团队动作。那绝不是单个人在行动上表现出的灵巧与敏捷,而是事先在军营和操场上训练过几十遍、几百遍的动作。明眼人都能看出来,这支队伍从一开始就接受了专业的关于攻击方式、暴力恐怖行动的实际训练。

不久后,巴伐利亚这种地下运动变得更常见了,人们听说的类似的暴力事件也越来越多。当大家都睡着了的时候，这些年轻人从房子里出来，晚上聚集在一起参加"野外训练"；国家或纳粹党的所有人在秘密训练这支队伍，甚至为之雇用了许多在职的或非在职的国防军教官。有关部门并没有太重视这样的夜间秘密演练。他们是真的睡着了，还是只是睁一只眼闭一只眼呢？他们难道是站在纳粹党运动的一边，甚至暗中支持它的扩张？无论如何，即使是支持这场运动的人，也对他们的残忍和快速行动能力感到震惊，因为正是这种放任最终使他们成了气候。一天早晨，当这些官员醒来的时候，惊讶地发现慕尼黑已落入希特勒手中。所有政府部门都被占领了，报纸上被手枪胁迫着写下宣布革命已成功完成的新闻。当无助的共和国像做梦一样茫然无措地抬头仰望，希望能找到合适的办法度过危急的时刻，鲁登道夫将军像救星一样从天而降。他是第一个认为他们可以战胜希特勒，但最终被希特勒愚弄的人。那天早上，旨在占领整个德国的著名的啤酒屋骚乱开始了，我们都知道，它在当天中午就已经结束了（这是众所周知的事情，我不需要在这里重复地讲一次世界历史）。最后的结果是，希特勒逃跑并于不久后被捕，于是这场运动似乎已经停止了。1923 年的这一年，"卐"字形状和暴力演习的冲锋队消失了，希特勒的名字也几乎被完全忘记了。那时候任何人都没有想到，希特勒会重新掌权。

几年后，希特勒再次出现，因为当时社会中喧嚣的不满浪潮迅速高涨，他在此时被推选出来。由于通货膨胀、失业、各种政治危机，尤其是外国采取的愚蠢措施，都令德国人怒火冲天。德国各界人士强烈要求建立德意志的国家秩序。对他们来说，秩序一直比自由和权利更重要。就连歌德也曾说过,他对无序的厌恶甚至会超过对不公正的厌恶。因此,这是那个时代的实际情况所决定的,谁能承诺重新建立秩序,从一开始就会有成千上万的人在他身后支持他。

然而,我们仍然没有真正意识到危险。少数愿意花时间真正阅读希特勒书籍的作家嘲笑他那小报记者式的写作风格,认为他的文章太过枯燥无味且华而不实,并没有什么实际的东西,但是他们并没有真正考虑他在文章中写出的政治纲领和思想倾向。大型民主报纸没有警告读者,而是每天安慰读者,说这个运动其实只是靠重工业的钱和大胆的借贷来组织煽动活动,明天或后天就会迎来结局,并很快就会彻底结束。然而,德国人当年如此低估希特勒及其日益增长的权力,对这种发展漠不关心的真正原因,国外的人们可能很难理解——德国不仅一直是一个阶级等级森严的社会,而且在这种阶级观念中对"受教育者"有着不可动摇的高估和崇拜。人们认为,除了少数特别具有才干的将领,国家高级职位应该留给受过高等教育的人。但是放眼当时的世界,从平民走到政府最高首脑位置的人着实不在少数,英国有一个劳合·乔治[1],意大利有一个加里波第和一个墨索里尼,法国有一个白里安[2],然而,对德国人民来说,不用说高等教育了,一个连公立学校都没读完的人,一个在成年人的避难所里过夜,以不为人知的方式长期过着阴暗的生活的人,他怎么能坐上荣誉的座椅?

---

[1] 英国自由党领导人之一,曾做过律师,主要作品有《战争回忆录》等。
[2] 法国人,曾经做过律师和记者。

况且那曾经是冯·施泰因、俾斯麦男爵和比洛侯爵①所担任的重要职位呢？对德国知识分子来说，没有什么比傲慢的教育态度更容易带领他们误入歧途的了。他们只从希特勒在啤酒馆的运动中看到了一个麻烦制造者，但从不认为他会造成未来极其严重的危险——尽管此时他已经通过隐形媒人获得了不同圈子的强力帮手。甚至在1933年1月他成为首相后，很多人，甚至是把他推到这个位置的人，都把他当成临时上位者，认为纳粹统治不过是一个短暂的插曲。

不过等到希特勒正式上台以后，他奸诈的本性才清楚地显露出来，可能执政后也是希特勒第一次开始大规模展示奸诈战术吧。多年来，他到处许下诺言，赢得了各党派重要人士的支持。他们每个人都认为这个"无名之辈"的神秘力量可以为自己所用。这意味着其他人愿意赞同他，希特勒的上台给他带来了第一次胜利。后来同样的方法被希特勒大规模地用于政治策略的谋划上。在很多时候，他都是通过誓言和同盟的方式与别人结盟，表达德意志人的忠诚，但是实际上他结盟的真实目的是想要摧毁和根除对方。他非常清楚该如何用承诺欺骗各方力量，在他上台后，哪怕是与他最不相容的阵营也一致为他欢呼。多伦的保皇派认为他是皇帝最忠诚的先驱；那些快乐的巴伐利亚维特尔斯巴赫②和王族君主制政体也持有同样的观点，为希特勒的上台而欣喜不已，因为他们也认为希特勒是"自己人"。德意志国家党希

---

① 出身于普鲁士官宦家庭，后成为普鲁士首相和德意志帝国宰相，主要作品有《德国政治》《贵在思考》等。

② 维特尔斯巴赫，指的是德国中古时期的巴伐利亚王族。

望希特勒为他们铲除一切阻碍，这样他们就能分到更多的蛋糕。他们的领袖胡根贝尔格①认为自己靠上了坚实的后盾，相信自己能获得更重要的力量，于是通过协议保证自己在希特勒内阁中占据最重要的位置。当然，几周后，尽管有承诺达成协议，他还是被踢出了内阁。重工业家也支持希特勒，当看到他们暗中支持的人获得了多年的权力，这些人不由得兴奋起来，因为他们觉得有了希特勒的掌权，就不需要因此而惧怕布尔什维了；同时可怜的市民们也兴奋地松了一口气，因为希特勒在无数次集会中承诺要"砸碎赔款利息的枷锁"；小商人因为希特勒曾经承诺关闭大企业，毕竟大企业才是他们最危险的竞争对手。军队里的人最欢迎希特勒，因为他的思想是倾向军事主义的，他诅咒和平主义。就连社会民主党人也不像人们预期的那样不愿意希特勒崛起，因为他们希望他能摧毁他们的头号敌人，即他们背后令人讨厌的急切的共产主义者们。这个"无名小卒"对每一个阶层、每一个政党、每一种倾向都做出了承诺和誓言。哪怕是最不同、最对立的政党都把他当作朋友，甚至德国的犹太人也是这样，他们不会因此觉得焦虑不安，而是自欺欺人地认为，"进入内阁的雅各宾"将不再是雅各宾了，德意志国家的总理们自然会放弃反犹太煽动者的邪恶行动。再说，他怎么能让暴力得逞呢？毕竟，这个国家的法律已经牢固地确立起来了，一旦他有那样的想法，国会中的多数人会站出来反对他，毕竟每个公民的自由和平等权利都受到曾经庄严宣布的宪法的保护，希特勒无论如何都不会乱来的。

---

① 德国工业家、政治家，曾任职国会议员。

随后发生了"国会纵火案",议会被解散。戈林[①]让他的暴徒们四处袭击,一时间彻底粉碎了德国已经建立的一切法律机制。当人们得知,在一个和平的环境中集中营已经存在,军营里有秘密的审讯室,无辜的人未经法庭和任何程序就能被秘密处决,所有人都开始陷入恐慌之中。人们不停安慰自己,对自己说,这可能只是一种非理性愤怒的爆发,这种事情在20世纪不会持续很久的。然而,实际上这只是开始。全世界都目睹了这件从一开始大家都拒绝的、不可思议的事情。当年,就在那段时间,我亲眼见到了第一批难民。他们是在晚上爬上萨尔茨堡的山脊,或者游过边境河流来到这里的,他们每个人都面黄肌瘦,衣衫褴褛,充满不安地盯着别人。从他们开始,人们开始陆续从可怕的纳粹行动中恐慌逃离,后来蔓延到整个世界,人们都开始被迫逃亡。当我看到这些被驱逐者时,我没想到他们苍白的脸庞已经宣告了我自己的命运,我们所有人都将成为那个人的暴力行动的受害者。

一个人不可能在短短几周内就改变过去三四十年自己内心对世界的信念。我们相信德国、欧洲和全世界都有良知,这根植于我们的法律概念;我们坚信,反人类的行为一定是有限度的,哪怕是最坏的行为,最终也会在人类的发展面前灭亡。我在这里尽力做到诚实,所以我不得不承认,在1933年和1934年,德国和奥地利只有很少的人认为几周后有可能真的发生什么事情。诚然,我们这些自由独立的作家从一开始就预料到会有一定的困

[①] 纳粹德国战犯,纳粹党冲锋队头子,他与纳粹党成员戈培尔精心策划了国会纵火案的阴谋,为希特勒走向法西斯独裁铺好道路。

难、麻烦和敌意等着我们。"国会纵火案"一发生,我就告诉我的出版商,可能用不了多久我的书就不能在德国出版了。我无法忘记当时他脸上的表情。"谁会封禁你的书呢?"那是在1933年,当他说这句话的时候,他的语气是惊讶的,"你从来没有写过一句反对德国的话,你也没有参与政治呀!"人们可以看到,当希特勒在一个月前上台时,甚至那些深思熟虑的人也认为焚烧书籍和召开批斗会议是不可能的,几个月后,这些做法已经全部成为现实了。纳粹党的邪恶欺骗伎俩是,他们最开始会小心隐藏,绝不会暴露自己目标的极端性,直到整个世界失去警惕,任由他们摆布。他们非常小心地使用这种方法:总是先给一剂来试探一下,然后停下来等上一段时间,通过这段小间隔来判断接下来的走向和进一步的试探。总之他们的做法是,先要给一颗药丸,然后等一会看剂量是不是太大,看世人的良心能不能受得了。因为欧洲良心总是冷漠的——这种冷漠也对我们的文明造成了破坏,我们不能不为之感到羞辱——在事情发生时总会特别强调一切都与他们无关,因为它发生在"边界的另一边"。就这样逐渐地试探,让这种毒药的剂量越来越强,直到整个欧洲都彻底崩溃。在这件事上,希特勒没有采取任何特别的天才的做法或战术,他只是利用这种缓慢的考验和日益强大的升级战略来瞄准道德上和后来军事上更弱的欧洲。甚至连已经在内部决定禁止德国所有言论自由和独立书籍的行动也在沿着这条试探性的道路缓慢地前进。他们采取了麻痹战略,没有马上立法直接取缔我们的书,只是过了两年再去试一试。首先,他们举行了一次小心翼翼的测试,试探这样的行动能走多远。他们把攻击我们书籍的责任转移到了一个不需要正式负责的群体之中，也就是已经加入了纳粹党的那些大学生身上。就这样，他们指挥"民愤"开展了早已确定下来的抵制犹太人的活动。现在他们秘密煽动这些大学生，用一些关键词要求他们对我们的书表示出"强烈的愤怒"。德国大学生对任何表达反动观点的机会都感到兴奋，他们百依百顺地在每一所大学里聚众闹事，从书店里拿走我们的书，在飘扬的旗帜下把他们的战利品拿到公共广场上焚毁。有时，根据德国的古老习俗，他们把书钉在耻辱柱上以示公开，中世纪的那些行为一下子成了最有力的参照物；或者他们把书架放在一大堆柴火上，打着爱国主义的口号把书烧成灰烬——对他们来说，比较惋惜的可能是当时不允许烧死活人。我手里还有一本被钉子扎了的我自己的书，那是一本经过死刑执行后被一位亲近我的大学生保存下来的，最后送给我作为纪念了。尽管宣传部长戈培尔[①]经过长时间的犹豫后同意焚书，但焚书仍是一项半自发半官方的措施。可是当时的人们并没有从大学生们焚烧书籍的事情上看出一丁点儿包藏祸心的隐患，也没有吸取到什么有利的教训，但是，难道还有什么能比这更清晰地显示出当时的德国并没有对这样的暴行采取任何措施吗！他们完全无动于衷。虽然书商们被警告不要在橱窗里展示我们的书，虽然报纸不再提到我们的书，但对真正的读者来说，这依然没有影响。在大肆兴起监狱和集中营之前的那段时间，大概是 1933 年和 1934 年的时候，我的书籍的销量也没有受到影响，还是和以前一样多。对此毫无办法的纳粹党只好颁布了一项法令《保卫德意志民族》，旨在迫使成千上万的德国人远离我们的书

---

① 纳粹德国战犯，宣扬种族主义谬论，后在柏林被攻占时自杀身亡。

籍，只是在这一令人印象深刻的宗旨成为法律后，印刷、销售和传播我们的书籍成了危害国家利益的罪行。可是直到现在，德国读者仍然愿意阅读我们的书籍，他们仍然愿意陪伴我们的创作，却并不愿意与那些突然冒出来赞美血与土地的诗人为伍。

当代杰出的作家，如托马斯·曼、亨利希·曼[①]、韦尔弗尔、弗洛伊德、爱因斯坦等人，也在德国遭受了文学生涯彻底毁灭的命运。我认为他们的作品比我的重要得多，可他们也与我遭受了同样的苦难。我觉得这样的命运与其说是耻辱，不如说是一种荣耀吧。我对任何一种认为自己是受害者的态度都很反感，所以一般说命运的时候就不想提了，更不喜欢殉道者们共同的一些经历。然而，我的作品中的人物形象却总是能把纳粹党甚至希特勒本人置于非常尴尬的境地。在这些已经被夺去创作权利的文人中，我一再成为能够在贝希特斯加登别墅的高层或高层圈子里引起最强烈不安和无休止讨论的人。因此，在使我一生快乐的事情中，我可以增加另一种满足感，因为我激起了新时代曾经最有权势的人的愤怒。那个男人是阿道夫·希特勒。

在纳粹政府上台的头几天，我被不公正地指控引起了某种骚动。当时德国有一部电影是根据我的中篇小说《燃烧的秘密》改编的，当时的电影跟我的著作也同名，对此没有人表示出任何异议。然而，在国会大厦着火，纳粹党徒劳地试图将这一罪名安在共产党身上却没能成功的那一天之后，聚集在电影院的标志和海报前的人们，总会互相对视一眼并发出不可言说的神秘微笑。很快，盖世太保们也明白了人们为什么会因为电影片名而发笑。当

---

① 德国著名作家，主要作品有《垃圾教授》《臣仆》等。

天晚上，骑摩托车的警察到处追击，演出被彻底禁止。从第二天起，关于我的中篇小说《燃烧的秘密》的消息就从所有的报纸和海报上消失了。对他们来说，禁止一句让他们不开心的话，甚至烧掉或毁掉我们所有的书，都是小菜一碟。但是，在一定情况下，他们对我的攻击也是需要控制的，需要保证在不能对另一个人造成伤害的情况下进行，而我就是在这种保护下安然无恙的。那个人是他们想在关键时刻利用的，能帮助他们在世界最高级别上赢得威望的重要人物。这个角色就是德意志最伟大、最著名的音乐家理夏德·施特劳斯，当时我正巧和他一起创作了一部歌剧。

那是我第一次和理夏德·施特劳斯一起工作。以前，从《厄勒克特拉》和《蔷薇骑士》开始，一直是胡戈·冯·霍夫曼斯塔尔在为他写歌剧剧本，而我是从来没有见过他本人的。在霍夫曼斯塔尔去世后，他通过我的出版商找到我，希望能开始创作一部新作品，还询问我是否愿意为他写歌剧歌词。我认为能满足对方提出的这一要求，是我本人极大的荣幸。自从马克斯·雷格尔将我最开始写的一些诗歌[①]谱成了曲子之后，我就一直生活在音乐中。在我的生活中，我和很多音乐家都有接触。我与布索尼、托斯卡尼尼、布鲁诺·瓦尔特和阿尔班·贝尔格都保持着密切的友谊，然而，在我们这个时代的音乐作曲家中，没有人比理夏德·施特劳斯更让我愿意为之工作了。他是从亨德尔、巴赫到贝多芬和勃拉姆斯的伟大的德意志音乐家谱系中的最后一个优秀的

[①] 德国作曲家马克斯·雷格尔曾将茨威格早年创作的一些诗歌谱成歌曲，如《银弦集》《早年的花环》中的部分作品。

天才！我表示非常高兴为他写词，还在我们首次见面的时候建议施特劳斯采用本·琼森①的《沉默的女人》作为歌剧主题。令我非常惊讶的是，施特劳斯总是对我的提议理解得非常迅速和清楚。我从来没有想到他会对艺术有这么快的理解，对戏剧艺术有如此惊人的认识，在我还在给他讲这部歌剧的主题的时候，他就已经把它戏剧性地组装好了，并且立刻让它契合了他最大的能力。对此，他有着近乎不可思议的清晰头脑，这让我更加惊讶。我这辈子见过很多艺术家，但从来没见过一个人能对自己持有如此抽象却客观的判断。从一开始，施特劳斯就坦率地告诉我，一个70岁的音乐家不再具有从音乐灵感中进行创作的原始力量。像《梯尔·欧伦施皮格尔的恶作剧》或者《死与净化》这样的交响乐作品，可能以后他再也创作不出来了，因为纯粹的音乐需要最高的创作生命力。但文字还是能给他带来灵感。他还可以用音乐戏剧性地表现一个现成的、成形的主题，正是因为他还可以从场景和文字中临时生成音乐主题，所以他晚年才会继续从事戏曲创作。他也很清楚，歌剧作为一种艺术表演形式，现在已经过时了，瓦格纳达到了如此高的顶峰，以至于没有人能达到他的高度。"但是，"他带着巴伐利亚人爽朗的笑声补充道，"我可以绕道，避免与他同行或作比较。"

我们谈完剧本的基本大纲后，他给了我几个小提醒，他想给我完全的自由，因为他永远不会像威尔第②那样从剪裁精良的歌

---

① 英国戏剧家，他的喜剧多带有社会讽刺性质，是英国文艺复兴时期的一位特殊作家，主要作品有《人人高兴》《人人扫兴》《狐狸》《沉默的女人》等。

② 意大利著名歌剧作家，主要作品有《茶花女》《阿依达》《弄臣》等。

剧剧本中得到灵感，但总是想要一部诗意的作品，那样会让他的灵感喷薄而出。他只是希望，如果我可以采用几种复杂的形式，可以给他一个最好的机会去演绎音乐的变化性和不同的音色。"我想不出像莫扎特这样的长旋律。我总是使用简短的主题。但是我擅长的是更改和装饰它，并发现其中暗藏的一切具有潜力的东西。我相信，如今还没有人能像我一样做到这一点。"他说的这些话再一次让我惊讶于他的开放和坦诚：的确，施特劳斯的作品中几乎没有长的旋律，都是很短的几个节拍，但是正是这些活跃的几个短拍子——比如《玫瑰骑士》中的圆舞曲——被他经过赋格加工后居然可以升华那么多，经过层层叠加后又能变得那么完美，具有如此绚丽的音乐节奏。

每次见到他，我都像第一次见到他一样充满崇敬。这位年迈的大师在面对自己和作品的时候是那么自信客观，这也令我对他的态度推崇不已。有一次，我和他单独坐在萨尔茨堡大剧院听他的歌剧《埃及的海伦》的排练。这里没有别人，我们周围一片漆黑。他在仔细听着表演中的音乐。突然，我注意到他在悄悄地、不耐烦地用手指敲椅子的扶手，然后他小声对我说："哎呀！非常糟糕！我根本没注意到。"几分钟后他又说："要是我能删掉这段就好了！啊，天啊，这一段又空又长，太长了！"几分钟后他又接着说："听啊，这是一个好的片段！"他对自己的作品评价如此客观，没有任何倾向性，仿佛这是他第一次听到这首音乐作品一样，仿佛它们是一个他完全不熟悉的作曲家写的。这种他会自己衡量自己作品的能力，似乎一直陪伴在他身边，从未离开过。他总是很清楚地知道他是谁，他能做什么；至于别人能做多少，他不是很感兴趣,甚至也不在乎别人怎么看他。因为让他开心的是作品和创作过程本身。

理夏德·施特劳斯的"工作"是一个非常引人注目的过程。他的"作品"没有任何艺术家般的疯狂和冲动,也没有任何沮丧和绝望。施特劳斯客观冷静地工作。他静静地一步一步地工作,就像约翰·塞巴斯蒂安·巴赫一样,就像这个行业中每一个熟练的工匠一样。每天早上9点,他坐在桌旁从昨天停下来的地方开始作曲,他用铅笔写初稿,用墨水写钢琴谱,写得有条不紊,一直写到12点或午后1点。下午他打桥牌,顺手抄两三页曲子,晚上他可能会去剧院指挥。他从来没有紧张过,他的艺术智慧不论在夜晚和白天都一样爽朗。当服务员敲门给他拿乐队指挥时穿的燕尾服时,他会立即站起来,丢下文章去看戏,并带着同样的自信和冷静指挥乐队,就像下午打桥牌时一样从容自然。第二天早上,他会继续以和昨天一样的姿势开始工作。用歌德的话来说,施特劳斯可以"指挥"自己的灵感。对他来说,艺术就是一种包含一切的天赋,是一种能融合一切的才能,正如他自己开玩笑说:"如果你想成为一个真正的音乐家,你必须能够为一个菜单作曲。"没有什么困难能吓倒他,只会给他精湛的手法和形成自己风格的尝试带来乐趣。我还能愉快地回忆起,他曾经用一双闪着胜利和骄傲的蓝色小眼睛对我说:"我在这个地方给女歌手设置了点小问题!她必须经过一些努力才能演唱好这首歌。"在他眼睛发光的罕见瞬间,你会感觉到这个不寻常的人内心深处隐藏着某种神奇的东西。起初,这种魔术似乎有点缺乏吸引力,因为他的守时、写作方法、按部就班和工作作风中的精湛技艺令人怀疑。就像他的脸，一开始让人觉得很正常，脸颊像小孩子一样胖乎乎的，线条普通且圆润，额头微微凸起。但是只要你看到他的眼睛，这双明亮的蓝眼睛，你马上就能感觉到，在这个市民的面具下有某种特殊的魔力，非常有魅力，也许那是我见过的最清澈干净的音乐家的眼睛，它们看上去似乎并没有什么不同，却显得十分睿智，是一双完全了解自己、能认识到自己使命的眼睛。

在这次激动人心的会议之后，我回到了萨尔茨堡并立即开始工作。我自己也在思考他能不能接受我的诗，所以两周之后我就把第一幕的稿子先发给了他。他马上给我写了一张卡片回信，他引用了瓦格纳歌剧中的一句歌词："第一仗赢了，令人惊艳！"当第二幕的内容发给他之后，我收到了他更加真诚的问候，那是引用他歌曲开头的几句话写的："啊！找到了你，可爱的孩子！"他的兴奋和喜悦也给我接下来的写作带来了说不出的愉悦。理夏德·施特劳斯没有改变我的歌剧剧本中的任何一行字，只是一次因为反向声部的问题，他让我因为另一个声音而在一个地方增加三四行。我们之间这种真挚的关系很让人放松，他来到我在萨尔茨堡的家，我也去了他在加米施①的家，在那里他用他纤细的手指照着钢琴上的草稿给我演奏了几乎整部歌剧。我们不需要合同，也不需要什么协议就约定了下一步的合作：做完这部剧，我马上开始起草第二部歌剧，他毫无保留地同意了我们剧本创作的基本思路。

1933年1月，阿道夫·希特勒上台，我们歌剧《沉默的女人》的钢琴谱基本完成，第一幕的配合乐谱也差不多了。但是几周

---

① 德国城市，在巴伐利亚南部。

后，政府发布了严格的禁令：在德国的舞台上，不允许上演任何形式的犹太人的作品。这一骇人听闻的禁令甚至延伸到了死者身上，连逝世的犹太音乐家的作品也不能演。另外，令全世界所有音乐爱好者苦恼的是，莱比锡音乐厅前矗立的门德尔松[①]雕像不得不被拆除。对我来说，有了这个禁令，我们共同创造的歌剧就完蛋了。我想当然地认为理夏德·施特劳斯会放弃这方面的工作，应该会和其他人一起开始另一项创作。可与此相反的是，他一封一封地写信问我怎么想的，还说我不应该放弃，我应该在他进行第一部歌剧的配乐乐器乐谱的时候，帮助他准备下一部歌剧的文字。他告诉我，他不接受任何人中断或禁止我们之间的合作。我不得不坦白承认，在整个事件过程中，他尽可能保持了作为一个真诚的朋友对我的忠诚。当然，他也采取了一些预防措施，但我对这些措施没有什么好感：他选择主动去跟有权有势的人联系，甚至保持密切的关系，经常与希特勒、戈林和戈培尔等人在一起，甚至当富特文格勒[②]表示公开反对希特勒的时候，他还接受了纳粹国家音乐总局局长的任命。

在那个节骨眼上，他作为公众人物的参与度对纳粹党来说是非常重要的。因为令纳粹恼火的是，当时不仅有最优秀的作家，而且有最重要的音乐家都对他们嗤之以鼻，对他们表示了激烈的愤慨和谴责。和他们勾结或者投奔他们的少数人，都是无名小卒，在艺术圈子里根本无足轻重。在这样一个尴尬的时刻，德

[①] 德国著名作曲家，犹太人，少年时受到歌德思想的深刻影响，后在莱比锡创办德国第一所音乐学院，他的作品精致流畅，《赫布里底岛》尤为闻名。

[②] 德国著名指挥家。

国最著名的音乐家公开站在他们一边,这对于戈培尔和希特勒来说,纯粹是粉饰太平的不可估量的收获。施特劳斯告诉我,当希特勒在维也纳流浪的时候,曾为了不知道如何弄到钱去格拉茨看《莎乐美》的首映而非常苦恼,还表示很尊敬他。在贝希特斯加登的各种庆祝晚会上,除了瓦格纳的作品,几乎只有施特劳斯的歌曲在节目单上。施特劳斯出于自己的目的接近纳粹党,可能是为更长远的目标,他在任何时候都公开坦诚自己的艺术利己主义,对他来说,哪个政府掌权在他心里并不重要。他曾担任德国皇帝的宫廷指挥家,并为德国皇帝演奏军队的进行曲。然后他也做过维也纳宫廷乐队的指挥,曾经为德国和奥地利的皇帝工作,那时候他也是一个非常受欢迎的人。另外,他特别巴结纳粹党还有一个原因,就是关于自己的大利益:用纳粹的话来说,他有一个很大的"债务"账户。他的儿子娶了一个犹太女人,他一定担心他心爱的孙子会被学校开除,成为一个低等种族;由于我的参与,他的新剧受到了影响;他过去的歌剧则受到不是"纯雅利安种族"的胡戈·冯·霍夫曼斯塔尔的影响;他的出版商是一个土生土长的犹太人。正因为如此,他迫不及待地寻找靠山,并采取了最坚决的方式。新主子要求他去哪里他都服从安排,让他指导什么演出他就去做。他正在用音乐为奥林匹克奥运会写一首赞美诗。同时,在给我的一封非常直截了当的信中,他承认他对这项任务并不兴奋。其实他在一个艺术家的奉献中只在乎一件事:让自己的作品保持活跃和影响力,尤其是看到自己心中珍藏的新剧上演。

他对纳粹做出这样的让步,自然让我陷入了一个非常尴尬的境地，因为这样会让人们很容易得到这样的印象：我参加了或者至少是秘密同意了接近纳粹的活动，或者说，我在努力想要让自己成为一个遭到抵制的犹太作家中的例外，好让当局允许我的作品公开，在卑劣的封杀中让自己独善其身。各界朋友都强烈要求我公开抗议这部歌剧在纳粹德国的演出。然而，一方面，我原则上讨厌那些充满激情的公开姿态；另一方面，我也不想给理夏德·施特劳斯这样的天才故意找麻烦。毕竟，施特劳斯是当时仍然健在的最伟大的音乐家。他70岁了，还在这项工作上花了三年时间，在这整个期间，他向我展示了友好的意志、无可指责的行为甚至是勇气。所以，从我这边来说，我觉得默默等待，让事情自然发生是无可厚非的选择。此外，除了完全被动的不参与，我不知道还能做些什么才能给德国文化的保护者带来更多的麻烦。纳粹国家文化局和宣传部只是在寻找一个看似合理的借口，以便他们可以用这个关键词作为禁止他们最伟大音乐家作品的理由。比如让相关机构和人员找一个由头：如果《沉默的女人》中出现《蔷薇骑士》这样的场景——一个年轻人从已婚女性的卧室里出来，事情会变得多么简单。在这种情况下，他们可以说这样的内容有伤风化，而德意志的道德必须受到保护，就可以明目张胆地禁演了。然而令他们失望的是，我的书里没有什么不道德的东西。然后盖世太保们几乎将我过去的书里所有相关的索引都翻了一遍，却没有找到一个字是贬低德国的（也没有贬低地球上任何一个国家），也没有任何一个字指明我曾经从事过什么政治活动。不管他们做什么，怎么尝试，最后都要承担这个决定的后果：要么他们拒绝让前辈大师在全世界面前上演作品，剥夺这位老艺术家的权利，取而代之的是他们把民族社会主义音乐的大旗送给他，并强迫他举起；要么他们不得不把斯蒂芬·茨威格的名字和理夏德·施特劳斯的名字一起印刷在歌剧剧本的作者栏里，像以前多次做过的那样。对于纳粹当权派来说，让这个名字再次玷污德国剧院的节目单，是一个国家非常耻辱的一天！我暗暗地因为他们的困境，因为他们绞尽脑汁也想不出解决痛苦的办法而感到无比高兴。我有一种预感，即使我什么都不主动去做，或者因为我的"什么都不做"和"完全不反对"，我的那部音乐喜剧也必然发展成纳粹政治斗争中的刺耳、不和谐的音乐。

纳粹党当权派对此采取了拖延政策，只能将它拖延下去，一直没办法做出决定。然而，到了1934年初，他们不得不做出最终决定，到底是违背自己的规则，还是违背我们这个时代最伟大的音乐家。时间已经非常紧迫，不能再拖延了，乐谱、钢琴谱和歌词手稿已经印好，德累斯顿的皇宫剧院已经预定了服装、分配了角色，甚至开始排练。然而，当局仍举棋不定，戈林、戈培尔、国家文化局、文化委员会、教育部和弦乐队等有关部门一直未能达成共识。《沉默的女人》这个戏剧终于变成了令人不安的事件，虽然这件事看起来是那么的荒谬。各部门都不敢承担最终决定的责任，没有人敢打破僵局，他们不敢担责，也不敢明确给出"是"或"否"的决定。别无选择，一切只能让德国纳粹党的领袖阿道夫·希特勒来做最后的决定。在此之前，很多纳粹党会员已经开始睁大眼睛看我的书了，尤其是《富歇传》，似乎是读得最多的一部作品。富歇被当作政治上的无意识模式进行了反复研究和讨论。在继戈培尔和戈林之后，阿道夫·希特勒本人不得不花时间研究我写的三部抒情歌剧，这是我真的没有想到的。对他来说，做出这个决定并不容易。后来，我从各种渠道听说，他们为此举行了很长时间的会议也没讨论出最终的结果。最后，理夏德·施特劳斯被传唤到最高权力机构，希特勒亲自告诉施特劳斯，虽然他的新歌剧违反了新德意志帝国的所有法律，但可以从宽处理，可以破例允许作品上演。这个决定可能像他与苏联斯大林和莫洛托夫签署的条约一样不情愿和不真诚，只不过是一种权术手段而已。

对纳粹德国来说，最黑暗的一天到来了：一场歌剧即将上演，被纳粹鄙视的斯蒂芬·茨威格这个名字，赫然印在所有的节目海报中。自然，我不会参加首映式，因为我知道观众厅里会挤满穿着棕色制服的人①，甚至希特勒本人也会来参加其中的某场演出，我有意避开了这种接触。最终这部歌剧的首映获得了巨大的成功。我必须在此向一直坚持此剧上演的音乐家和各种音乐评论家们致敬，可能有 90% 的评论家都很兴奋，能再次抓住这个机会最后一次表达自己内心对种族观点的反抗。他们用最好听的话来评论我的歌剧歌词。之后这场表演掀起了全德国各大城市的注意，柏林、汉堡、法兰克福和慕尼黑的很多剧院都立即宣布要上演这部歌剧，并预告了下一场演出的时间。

可是，在第二场演出结束后，突然，晴朗的天空转瞬即逝，形势发生了转变。一切演出计划都被取消了，包括德累斯顿剧院和整个德国的其他地方，都接到明确的通知，禁止再次表演这部歌剧。此外，令人惊讶的是，我还在报纸上读到，理夏德·施特

---

① 指希特勒的党卫军。

劳斯已经提交了他作为国家音乐局局长的辞呈。所有人都意识到，这一定是发生了什么特别的事情。我花了一些时间才最终弄清楚了事情的全部真相：第一部歌剧上演以后，施特劳斯给我写了另一封信，敦促我立即开始写第二部歌剧的歌词。他在信中也毫无顾忌地表达了自己的个人观点。结果这封信落到了盖世太保手里，随后这封信被放在施特劳斯面前，他不得不立即辞职，我们一起创作的那部歌剧也被禁止了。在德语的范围内，这部歌剧只能在自由的瑞士和布拉格进行演出。后来它得到墨索里尼的许可，也可以在说意大利语的米兰斯卡拉大剧院演出，因为当时墨索里尼还没有完全屈服于种族理论的意识形态之下。可是德国人从来不被允许听他们国家一位当代最伟大音乐家的精彩歌剧的任何音符，这是很遗憾的事情。

  那件事情发生时我碰巧在国外，因为我觉得奥地利的动荡环境让我无法平静地完成自己的工作。我在萨尔茨堡的房子离边境很近，用肉眼就可以看到贝希特斯加山上的风景，还有阿道夫·希特勒的房子，这是一个令人非常不愉快的和非常不安的邻居。离德国边境这么近，也让我比维也纳的朋友更能判断奥地利的险恶形势，坐在咖啡馆里的人，甚至一些政府高官，都把国家社会主义当成"那边"发生的事情，认为那些根本不会蔓延到奥地利。组织严密的社会民主党不是还有一半以上的追随者吗？自从希特勒"德意志基督教徒"公开批评基督教文化，公开宣称自己的国家元首大过基督以后，奥地利教会的相关党派不都开始团结一致，坚决抵制国家社会主义了吗？法国和英国不还是奥地利民族联盟①的支持者吗？墨索里尼不是还明确接管了奥地利保护者的责任，甚至保证了奥地利的独立吗？甚至犹太人自己也不担心，好像犹太人被剥夺了他们作为医生、律师、学者和演员的权利这样的事情发生在遥远的东方，而不是离他们自己仅有三个小时车程的德意志，而那里也同样是讲德语的。他们舒适地坐在自己的房子里，或者悠闲地开车上路。另外，大家还会说这样安慰的话："这个不会持续太久的。"我还记得在我短暂之旅中和我的图书出版商的一次谈话，他告诉我，他曾经是多么富有，拥有许多美丽的画。我问他为什么不像革命初期很多人一样离开这里。"唉，"他回答我，"那个时候啊，谁会相信一个委员会和一个军人共和国管理下的国家，会延续整整两周的时间呢？"那时候的奥地利人都是出于同样的生存意志，才会产生同样的错觉，从而自欺欺人。

在靠近边境的萨尔茨堡，人们可以把这种情况看得更清楚。有些人不断越过狭窄的界河，年轻人晚上过河接受训练，煽动者拿着旅行棒或徒步或开车进来，作为普通的"游客"在各个阶层中发展自己的基础力量。他们开始招募新成员，同时威胁说，任何不及时表达立场的人都将为此付出代价。这让警方和国家公职人员都感到震惊。我有一种沉重的不安全感，发现整个社会中的人们都已经开始动摇。生活中一些小的个人经历总是最有说服力的，我经历过这样一件事——我年轻的时候在萨尔茨堡有一个朋友，他是一个著名的作家，在过去的三十年里我和他有过非常密

---

① "一战"后在奥地利成立的新政党，该党派倡导争取奥地利独立，反对德奥联合。

切和真诚的接触。我们用"你"①称呼对方,把作品送给对方阅读,保持每周都见面的频率。有一天,我在街上看到这个老朋友和一个陌生的先生站在一起,就在这个时候,我注意到他立刻在一个不起眼的窗户前停下来,背对着我,好像在给那个陌生的人看什么特别有趣的东西。当时我心里非常奇怪,我敢肯定他一定是已经看见我了。不过也不排除碰巧不方便。第二天的时候他突然打电话给我,问下午能不能过来和我聊天。我同意了,但是那个时候我还有点惊讶,因为我们总是在咖啡馆见面,不曾在家里相约。虽然是紧急拜访,但他没有说什么特别的话,也没有什么重要的事情。这时我立刻明白过来,他一方面想和我保持友谊;另一方面又不想因为他是我这个犹太人青年时代的朋友而被其他人怀疑,不想让这个小镇上的人看到他和我关系密切。这件事吓了我一跳,让我开始警惕起来。很快我就注意到,很多以前都会来我家的熟人们也陆续不再来了。这表示我的处境已经岌岌可危了。

当时我没有想到要完全离开萨尔茨堡,但是为了逃避这些小小的紧张,我比平时更愿意去国外过冬。当时我没有想到,1933年10月,当我离开我美丽的家时,那竟然是一次诀别。

我当时的想法是,1月和2月去法国工作。我热爱这个美丽的思想国度,把它当成我的第二故乡,在那里我不觉得自己是外国人。保尔·瓦莱里、罗曼·罗兰、儒勒·罗曼、安德烈·纪德、

---

① 德国人用词上的差别,用"你"表示关系非常亲近,跟礼貌的"您"有所差别。

希特勒的崛起

罗歇·马丁·杜·加尔、杜阿梅尔、维尔德拉克、让·里夏尔、布洛克等人都是我的老朋友。我在那里的读者几乎和德国的读者一样多,没有人会把我当成一个外国作家或陌生人。我爱这个国家,巴黎的土地和城市让我非常熟悉,感觉就像在自己的家一样。每当火车进入巴黎北站,我就觉得自己回来了。然而由于特殊情况,我这次出发很早,想在圣诞节后到达巴黎。这段时间我去了哪里呢?自从我上大学以来,已经超过四分之一个世纪没去过英国了。为什么总是去巴黎呢,我对自己说,你为什么不在伦敦待上十或十四天呢,过了这么多年,为何这次不尝试一下,从不同的角度去看看博物馆、国家和城市呢?于是,我登上了开往加莱①而不是巴黎的特快列车,在11月一个与三十年前一样的雾天到达了伦敦的维多利亚火车站。出乎意料的是,我没有像当初那样乘坐马车而是坐小轿车去了酒店。这里的雾,泛出一种冰冷柔和的灰色,还是和以前一样。我还从来没见过这座城市的全貌,但是我的嗅觉在已经过了三十年之后又重新被唤醒了,当我闻到涩、浊、湿的味道时,又从周围的空气中认出了这座城市。

我带的行李很少,期望也不多。在伦敦,我几乎可以说是没有任何朋友。在文学方面,我们欧洲大陆的作家很少与英国作家接触,他们有自己独特的生活、自己的边界和自己的势力范围,这对我们来说是一个难以接近的传统,我甚至不记得我房间桌子上来自世界各地的书籍中,到底有哪本书是由一位英国作家出于同龄人的友谊而送来的。萧伯纳,我在德累斯顿附近的赫勒劳见过他一次;威尔斯,去过我在萨尔茨堡的家一次;虽然我自己的

---

① 法国北部一城市,是欧洲大陆上距离英国最近的港口。

书在英国也已经被翻译出版了，但是它们不是很有名，英国仍然是我的书籍发挥影响力最弱的国家。我与美国、法国、意大利和俄国的出版商建立了个人友谊，但我从未见过在英国出版过我的书的公司负责人。所以我也提前准备好了，知道在英国会有一种奇怪的感觉，就像三十年前来到这里时一样，陌生而疏离。

然而，情况却大不相同。几天后，我觉得在伦敦有一种说不出的安慰，不是因为伦敦发生了根本性的变化，而是因为我改变了自己。我比初次来到英国的时候年长了30岁，经历了战争期间和战后几年的各种紧张和挣扎。我完全渴望过平静的生活，不听任何关于政治的讨论。当然，在英国也有不少政党立场不同——辉格党（自由党）、托利党（保守党）和工人党，但他们之间的讨论和争辩与我无关。毫无疑问，文学界有不同的流派，有公开的争论，也有隐藏的敌意，但我在这里是完全脱离的，完全没有参与进去。但是，最让我开心的是，我终于能感受到一种优雅、礼貌、不激动、不仇恨的氛围。在过去的几年里，我生活中最痛苦的事情莫过于我在农村和城市都能感受到仇恨和紧张的情绪。我必须保持警觉，以保护自己不被卷入这些争论。这里的居民没有恐慌到这种程度，这里的公共生活相比我们这些因通货膨胀的欺骗而道德沦丧的国家来说，留下了更多的规则和体面。这里的人生活得更平和、更知足，他们更关注自己的花园和喜欢的小玩意儿，而不是邻居。在这里，人们可以自由地呼吸、思考和放飞幻想。然而，我留下来的真正原因是要创作完成一件新作品。

总的来说是这么回事。当时，我的《玛丽·安托瓦内特传》

刚刚出版，我正在读一本我写的关于伊拉斯谟的书的校样。在这本书里，我试图描绘出一个人文主义者的精神画像：虽然他比任何一个致力于世界变革的人都更清楚地看到了当时那个时代的荒谬，但可悲的是，他无法用他所有的理性行动去阻止那种非理性的行为。当时在完成《伊拉斯谟》这部暗含自我描述的作品后，我的初衷是写一部已经计划了很长时间的小说。我写过的传记已经够多了。然而，在我到伦敦的第三天发生了一些事情，改变了我的计划。出于收集文学名人笔迹的旧激情，我去大英博物馆查阅一些向公众展示的收藏品，看到一份关于处决玛丽亚·斯图亚特的手写命令，我不禁问自己：玛丽亚·斯图亚特身上到底发生了什么事？她真的参与了谋杀她第二任丈夫的事情吗？还是说这一切都是误解呢？因为晚上没有什么可看的，我就顺手买了一本关于她的书，那是一本赞美她、捍卫她是圣人的书，可以说这是一本肤浅而愚蠢的书。但是因为无可救药的好奇心，第二天我又买了另一本关于她生平的书，在这本书所提倡的内容几乎完全与前一本书中的内容相反。现在，我对这个案子开始感兴趣了。我想找到一本真正靠谱的书，可问来问去也没有人能给出有价值的回答。所以我自己进行了仔细地搜寻和查找，并且在寻找和理解中进行了比较，不知不觉中我已经开始准备创作一本关于玛丽亚·斯图亚特女王的书了。这项工作让我在图书馆待了好几个星期，当我在1934年初回到奥地利时，我决定回到我已经开始喜欢的伦敦，静静地把这本书写好，毕竟那里的氛围真的很好。

就在回到奥地利的短暂的两三天内，我已经意识到这里发生了很大的变化，可以看到，在这短短的几个月内，奥地利的局势正朝着不好的方向发展，而且已经变得很糟糕了。我突然从英国宁静而稳定的气氛中回到了充满狂热和斗争的奥地利，就像人们在 7 月突然从纽约凉爽的空调房里走上像火炉的街头一样，纳粹的高压开始慢慢摧毁宗教界的防御和公民的神经，他们越来越感受到德国的经济压迫和压倒性的压力。为了维护奥地利的独立和抵抗希特勒，多尔富斯政府一直在绝望地寻找最后的支柱，但是，法国和英国相距太远了，他们内心对奥地利都持冷漠态度；捷克斯洛伐克对维也纳也充满了旧的仇恨和敌意；最后只有意大利试图成为奥地利的经济和政治保护者，以保护阿尔卑斯山和的里雅斯特①的检查站。为了这种保护，墨索里尼也提出了昂贵的要求，奥地利应该顺应法西斯主义的潮流，议会制和民主将走向终结。如果社会民主党——这个奥地利最强大、组织最完善的政党不被铲除或剥夺权力，奥地利就无法满足墨索里尼的条件。可是要摧毁这个政党，除了血腥暴力别无选择。

多尔富斯的前任伊格纳茨·赛佩尔，成立了一个名为"保国军"的组织来实施这种恐怖行为。从表层来看，它是人们能想到的最落魄的组织，由一些外省的小律师、退役军官、没有正当职业的人、失业的工程师等组成，所有人都是对现实社会非常失望的普通一代，每个人都以最无法忍受的方式憎恨着世界。最终他们找到了年轻的施塔海姆贝尔格侯爵作为他们的领袖。侯爵曾坐在希特勒脚下为煽动反对共和主义和民主而卖力；现在，随着他身边这些雇佣士兵的出现，他成了希特勒的敌人，他放言说"要

---

① 意大利边境城市，原属奥匈帝国。

使人跌倒"。其实我不太清楚这些"保国军"到底想做些什么正面的事情。其实保卫国家的目标无非是上位,他们的全部力量都在墨索里尼那里,是对方的铁拳在推动着他们前进。这些自称爱国的奥地利人,用意大利人给他们的刀锯,砍自己的屁股底下的坐墩,这难道不是自取灭亡吗?甚至连他们自己都没意识到。

奥地利的社会民主党更清楚真正的危险在哪里。按说,他们不必害怕公开斗争。他们有自己的武器,可以通过总罢工来争取权益,以瘫痪铁路交通、供水、供电为代价。但是,他们也知道,希特勒所等待的正是这样一场"红色革命",从而为入侵奥地利作为"救世主"的远征找到借口。因此,他们宁愿牺牲自己的大部分权利和议会来达成一个社会各方都可以接受的妥协。鉴于当时的形势,奥地利处于希特勒军国主义的威胁之下,当时所有理性思考过的人都同意这个妥协方案。即使是足智多谋、胸怀大志、实事求是的多尔富斯也倾向于在这一问题上达成共识。然而,年轻的施塔海姆贝尔格和他的助手法伊少校(后来他们在谋杀多尔富斯的事件中扮演了一个特殊的角色)都要求社会民主党建立的"保卫共和国同盟"交出武器,并消除任何民主和公民自由的痕迹。针对这一要求,社会民主党进行了反抗,两大阵营互相威胁、争战不休。人们可以感觉到摊牌在即,一场大战的隐忧已经笼罩了这里的天空。在这种无处不在的紧张中,我带着预感想起莎士比亚的话:"在这样阴云密布的天空下,如果暴风雨没有来临,一切都不会恢复晴朗。"

我只在萨尔茨堡待了几天,然后就去了维也纳。接下来在2月初的时候,奥地利的那场暴风雨就爆发了。"护国军"袭击了工人组织在林茨的驻地。他们认为那里有一个武器库,他们想拿走那里的武器储备。而工人们以总罢工作为回应,多尔富斯再次下令用武器镇压这场人为的"革命"。因此,正规的国防军用机枪和大炮瞄准了维也纳工人的住宅区。这是西班牙内战前民主和法西斯之间的最后一次较量。工人们坚持了三天,后来因为对方的技术优势而被压制。

那三天时间我都待在维也纳,那也是奥地利独立的决定性战役,也是它自取灭亡的见证。但是,既然要做一个诚实的证人,我首先必须承认一些矛盾的事实,就是我根本没有看到革命发生的真实状况。一个人要想站出来给那个时代一个真实清晰的画面,还必须有勇气去揭开那些浪漫的想象。对我来说,最能代表现代革命的技术和特点的是,它是在一个现代大城市的巨大空间里的少数地方上演的,所以对大多数居民来说,这些革命几乎是完全看不见的。这其实有点奇怪:我在1934年2月的历史性日子里待在维也纳,可是我在维也纳却根本没有看到任何这些决定性的事件的发生现场。这些事发生的时候,我一点都不知道,甚至一点风声都没有听到。据说有炮击,很多房子被占领了,几百具尸体被带走,但我一具尸体都没看到。似乎在纽约、伦敦和巴黎的任何一个报纸读者都比我们这些看似目击者的人更了解发生了什么。在我们这个时代,离事件发生地十个街区远的人对事件的了解比千里之外的人少。这种令人惊讶的现象在未来不断得到证实。几个月后，当多尔富斯中午在维也纳被谋杀①时，我下午 5 点 30 分在伦敦街头看到了头条新闻。我试图马上联系维也纳那边的朋友问问情况。令我惊讶的是，电话马上就接通了；更让我吃惊的是，那些离维也纳外交部只有五个街区远的人，比那些在伦敦街头的人知道的事情要少得多。我只能用我自己对维也纳革命的经历来推测，从相反的方面来说明：如果今天的人们没有站在一个关键的位置上，他们将会看到更少的改变世界面貌和他们自己生活的事件。我那天所有的经历是这样的：那天晚上，我在环城路的咖啡馆遇到了歌剧院的女导演玛加蕾特·瓦尔曼，一个芭蕾舞演员。我正往环城路走去，试图做好不能过去马路的准备，突然有几个穿着旧制服的人向我走来，问我要去哪里。当我向他们解释我要去 J 咖啡馆的时候，他们让我过去了。我不知道为什么这些士兵会突然站在街上，也不知道他们在做什么。事实上，郊区的枪战已经持续了好几个小时，但城市里依然没有人知道这件事。只是晚上回到酒店退房的时候（因为明天要回萨尔茨堡），酒店的店员告诉我明天不太可能通车，因为铁路工人罢工了。当时那个时刻，郊区好像有一些事情发生了，但是是什么呢？

第二天早上的报纸刊登了关于社会主义民主党暴动的新闻，内容相当模糊，其中声称暴动几乎被镇压了。事实上，正是在这一天，战斗达到了白热化的程度，政府除了决定用上机枪，还决

---

① 1934 年，奥地利纳粹党的暴乱分子闯入维也纳联邦政府总理办公室，多尔富斯总理被枪击中，重伤致死。

定用大炮来对付工人们的房子。可我当时也没听到大炮的声音。如果当时奥地利被占领了，不管是被哪一个政党所占领，是社会党、纳粹党还是共产党，我都不会知道，就像慕尼黑那些人早上醒来，才从《慕尼黑最新消息报》上得知他们的城市已经被抓进了希特勒手里一样。在市中心，一切都像往常一样安静有序；在郊区，战斗正在激烈进行。我们愚蠢地相信了官方的公告，以为一切都已经解决，一切都结束了。当天我去了国家图书馆，因为我必须查找一些东西。大学生像往常一样坐在那里看书学习，所有的商店都开门了，人们一点也不恐慌。直到第三天，整个事情过去之后，人们才一点一点地知道了真相。第四天交通一恢复，我一大早就赶回了萨尔茨堡。在那里，我在街上遇到了两三个熟人，他们立即问我在维也纳发生了什么。我——据说是革命的"目击者"——必须诚实地对他们说："我不知道，你最好买份外国报纸看看。"

事发第二天，与之相关的一些事情让我以一种非常奇怪的方式在自己的生活中做出了决定。那天下午，当我从维也纳回到萨尔茨堡的家时，我发现自己已经收到了很多校样和信件，所以我那天一直工作到深夜，以一一给他们回信，这样我就可以完成所有逾期的工作。第二天早上我还没起床就有人敲门。我忠实的老仆人叫醒了我——平时如果我没有特意要求他在某个特定时间把我叫醒，他一定不会这样做的。这天他一脸惊慌地出现在门口，叫我下去，说是有警察局的先生们在那里等着，希望能和我谈谈。我大吃一惊，穿上晨衣下楼。有四个穿着便服的警察向我宣布,他们奉命来这里搜查我的房子,我应该立即交出藏在房子里的"共和国保卫联盟"的武器。

我必须承认,开始的时候,我惊呆了,不知道该怎么回答,我家里有共和国保卫联盟的武器?这太荒谬了!我从来不属于某一个党派,也从来不关心政治,我已经好几个月没在萨尔茨堡住了。再说了,把军火库放在城外山上的房子里,让每个带着武器下山的人都能被其他人光明正大地看到,这不是世界上最可笑的事吗?我什么也没有说,只是冷冷地回答:"去吧,去找。"四个秘密警察在房子里走来走去,打开一些柜子,敲了几面墙。从他们这种潦草的搜查方式中我立刻明白,这种查看无非只是走个形式,没有人真的相信这个屋子里会有武器。半小时后,他们宣布已经搜查完毕,接着就离开了。

当时这场闹剧让我无比愤慨,但很遗憾,它需要从历史中得到一些解释——在过去的十年里,欧洲和全世界几乎已经忘记了私人权利和公民自由是多么神圣。自1933年以来,搜查、任意逮捕、没收财产、驱逐、遣返和各种可想象的破坏形式几乎变得司空见惯。我在欧洲的朋友,几乎都遇到过这种问题。然而,1934年初,我在奥地利的房子被搜查是一件让我觉得非常耻辱的事。像我这样一个远离任何政治、多年没有行使选举权的人,如果一定要对我进行搜查,那必然有什么特殊的原因才行。事实上,这是奥地利的典型做法,纳粹分子在夜间多次使用炸弹和炸药进行恐怖活动,扰乱居民生活,这使人感到不安,萨尔茨堡警察局局长不得不对他们采取一定的暴力。但是在当时,监视和反抗纳粹党的做法是一种勇敢的行为,很可能会给自己带来很多麻烦,因为纳粹党已经在使用恐怖手段镇压社会了。警察局每天都会收到恐吓信:如果他们继续"迫害"纳粹党,他们必须为此付出代价。说到报复,未来的某一天,纳粹党会百分百地遵守诺言。因为希特勒一入侵奥地利,那些忠诚的奥地利官员们就被送进了集中营。所以我猜测,搜我家只是一种表现,也就是说他们对大家一视同仁。通过这一不重要的插曲,我可以感受到奥地利的局势已经变得多么严峻,来自德国的压力是多么巨大。自从警察来了之后,我就不再喜欢这个家了。某种感觉告诉我,这次发生的事情只是一段序曲而已,效果已经如此令人震惊了,想必接下来还会有越来越多影响深远的攻击出现的。那天晚上,我开始收拾起自己最重要的文件,决定去国外定居。而且,这种放手,不仅仅意味着只是放弃了这栋房子和这里的土地,因为我家的家庭成员都把这栋房子当成了自己的家,大家都很热爱这个国家。只是对我来说,人身自由是世界上最重要的事情。我没有告诉任何朋友或熟人我的意图,两天后直接回到了伦敦。我到达伦敦后做的第一件事就是通知萨尔茨堡行政部门,我已经完全放弃萨尔茨堡作为我的居住地,那里的房子我也不要了。这是我与家乡割断连接的第一步。我知道,在维也纳发生了二月革命之后的那些日子里,奥地利已经遭受了灾难性的失败,我们的国家已经沦陷了。当然,那个时候我还不知道,因为这件事情我会失去多少东西。

和平气息奄奄

> 罗马的太阳已经落山了。
> 我们的日子已经过去了;
> 乌云,夜露,危险已经来了。
> 我们所坚持的事业已经被付之一炬。
>
> ——莎士比亚《尤里乌斯·恺撒》

在最初的几年里,就流亡的意义而言,英国对我来说就像奥地利一样,正如当年索伦托对高尔基的意义一样,但是我没有意识到那就是所谓的"流亡"。尽管在所谓的"革命"之后,纳粹党试图通过攻击和暗杀多尔富斯让奥地利倒向纳粹一边,但是关于我的祖国的斗争还将继续四年。这期间我随时都可以回来。我没有被驱逐出境或禁止入境。萨尔茨堡家的藏书仍然完好无损。那时候我还有一本奥地利护照,我的祖国仍然是我的祖国,我仍然是它的公民,享有一切公民权利。此后我需要面对的失去祖国的残酷局面还没有开始,没有亲身经历的人很难解释清楚这种情况:那是一种人被摧残的感觉,我们睁大眼睛走进虚空,不知道接下来能到哪里去，因为不管他们去到哪里，一会儿又可能被赶出来，时时刻刻遭人白眼。我当时只是处于这种情况的初级阶段，对这些事情的体会还不够深入。无论如何，当我在1934年2月底在维多利亚火车站下车时，我在这里感受到了完全不同的味道。看着一个你想留下来生活的城市，你会从一个完全不同的角度看待它，跟此前只作为一个客人参观它的时候完全不一样。当时我不知道我会在伦敦待多久，对我来说，当时只有一件事很重要：我想开始自己的创作，并通过它捍卫我内心的和外在的自由。我没有买房，因为那时候一切都意味着对我的束缚。我租了一个小公寓，刚好够放下两个书柜和一张书桌，柜子里面能装进我不想放弃的书。这样，我就拥有了作为思想工作者所需要的一切东西。当然，这里没有和朋友交流的空间，因为这里实在太小了。我其实更喜欢住在一个非常小的空间里，这样我就可以不时地计划旅行。不知不觉中，我的人生有了另一个方向：安定下来只是一个暂时的措施，而不是一个长期的计划。

　　第一天晚上我很晚才回去，屋子里面不是很明亮，墙壁的轮廓在黑暗中模糊不清。当我走进这个最终布置好的小房间时，我吃了一惊。那一刻，我觉得自己走进了三十年前在维也纳为自己搭建的小房子里，有一种恍若隔世的感觉。那时候也是这么小的一个房间，唯一让我感觉亲切的东西就是和以前一样靠在墙上的书，还有布莱克那幅《约翰国王》画作上梦幻般的眼神，无论我走到哪里，它都会陪着我，用他的眼睛跟随着我。那时我呆住了，花了好几分钟的时间才恢复过来，因为我已经很多年没有想过关于第一套公寓里发生的事情了。这是不是一个象征，意味着我的人生经历了这么大的跨度之后会回到从前的状态,我在最后竟然成了自己的影子? 30 年前当我选择维也纳的那个房间时,它只是我创作生涯的一个开始。当时我几乎还没有开始创作,或者说没有什么重要的作品出来。我的书、我的名字还没有在我的国家里获得那么多的声誉,那时候我还是一个寂寂无闻的人。现在和过去那时候有着奇怪的相似之处,因为我的书也从这种语言中消失了。我写的东西在德国已经不为人知了,朋友们都疏远了我,以前的圈子也被打破了,我的房子和所有的收藏品、绘画都丢失了。和以前一样,我身边都是一些陌生人。在三十多年的时间中我取得了很多东西,但是随后,在那期间所做的一切、所学的一切、所享受的一切,似乎都随风而逝。五十多岁的我,如今要面临一个新的开始,要像一个大学生一样重新坐在书桌前,每天快速地走去图书馆阅读或查阅——只是我没有年轻时候那样虔诚,也不再那么热情,此时我头发花白,疲惫的灵魂已经蒙上了一层压抑的阴影。

我不愿过多谈论我在英国的生活,关于从 1934 年到 1940 年的情况,因为那时已经离我们的时代很近了,我们几乎都经历了广播和报纸引起的同样的不安,并有着同样的希望和担忧。我们中没有人会骄傲地回忆起那些政治混乱,可是一想到它会把我们引向何方,我们会感到毛骨悚然。任何想解释过去的人都必须发出谴责,但在我们所有人当中,谁有这个资格来谴责这个时代呢?此外,我在英国的生活是完全隐蔽的、归隐式的。在我流亡和半流亡的那些年里,我中断了与其他团体的所有自由交流,因为我有一个让自己备受折磨的想法：讨论时局的时候，我已经身在国外，是一个异乡人了，所以我还有什么可以说的呢？我知道这个想法有多蠢，但是我克服不了这个不必要的障碍。对于奥地利领导人表现出的愚蠢决策，我无能为力。基于对这个美丽岛国局势的更清楚和更好的理解，我该如何提醒这里的人们——希特勒将对世界造成威胁？在这个岛国，我觉得自己是一个客人，他们会好好招待我，但是他们会把这当成我的个人观点，不会当一回事的。当然，面对一些明显的错误，我有时候很难坚持什么都不说，因为那样三缄其口的做法会让我非常难受。让人心痛的是，这是英国人的最高道德标准——当没有相反的证据可以证明时，他们的忠诚和诚实的愿望首先会让他们保持信任的态度，却被精心策划的推动势力和政治宣传给利用了。人们一直听说希特勒只想占领德国的边境地区，然后心满意足地停下来；为了感激欧洲提供的帮助，他会转而去攻击和铲除布尔什维主义，这个诱饵效果真的很好。希特勒只需要在他的演讲中说出"和平"这个词，报纸上就会欢呼起来，忘记了希特勒所做的一切实际行动，人们也不再会责问为什么德国要如此疯狂地增加军备。从柏林回来的英国人——因为那里提前准备了一切，给这些出使者看到的都是他们事先准备好的东西，同时也给了他们极大的热情和欢迎的态度——将会毫不意外地赞美那里的秩序和那里的新领袖。从长远来看，英国人甚至开始默许希特勒创建大德意志帝国的"要求"是合理的。那个时候还没有人知道，奥地利是墙上一块关键又特殊的石头：如果有人将它挖掉，整个欧洲就会倒塌。我焦虑地看着英国人民和他们的领导人被天真和高尚的谎言所迷惑，毕竟此前我曾目睹过，那些曾经在我的家乡附近看到的冲锋队的面孔，听到他们唱着"今天，德国属于我们；明天，全世界都是我们的"之类的歌曲。当时世界上的政治局势越紧张，我就变得越谨小慎微，甚至尽量避免与人交谈或进行任何公共活动。在已经过去的那个时代的整个世界所有国家里，只有在英国，我从未在报纸上发表过与时局有关的文章，也从未在电台发表过演讲或参加过任何公开的讨论。我住在一个封闭的小房间里，那里是我奋斗的地方，在那里我保持匿名，就像三十年前住在维也纳的那个大学生一样。因此，我没有资格作为一个真正的证人去描述英国那个时候发生的事情。此外，我后来不得不承认，在战前，我从未意识到英国人身上最深刻的力量，因为它只在最危险的时刻出现。这样的话，我就更没资格说什么了。

我在英国也几乎没有去接触过其他的作家。碰巧我后来开始交往的两位作家，约翰·德林克沃特①和休·沃波尔②都被死神提前带走了。后来我更不会常见到年轻作家。作为一个外国人，我背负着一种深深的忧虑和不安全感，所以我避免参加所有的俱乐部、晚餐和公共活动。无论如何，我还是经历了一种特殊的、真正难忘的享受，就是看到了萧伯纳和H.G.韦尔斯这两个真正头脑敏锐的伟大人物之间的精彩对抗，他们有着深刻的差异，但却表现出了非常文雅得体的态度。那在萧伯纳的一个小圈子里举行的午餐会，当时我一方面觉得有趣，另一方面又觉得尴尬，因为

---

① 英国作家，主要作品有《亚伯拉罕·林肯》《玛利亚·斯图亚特》《克伦威尔》等。

② 英国作家，主要作品有《佩兰先生与特雷尔先生》《痞子赫里斯》等。

我事先不知道是什么原因造成了他们之间的隔阂，但这种隔阂让两位伟大的作家表现出了非常尖锐的对抗，感觉他们每个人都像一支箭一样锐利且针锋相对。首先他们这种一触即发的矛盾体表现在他们互相问候彼此的方式上，那种口吻里带着一种浸透着些许讽刺意味的熟悉感，让我品味出来：他们之间肯定发生过什么原则性的意见分歧，这种分歧可能已经在不久前刚刚被消除，或者说是需要通过这场午餐会来消除。半个世纪前，英国的这两位著名人物曾在费边社[①]并肩战斗，为当时同样年轻的社会主义思潮而战。从那以后，他们都按照自己独特的性格发展，彼此之间的距离也越来越远。韦尔斯坚信他积极的理想主义，孜孜不倦地构建他对人类未来的美好愿景，而萧伯纳则以越来越多的怀疑和讽刺来看待未来和现在的事情，并在这些事情上检验他深思熟虑的快乐的思想游戏。他们两个的外貌这些年来也发生了一些变化，看上去也形成了对照。80多岁的萧伯纳非常精神，午饭的时候他只吃坚果和水果，嘴巴里发出咯嘣咯嘣的咀嚼声，他又高又瘦，似乎从不疲倦，嘴角总是带着快乐爽朗的微笑，他比以往任何时候都更加陶醉于自己制造的关于思想的奇谈中；60多岁的韦尔斯热爱生活，比以往任何时候都更追求享受和安逸。他个子矮，两颊红红的，偶尔放松地愉快一下之后又变得特别严肃，表情凝重。在两人的对话中，萧伯纳的进攻令人眼花缭乱，他迅速而熟练地不停改变进攻点；韦尔斯的力量则在于他的防守战术几乎是坚不可摧的，就像一个有着坚定信念的信徒。我立即得到了这样一个初步的印象，韦尔斯来这里不仅是为了一个友好的午

---

① 英国政治组织，旨在通过循序渐进的方式将英国改良为社会主义社会。

宴，也是为了某种原则性的辩论。因为我不太了解两者产生思想冲突的背景，所以对这种紧张的气氛感觉更强烈。他们两人的每一个动作、每一个眼神、每一句话，往往都带着一种大胆却相当严肃的战斗情绪。就像两个击剑运动员，在展开激烈的对抗之前，用一点试探性的进攻来练习和矫正自己的适应能力。萧伯纳更擅长快速思考，每当他回答或者辩解的时候，浓眉下的眼睛都亮晶晶的。他乐于用段子和有趣的字眼来描述一种华丽的说辞，甚至已经表现出了一定程度的自负和骄傲了，很明显他擅长这种方式，在过去的六十年时间中，他已经将这种技能锻炼得炉火纯青了。有时他长长的白胡子颤动，随后会发出柔和的微笑，他的脑袋会微微向一侧倾斜，仿佛在检查他射出的箭是否击中了目标。韦尔斯的脸颊红润，他有一双平静的眼睛，但是他的话更尖锐，也更直接。他的理解能力和反应能力也很快，但他没有采取令人眼花缭乱的侧面攻击，而是采取了更加放松和直接的方式，表现出不言而喻的冷静。双方的对峙尖锐而快速，刀光剑影，你来我往，闪躲回击，看上去似乎一直有种无穷的快感，让旁观者惊叹于这样锐利且精彩的辩论比赛，惊叹于双方亮剑的过程和他们的攻防技术。然而，在这种快速且始终处于语言最高层次的对话背后，有一种精神和思想上的愤怒，这种愤怒以英国人特有的高尚方式，用最优雅的修辞方式规范而得体地表达出来，也就是把严肃性和游戏结合起来，将严肃的讨论放入游戏中进行辩论和探索，这个就是讨论引人入胜的原因。这是两种极端人格的激烈对抗。表面上看好像是什么具体的事件或原因造成的，但实际上是因为一些原因和背景，结果注定是这样，只是我不知道那些原因和背景的具体内容罢了。无论如何,我看到两个英国最优秀的人展示了他们最好的辩论时刻。这场辩论的续集将在接下来的好几周内陆续在《民族周刊》上以写作的方式进行,但它们给我带来的乐趣却远远不及这场激情对话的百分之一,因为在那些抽象的观点中,活着的人所表达出来的那些最初的本质内容再也看不到了。我很少以这种方式来享受来自思想之间的摩擦和碰撞的光芒,也从未在任何一部戏剧的对话艺术中见过如此精彩的表现,因为他们的对话没有丝毫力图追求艺术形式的意图,也不追求戏剧效果,且形式很优雅。

不过换句话说,那些年,我虽然生活在英国,可只是在空间意义上生活在那里,我并没有倾注我的全部灵魂。正是对欧洲的担忧让我感到非常痛苦,才促使我在从希特勒上台到"二战"爆发的这几年里多次旅行,甚至两次穿越大西洋[①]。也许促使我这样做的是一种预感,即我应该在世界仍然开放、船只可以在海上和平航行的时候,全心全意地为未来的黑暗时代积累一些印象和经验。也许是出于充分的渴望:希望去理解,当我们的世界被不信任和不和谐摧毁时,还有另一个世界正在建立;也许这是一种模糊的感觉:可能我们的未来和我自己的未来将在与欧洲隔海相望的新世界里继续成长下去。一次穿越美国的演讲之旅[②]给了我一个很好的机会,让我看到这个国家的多样性及其从东到西、从南

---

① 1935年2月,茨威格到南美作巡回演讲。1936年8月,他再次游历南美,先到达巴西的里约热内卢,后在阿根廷的布宜诺斯艾利斯参加会议。1936年10月返回欧洲。

② 1938年茨威格到美国作巡回演讲,曾游历过约三十座城市。

到北的内在统一性。不过也许当时南美洲给我留下了更深刻的印象。那时候我是被国际笔会邀请去参加会议的。对我来说,在那个时候强调超越国家和语言的精神和思想方面的统一,从未显得如此重要。

在我离开欧洲去美国之前的最后几个小时,我还收到了一个令人担忧的警告,这让我怀着非常忧虑的心情登上了前去南美的船只。那是1936年夏天,西班牙爆发了内战。从表面上看,这只是这个美丽而悲惨的国家的内部冲突,但实际上这已经是两个不同的意识形态权力集团之间,对于谋划未来战争而进行的准备活动。当时我乘一艘英国船从南安普敦出发,在船上的时候我以为这艘船会避开战区,不会在此前经常停靠的第一站,也就是维哥站停下来。令我惊讶的是,船还是正常进入了那个港口,我们的乘客甚至被允许上岸休息几个小时。维哥当时在佛朗哥[①]统治下的政党派手中,远离真正的战场。然而,在这几个小时内,我还是看到了一些让人心情沉重的东西。佛朗哥党旗在市政厅大楼上飘扬,大楼前站着一排排成农民打扮的年轻男孩,其中大多数由牧师带领着,显然是从附近的农村召集而来的。一开始我也不明白他们要怎么安排这些年轻人,是要他们做些什么呢?难道是作为工人被招募来完成一项紧急任务的吗?还是来领救济金的失业人员?一刻钟后,我看到同样一群年轻的男孩从市政厅大楼里走出来,每个孩子都像变了个人一样,身上穿着新的制服,拿着刚分发的武器和刺刀。在警员的监督下,他们登上了同一辆崭新

---

① 军人,于1939年攻陷马德里,推翻西班牙共和政府,任职国家元首兼大元帅,1947年宣称西班牙为君主国。

闪亮的汽车,然后汽车在街道上飞驰,迅速离开了这座城市。我吓了一跳,恐惧瞬间涌了上来。我是在哪里曾见过这样的场景呢?先是意大利,然后是德国!突然间,就连这里也到处都是崭新的军装、汽车和机枪。我再次问自己:是谁提供并支付了这些新制服的费用呢?是谁组织了这些面容稚气的年轻人?是谁驱使他们反对现政权、反对民选议会,甚至反对他们自己的合法代表呢?据我所知,当时国库和军火库还掌握在合法政府的手里。也就是说,汽车和武器是从外国进口的,可以猜测出,它们一定是从最近的葡萄牙越过边境的。但是,是谁运送的,还有这大批物资的费用是谁支付的?于是事实呼之欲出,有一股试图获得政治权力的新力量出现了,正在各地攻击同一股属于政府的官方力量。这种隐藏在暗处的政治势力喜欢暴力,需要暴力。所有我们认可的,为和平、人道、友善而努力的想法,在那里都是已经过时的弱点。那些神秘的团体可能已经遍布整个国家,他们藏在办公室和大公司里,心怀叵测地策划着阴谋,利用年轻人天真的理想主义来为他们的权力和商业意志服务。他们有使用暴力的欲望,并想用更新更尖端的技术,让战争的原始野蛮的面貌遍布我们现在正麻烦不断的古老欧洲,将战火燃烧到世界上每一个国家的土地上。对一幅真实画面的观察和感官印象比成千上万份报纸上的文章和小册子给灵魂带来的冲击更大,当我看到这些无辜的年轻人被神秘的操纵者武装起来反抗他们自己的国家,反抗和他们一样无辜的年轻人时,我比以往任何时候都更加强烈地意识到我们将会面临什么,我们的欧洲将会面临什么,那种命运似乎正在到来。船在这一站停靠了好几个小时,随后又扬帆起航了,我上船后迅速进入船舱，甚至不敢再回过头去看看这个美丽的国家。毫无疑问，它会被外国势力残酷蹂躏，因为国外势力的入侵，这个国家会遭受无尽的磨难，甚至可能被彻底毁灭，这让我感到非常痛苦。我觉得，欧洲，我们神圣的故乡，西方文明的摇篮和圣殿，也几乎要因为它的疯狂而走向灭亡了。

正因为如此，在旅途中能看到阿根廷的景象，让我感受到了久违的快乐。这是另一个有着古老文化的西班牙，它在一片新的广阔土地上得到保护和保存，这片土地没有被鲜血浸透，没有被仇恨毒害。丰衣足食、富贵有余、空间也无限，所以储存了足够未来使用的粮食。在这里我感到巨大的幸福，萌生出了新的信心。几千年来，文明不是一直从一个国家走向另一个国家吗？一棵树死在斧头的重压下，可是只要保存了种子，总能得到某种生存和延续，即便是在其他的土地上开出新的花朵，结出新的果实。在我们面前，在我们身边，人们世世代代创造的一切都不会完全丧失，只是人们需要学会从更广阔的视野，从更大的时间跨度进行思考。我对自己说，人们不仅要考虑欧洲的事情，还要超越欧洲放眼世界；不要让自己被埋葬在垂死的过去，而是要参与它的重生。布宜诺斯艾利斯，这座拥有一百万人口的新兴大城市的所有居民都对国际作家笔会表现出了充分的热情。从这份真诚中，我意识到我们在这里也不算处在一个全然陌生的圈子里。对思想和融合的信心——这是我们为这个世界所提供的生活中最好的东西——在这里依然存在，依然有效，依然能发挥巨大的作用。以我们这个新时代发展的速度，海洋不足以把我们分开。我们现在有了一个新的任务来取代旧的任务：用更大胆的想法在更大的范围内建立起我们梦想的共同事业。如果自从我看到即将到来的战争的种种线索，我已经放弃了对欧洲的信心，那么从这里开始，我逐渐在南半球的星辰指引下再次充满希望和信心。

巴西给我留下了强烈的印象和希望，不亚于阿根廷这个受自然青睐的国家，这里的里约热内卢是世界上最美丽的城市。这个国家空间广阔，现在还有铁路公路不通的地方，飞机就更不用说了。在这里，对欧洲过去文明的保护甚至比欧洲人自己的保护还要细致。第一次世界大战带来的残酷还没有侵入这个民族的习俗和精神之中。这里的人们，在日常生活中更加平静和有礼貌，甚至不同种族之间的交流也不像我们欧洲人之间的交流那样充满敌意。在这里，没有人会根据血统、种族和出生的荒谬理论来对不同的人进行分类或进行等级区分。我有种奇怪的预感，这里的人还能这样平静地生活下去，未来还有无尽的空间。在欧洲，为了哪怕是一点点狭小的生存空间，各国都要大打出手，政客们也要聊个没完。可是这里还有广袤的土地，在等着人们来利用和开发，等着人们用自己的存在来丰富它的内涵。欧洲文明创造的内容可以在这里以另一种新的方式得到延续和发扬。大自然的各种美让我赏心悦目，于是这也让我把目光投向了未来，我甚至可以看到我自己的将来。

然而，旅行之中，即使身处另一个半球，在另一个世界，也不意味着逃离欧洲，或者彻底放下了对欧洲局势的忧心忡忡。这似乎是大自然对人类最恶毒的报复：当人类通过技术创造的神秘力量将自然掌握在自己手中时，这些技术也进一步扰乱了人们的灵魂。技术带来的最大的诅咒是，它阻止我们逃离现实，哪怕是一瞬间的逃离也不允许。我们的祖先可以在灾难性的时代选择逃避，只要他们足够孤独或者住得足够遥远，但我们注定要在同一个小时或同一秒钟的时间内知道和感受到世界上某个地方正在发生的最糟糕的事情。无论我离开欧洲多远，它的命运都与我同在。当我到达伯南布哥①港口的那天晚上，我顶着满头的星光走在这座城市，皮肤黝黑的人们在我身边走来走去，可是疲惫不堪的我立即就像头上挨了一击——因为我在报纸上看到巴塞罗那发生了轰炸事件，我的一个来自西班牙的朋友被枪杀了。就在几个月前，我还和这个朋友一起度过了几个小时的愉快时光。在得克萨斯州，我坐在一辆飞驰的普尔曼高级卧铺汽车里，当时我们的车辆正行驶在休斯敦和另一个石油城市之间。我突然听到有人在用德语疯狂地喊叫——原来是一个听不懂德语的乘客刚刚把车上的收音机调到德国电台的频道，所以当我们的车辆隆隆地驶过得克萨斯平原时，我不得不听着电台里的希特勒正发表的煽动性的讲话。而且我自己也无法去逃避，无论白天黑夜，我总是忍不住带着折磨人的焦虑想起欧洲，想起我们的国家，想起欧洲版图里的奥地利，也许这似乎有点受狭隘的爱国主义意识所影响吧。那时候，世界各地都处在非常危险的情况下，这种危急形势覆盖了

---

① 地名，巴西一城市。

从中国①到埃布罗河到西班牙的曼萨纳雷斯城②的许多地方,但是我最为关心的还是奥地利的命运。我知道整个欧洲的命运都取决于这个小国,而它恰好是我的祖国。如果我们现在回到过去,指出第一次世界大战后犯下的一个最严重的政治错误,那就是欧洲和美国的政治家没有完全执行威尔逊总统简单明了的和平计划③,而是将其撕毁了。威尔逊总统的想法是让小国获得自由和独立,他正确地意识到,只有所有大国和小国都被束缚在一个具备合理管理能力的统一组织之下,这些小国的自由和独立才能得到最大程度的保障。如果这个超然的组织——真正彻底的国际联盟——没能最终形成,而只有他计划的另一部分,即小国独立得以实现,在这种情况下根本不可能缔造真正的和平,而是会不断地造成局势紧张和矛盾升级,因为没有什么比弱国想要实现大国梦的想法更危险的了。因为接下来这些小国依然不会稳定,每个国家选择做的第一件事就是互相争斗,为一个小领土无休止地争论:可能会造成波兰反对捷克、匈牙利反对罗马尼亚、保加利亚反对塞尔维亚等状况。在这种敌意中,所有国家中最弱小的奥地利,面对的是超级大国德国。最终我们这个被肢解的奥地利国家,它的统治者曾经统治了整个欧洲,是会导致欧洲之墙彻底崩塌的关键石头——我想再强调一下。在英国这个拥有一百万人口的大城市,只有我知道这一点,而我周围的所有人都没有意识到这一点,如果没有奥地利,捷克斯洛伐克将不复存在,然后巴尔

---

① 1935年,日本帝国主义已占领中国东北,并对华北虎视眈眈。

② 1936年西班牙内战时这些地区都爆发过激烈的战斗。

③ 威尔逊计划,是美国总统威尔逊在"一战"后提出的《十四点纲领》,以及建立国际联盟的倡议。

干半岛将成为希特勒的新猎物。英国人不会知道,由于纳粹党的特殊结构,一旦他们夺得对维也纳的政治控制权,就可以用这个杠杆撬动整个欧洲世界。只有我们奥地利人知道希特勒是带着充满仇恨的贪婪向维也纳前进着的,他对我们的国土虎视眈眈。这座城市曾经见证了他的贫穷和潦倒,但现在他将作为一个胜利者凯旋。每次我赶回到奥地利,在国内匆匆待一段时间又要离开这里的时候,在越过边境时我都会长叹一口气,说一句:"看来这次不行,希特勒还没有过来。"然后我会回头看看我的国家,充满眷恋与不舍,就好像这是最后一次仔细端详它一样。我眼看着灾难就要来临,这是不可避免的。那些年,当别人早上心安理得地打开报纸的时候,我在心里其实会非常害怕上面出现这样一个标题:《奥地利已经陷落》。啊,当我假装我已经与奥地利的命运彻底割裂开来的时候,我是多么极端地在欺骗自己!我从远处感受到了它迟钝而狂热的头脑在最后一次斗争中的痛苦,远远超过我留在国内的朋友们:起码他们还可以用爱国示威来欺骗自己。他们每天都互相鼓励:"英国不会让我们倒下的,尤其是墨索里尼永远不会同意的。"他们相信国际联盟和和平条约的约束,就像病人们相信药品上美丽的标签一样。他们幸福地生活在那里,无忧无虑地过着自己的小日子。但是我身在国外,对于当时的时局无论如何都要比他们看得更加清楚,因此也更加担忧,那时候我觉得自己的心都快被揉碎了。

我回到奥地利的最后一次旅程,其实并没有什么其他原因,只是出于对国家会被灭亡的恐惧之心的暂时发作,我尤其担心我们的奥地利会遭遇这样的命运。1937年秋天,我去维也纳看望了我的老母亲。实际上我去维也纳并没有什么着急的事情,也不需要花费很长时间。当时只是因为我在伦敦一连住了好几个星期,大概是11月底的某天中午,我在伦敦街头匆匆走过,从摄政王大街经过的时候买了一份报纸,名字是《标准晚报》。也就是在这一天,哈里法克斯勋爵①飞往柏林,首次试图与希特勒本人进行谈判。现在我眼前还能浮现出看到的那张版面的内容——那本《标准晚报》第一版的右页上,黑体字印刷的文字列出了哈里法克斯希望与希特勒达成一致的几项和谈的内容,其中有关于奥地利的几条内容。我从字里行间看出,或者我认为我读到了一些细节之处:奥地利要被抛弃了。如果不是出于这样的想法,那么这次与希特勒的谈判会有什么好处呢?我们奥地利人知道,希特勒绝不会在这一点上让步的。奇怪的是,计划中讨论的话题只出现在《标准晚报》的正午版,而这些内容在当天下午重新印刷的同一份报纸上就消失了(后来听说报纸上的消息是意大利的一位部长提供的,因为1937年意大利最怕的就是英国和德国在背后达成共识)。大多数人可能都没有注意到这张报纸上的这条新闻。我无法判断内容是否正确,我只知道,一想到英国已经开始与希特勒就奥地利问题进行谈判,我就不寒而栗。今天,我毫不惭愧地说:我拿着报纸的手都在发抖。不管这个消息是真的还是假的,我很多年都没有这么紧张过。我知道,如果这个报道中有一点点真实的可能性,这就是奥地利彻底结束的开始:我们这颗石头会被撬出墙外,欧洲之墙顷刻间就会倒塌。我立即转身,改变了回家的行程,迅速跳上了下一班开往维多利亚火车站的公共

---

① 英国政治家、外交大臣。

汽车，想要去帝国航空公司查看是否有明天的机票可以飞往奥地利。因为我也非常想再见到我的老母亲、我的家人和我的家乡。幸运的是，我确实买到了一张机票，所以我很快把必需的一些东西装在一个皮箱里，乘坐飞机飞往维也纳。

我在奥地利的朋友们都很惊讶，我怎么会这么快突然回来。可是，当我把自己心里所想的忧虑之处告诉他们的时候，他们却竭尽所能地嘲笑我、讽刺我，说我一直是"老耶利米"。他们还反讽我，难道我不知道现在奥地利的居民都百分百地支持舒施尼克吗？他们竭尽全力赞美"祖国阵线"[①]所举办的游行是一次伟大的游行。其实我在萨尔茨堡就已经观察到了，绝大多数游行者只把制服徽章别在领口，以免伤害到自己。与此同时，他们也已经在慕尼黑的纳粹党档案上进行了登记，以示谨慎。这种两边都讨好的做法，只是为了不在将来危及他们的生命和社会地位，只是自保的措施。我已经从过去的历史中学到了太多，而我自己也亲身写就了太多历史。我知道，大众总是会立即落入执政党手中，他们如同墙头草一样，左右摇摆，今天会呼喊"舒施尼克万岁"，明天他们也会以同样压倒性的声音高呼"希特勒万岁"。可是我在维也纳遇到的所有人都表现出非常真诚和无忧无虑的态度。他们互相邀请彼此参加聚会，穿着晚礼服和燕尾服（他们不知道他们很快就要在集中营里穿上囚服了）；他们去各种商店买圣诞礼物，装饰漂亮的房子（没想到过几个月他们豪华的房子就会被洗劫一空）。我以前非常喜欢传统的维也纳城市里特有的休闲氛围，

[①] 奥地利政治组织，由奥地利总理及其顾问们筹办创建，旨在方便其进行政治活动。

这也是我一生都梦想的状态——自由不羁。这种无忧无虑的状态曾被维也纳民族诗人安岑格鲁贝总结为一句简短的格言："不要紧，你不会出事的。"可是此时，这种无忧无虑的感觉却第一次让我感受到了痛苦。也许从终极意义上来说，这些维也纳的朋友都比我聪明得多，因为他们只在事情来临时才会亲身体验痛苦，而对我来说，这种痛苦却是双层的，因为如今我已经提前感受到了想象中的痛苦，而当我担忧的事情真正发生的时候，我会第二次感受到那种痛苦。反正我不能理解他们的想法，也不能说服他们理解我的想法。两天后，我不再对任何人提出警告了。为什么要去打扰那些根本不想被打扰的人？何必让他们感受到惊慌不安呢？

可是，在我逗留在维也纳的最后两天里，我用非常绝望和沉默的眼神一遍遍地打量着这个我自小成长的城市，打量它每一条熟悉的街道、每一座教堂、每一座花园和每一个古老的角落。我这样说，并不是出于事后的文字点缀，而是毫无虚假的真相，当时这就是我的真实感受。当我拥抱母亲的时候，我有一种"这是最后一次拥抱她了"这样隐秘的感觉。我怀着"再也见不到这些"的想法感受着这个城市和这个国家，清楚地知道，这一次是我要与这座城市彻底永别了，这是永远的诀别。火车在萨尔茨堡停了下来，我知道我的房子在这里，我生活和工作了二十年的房子就在这个城市里，但是我没有下车。我知道自己可以透过列车窗户看到我的房子就耸立在山上，并回忆起我在那里度过的岁月。然而，我没有抬头看它一眼。为什么要看呢？从今往后我再也不会住在那里了。火车过境的那一刻，我清楚地知道，就像

《圣经》中的祖先罗得一样,我身后的一切都是尘埃和灰烬,都是凝结成苦涩盐柱的过往历史。①

　　我以为我已经提前感受到了一切可能发生的可怕的事情,那就是希特勒的恨梦实现了,他将作为一个"胜利者"占领维也纳,一个曾经赶走这个贫穷而有成就的年轻人的城市。然而,与1938年3月13日非人的暴行②相比,奥地利和整个欧洲从此成了赤裸裸的暴力的牺牲品!——人们在同类践踏人性方面的想象力是多么的保守、怯弱、可怜啊!现在,面具可以摘下来了。既然其他国家已经公开表达了他们的恐惧,就没有必要担心这血腥暴行中会遇到的任何道德障碍,也不再需要依靠欺骗性借口,比如从政治上消除"马克思主义者"等的口号。什么英国、法国,甚至是世界都不在话下,统统都能收入囊中。现在,纳粹分子们不仅明目张胆地进行抢劫和偷窃,还肆意放纵自己的个人报复。大学教授被迫徒手刷洗整个街道,信仰虔诚的白胡子犹太人被拖进教堂,一群年轻人被迫下跪,还要齐声高呼"希特勒万岁"的口号。街上无辜的人像兔子一样被抓住带走,被要求打扫冲锋队营房的厕所。以前那些纳粹分子在黑暗中无耻地想到的各种病态的、肮脏的仇恨妄想,现在都能在光天化日之下得到普遍而广泛的发泄。他们破门而入,从害怕得发抖的女人手中抢走值钱的珠

---

　　① 该故事出自《圣经·旧约·创世记》:所多玛古城的居民罪孽深重,上帝要将其焚毁,城中居民罗得得到上帝的旨意可以带着家人逃离所多玛古城,但途中不可回头。其妻子不听从上帝的告诫,回头望了一眼,立即被变成了一根盐柱。
　　② 暴行是指1938年3月13日奥地利内阁通过的赞同奥地利与德国合并的法案,使得希特勒能合法吞并奥地利。

宝——数百年前，在中世纪战争中也可能发生过同样的抢劫——但此时纳粹分子们发展出来的新内容是，他们通过对其他人的公开折磨来获得快感，他们通过对别人灵魂的摧残和各种精心设计的侮辱来发泄自己的兽欲。这一切不是发生在一个人身上，而是发生在成千上万的人身上，并且被那些受到折磨的人真实地记录了下来。与我们这个道德沦丧的时代不同，当一个更安静平和的时代到来时，人们会不寒而栗地读到一个心怀仇恨的疯子曾经在20世纪的世界级文化城市中犯下的滔天罪行。这是希特勒在各种军事和政治胜利中取得的最邪恶的一种"胜利"。这个人成功地以一种不断升级的方式磨掉了所有法律的棱角。毕竟在这个"新秩序"实施之前，如果没有足够的理由和法院的判决，杀人会是一项震惊四座的行为。在20世纪，酷刑被认为是不可思议的，没收财产被明确认定为盗窃和抢劫。但是现在，一个接一个的圣巴托洛缪之夜①发生了，人们在冲锋队的监狱里和铁丝网后面被折磨致死，各种痛苦不间断地涌来，这个时候，对于个人的不公正是什么？人类社会的痛苦是什么？1938年奥地利陷落后，我们的世界竟然习惯了那种非正常的人性、无法无天和残酷的命运，这在数百年前是前所未有的。如果在过去，这些发生在维也纳市的事情足以让掀起这一切风波的人在国际上遭到无情的唾弃；然而在1938年，世界的良心沉默了，或者只敢不痛不痒地说几句模棱两可的话，然后就忘记并原谅了这些暴行。

---

① 圣巴托洛缪狂欢节前夜，发生在巴黎的一起因宗教战争引发的血腥大屠杀。

在我看来，那几天是我一生中最可怕的日子：我感觉到，似乎每天都有家乡的呼救声传来，我不断地听说，自己最亲密的朋友被带走了，受到了非人的折磨，或者被羞辱和拷打；我每天都在为自己深爱的亲人朋友们担心，每天都提心吊胆，可是又对他们的命运感到深深的无助。我也可以毫无愧疚地说，这个时代让我们的心转变了这么多，简直好像被异化了一样——当我年迈的母亲去世的消息传来时，我并不感到惊讶或悲伤。相反，知道她现在已经从一切痛苦和危险中解脱出来，我反倒得到了一丝丝的安慰。她84岁了，耳朵几乎已经完全听不见声音了。她住在我们自己老家的房子里，所以即使在新的"雅利安法律"的管控下，她也可以暂时不用搬出去。我们那时很希望过一段时间后可以找到一个合适的方法把她从国内解救出来。可是当维也纳被占领后，那里颁布的第一批法令就使她遭到了沉重打击。她84岁的时候，腿脚不是很灵便，经常走一会儿就已经筋疲力尽了。所以当她每天走一小段路时，就习惯于每五分钟或十分钟坐在环城路或公园的椅子上休息一会儿。希特勒成为这座城市的主人之后，仅仅八天就颁布了一项非常没有人性的禁令：犹太人不得坐在长凳上。这是他颁布的许多旨在以折磨人为乐的禁令之一。无论如何，抢劫犹太人的财物还算情有可原，以他自己的逻辑来看还是可以容忍的。毕竟，他们可以把工厂、房屋、别墅等被掠夺的物品和腾出的位置留给自己人，奖励他们手底下的棋子。戈林的绘画收藏最后之所以能够变得如此丰富和宏伟，主要归功于这种无情的抢劫。然而，不让一个精疲力竭的老太太或老先生在长椅上坐几分钟喘口气，这种事情居然发生在20世纪，而且是一个被数百万人崇拜为那个时代最伟大人物的人发明的，估计也只有希特勒才能想出这样恶毒的主意吧。

幸运的是，我母亲很快就避免了长期忍受这样的野蛮和侮辱。维也纳被占领后几个月，她就去世了。还有一个和她的死有关的小事件，我觉得必须在这里写一下。在我看来，对于即将到来的时代来说，将这些细节记录下来无疑是很重要的，因为如果不如实记录，下一代的人就会觉得这些事情是不可能存在的。我的母亲，这位84岁的老太太早上突然失去了意识，陷入昏迷，被叫来的医生很快就判断出她可能活不过这一夜了，于是就叫来了一个40岁的护士来做她的临终陪护。当时，她的两个儿子都远在国外，我和我哥哥都没能到达那里见她最后一面，因为在德意志文化的代表面前，即使我们能回到奥地利去叫醒母亲，她也会被当作罪犯接受惩罚，毕竟，那时候让犹太人入境就是对德意志的侮辱。所以，我们的一个在老家的堂兄弟计划在她的卧室里陪伴她度过这个晚上，这样至少有一个家庭成员会在她临终前和她在一起，陪她度过弥留之际。当时我们的那位堂兄已经60岁了，他的身体状况也不太好。事实上，一年后他就去世了。当他准备去隔壁房间过夜时，那位女护士来了——我必须说，今天我写下的这些事情，于她而言其实并不光彩——她告诉我的堂兄说，根据新的纳粹法律，她不能让他在我母亲的床前守护，即便她已经是个将死之人！她是这样说的，因为我堂兄是犹太人，作为一个50岁以下的女人，她不允许和他在同一个屋檐下过夜，即使是在垂死的人的床前也不行。按照犹太人一定是坏人的说法，犹太人脑子里的第一个念头一定是对她进行性侵犯，玷污她的种族血统。她说，当然她对有这样的规定感到特别惭愧，但也要遵守法律。就这样，我60岁的堂兄为了能让护士守在母亲奄奄一息的病床前照料她，不得不在深夜离开了我们老家的房子。也许现在人们可以理解，我为什么庆幸我的母亲很快死去了，因为她不需要再活在那样的人中间，遭受更长时间的侮辱和痛苦了。

奥地利的局势也给我的私生活带来了变化，我最初认为这是完全不相干的、纯粹形式上的变化：我的奥地利护照失效了，所以我必须向英国当局申请一个白色的替代身份证，即无国籍护照。在自己四海为家的梦里，我想象过很多次，这样的旅途应该是很美好的。根据我内心的感受，无国籍意味着对任何国家都没有责任，不加区别地属于所有国家。然而，我不得不再次意识到，我们人类的幻想是多么幼稚、不可行。一个人只有亲身经历痛苦，才能感受到什么是最重要的东西。十年前，当我在巴黎遇到梅列日科夫斯基时，我听到他抱怨他的书在俄国被禁了，我这个没有经验的人还不假思索地试图安慰他，说与他的作品能够在国际上的传播相比，这算不了什么。然而，当我自己的书从德语世界消失时，我清楚地理解了他在抱怨时候的感受：我创作的文字只能在翻译版本和经过稀释和改编的另一种媒体中呈现！同样，当我在英国政府的等候室里等了很长时间后才被叫进来时，我才意识到把我的护照换成外国人的身份证意味着什么。此前奥地利还没有沦陷的时候，我有权使用我的奥地利护照，奥地利的大使馆官员和警察也有义务向拥有正式公民身份的人发放护照。然而，如果我想在英国得到这样的护照，我必须向英国当局申请这个专属于外国人的特殊证书,这是需要我去主动索取的一种礼物,随时可能被剥夺。一夜之间,我的生存状况几乎下降了一个等级。昨天我还是一位外宾绅士,在这里花掉手中的外汇,交税。今天我就变成了移民,也就是"难民"。我被降低了社会等级,成为少数人中的一个,而我甚至还不是因为名誉损坏而落入更不堪境地的更少数的人中的一个。而且作为这个白色替代身份证的持有人,如果想获得任何外国签证,都要提交特别申请。所有国家都不信任这种没有权利没有祖国的"一类"人,我突然成了他们中的一员,因为如果他们陷入困境或者在这个国家待得太久,对方就不能像对待其他人一样将他们遣返送回他们来的国家。我不禁想起几年前一个被流放的俄国人说的一句话:"过去,人只要有身体和灵魂就可以了,今天他还需要护照,不然就不能被别人当成人一样对待。"

确实如此。自第一次世界大战以来,世界人民经历的最大倒退就是对个人行动自由的限制和人们自由权利的减少。1914年以前,世界是属于所有人的。每个人想去哪里就去哪里,想待多久就待多久,一切都是没有限制的。当我告诉今天的年轻人,我在1914年之前去了印度和美国,但是身上从没有带过护照,也从来没有见过它是什么样子的,我总是看到他们脸上惊讶的表情。那时候人们不论坐什么车,上下来去都不会遭到任何的盘问,也不会有人对此有怀疑;今天,人们要出境的话,就要被要求填写数百份表格;可是我们那时候根本不需要填写任何证明或文件,不需要居住证,也没有签证,做什么事都没有丝毫困难之处。可是今天的国境线已经被海关、警察、哨所变成了带刺的铁丝网,因为他们病态的不信任感，一切都被管制得极其严格。在我们过去那个时代，当时的国境线无非是一个象征性的边界，任何人都可以不假思索地跨越，就像格林尼治子午线一样；直到"二战"之后，国家社会主义才开始扰乱世界，一切才发生了变化。作为其造成的第一个可见的现象，也是我们这个世纪的精神瘟疫，那就是造就了对于外国人的恐惧症：人们开始对外国生出仇恨之心，或者至少是激发了对外国人的恐惧。人们处处防备外国人，处处抵制外国人。过去那些只需要强加给罪犯的所有屈辱手段，在如今的普通旅行者出行之前和出行期间，都必须全盘接受。人们必须接受在出入境的时候被拍下照片，包括左边、右边和正面的非常多的照片，头发一定要剪短让耳朵露出来，指纹一定要留，一开始只需要按下拇指印，然后发展到全部十个手指的指纹都要留下才行。此外，还必须出示各种证件：健康证明、预防接种证明、无犯罪记录证明、推荐信、邀请函和亲属地址等相关的内容。并且为了遵从道德的约束和财务保证，这些表格必须填写成一式三份的。倘若需要填写的一大堆表格中少了一页什么，那么这次旅行就绝不可能成行了。

冷眼一瞧，这些似乎都是小事。只是提这些琐事未免显得我太小家子气。可是，正是这些毫无意义的"琐事"让我们这一代人毫无意义地浪费了许多不可挽回的宝贵的光阴。如果今天仔细算算我那些年到底填了多少表格，每次旅行又写了多少申报单、报税单、外汇证明、过境手续、居住证、居留登记、注销证明等，又曾经为了办事在领事馆和官署部门的前厅里等了多少个小时，遇到过多少友好的或者恶意挑剔的、热情的或无精打采的官员，以及我在过境时经历过了多少次细致的检查和询问。这些经历让我意识到，当我们年轻的时候，我们曾经坚信这将成为一个自由的世纪、一个孕育世界公民的时代。可是如今在这个世纪，多少人失去了他们的尊严。我们的产出、我们的创造、我们的思想，有多少是被这些没有任何价值的繁文缛节带走了，同时也让人类的灵魂蒙羞！这几年我们每一个人学到的官方规矩都比从事思想工作学到的东西多。去到陌生城市或陌生的国家，选择的第一条路不再是去博物馆或某个地方的路，而是去大使馆或警察局领居住证的路。过去我们都坐在一起，同一批人常常谈论波德莱尔的诗歌，用思想上的激情来讨论各种各样的问题，但现在我们谈论的是被盘问的经历和居住证方面的问题，讨论应该办理长期签证还是旅游签证；在过去的十年里，如果能认识一个在签证处工作的小职员简直太重要了，可以大大缩短你的等待时间，甚至超越了19世纪与托斯卡尼尼或罗曼·罗兰之间的友谊。人们好似会本能地产生这样的感觉，虽然他们有一个与生俱来的自由灵魂，但人们是客体而不是主体，他们没有任何权利，一切都是官僚主义的恩惠。人们不断被询问、被登记、被编号，去进行各种检查和盖章。直到今天，我这个毫无希望重新获得自由的人，一个梦想中的世界共和国的公民，总觉得我护照上的每一个公章都是犯人身上的一个标记，每一次询问和检查都像羞辱，像流放路上的签章。我知道这不过是些小事而已，在一个人的价值暴跌速度超过金钱贬值速度的时代，这些都是微不足道的事情。但只有抓住这些不起眼的小细节，后世才能正确描述主导了两次世界大战之交的这段时期的思想状况和混乱的具体表现——这是一段精神失常的时代,一切正常的思维和思想都消失了,只是这种反常曾深深地影响过我们的世界两次。

可能我是被之前的自由宠坏了,也可能是因为这几年的突变,我逐渐变得非常敏感,一丁点儿刺激都接受不了了。每一种形式的移民都不可避免地产生不平衡。一个人如果脚下没有自己的土地,就会失去直立的姿势,变得充满不确定性,对自己产生怀疑。我毫不犹豫地承认,从我不得不使用我的暂住身份证或外国签发的护照的那一天起,我从来没有一天觉得这些证件是属于我的。那种天然的身份,那种证件与原本的我自己一致的身份,已经被永远摧毁了。我变得比我的本性更加克制,更加小心谨慎。我曾经是一个世界主义者,但现在变成了一个感激者,我一直觉得我应该感谢在每一个陌生的国家呼吸到的每一口空气,感觉那样的空气也是种珍贵的施舍。当我的意识清醒过来的时候,我当然知道这个奇怪的想法有多可笑。但是理智什么时候才能真正地抗拒自己的感情呢?我花了将近半个世纪精心培养自己的内心,告诉自己要做一个"世界公民",但是这样的思想对我有任何帮助吗?它简直没有帮到我分毫,甚至完全帮不了我。不,在我丢失护照的那一天,我在58岁的时候发现,一个人丢失的祖国,从来不会止于那片被划定了边界的土地。

不过换句话说,没有安全感的人可不止我一个。慢慢地,不安的情绪开始在整个欧洲蔓延。自从希特勒入侵奥地利以来,政局一直不明朗。在英国,那些曾经悄悄为希特勒铺平道路并希望能够给他们的国家带来和平的人开始仔细思考了。自1938年以来，不管是在伦敦、巴黎、罗马、布鲁塞尔，还是在世界所有的城市和乡村，无论话题一开始有多遥远，最后都不可避免地会有一个问题慢慢浮现出来，即如何避免战争或至少推迟战争的爆发。如果我回头看看那时候的回忆，就在对欧洲战争的恐惧越来越强烈的那几个月时间里，我能回忆起的只有两三天，人们才真正具备了那样的信心；只有那短短的两三天，人们会有这种感觉——战争的阴云会过去，人们又可以自由呼吸了。但是颠倒是非的有趣之处在于，那两三天恰好是当今现代史上最糟糕的日子：那是张伯伦和希特勒在慕尼黑相遇的日子，他们举行了一场会谈。

  我知道，今天人们不愿去想那次著名的会议：张伯伦和达拉第被逼到了墙脚下，已经走投无路，所以他们向希特勒和墨索里尼投降了。然而，因为我想提供的是这段纪录片中的最真实的情况，我必须承认，在英国，凡是经历过那三天的每个人当时都觉得很美好，会谈取得了巨大的成功。可是在1938年9月的最后几天，形势突然变得非常危急。那时候张伯伦刚刚结束与希特勒的第二次会面，而人们现在也都知道了，几天后都发生了什么。张伯伦去哥德斯堡[①]见希特勒是为了毫无保留地同意希特勒先前在贝希特斯加登向他提出的请求。然而，几周前，希特勒还对他自己提出的要求很满意，可现在他又对自己的权力欲望不满意了，狮子大开口，英国人的绥靖政策和"一次又一次为之奋斗"的做法不幸失败了。在英国，轻信的时代就在那一夜之间结束了。英国、法国、捷克斯洛伐克，甚至于整个欧洲当时只有这两

[①] 疗养胜地，位于德国莱茵河畔。

个选择：要么屈服于希特勒无尽的权力欲望，要么拿起武器反对他、阻止他。看情况，英国似乎已经下定决心了。他们不再谈论军备，而是公开展示军备力量，展示自己下定决心打仗的意图。突然，工人们出现了，他们在伦敦的海德公园和摄政王公园，特别是在德国大使馆对面建造了地下防空洞，以应对空袭的威胁。海军舰队也采取了行动，总参谋部的军官在伦敦和巴黎之间穿梭，共同制定用战争对抗敌人的措施。开往美国的船上挤满了想及时到达安全庇护点的外国人。自1914年以来，英国人从未如此警觉过，城市里来往的所有人都变得更加严肃和有尊严了。人们看着自己生活的房子，看着繁华的街道，暗暗地在想：明天会不会有一颗炸弹掉下来，把这一切都毁掉？房间里的人或站或坐在收音机旁紧张不安地听新闻广播。在英国的每个人身上，每一秒钟都能看到这个国家四处弥漫着的看不见却能被感觉到的高度紧张的氛围。

然后，那次历史性的代表大会就这样召开了。张伯伦报告说，他将再次努力与希特勒达成协议。他再次向希特勒建议，他愿意在德国的任何地方与希特勒会面，以挽救已经受到严重威胁的和平。他的建议没有得到答复。然后，在会议进行到一半的时候——太戏剧化了，德国方面来了电报：希特勒和墨索里尼同意在慕尼黑会面，这一刻，几乎是英国历史上独一无二的时刻，英国国会的人们彻底失去了对情绪的控制。国会议员们跳起来，欢呼鼓掌，大厅里充满了欢呼声。很多很多年了，这种喜悦的心情似乎都没有在这座庄严的建筑里爆发过。从人性的角度来看，这是一场精彩的表演，因为和平仍然可以被拯救，人们心中突然出现的真诚的狂喜战胜了英国人的矜持和严肃；从政治的角度来看，这种爆发式的喜悦绝对是一个大错误，因为国会欣喜若狂的欢呼已经透露出这个国家是多么厌恶战争，它可以为和平做出任何牺牲，可以委曲求全地牺牲自己的任何利益，甚至放弃尊严地屈服。因此，从一开始，张伯伦就被认为是一个去慕尼黑祈祷和平的人，而不是一个为和平而战的人。但是，谁也无法预测接下来会出现怎样的失败局面。大家都觉得——包括我自己都一样，我不否认这一点——张伯伦去慕尼黑的目的是谈判，而不是投降。接下来是两三天的焦虑等待，整个世界都屏住了呼吸。一些人在公园里挖战壕，军事工厂正在进行军备处理，防御火炮正竖立起来，防毒面具也被分发给城中的人们，从伦敦疏散儿童之类的事情已经列入议程，秘密的准备工作已经开始。人们可能并不了解每一项活动，但他们都知道这些准备工作的目的是什么。人们又在等报纸上确切的消息，他们花了很长时间去听收音机，上午、中午、晚上，甚至到了深夜都还在关注着这件事情，每个人都忧心忡忡的。这次的等待，让人觉得过去那种熟悉的时刻又回来了，就是类似于1914年7月那一次等待"是"和"不是"的可怕而又伤脑筋的回答的时刻。

然后，仿佛突然来了一场飓风，吹散了令人窒息的乌云，人们的心情也放松了，紧张的神经也可以舒展了。消息传来，希特勒、张伯伦、达拉第和墨索里尼达成了全面协议。此外，张伯伦已成功地与希特勒达成协议，以确保未来国家间所有可能的冲突都将通过和平手段解决。这种情况似乎表明，一个并不特别引人注目的平庸的政府首脑赢得了不屈不挠的和平意愿。这一刻，所有人都对他充满了感激。在收音机里，人们听到的第一句话是"为了我们时代的和平"。它想向我们这一代遭受苦难的人宣布，我们仍然可以和平地生活，无忧无虑地生活，并帮助领导人共同建设一个更新、更美丽的世界。这样的宣言无疑感动了我们每一个人，那些后来试图否认我们曾经多么喜欢这个神奇的词的人是在撒谎。事件发生后，谁愿意相信一个战败的国家会举行凯旋的游行仪式？如果身在伦敦的大众知道张伯伦从慕尼黑回来到达机场的准确时间，那么估计会有成千上万的人涌向克洛伊敦机场迎接他，为他欢呼，感谢他挽救了欧洲的和平和英国的荣誉。当时我们都是这么想的。然后宣告和平条约缔结的报纸就出来了，照片也刊登在报纸上。张伯伦平时不苟言笑，他的表情向来是沉闷严肃的。但是现在，他带着骄傲和微笑的神色出现在飞机机舱里，挥舞着那篇历史性的文件，向我们宣布"我们赢得了时代的和平"，并把它作为最珍贵的礼物带回他的国家。晚上，这段影像在电影院被放映出来。当时在场的人们纷纷从座位上跳起来，欢呼着，喊着。在对新世界的博爱之情中，每个人几乎都要互相拥抱一下。对于当时在伦敦和英国的所有人来说，这是前所未有的、激动人心的一天。

我喜欢在这历史性的一天漫步街头，让自己更强烈、更直接地感受到当时浓郁的社会氛围，呼吸到最真实意义上的时代气息。在公园里，工人们停止挖掘防空洞，人们聚集在他们周围说笑。因为"我们时代的和平"已经建立了，所以防空洞变得多余。两个年轻人用伦敦方言开玩笑说，这些防空洞应该改造成地下厕所，因为伦敦的公共厕所太少了。听到这话的所有人都愿意跟着一起笑，每个人似乎都充满活力，就像雷雨后的植物一样生机勃勃。他们的背比前一天更直，肩膀也更放松。英国人平时显得冷漠的眼睛，现在却闪着幸福的光。由于人们知道那些房子没有遭到轰炸的危险，所以一切都更美好了，房子似乎更亮了，公共汽车更漂亮了，太阳也更耀眼了。这些激动人心的话让成千上万的人感到有了更大的能力和自信。我感觉我也变得兴奋起来，我不知疲倦地走着，步子比以前也更快更轻松，新的自信和快乐的浪潮有力地缠绕着我，让我变得活力满满。在皮卡迪利大街的拐角处，突然有人快步向我走来。原来是英国的一个官员，我只是碰巧遇见了他。他是一个非常保守和克制的人，几乎从来看不出拥有个人的感情。平时我们只礼貌地打招呼，他无论如何也没想过和我说话。但是现在，他的眼睛奇异地闪着光，他本人也主动地向我走来。他兴奋得有些容光焕发，还接着问我："你认为张伯伦的表现如何？没有人相信他能成功，但是他做了正确的事。他没有屈服，他拯救了和平。"

当时社会上所有的英国人可能都是这样，大家都有这种感觉，其实那天我也有同感。第二天依然是快乐的一天，各处都传来好消息，报纸在欢呼，股市在疯狂上涨。多年来，德国友好和平的声音再次传来，他们向英国人伸出了橄榄枝。在法国，人们甚至建议为张伯伦建立一座纪念碑。啊，先不要高兴得太早，这只是在火焰最终熄灭之前的一点回光返照的余烬而已。几天后，一些不好的细节慢慢渗透出来——这是在希特勒面前毫无保留地投降，曾经庄严承诺会帮助和支持捷克斯洛伐克的英国，现在却卑鄙地出卖它先前要帮助的对象。在接下来的一周,很明显,英国的投降并不能让希特勒感到满意。条约上的墨迹还没有干,希特勒就已经销毁了所有的条约,将约定好的一切细节毁坏殆尽。戈培尔公开宣布,他们在慕尼黑肆无忌惮地驱使英国人民节节败退。希望之光熄灭了,但它起码照耀了一两天,我们的心是温暖的。即便只是很短的几天,这些天带来的好处我也不能忘记,或者说,我不想忘记。

自从我们意识到在慕尼黑真正发生了什么之后,矛盾的是,我在英国看到的本地人越来越少。责任在我,一方面是因为我主动选择避开他们,或者更确切地说,我避免与他们交谈,尽管我必须比以往任何时候都更加尊重他们。他们对那些成群结队而来的难民非常慷慨,表现出最高尚的同情心和最有益的理解。另一方面是因为他们和我们之间有一个鸿沟,我们分别站在一堵墙的两边:那些我们已经经历过的事情,他们还不曾经历过。我们被迎头痛击,而他们还没有过那样的经历;我们知道发生了什么,以及此后会发生什么,他们仍然不肯理解这些事情的走向——或许这在一定程度上违背了他们内心的认知。尽管如此,他们还是努力地在疯狂中坚持说话要守信,和平就是和平,认为如果我们能够理智,如果我们能够按照人性的美好坚持与希特勒对话,我们仍然可以与他公平地谈判。几百年来,英国的民主传统被法律完善地保存了下来,所以英国上层阶级不能或者也不会理解,一种充满恶意的、漠视道德的新手段正在他们身边逐渐形成。当新德国与周边民族打交道的时候需要涉及法律问题时,只要现有的游戏规则对他们不利,他们就会踢掉所有的规则,搅乱棋局。可是,在这些已经拒绝一切风险的、头脑清醒、有远见的英国人眼中,一个能够如此迅速且简单地得到如此多东西的人,会非常谨慎地面对身边的事情,或者起码不会对任何事情粗心大意。英国人仍然相信并希望这个人会首先将战争的矛头转向其他的国家,最好是俄国!——然后英国就能在此期间与希特勒德国一方达成协议。但众所周知,不要害怕以最大的恶意去揣测自己的敌人。我们这些德意志人都知道这是最可怕的,因为这预示着接下来还会有更悲惨的事情发生。我们的眼睛看到过被杀的朋友和被折磨的同伴,所以我们的眼睛更严厉、更锐利,不容沙子。我们这些被鄙视、被赶走、被剥夺权利的人都知道,那个人不管用什么荒谬虚伪的借口也不会觉得尴尬。因此,我们这些遭受苦难的人说的语言与尚未遭受苦难的人不同,我们移民说的是德语,使用的语言与英国人不同,我相信今天可以毫不夸张地说,当时在英国,除了极少数英国人之外,只有我们对危险的范围和程度没有抱有不切实际的幻想。就像当初在奥地利一样,在英国,我注定要带着一颗被摧毁的心和锐利的目光,清楚地预见到不可避免的将来,但在这里我是一个局外人、一个受庇护的客人,我无法给出警告。

所以,当我们的嘴唇已经提前尝到了即将到来的苦涩的味道,我们也只能在那些被厄运烙印的人中间自言自语。我们的灵魂被这个国家——这个接纳我们为兄弟的国家——担忧折磨着!然而,即使在最黑暗的时代,能够与一个道德标准极高的思想家交谈,也能带来难以想象的安慰和精神鼓励。在灾难发生前的最后几个月里,我能够和西格蒙特·弗洛伊德一起度过的友好平静的日子,以一种难忘的方式证明了这一点。几个月来,我非常不安地想到,83岁的生病的弗洛伊德仍然被困在希特勒统治下的维也纳,虽然他是一位举足轻重的人物,直到他最忠诚的学生——伟大的玛丽亚·波拿巴公主把他从被奴役的维也纳救回伦敦。当我在报纸上看到他踏上了英国的土地,看到我最尊敬的朋友从恐怖统治的地下世界归来时,这是我一生中极其快乐的一天。

西格蒙特·弗洛伊德,一个不苟言笑的精神世界里的伟人,在我们这个时代,没有人能像他一样深化和拓展有关人类灵魂的知识。我在维也纳的时候就认识他了。在那里,他被人们认为是一个走自己的路的个人实践主义者,这一称呼有些尴尬,并且怀有恶意。他是一个追求真理的狂热信徒,同时,他也恰恰意识到了每一个真理的局限。有一次他对我说:"百分之百的真实就像纯度百分之百的酒精一样(根本不存在)!"他探索了当时还没有人涉足的秘密的由本能驱动的世界,人们恐惧地回避着他和他的研究,假装出一种对任何事情都无动于衷的方式。当时他的研究领域被宣布为"禁忌"领域,他非常坚持自己的选择,直接进入了那个人世间最为隐秘的性欲的世界,因此他与学院的学术流派交往非常谨慎且疏离。乐观的自由世界潜意识里觉得,这位不妥协的精神大师,用他深刻的心理论证无情地挖掘"理性"和"进步"带来的本能驱动的压迫,他会让单纯无视尴尬问题的方法岌岌可危,因为他有毫不留情撕掉面纱的手段。联合起来对抗他的令人不愉快的"离经叛道"的研究的人不仅仅是一个大学或一些老派的医学行业协会,而是整个世界——旧的世界、旧的思维方式、旧的"约定俗成"的道德,这些都怕这个能揭开人性面纱的人。慢慢地,他的医疗实践遇到了阻力,他失去了自己的诊所。然而,由于他的论点和他提出的最令人愤慨的问题在学术上无法被反驳,人们开始以维也纳的方式处理他的释梦理论,把他的论点视为在社会场合用来公开讽刺的粗俗笑话。只有一小圈忠诚的读者聚集在这个孤独的人周围,他们每周举行研讨会,于是在这些讨论中形成了一门新的学科——精神分析学科。当我还远没有意识到这个精神世界的革命规模在弗洛伊德原著的基础上慢慢扩大的时候,这个非凡人物不可动摇的强烈的道德态度已经让我对他佩服至极了。这里终于有了一个追逐科学的人、一个年轻人实现梦想过程中的榜样:只要没有最终的证据和极大的确定性,做任何陈述都要慎重;但是,只要假设已经牢固地被证实了,他就不会在人们面前,哪怕是全世界的反对者面前动摇。个人认为,他和普通人一样谦虚,但他会毫不犹豫地为自己教义中的某个信条而战,他会为捍卫自己认可的内在真理而献身。人们想不出有谁像他这样精神上如此无畏。弗洛伊德敢于随时说出自己的想法,即使他清楚地知道,这种明确的直言不讳的讲述会让人感到不安和不快;他从来不想通过哪怕是最小的让步来缓解现实,或让困难的局面变得更容易些。我敢肯定,如果弗洛伊德愿意加些粉饰去详细阐述他的理论,比如用"情欲"代替"性欲",用"爱的欲望"代替"性冲动",如果他不总是毫不留情地提出最后的结论,而只是暗示它,那么他至少有五分之四的论点不会被学术界批判或禁止。然而,说到理论和真理,他又是一个从不屈服的人。遇到的反抗越激烈，他的决心就越强。如果我想为"道德勇气"这个概念（这是世界上唯一不需要别人牺牲的英雄主义）找到一个象征性的人物，我总是会看到弗洛伊德那美丽而阳刚的脸和他那黑色的直白而平和的眼睛。

这个人曾经让自己的家乡享誉全世界，给家乡带来了超越时代的无限荣光，现在他却从那里逃到了伦敦。他已经垂垂老矣，而且是一个多年重病缠身的人，但是，他看上去依然精神饱满，是一个不卑不亢的人。我曾经暗自担心，在维也纳遭受过折磨以后，他可能会变得愤怒或沮丧。然而，我看到他比以往更加开朗，甚至更加快乐了。他把我从伦敦郊外的这所房子里带出来，我们一起来到花园里，"我曾经住的地方也这样美吗，甚至比以前更美了？"他问我，从前那么严肃的嘴角现在露出了灿烂的笑容。他给我看了他最喜欢的埃及雕像，它也被玛丽亚·波拿巴救了出来，"我又回到家了吗？"手稿摊开在他的书桌上。他已经是83岁的高龄了，但还是每天坚持用圆形字体写作，正如他在全盛时期所做的那样。他的思想一如既往的清晰，仍然不知疲倦，他那坚强的意志战胜了一切，包括疾病、年老、流放等在内的一切都不能使他屈服。他那在漫长的战斗岁月中被掩盖的善良本性突然自由地爆发出来。他的年龄让他变得更温柔，他的艰辛让他变得更体贴。有时候他也会做出一些温柔友好的动作，这是我在这个安静的人身上从来没有见过的：他会把自己的胳膊搭在一个人的肩膀上，眼神温暖地透过闪亮的镜片看着你。那些年，与弗洛伊德的每一次交谈都是我最高的精神享受。我可以从中得到一些东西，同时也对他很是佩服。我感觉他说的每一句话都可以帮助自己不带任何偏见地理解这个伟人：对他来说，没有任何自我表白或自我剖析会让他感到惊讶，没有任何意见会让他动情；对他来说，教别人看清楚、感受清楚，这种意志已经成为一种本能的生存意志。这些长篇大论是不可替代的，我在他生命最后一年的黑暗日子①里对这些感受最强烈。在他走进房间的那一刻，外面世界的疯狂幻影突然消失了。最残酷的东西变得抽象起来，最混乱的东西逐渐变得清晰，当下的东西被包含在更大的有退让的循环过程中。我第一次体验到，一个人可以如此真实地超脱自我，不再把痛苦和死亡作为个人的体验去感受，而是作为超越个体的对象去进行审视和观察：他的死亡也是一种巨大的道德成就，就像他的生命一样。那时弗洛伊德病得很重，甚至后来那疾病使他很快就离开了我们。可以想见，他戴着假牙，说话的时候是非常费力的。人们听到他说的每一个单词都会感到羞愧，因为他很难发出那些音节。但是他不放弃尝试，在他看来，让朋友看到他的意志比一些低级的肉体折磨还要重要，这是他钢铁般的精神的野心。他的嘴因为疼痛而扭曲着，但他一直在桌子上工作，直到生命的最后几天也还是如此。即使疼痛压垮了他晚上的睡眠，他也拒绝服用安眠药或注射任何麻醉剂，他不想用这种减轻痛苦的方式来减少他思想的光芒，哪怕是一秒钟都不行。他宁愿痛苦地醒来，在疼痛的折磨下思考总比不思考要好。他是一位思想上的英雄，总要在战争中坚持到最后一刻。这是一场可怕的战斗，持

---

① 1939年9月23日，弗洛伊德病逝。文中的"黑暗日子"是指坏消息来临的时候，1939年3月，德国侵占捷克斯洛伐克，9月，德国进攻波兰，第二次世界大战正式爆发。

续的时间越长就越引人注目。死亡在他脸上投下的阴影一次比一次更清晰：它压垮了他的脸颊，使他的额角萎缩，使他的嘴巴倾斜，使他的嘴唇僵硬得几乎说不出话来。只是他的眼睛焕发出闪亮的光彩，就好像永远不可征服的瞭望塔一样！死神对此也无能为力！这个精神英雄就是通过这双眼睛去观察和看到了人类的世界——死亡的黑暗绞杀力量是无力的：他的眼睛和头脑直到最后一刻都是完全清醒的。有一次，在他去世前不久，我去看他，还带了萨尔瓦多·达利①——在我看来，他是新生代最有才华的画家，而且他非常崇拜弗洛伊德——当我和弗洛伊德谈话时，他画了一幅素描，我从不敢把这幅素描拿给弗洛伊德看，因为达利预言性地画出了他的死亡景象。

这场战斗——我们这个时代最坚强的意志和敏锐的精神与它的毁灭的斗争变得越来越残酷。直到他意识到他不能再继续写作并有所作为了（他认为清晰是思想表达的最高美德），他像古代罗马的英雄一样允许医生帮助他结束痛苦。这就是他伟大生命的终结。即使在这个大屠杀的年代，他的死也是值得纪念的。当我们的朋友把他的棺材埋在英国的土地上时，我们清楚地知道我们把我们家乡的最高精髓的奉献者托付给了这片土地。

在那个时候，我经常和弗洛伊德谈论希特勒统治下的世界和他兴起的战争的残酷性。作为一个人，他深感震惊，但作为一个思想家，他对这种可怕的兽性爆发并不感到惊讶。他说他总是被批评为悲观主义者，因为他否认文化可以战胜本能。现在人们可

---

① 西班牙著名画家、雕刻家。

以看到，他的观点得到了最令人震惊的证实。当然，他不能以此为荣——那种野蛮，那种人类灵魂中的本能不可能被灭绝。也许我们可以在未来的世纪里找到一种形式，至少可以在各民族的共同存在中，将本能控制在一个较低的水平，但在日常生活中，在最内在的本性中，它们是无法被消除的，可能是因为它们也是生命存在的必要的张力。在他生命的最后几天，他更加关注犹太人的问题和他们在当代所遭遇的悲惨命运。对于这个问题，这个研究科学领域的人也找不到合理的公式来解释这一情况，在清醒的头脑里也找不到答案。不久前，他发表了一份关于摩西的研究报告，其中他将摩西描述为一个埃及本地人，而不是将其按照传统认为是犹太人。这种分类在学术上几乎站不住脚，同样也伤害了犹太人对犹太教的信仰和犹太人的民族意识。现在他感到非常内疚，觉得自己不应该在犹太人民历史上最黑暗的时候出版了这本书："现在，他们的一切都被夺走了，而我还要夺走他们最好的东西，夺走他们中最优秀的摩西。"我不得不承认他是对的，在这个时代，任何一个犹太人都变得更加敏感，因为即使在这场全世界都在受苦的悲剧中，他们也才是真正的受害者，不论在任何地方，他们都是被牺牲的一方。在他们被那次恐怖的镇压活动击中之前，他们很害怕，因为各地的人都知道最糟糕的事情会首先降临到他们身上，他们遭受的痛苦要比其他民族的人们多得多。众所周知，历史上从来没有经历过这样的事情，那个残忍的仇恨犹太人的疯子希特勒，最想羞辱和赶走的就是犹太人，他想把他们赶到世界的尽头，并把他们全部杀死。一周又一周，一个月又一个月，难民越来越多，每周来到这里的人都会比前一段时间先到达这里的人更穷,也更恐惧不安。那些在最早的时候以最快的速度离开德国和奥地利的人,尚且能够抢救出他们的衣服、箱子和财物,有些人甚至带了钱出来。然而,一个人在德国待的时间越长,他就越不愿意离开他的家乡,他遭受的破坏也就越严重。首先,他们剥夺了犹太人的工作机会,禁止犹太人去剧院、电影院和博物馆,并禁止犹太学者使用图书馆的书籍。这些犹太人留下来,要么是因为对家乡的忠诚,要么是因为懒惰;有些是因为懦弱,有些是因为骄傲:他们宁愿在家乡受到羞辱,也不愿在异国他乡乞讨时被鄙视。接下来,希特勒的政策更加严格,不许他们有用人,不许他们家里有收音机和电话,甚至再后来不许他们居住在自己的房子里。他们被迫佩戴上"大卫王之星"[①]作为犹太人的象征。在街上,每个人都应该马上认识到他们是犹太人,是应该被赶出家门、被鄙视的人,就像麻风病人一样,人人避之不及,并对他们大肆嘲笑。他们的所有权利都被剥夺了,任何精神和身体上的暴力都可以作为一种娱乐手段强加给他们。对犹太民族的每个人来说,古老的俄罗斯民间谚语突然变成了残酷的现实:"没有人能保证自己不去乞讨或不坐牢。"后来那些没有离开的人被通通扔进了集中营。德国人严苛的纪律管教让最骄傲的人也不得不屈服。最后,他们除了一套口袋里有十个硬币的衣服之外,什么东西都被抢走了,随后他们被强制驱逐出境,根本没有人在乎他们是否已经无家可归,在国外能不能漂泊着活下去。然后,这些悲惨的犹太人就站在其他国家的边境线上,去领事馆祈

[①] 古时象征以色列人或犹太人,此处指德国法西斯强迫犹太人佩戴六角星标志。

祷哀求，但是几乎总是徒劳无功的，因为没有哪个国家愿意收留一些已经被抢劫、身无分文的穷乞丐。我永远不会忘记我走进伦敦一家旅行社时看到的一切：那里挤满了难民，几乎都来自犹太民族，每个人都迫切地想要去往世界的任何一个地方，因为他们都想尽快离开英国。不管让他们去哪个国家，是北极的冰雪岛，还是撒哈拉的炎热沙漠，只要他们能离开就好——因为随着手里的居住证到期，他们不得不离开。于是他们必须要在世界各地游荡，带着自己的妻子、孩子去另一个说着陌生语言的国度，在那里他们不认识任何人，可是却要去接近那些不喜欢他们、也不想接受他们的人群。在那里，我遇到了一位认识的维也纳实业家，他曾经非常富有，也是我们最聪明的艺术收藏家之一。我一开始没认出他，因为他的头发是如此的灰白，他变得如此的苍老和疲惫。他太虚弱了，只能一直用双手撑着桌子。我问他下一步想去哪里。"我不知道，"他说，"现在谁会管我们心中所想呢？只要去任何能去的地方就行。有人告诉我，在这里可以拿到去海地或圣多明哥的签证。"我的心被什么东西紧紧抓了一下：一个精疲力竭的老人，浑身颤抖地带着儿孙，希望去一个他在地图上从未见过或从未认真看过一眼的国家，只为了在那里继续乞讨着生活下去，继续流浪异乡，那是漫无目的地流浪！他旁边的一个人急切地询问他应该如何去上海，因为他听说中国那边的人还是可以接受犹太人的。那个旅行社里挤满了人，大家都一个挨一个地贴在那里，他们中的很多人都曾经是大学教授、银行经理、商人、庄园主、音乐家等；但是此时此刻，他们每个人都准备好带着残破的生命留下的废墟穿越海洋，到另一个一无所知的地方去。不管他们想做什么，也顾不得他们要忍受什么，现在他们只想离开欧洲，离开，远远地逃离这里！那是一群面色萎黄、瘦弱如幽灵一样的人！但是，最让我震撼的是，这五十个受尽折磨的人只不过是一个零星的小先锋罢了。在他们身后还有一支由五百万、八百万，也许一千万犹太人组成的庞大队伍。这几百万在战争中被掠夺被践踏的人，都在等待慈善机构的遣返，等待有关部门的许可，等待官方支付差旅费，这是非常庞大的一大群人，他们像受惊的小鸟或动物一样，惊慌地逃离希特勒的焦土政策。他们中的很多人都把欧洲边境的所有火车站和监狱挤满了。一个彻底被扫地出门的民族，一个不被承认的民族，这个民族在过去两千年里所要求的无非是不要一直流浪，让一直在迁徙的双脚能感受到大地，宁静祥和的大地，定居在一片安稳的土地上好好生活，他们的愿望也不过如此。

然而，在20世纪的犹太悲剧中，最可悲的是，他们遭受着自身意义的缺失和内疚的折磨，他们不知道为何自己需要遭受这一切的折磨和痛苦，也不知道自己犯了什么罪过。那些在中世纪被驱逐的人，也就是他们的祖先，至少知道他们是因为信仰和法律而遭受了什么。当时，他们仍然拥有今天丢失的灵魂护身符，这是对他们自己的唯一的真神①坚定不移的信仰，而今天这种信仰他们也已经失去了。他们因为那个骄傲的疯狂想法而生活和受苦——他们是世界和人类的创造者所选定的民族，注定有着特殊的命运和使命。《圣经》中的预言词是他们的戒律和教规。当他们被扔进火里行刑之时，他们把圣典扣在胸前，因为内心的灼热

---

① 雅赫维，是犹太教尊奉的"唯一真神"。

让他们感觉不到外面残害之火的燃烧。如果他们被一个又一个国家驱逐，那么他们起码还有一个最后的故乡、真神的故乡。世界上没有任何权力能够驱赶走犹太人身上的真神信仰，任何皇帝、国王或宗教法庭都不能把他们驱逐出那里。只要宗教还能让他们走到一起，那他们就还是一个共同体，所以还会有一种共同的力量；如果他们被排斥、被驱逐，那是因为他们与其他民族的宗教和习俗不同，他们有意识地保持独立是有罪的。然而，20世纪的犹太人不再是一个共同体。他们没有共同的信仰，他们觉得身为犹太人是一种负担而不是骄傲，他们也不觉得自己有特殊的使命。他们的生活方式远离了圣典中的戒律，他们不再想要古老的共同语言。他们越来越渴望做的事情就是融入周围的民族，消失在普通人中间获得安宁，不再被驱逐，永远不再逃亡。因此，他们不再能相互理解彼此，因为他们已经融入了周围的民族，而且这些民族长期以来一直是法国、德国、英国和俄国的非犹太人种族。只是到了现在，他们才像街上的垃圾一样被重新扔在一起，被一起清扫出去：其中有住在柏林大厦的银行经理和东正教教区的教堂执事，有住在巴黎的哲学教授，有罗马尼亚的马车夫，有哭丧的贫穷女人，有入殓师，有获得诺贝尔奖奖金的大赢家，有音乐会上的知名女歌手，有作家，有酿酒师。他们之中有的有钱，有的一穷二白；其中有大人物，也有小人物；有继续虔诚地信仰宗教的，也有已经接受教化的；有高利贷者，也有智慧的贤能者；有犹太复国主义者和同化理论家，也有来自德国、西班牙、葡萄牙的犹太人；有正义的人，也有不正义的人。除了这些人，还有一大批不知所措的人，就是那些皈依基督教的人和混血人，他们认为自己已经逃脱了被诅咒的命运。数百年来，所有的犹太人聚集起来，再次被迫组成了一个他们很久没有感受到的社区。这一被驱逐者群体自从在埃及被驱逐后，再次汇聚到一起。然而，为什么这种命运会出现在他们身上，而且只出现在他们身上？这种无端迫害的原因、价值和目的是什么呢？他们被各个国家驱逐，却没有人给他们住的地方。人们对他们说：不要和我们住在一起，却没有告诉他们应该住在哪里。人们责备他们，但拒绝给他们提供任何方式让他们赎罪。于是他们用灼热的目光盯着彼此发出询问：为什么是我？为什么是你？为什么把我们放在一起共同逃亡呢？我不认识你，我不懂你的语言，我不懂你的思维方式，我们甚至是不相关联的。可是为什么我们都会遭受这样的命运？没有人知道答案。这几天，我经常和我们那个时代最聪明的天才弗洛伊德谈论这个话题，甚至他也找不到问题的答案，看不到这种荒谬现象存在的意义。也许这就是犹太文化的终极意义：通过他们神秘的长期存在，一遍又一遍地重复约伯[①]向上帝提出的永恒问题，这样它就不会在世界上被完全遗忘（约伯问上帝，为何这么无辜清白的自己会遭受如此的压迫和伤害呢？上帝回答说，约伯遭受这些并不是因为他有罪，而是这就是上帝的安排）。

最让人毛骨悚然的是，人们认为已经死亡的和被埋葬的东西，却突然以同样的形象和方式重新出现了。1939年的夏天来了，慕尼黑短暂的疯狂"我们时代的和平"早已过去；希特勒不

---

① 《圣经·旧约·约伯记》中的人物。

顾任何誓言和承诺，出兵潜入捷克斯洛伐克并把它据为己有；梅梅尔也被占领了，被有意挑唆的德国媒体还不断叫嚣，要占领但泽和波兰走廊。英国突然从对盟友的忠诚和轻信中醒来，开始反抗，甚至当时社会中最简单无知的人也本能地厌恶战争，开始激烈地表达自己的不满。那些过去不苟言笑的英国人，包括照看我们公寓大楼的门房、电梯司机和打扫房间的女仆，现在每个人都在和别人交谈。他们都不知道到底发生了什么，但每个人都可以想到一件事，一个不可否认的公开的事实：英国的首相张伯伦三次飞往德国，力求拯救欧洲的和平，但是这样的真诚依然没有打动希特勒。现在在英国议会中，人们听到了这个强硬的声音："停止侵略！"到处都可以听到、看到人们在为即将到来的战争做准备的景象。浅色的防空气球又开始在伦敦上空飘浮，看起来仍然像儿童的灰色大象玩具一样天真无邪；人们再次开始挖掘防空洞，仔细检查和分发防毒面具。局势似乎开始跟一年前一样紧张，甚至变得更糟了，因为这次站在政府背后的人不是诚实守信的人，而是坚定不屈的人，大家都充满了愤怒和激情。

在那几个月里，我离开了伦敦，退休后去了巴斯的乡下过归隐的生活。在我的一生中，当看到现在的人们面对世界大事束手无策时，我从未感到如此残忍。这种清醒的、深思熟虑的、远离一切政治活动的人，曾经投身于工作，默默地、坚持不懈地投身于建设，把岁月赠予我的东西都变成了作品。此外，在柏林威廉大街的某个黑暗的地方，在巴黎的凯道塞、罗马的威尼斯宫殿和伦敦的唐宁街等①类似的地方，还有另一些少数人，大概有一二十人的样子，他们默默地守在一个别人看不到的地方，虽然寂寂无闻，也没有展露真容，可是他们都在为了一些人们不清楚的事情工作，他们在说话、写作、打电话、做决定、制定条约，且其中寥寥几人表现出了特殊的才干。人们不能参与其中，也不能知道细节，但这些决定了我们自己的生活，也决定了每一个欧洲人的生活。就在这个时候，我的命运掌握在他们手中，但不掌握在我自己手中。他们摧毁或拯救那些无能为力的人，让我们自由或强迫我们被奴役。他们决定了数百万人的和平与战争。这时的我和其他人一样，坐在自己的房间里，像苍蝇一样无法反抗，像蜗牛一样无法做任何事情，但这些都和死亡和生命有关，和我的未来有关，和我大脑中正在形成的想法有关，和已经形成还没有形成的计划有关，和我的不眠之夜有关，和我的意志有关，和我的全部存在有关。那个时候我坐在那里，死死地盯着空虚，就像一个被判刑的囚犯坐在监狱里，被囚禁着或者被锁在这种无缘无故又无力的等待中，不停地询问，和身边的狱友交谈，仿佛我们中有一个人知道或者能够知道别人要对我们做什么似的。电话响了，是一个朋友打来问我怎么想的；报纸来了，只是上面的内容会让人更苦恼；收音机播放的内容与另一种语言的内容表达了相反的意思。来到街上，在那里遇到的第一个人问我这个和他一样一无所知的人，战争是否真的已经来到了。我也在不安中提出了同样的问题，不停地询问、揣测、讨论，所有人都对此发表了自己的看法。虽然我很清楚，在十几个陌生人的决策面前，他们

---

① 都为国家首相的府邸所在地。

这些年积累的知识和经验，包括远见都是一文不值的；在"一战"爆发后不到二十五年的时间里，我又一次陷入无力面对厄运的境地中，要眼睁睁看着"二战"爆发而手足无措。其实大家都知道，那些毫无意义的思绪除了让自己心烦头痛之外没有任何其他的价值。最后我真的已经完全受不了大城市的生活氛围了，因为每个街角都贴满了海报，那些刺眼的文字像疯狗一样扑向我，让我每次都被吓得战战兢兢；另外还是因为我忍不住从身边熙熙攘攘的每个人的额头上品味出他们的真实想法。我感觉到，当时所有人想到的都是同一件事情：战争会爆发吗？只要想到"是"或"不是"，就意味着在决定性的赌博中到底是赢还是输。在这场赌博中，我赌上了我的一生，一切我的东西——我剩下的岁月、我未完成的书、我所有的任务，以及我至今感受到的人生意义——都被我全盘押在了赌桌上，以支付这场博弈的赌注。

但在外交的赌桌上，弹珠无限滚动，慢得让人难以承受。一次在这里、一次在那里，一次黑色、一次红色；希望和失望交替上演，好消息和坏消息次第传来，但是仍然没有得到最后的决定性消息。"算了吧！"我对自己说，"躲起来吧！逃到内心丛林的最深处，躲在工作中，躲在最隐蔽的地方，只有在那里你还是一个活着的人，在那里，你不是某个国家的公民，更不是这个地狱般的游戏里的玩乐对象；只有在那里，在这个疯狂的世界里，你的小小的理性和智慧才能派上用场。"

我不缺工作做。几年来，我一直在不断积累材料，想要写一本关于巴尔扎克及其作品的两卷书，但我从来没有勇气去做这项耗时长的工作。偏偏这段时间的烦闷给了我勇气去做。我回到巴斯，因为巴斯是最适合创作的地方，因为这个小地方曾经有许多英国文学的杰出领袖，尤其还有一位曾经在这里写作的菲尔丁。与英国的所有城市相比，它能更真实、更深刻地反映出另一个和平的 18 世纪的世界——给人营造出一种宁静的假象。然而，这种优雅柔和的风景与整个世界以及我的思想中日益增长的不安形成了鲜明的对比。正如在我记忆中奥地利的 1914 年 7 月是最美的，英国的 1939 年 8 月也是如此——多少次，丝绸一样柔软的蓝天像上帝的帐篷；多少次，阳光照耀在草地和森林上，说不出名字的花朵开得绚烂无比。大地上虽然有一片宁静的风景，但人们却在为战争而装备。面对这宁静、持久、繁荣的景色，弥漫在巴斯山谷中的醉人的宁静气氛使我想起了 1914 年巴登的美景。与现在相比，那时候的狂热战争几乎是毫无缘由的。

我再一次不想相信真的会发生战争。我正在像一开始一样计划进行一次暑假旅行。国际笔会定于 9 月的第一周在斯德哥尔摩举行。我在瑞典文学界的同事邀请我作为荣誉嘉宾出席，因为我是一个再也不能代表任何国家的"两栖人"。接下来的一周，我中午和晚上的每个小时都是由友好的主人提前安排好的。我已经订好票了，然后传来了战争动员即将开始的消息。根据任何理性的原则，我应该迅速拿起我的书和手稿尽快离开英国这个可能会发生战争的交战国，因为我在英国是一个彻头彻尾的外国人，一旦战争开始了，我将会是一个来自敌对国的外国人，我将面临各种可以想象的限制，估计也很难实现自由生活的理想了。但是，一些无法解释的情绪在阻止我逃避，一半是因为我自己的固执，每一次我都不想逃避，因为无论走到哪里，同样的命运都会随之而来；另一半是我感觉到非常疲惫了，我们应该迎接这样一个时代，我用莎士比亚的话对自己说，就算它想把你带走也没什么问题，想想你都快60岁了，别跟它作对就好了！剩余的生命已经很难掌控这个时代了，即便你竭尽全力也不一定能做到，而你最好的工作、你的生活都是拿不走的。所以，我决定留下来了。无论如何，我还是要在战前安排好自己作为一个外国人的正常公民生活。由于当时我也有了第二次结婚的计划，我想尽快把手续给办了，毕竟我可不想因为其他一些原因（比如被以交战国敌人的名义被逮捕，或者其他难以预料的）而和未来的生活伴侣长期分开。于是，9月1日星期五的早上我们来到巴斯民政局登记结婚。管理员接过我们的资料，表现出极大的友好和热情，像当时的任何人一样，他知道我们的愿望是尽快办完手续，好在第二天顺利办完婚礼。他拿起笔，开始用漂亮的圆形字母在登记簿上写下我们的名字。

　　这时应该是11点左右，有人打开了通向隔壁房间的门。一个年轻的公务员匆忙地走了进来，一边走一边穿着外套。"德国入侵波兰了！战争真的爆发了！"他在安静的房间里大喊，这句话像锤子的重击一样狠狠地击中了我的心。然而，我们这一代人的内心已经习惯了各种沉重的打击。我接话说道："不一定吧，可能这还不是战争吧！"这样说也包含了我最真诚的祈祷。然而，那位公务员几乎是出于愤怒而激烈地喊道："不可能！我们已经受够了！不能每隔半年重来一次！总是欺骗我们，现在必须结束了！"

这时，已经开始填写我们结婚证的公务员若有所思地放下了笔。他在想，我们毕竟是外国人，在战争已经爆发的情况下，我们自然会成为两个来自敌对国家的外国人。他想知道在这种情况下是否仍然允许我们办理结婚手续。他说对我们表示歉意，他得向伦敦方面请示，之后是长达两天的等待，我们的心里同时充满了希望和恐惧，那两天我们实在是紧张极了。到了周日早上，收音机里传来确切的消息：英国向德国正式宣战。

那是一个特别的早晨。我默默地离开了把新闻带到房间的收音机。刚刚的这个消息一定会彻底改变我们的世界，改变我们每个人的生活。在沉默地听着这个消息的人中，有数千人将会因此走向死亡。对我们所有人来说，这个消息是悲伤和不幸的，也充满了绝望和威胁，它可能需要很多很多年才能重新延伸出一些意义。又是一场战争要来了——这是一场比地球上以往任何一场战争都更可怕、更广泛、史无前例的战争。又一个时代结束了，新的时代已经开始了。我们静静地站在这个突然变得鸦雀无声的房间里，避免彼此间的目光接触。外面传来鸟儿无忧无虑的啁啾声，它们此时还沉浸在温暖的微风中，玩闹轻松的爱情游戏。树木在金色的灯光下摇摆，树叶像嘴唇一样轻轻相碰。这个古老的大自然母亲看上去似乎无忧无虑，它永远不知道它的创作有多么悲伤，有多么忧虑。

我回到房间，把我的东西装进一个小皮箱里。如果我的那位地位很高的朋友以前对我说的话是有道理、有根据的，那么我们这些身在英国的奥地利人，将会被当作德国人来对待，甚至会受到同样的监禁或限制。可能从这天起,我晚上就再也不能睡到自己的床上了吧?自从英国正式向德国宣战,我在这个社会中的地位再次降低了一个等级,在英国,从一个小时前开始,我不仅是这个国家的局外人,也是来自敌对国家的外国人,作为对这种异国敌人的处理,我可能会被迫流亡到一个与我跳动的心脏不怎么合拍的地方。由于我的犹太种族和思维方式,我现在已经被德国人贴上了"反德人士"的标签,所以我已经被德国驱逐出境并排斥在外了。现在,在另一个国家,作为一个从未属于过德国的奥地利人,被一个社区的官僚制度强行归类为德国人,这种荒谬的情况真的难以想象。这么大的一个变化,让我整个人生的意义变得荒诞起来。我仍然使用德语写作,用德语进行思考,但我能感受到的每一个想法和愿望都属于一个为获得自由而拿起武器的国家。任何其他的联系,所有与过去相关的和过去的一切事情都被彻底撕裂和打破。我知道在这场战争之后,一切都要重新开始。我最深切的任务,我在过去40年里为之倾注全部信念和力量的工作——欧洲的和平统一,现在全都化为乌有。比我自己的死亡更让我害怕的是对所有人的战争,现在这种战争已经是第二次发生了。我一生都热情地致力于追求人性和精神的统一。在这个最需要牢不可破的团结的时刻,因为这种极端的排斥,我觉得自己特别没有价值,且非常孤独,这是我人生中前所未有的感觉。

  我再次徒步走到下面的小镇去享受最后的宁静。小镇静静地沐浴在正午的阳光下,仿佛和往常一样。人们遵循往常的步骤,走在熟悉的道路上。他们慢慢地走过,也不在一起说话,看不出有什么新的变化。他们享受着周日特有的宁静和悠闲。有那么一瞬间,我问自己:他们还不知道吗?但是,他们是英国人,善于克制自己的感情,他们不需要旗帜和鼓点来鼓舞士气,也不需要噪声和音乐来坚定他们坚韧的决心。这和1914年7月的奥地利很不一样,今天的我也和以前年轻没有经验的我很不一样!回忆是多么沉重!压在我的心上!我知道战争将会带来什么样的后果。看到琳琅满目的光鲜店铺,窗明几净,猛然回想起在1918年发生的事情,当时的情景又重新浮现在我的脑海里,那里的店铺被抢购一空,空洞洞的仿佛睁着大眼睛一样盯着行人。我仿佛做了个白日梦,看到杂货店前排着长队的可怜女人,沉浸在悲伤中的母亲、伤员、残疾人,过去所有残酷的画面都像幽灵一样,陆续出现在正午明媚的阳光下,让我想起了那天中午的灿烂的天气。我想起从前从战场上回来的士兵,虚弱而衣衫褴褛,每个人都疲惫不堪。我跳动的心脏,在今天这个还没有看到的战争中,感受着过去已经发生过的一切。此时即将开始的战争背后,也隐藏着一番极为恐怖的景象呢。但是我已经明白,过去的一切都会变成乌云,所有的成就都会丢失。欧洲这个我们曾经生活过的家乡,将要遭受的破坏和苦难要比我们自己曾经的生活还要痛苦。未来会有一个不一样的全新的时代,但在通往这个新时代的路上,又要经过多少地狱和炼狱呢?

阳光充足而强烈,照耀着这片大地。在回家的路上,我突然注意到自己的影子落在了我的身前,就像我看到另一场战争的影子也已经降临在我面前了。在我们这个时代中,战争的阴影会无处不在,永远不会再离开我;这个阴影将日夜笼罩着我的思想,占据我的所有想法。也许，它模糊的轮廓也会出现在这本书的某些页面上。然而，每一个影子终究也是因为光芒的存在才得以出现的，并且只有经历过光明与黑暗、战争与和平、繁荣与衰落的人，才能算是真正地生活过。